JICHUJIAOYU JIEDUAN
YUNNAN MINZUJIAOYU DE FAZHANBIANQIAN

基础教育阶段：云南民族教育的发展变迁

云南民族大学
学术文库

马丽娟
伍琼华 著

中国社会科学出版社

图书在版编目（CIP）数据

基础教育阶段：云南民族教育的发展变迁/马丽娟、伍琼华著.—北京：中国社会科学出版社，2012.10

ISBN 978－7－5004－9750－9

Ⅰ.①基… Ⅱ.①马…②伍… Ⅲ.①基础教育：少数民族教育—研究—云南省 Ⅳ.①G639.21

中国版本图书馆 CIP 数据核字（2011）第 066923 号

出 版 人	赵剑英
选题策划	郭沂纹
责任编辑	丁玉灵
责任校对	王俊超
责任印制	张汉林

出 版	中国社会科学出版社
社 址	北京鼓楼西大街甲 158 号（邮编100720）
网 址	http://www.csspw.cn
	中文域名：中国社科网 010－64070619
发 行 部	010－84083685
门 市 部	010－84029450
经 销	新华书店及其他书店

印 刷	北京市大兴区新魏印刷厂
装 订	廊坊市广阳区广增装订厂
版 次	2012 年 10 月第 1 版
印 次	2012 年 10 月第 1 次印刷

开 本	710×1000 1/16
印 张	23
插 页	2
字 数	396 千字
定 价	49.00 元

云南民族大学学术文库委员会

《云南民族大学学术文库》 总序

云南民族大学党委书记、教授、博导　甄朝党

云南民族大学校长、教授、博导　张英杰

云南民族大学是一所培养包括汉族在内的各民族高级专门人才的综合性大学，是云南省省属重点大学，是国家民委和云南省人民政府共建的全国重点民族院校。学校始建于 1951 年 8 月，受到毛泽东、周恩来、邓小平、江泽民、胡锦涛等几代党和国家领导人的亲切关怀而创立和不断发展，被党和国家特别是云南省委、省政府以及全省各族人民寄予厚望。几代民族大学师生不负重托，励精图治，经过近 60 年的建设，尤其是最近几年的创新发展，云南民族大学已经成为我国重要的民族高层次人才培养基地、民族问题研究基地、民族文化传承基地和国家对外开放与交流的重要窗口，在国家高等教育体系中占有重要地位，并享有较高的国际声誉。

云南民族大学是一所学科门类较为齐全、办学层次较为丰富、办学形式多样、师资力量雄厚、学校规模较大、特色鲜明、优势突出的综合性大学。目前拥有 1 个联合培养博士点，50 个一级、二级学科硕士学位点和专业硕士学位点，60 个本科专业，涵盖哲学、经济学、法学、教育学、文学、历史学、理学、工学和管理学 9 大学科门类。学校 1979 年开始招收培养研究生，2003 年经教育部批准与中国人民大学联合招收培养社会学博士研究生，2009 年被确定为国家立项建设的新增博士学位授予单位。国家级、省部级特色专业、重点学科、重点实验室、研究基地，国家级和省部级科研项目立项数、获奖数等衡量高校办学质量和水平的重要指标持续增长。民族学、社会学、经济学、管理学、民族语言文化、民族药资源化学、东南亚南亚语言文化等特色学科实力显著增强，在国内外的影响力不断扩大。学校科学合理的人才培养体系和科学研究体系得到较好形成和健全完善，特色得以不断彰显，优势得以不断突出，影响力得以不断扩大，地位与水平得以不断提升，学校改革、建设、发展不断取得重大突破，学

科建设、师资队伍建设、校区建设、党的建设等工作不断取得标志性成就，通过人才培养、科学研究、服务社会、传承文明，为国家特别是西南边境民族地区发挥作用、作出贡献的力度越来越大。

云南民族大学高度重视科学研究，形成了深厚的学术积淀和优良的学术传统。长期以来，学校围绕经济社会发展和学科建设需要，大力开展科学研究，产出大量学术创新成果，提出一些原创性理论和观点，受到党和政府的肯定，以及学术界的好评。早在 20 世纪 50 年代，以著名民族学家马曜教授为代表的一批学者就从云南边疆民族地区实际出发，提出"直接过渡民族"理论，得到党和国家领导人刘少奇、周恩来、李维汉等的充分肯定并被采纳，直接转化为指导民族工作的方针政策，为顺利完成边疆民族地区社会主义改造、维护边疆民族地区团结稳定和持续发展发挥了重要作用，作出了突出贡献。汪宁生教授是新中国成立后较早从事民族考古学研究并取得突出成就的专家，为民族考古学中国化作出重要贡献，他的研究成果被国内外学术界广泛引用。最近几年，我校专家主持完成的国家社会科学基金项目数量多，成果质量高，结项成果中有 3 项由全国哲学社会科学规划办公室刊发《成果要报》报送党和国家高层领导，发挥了咨政作用。主要由我校专家完成的国家民委《民族问题五种丛书》云南部分、云南民族文化史丛书等都是民族研究中的基本文献，为解决民族问题和深化学术研究提供了有力支持。此外，还有不少论著成为我国现代学术中具有代表性的成果。

改革开放 30 多年来，我国迅速崛起，成为国际影响力越来越大的国家。国家的崛起为高等教育发展创造了机遇，也对高等教育提出了更高的要求。2009 年，胡锦涛总书记考察云南，提出要把云南建成我国面向西南开放的重要桥头堡的指导思想。云南省委、省政府作出把云南建成绿色经济强省、民族文化强省和我国面向西南开放重要桥头堡的战略部署。作为负有特殊责任和使命的高校，云南民族大学将根据国家和区域发展战略，进一步强化人才培养、科学研究、社会服务和文化传承的功能，围绕把学校建成"国内一流、国际知名的高水平民族大学"的战略目标，进一步加大学科建设力度，培育和建设一批国内省内领先的学科；进一步加强人才队伍建设，全面提高教师队伍整体水平；进一步深化教育教学改革，提高教育国际化水平和人才培养质量；进一步抓好科技创新，提高学术水平和学术地位，把云南民族大学建设成为立足云南、面向全国、辐射东南亚和南亚的高水平民族大学,为我国经济社会发展,特别是云南边疆民族地区经济社会发展作出更大贡献。

学科建设是高等学校龙头性、核心性、基础性的建设工程,科学研究是高等学校的基本职能与重要任务。为更好地促进学校科学研究工作、加强学科建设、推进学术创新,学校党委和行政部门决定编辑出版《云南民族大学学术文库》。

这套文库将体现科学研究为经济社会发展服务的特点。经济社会的需要是学术研究的动力,也是科研成果的价值得以实现的途径。当前,我国和我省处于快速发展时期,经济社会发展中有许多问题需要高校研究,提出解决思路和办法,供党和政府及社会各界参考和采择,为发展提供智力支持。我们必须增强科学研究的现实性、针对性,加强学术研究与经济社会发展的联系,才能充分发挥科学研究的社会作用,提高高校对经济社会发展的影响力和贡献度,并在这一过程中实现自己的价值,提升高校的学术地位和社会地位。云南民族大学过去有这方面的成功经验,我们相信,随着文库的陆续出版,学校致力于为边疆民族地区经济社会发展服务、促进民族团结进步、社会和谐稳定的优良传统将进一步得到弘扬,学校作为社会思想库与政府智库的作用将进一步得到巩固和增强。

这套文库将与我校学科建设紧密结合,体现学术积累和文化创造的特点,突出我校学科特色和优势,为进一步增强学科实力服务。我校2009年被确定为国家立项建设的新增博士学位授予单位,这是对我校办学实力和水平的肯定,也为学校发展提供了重要机遇,同时还对学校建设发展提出了更高要求。博士生教育是高校人才培养的最高层次,它要求有高水平的师资和高水平的科学研究能力和研究成果支持。学科建设是培养高层次人才的重要基础,我们将按照国家和云南省关于新增博士学位授予单位立项建设的要求,遵循"以学科建设为龙头,人才队伍建设为关键,以创新打造特色,以特色强化优势,以优势谋求发展"的思路,大力促进民族学、社会学、应用经济学、中国语言文学、公共管理学等博士授权与支撑学科的建设与发展,并将这些学科产出的优秀成果体现在这套学术文库中,并用这些重点与特色优势学科的建设发展更好地带动全校各类学科的建设与发展,努力使全校学科建设体现出战略规划、立体布局、突出重点、统筹兼顾、全面发展、产出成果的态势与格局,用高水平的学科促进高水平的大学建设。

这套文库将体现良好的学术品格和学术规范。科学研究的目的是探寻真理，创新知识，完善社会，促进人类进步。这就要求研究者必须有健全的主体精神和科学的研究方法。我们倡导实事求是的研究态度，文库作者要以为国家负责、为社会负责、为公众负责、为学术负责的高度责任感，严谨治学，追求真理，保证科研成果的精神品质。要谨守学术道德，加强学术自律，按照学术界公认的学术规范开展研究，撰写著作，提高学术质量，为学术研究的实质性进步做出不懈努力。只有这样，才能完成有思想深度、学术创见和社会影响的成果，也才能让科学研究真正发挥作用。

我们相信，在社会各界和专家学者们的关心支持及全校教学科研人员的共同努力下，《云南民族大学学术文库》一定能成为反映我校学科建设成果的重要平台和展示我校科学研究成果的精品库，一定能成为我校知识创新、文明创造、服务社会宝贵的精神财富。我们的文库建设肯定会存在一些问题或不足，恳请各位领导、各位专家和广大读者不吝批评指正，以帮助我们将文库编辑出版工作做得更好。

2009 年国庆于春城昆明

序

　　民族教育通常分为广义和狭义两种，广义的民族教育是指对作为有着共同文化的民族或共同文化群体的民族集团进行的文化传承和培养该民族或民族集团的成员，一方面适应现代主流社会，以求得个人更好的生存与发展；另一方面继承和发扬本民族或本民族集团的优秀传统文化遗产的社会活动。狭义的民族教育又称少数民族教育，指的是对在一个多民族国家中人口居于少数的民族成员实施的复合民族教育，即多元文化教育。其目的是，一方面帮助少数民族成员提高适应现代主流社会的能力，以求得个人的最大限度的发展；另一方面继承和发扬少数民族的优秀传统文化遗产，丰富人类文化宝库，为人类作出应有的贡献。民族教育有着与一般教育不同的发展规律和发展特点，它是中国教育事业的重要组成部分，也是我国民族工作的重要内容和民族政策的重要体现。搞好民族教育，对于提高少数民族人口素质、推动少数民族和民族地区经济社会发展，巩固边防、安定边境，促进各民族共同团结奋斗、共同繁荣发展，保持国家的长治久安，具有重大而深远的意义。

　　云南是一个多民族、多语言、多文种和多文化的边疆省份，可以说是中国多民族、多语言、多文种和文化多样性的一个缩影。云南省共有50多个少数民族，人口在5000人以上并在云南省世居的少数民族25个，世居少数民族种类居全国第一位；云南特有的少数民族15种，也居全国第一位；全省有16个少数民族跨境而居，是全国跨境民族最多的省份；全省共有8个自治州，29个自治县，25个世居少数民族中有18个少数民族实行区域自治，是全国民族自治地方最多、实行区域自治的民族最多的省份；全省人口较少民族共有7个，占全国22个的近三分之一，居全国第一位。少数民族人口占全省总人口的三分之一，居全国第二位。在 25 个世居少数民族中，除回、水、满三个民族通用汉语外，其余 22 个少数民族使用着 26 种语言；有 14 个少数民族使用着22 种文字或拼音方案，有 12 个民族在境外有相应的民族文字，使用语言和文字数量也居全国第一。再加上云南的各少数民族由于历史上社会发展程度的差异，各民族所处的地理环境、语言环境不同，人口多少、聚居和杂居的情况不同，致使云南省的民族教育呈现出许多特殊性和复杂性，民族教育也是云南教育工作的重点。新中国成立以来，在国家的大力扶持和各族群众的支持配合下，云南省各级党委和政府从少数民族教育起点低，民族地区经济与教育基础薄弱，教育投入不足，学生家庭大多贫困，教师队伍数量不足、质量不高，多语多文，各地发展不平衡以及云南地处边境等实际出发，实事求是，因地制宜，分区规划，分类指导，采取了一系列特殊措施，大力推动民族教育的发展，取得了辉煌的成绩和丰富的经验。

总结和研究云南的民族教育对于多民族国家发展民族教育具有很好的借鉴和指导作用。马丽娟和伍琼华的著作《基础教育阶段：云南民族教育的发展变迁》，对基础教育阶段的云南民族教育 60 年来的发展变迁脉络做了比较完整的梳理，从宏观和总体的层面展现了云南民族教育在各个不同历史时期的发展与状态、取得的经验和存在的问题；该书还对"两基"巩固和质量提高中存在的特殊问题做了调查研究和深入分析，并在此基础上提出了一系列发展云南民族基础教育的对策和建议。纵览全书，最大的特点可以说是史现并重，在梳理云南民族基础教育的发展脉络时，查阅和整理了大量的教育历史档案，丰富了民族教育研究的内容，具有重要的史料价值；与此同时，作者也对云南民族基础教育的现实问题进行了研究，方法适切，有很强的实践针对性。其次，该书中对有关问题（比如对分类指导原则的理解及其在民族教育中的实用性及具体运用、发展云南民族教育的对策及建议等）的分析、把握和理解较为贴切，有一定深度。

文如其人，马丽娟和伍琼华是经过专门学术训练的少数民族高级知识分子，具有扎实的理论基础和丰富的田野研究经验，长期从事民族教育教学和研究工作，可以说也是云南民族教育的成果和见证人。她们勤奋好学，积极思考，乐于探究。特别是马丽娟教授，在繁重的行政管理工作之余还能潜心于民族教育研究工作，更是值得赞许和倡导。当然也不能说本书字字珠玑、无可挑剔，其理论的深度仍需提高，研究的视点尚可进一步聚焦。但书将付梓，可喜可贺，欣然命笔，荐人荐文，是以为序。

滕星

2010 年 12 月 28 日

目　　录

第一章　引论

第一节　民族教育的定义

一　民族教育定义之争

对民族教育的界定有狭义和广义之分。学术界普遍认为是针对少数民族的教育。

（一）狭义的少数民族教育定义

一、少数民族教育是"中国少数民族教育的简称，特指除汉族以外，对其他55个少数民族实施的教育"。① 是多民族国家实施的国民教育的重要组成部分。由于历史的和现实的种种原因，当前我中国的少数民族教育主要有这样几个特点：第一，各民族的教育发展还很不平衡；第二，学校分布点较少，课程设置和学制管理不完全统一；第三，办学形式和教学使用的语言文字有差异。

二、《中国大百科全书·教育卷》定义为："在多民族国家内对人口居于少数的民族实施的教育，简称少数民族教育。在中国指汉族以外的其他少数民族实施的教育。"

三、狭义的少数民族教育又称"民族教育"，指的是在一个多民族国家中对人口居于少数的民族的成员实施的符合少数民族的教育，即多元文化教育。多元文化教育的目的是：一方面帮助少数民族成员提高适应现代主流社会的能力，以求得个人的最大限度的发展；另一方面继承和发扬少数民族的优秀传统文化遗产，丰富人类文化宝库，为人类作出应有的贡献。②

---

① 顾明远主编：《教育大辞典·民族卷》，上海教育出版社1992年版，第77页。
② 哈经熊、滕星主编：《少数民族教育学通论》，教育科学出版社2001年版，第8页。

四、日本《大百科事典》定义为："民族教育是指对作为有着共同文化的集团的民族的成员所进行的，培养他们具有能够主动地追求自己民族的经济、社会、文化的发展的态度和能力的教育。"①

五、狭义的少数民族教育是指在一个多民族国家里对少数民族受教育者实施的一种教育。②

（二）广义的民族教育定义

一、一种跨文化教育，指对具有不同文化背景的受教育者实施的教育。③

二、指对作为有着共同文化的民族或共同文化群体的民族集团进行的文化传承和培养该民族或民族集团的成员，一方面适应现代主流社会，以求得个人更好的生存与发展；另一方面继承和发扬本民族或本民族集团的优秀传统文化遗产的社会活动。④ 广义的民族教育在实践中有如下几种表现形式：

依照共同化的民族和共同文化群体的民族集团之分，民族教育则分为单一民族教育和复合民族教育两种主要形式。

依照多民族国家中人口的多少，单一民族教育又分为多数民族教育和少数民族教育（西方国家少数民族不是绝对以人口划分，而往往含政治上的弱者的含义。如南非黑人人口占全国的绝对多数，但被西方学者称为少数民族）。

依照国家社会政治、经济、文化等权利的划分，单一民族教育又分为支配民族教育与被支配民族教育。21 世纪前的绝大多数民族国家的国民教育实质上是占支配地位民族的教育。

在单一民族的国家，单一民族教育基本上等同于国民教育。

复合民族教育即多元文化教育，是多民族国家理想的国民教育方式，是民族教育的更高级形态。

这一广义概念涵盖了历史与当代的一切民族的教育，无论是原始民族的教育、古代民族的教育，还是现代民族的教育；无论是单一民族教育还是复合民族教育；无论是主流民族教育，还是少数民族教育，都在其中。

---

① ［日］《大百科事典》第 14 卷，平凡社 1933 年版，第 583 页。
② 孙若穷主编：《中国少数民族教育学概论》，中国劳动出版社 1990 年版，第 12 页。
③ 同上。
④ 哈经雄、滕星主编：《少数民族教育学通论》，教育科学出版 2001 年版，第 8 页。

（三）不同学科对民族教育的界定

教育工作者关心的民族教育，既指现代科学文化知识如何采取特定的民族形式加以贯彻实施，才能获得好的绩效。他们站在"科学"和"客观"的立场上，假定所提供的教育是好的，对教育对象是有益的，是为了教育对象的福利着想的，因此也是理所应当受到欢迎的，他们所担心的根本问题是：教育要实施的目的如何被教育对象所理解和接受，并实现教育的目的。[①]

人类学、民族学学者关心的民族教育，主要是指不同的民族群体，一方面为了不丢失自己，另一方面又不致被时代淘汰，即既要保持民族优秀传统的文化，又要接受为实现现代化所实际需要的知识、技能、观念等教育。[②]

另有学者认为"民族教育是一个民族培养其新一代的社会活动，是根据本民族的要求而对受教育者进行的有目的、有计划、有组织、有系统的影响活动，以便把受教育者培养成一定社会的人，为本民族服务"。[③]

从政治学角度看，民族教育既是中国国民教育体系的重要组成部分，也是中国民族工作的重要内容，"少数民族教育的内容和形式问题，课程教材问题，既要照顾民族特点，又不能忽视整个国家教育的统一性"。因此民族教育政策也是多民族国家的民族政策价值取向的具体体现，是保证各少数民族实现教育平等的具体措施。作为国家采取扶持以少数民族和民族地区受教育对象为主体的教育策略之一，其目的在于保证民族地区发展所需要的初中级和高级科技人才的培养，强化国家认同意识和民族文化的认同与保护，对帮助民族地区在深度、广度和向度三方面顺利完成社会主义现代化的转型，巩固和发展中国平等、团结、互助的社会主义民族关系，实现各民族共同繁荣，保持国家的长治久安，具有重要战略意义。

从结构关系学角度看，"少数民族教育与普通教育的关系是既相互区别又相互交融。从少数民族教育的产生和发展来看，少数民族教育是我国民族政策实践和教育实践相结合的常务。少数民族教育既体现了民族特色，又遵循了教育规律。少数民族教育是按照教育发展特殊规律，针对特

---

① 贾仲益：《从云南人口较少民族的调查看民族教育的几个问题》，《民族教育研究》2003年第3期。

② 同上。

③ 李红杰：《民族教育学研究对象和体系浅议》，《北方民族》1992年第1期。

殊受教育对象和特殊教育环境而实施的教育形式。少数民族教育主要是对少数民族和民族地区符合受教育条件者实施的教育，在办学思想、教育对象、培养目标、课程设置、教学方法、教学用语、招生政策、教材编写、教学管理等方面具有浓厚的民族和地域色彩，具有普通教育不可替代的作用。民族性和教育性的有机结合，是少数民族教育发展的特殊规律。作为教育的一个子系统，少数民族教育丰富了我国国民教育体系，成为国民教育体系的一个亮点。"①

二　本书所使用的民族教育

总体来说，对民族教育的定义之争主要体现在"民族"和"少数民族"的概念上。《云南教育史》在"少数民族的学校教育"中也曾提到"少数民族教育作为云南教育的一个重要组成部分……但由于少数民族教育（因现在对民族教育与少数民族教育之用法较为混乱，这里的少数民族教育特指政府在少数民族地区，专为少数民族创办的学校教育）具有特殊性，故而将其单列，进行分述"。② 从中国对民族的定义本身就具有广义和狭义来看，③ 出现这样的争论是不可避免的。

本文所使用的是狭义的民族的概念，即少数民族。因此，在民族教育概念的指向上也即指少数民族教育。关于云南民族地区，在国家层面上看，中央把云南视为 8 个民族省之一，从 20 世纪 60 年代起，国家批准云南省享受自治区财政待遇，有关待遇比照民族自治区给予照顾，照顾到了云南省少数民族众多的实际。从云南省委、省政府的角度看，云南全省 8 个自治州、29 个自治县、26 个边疆县（有的属自治地方，有的不是）、197 个民族乡为民族地区。从 1976 年起，临沧、思茅、保山、丽江四个地区在财政上曾享受自治州待遇。

①　滕星、王铁志主编：《民族教育理论与政策研究》，民族出版社 2009 年版，第 10 页。
②　蔡寿福主编：《云南教育史》，云南教育出版社 2001 年版，第 509 页。
③　广义的民族指中国各民族的总称，如中华民族；狭义的民族指各个具体的民族共同体，也即常言的少数民族。在人口上居于少数，总人口约 10643 万，占全国总人口的 8.41%（2000年人口普查数据），在地理分布上，集中寨居于西北、西南和北部边界，使边疆的概念与少数民族等同。

第二节 民族教育研究综述

中华人民共和国成立 60 周年以来，我国民族教育走过了漫长而艰难的道路，从新中国成立初期的接管整顿，到"大跃进"时期的盲目追求导致数量大增、"文化大革命"十年动乱时期的胡抓乱斗，再到改革开放后经济大发展时期的大力建设硬件设施、培养民族师资，最后到今天全球化一体化背景下的求同存异，民族教育发生了翻天覆地的变化。这些变化有好有坏、有成功也有失败，但是每个时期的民族教育都充分反映了当时党和政府的政策和社会特色。对 60 年来民族教育的研究文献进行梳理和总结，有助于我们发现民族教育发展历程中的优势和不足，正确掌握民族教育 60 年来发展的脉络，才能在今后的研究中找到一条更加合理化的道路，才能为少数民族今后的教育建设作出更多的努力和更多的贡献。

一 文献数量及内容说明

本书所选文献全部通过中国知网 CNKI 网站的"学术文献总库"搜索。首先使用关键词"民族教育"并选定"主题"、锁定时间为 1950 年 1 月 1 日到 2010 年 12 月 31 日，搜索所得到的记录为 7527 条，其中 1950 年到 1957 年记录 12 条；1958 年到 1978 年记录 17 条；1979 年到 1989 年记录 489 条；1990 年到 1999 年记录 2068 条；2000 到 2010 年记录 4941 条。再使用关键词"云南民族教育"并选定"主题"、锁定时间为 1950 年 1 月 1 日到 2010 年 12 月 31 日，搜索所得到的记录为 61 条，其中 1950 年到 1978 年没有相关文献；1979 年到 1989 年记录 12 条；1990 年到 2000 年记录 20 条；2001 年到 2010 年记录 29 条（见图 1—1）。

在这些搜索记录中，本书选取进行研读的文献共 729 篇，其中除去内容和云南相关的文献共 638 篇：1950 年到 1957 年 3 篇；1958 年到 1978 年 7 篇；1979 年到 1989 年 113 篇；1990 年到 2000 年 261 篇；2001 年到 2010 年 254 篇。内容与"云南民族教育"相关的文献 91 篇：1979 年到 1989 年 14 篇；1990 年到 1999 年 34 篇；2000 年到 2010 年 43 篇（见表 1）。

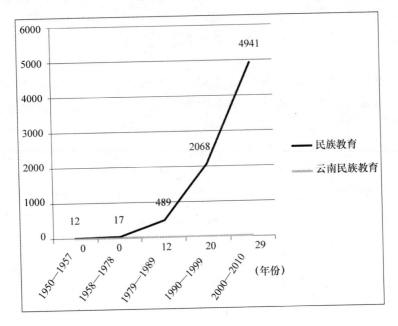

图 1—1   1950—2010 年相关文献数量

表 1—1   不同时段"民族教育"与"云南民族教育"研究文献数量

年份	1950—1957 年	1958—1978 年	1979—1989 年	1990—1999 年	2000—2010 年
民族教育	3	7	113	261	254
云南民族教育	0	0	14	34	43

　　从"民族教育"这一主题所选取的文章数目中我们可以看出，对于民族教育的研究整体呈现一个递增的趋势，应该说是从"文化大革命"后开始真正出现了对这一问题的研究，到 20 世纪 80 年代后，这种研究开始大幅增长，而 90 年代则是其高峰期。这里不难发现，在图 1—1 中 2000—2010 年检索的记录是 4941 条，是 90 年代的 2068 条的两倍多，那为什么选取的文献中 90 年代的更多，而且笔者会认为 90 年代是该问题研究的高峰期呢？这里需要说明，尽管 2000 年后搜索到的记录数目更多，但是其中新闻报道和其他非研究文献类型的条目占了至少 60% 以上，所以真正研究民族教育问题的文献其实是远远低于 90 年代的。

　　文献选取的原则主要有两条：一、主要选取文献名称和摘要与本书研究内容相关或相近的文献；二、当两个或两个以上文献名称及内容相似时，优先选择发表在规模较大、创办时间较长或者较知名期刊上的文献。

二　不同时期研究的内容及特点

（一）新中国成立初期的文献特点（1950—1957 年）

从新中国成立初期到"大跃进"前共选取研读 3 篇文章，分别是汤源的《发展中的少数民族教育》、[1] 中央教育部民族教育司的《五年来的民族教育》[2] 和发表在《人民教育》杂志上未署名作者的《西南少数民族的文教工作》，[3] 尽管前两篇文章是从宏观的角度来分析我国的民族教育，而《西南少数民族的文教工作》一文是从个案来说明教师的教学方法等对学生的影响，但是从文章结构和内容来看，它们都呈现出以下几个特点：

1. 总结过去的落后和受压迫情况，指出当前民族教育的良好发展，归因于新中国成立后正确的民族教育政策和方针。如在《五年来的民族教育》一文中描述了一百多年来我国的民族教育情况，指出"这些成绩的获得首先由于中央人民政府正确的民族政策即'巩固祖国的统一和各民族的团结，逐渐发展各民族的政治、经济和文化，消灭历史上遗留下来的各民族间事实上的不平等，帮助落后的民族提高到先进民族的水平，共同过渡到社会主义社会'。为了达到这一伟大的目的，在少数民族教育方面，中央人民教育部于 1951 年 9 月召开了第一次全国民族教育会议，确定了少数民族教育的方针，建立了民族教育行政机构，讨论了培养少数民族各级学校的师资以及进行爱国主义教育等问题，并订出了有效办法"。

2. 列举当前民族教育发展良好的种种事实和数据说明。这些内容主要包括：在开支上对少数民族教育的照顾；入学率上升的数据；文盲的不断减少；各类民族小学、中学、工农中学、少数民族学校等的建立和发展；放宽录取条件、帮助考生补习、优先发放助学金等方针；大力培养少数民族干部；加强培养少数民族师资；在少数民族语言文字方面，创立民族文字，出版民族语文教材、读物等。

3. 存在问题和解决方法。此时期的文章提出的问题包括民族团结、民族语文的教育困难、师资经费不足、领导水平参差等问题。《西南少数

① 汤源：《发展中的少数民族教育》，《人民教育》1954 年第 3 期。
② 中央教育部民族教育司：《五年来的民族教育》，《人民教育》1954 年第 10 期。
③ 《西南少数民族的文教工作》，《人民教育》1951 年第 3 期。

民族的文教工作》一文正是西南一所民族小学的教师为了提高教育水平而采取的多种教育方法。尽管只是个案，但这也是在当时的条件下的教育工作者为了提高教育水平而做出努力的一个很好的例证。

（二）"大跃进"和"文化大革命"时期（1958—1978年）

"大跃进"和"文化大革命"时期共研读文章7篇，其中从宏观角度分析研究的文献3篇，分别是《新中国民族教育十五年》、① 中央民族学院历史系讨论组撰写的《民族教育蓬勃发展》② 和《民族教育繁荣的新气象》；③ 从微观角度分析研究的文献4篇，分别是马守清的《跃进中的兰州回民中学》、④ 发表于《人民教育》上的《少数民族教育简讯：一所办在黎村苗寨的医科大学》、⑤ 秦振武的《谈谈龙胜各族自治县的民族教育》⑥ 以及《〈论十大关系〉是搞好民族教育的指路明灯》。⑦

这一时期的少数民族教育文献体现的共同特点是对党和毛主席的大加赞扬。对于各方面取得的成绩也是每篇文中开篇必书的内容，基本与新中国成立初期的情形相似，但是不同之处在于对比的对象不是新中国成立前的落后状况，而是与"以刘少奇、邓小平等为首的反动派"在"文化大革命"的十七年前"推行反革命修正主义教育路线"对比，以此来凸显党和毛主席的伟大领导。《民族教育繁荣的新气象》一文中写道："只有党才是领导社会主义教育的内行"；《民族教育蓬勃发展》一文中也写道："无产阶级文化大革命象强劲的东风，吹得祖国万里边疆教育革命似山花烂漫，绚丽如锦。文化大革命十年来民族地区教育事业的巨大成就，是对党内最大的不肯悔改的走资派邓小平鼓吹'今不如昔'的有力批判，也深刻地教育了各族工人、贫下中农（牧）、翻身农奴、翻身奴隶，使他们更加热爱毛主席的无产阶级革命路线。我们坚信，在毛主席革命路线的指引下，随着批邓和反击右倾翻案风斗争的不断深入，无产阶级文化大革命的巨大威力必将更加充分地显示出来，民族地区的教育事业也必将呈现更

---

① 林矿儒：《新中国民族教育十五年》，《中国民族》1964年第10期。
② 中央民族学院历史系讨论组：《民族教育蓬勃发展》，《中央民族学院学报》1976年第2期。
③ 方与严：《民族教育繁荣的新气象》，《人民教育》1956年第10期。
④ 马守清：《跃进中的兰州回民中学》，《中国穆斯林》1958年第11期。
⑤ 《少数民族教育简讯：一所办在黎村苗寨的医科大学》，《人民教育》1975年第10期。
⑥ 秦振武：《谈谈龙胜各族自治县的民族教育》，《中国民族》1964年第8期。
⑦ 《〈论十大关系〉是搞好民族教育的指路明灯》，《青海民族学院学报》1977年第1期。

加光辉灿烂的前景。"

（三）改革开放后的快速发展时期（1979—1989 年）

此时期共研读文献 113 篇。改革开放后由于政治格局的转变和计划经济逐步向市场经济过渡，使人们的思想认识发生了重大的改变。从研究的内容和重点来看，对于学校硬件设施不足、入学率、升学率、民族语言文字、师资力量、教材、干部、资金补助等问题的关注依然一如既往并且占主要部分，但是也有很多与改革开放前不同的角度出现，比如对民族风俗习惯、生产生活方式、民族学生心理特征、民族教育与民族经济关系等问题的重视等。总的来说，这一时期的文献有如下几个特征：

1. 对"文化大革命"时期的一些错误做法及其带来的负面影响的反思和总结。这一时期的多数文章都多少对"文化大革命"时期的一些错误进行了反思，这一特点在 1979—1984 年这五年间的文献中表现得尤为明显。如《回族教育历史的回顾与前瞻（下）》、[①]《民族教育立法问题浅谈》、[②]《民族教育问题浅议》[③] 等文章都花费了大量笔墨来描述"文化大革命"和"四人帮"给民族教育带来的负面影响。在《民族教育立法问题浅谈》一文中这样写道："在十年动乱期间，否定社会主义时期民族问题的存在，全盘否定民族立法，公然剥夺少数民族的平等权利和自治权利，给民族教育造成一场灾难。在这场灾难中，我区的所有关于民族教育的条例、法规，统统被扣上'民族分裂'的罪名，遭到批判、废弃。"

2. 注重民族教育与民族经济之间的关系。随着改革开放后市场经济的发展，经济成为每一个领域都会涉及的首要话题，民族教育也不例外。在研读的文献中有《青海民族教育与民族经济的关系》、[④]《试论民族教育的经济效益》、[⑤]《民族教育投资效益的分析》、[⑥]《民族教育的经济效益》、[⑦]《论民族教育与民族地区经济发展的辩证关系》、[⑧]《少数民族地区教育投资

---

① 马汝邻：《回族教育历史的回顾与前瞻（下）》，《西北民族大学学报》1982 年第 3 期。
② 韦弦：《民族教育立法问题浅谈》，《内蒙古社会科学》1982 年第 2 期。
③ 谢启晃：《民族教育问题浅议》，《中央民族学院学报》1982 年第 4 期。
④ 李思明：《青海民族教育与民族经济的关系》，《青海民族学院学报》1983 年第 2 期。
⑤ 王文长、孟延燕：《试论民族教育的经济效益》，《贵州社会科学》1986 年第 9 期。
⑥ 陆云翔：《民族教育投资效益的分析》，《学术论坛》1985 年第 5 期。
⑦ 王文长、孟延燕：《民族教育的经济效益》，《西南民族学院学报》1986 年第 3 期。
⑧ 李林：《论民族教育与民族地区经济发展的辩证关系》，《贵州民族研究》1987 年第 3 期。

经济效益初探》①6篇关于经济的文献,与长期以来民族教育研究领域关注的其他问题如民族语言文字、教材、师资培养、经费补助等问题相比,其篇幅甚至有超越这些传统问题的倾向,可见这一时期经济发展对全国人民生产生活的影响程度之深。在这些文献的内容中也比其他方面的文献融入了更多的新鲜元素,出现了用曲线图等表现形式来进行分析的方法,这种直观而严谨的表现形式与传统的一堆数字密密麻麻的罗列的方式相比更加容易理解,也为读者省去了不少麻烦,这种新鲜血液的注入无疑极大地补充了民族教育的研究方法,多学科视角下的民族教育研究开始得到发展。

3. 开始关注民族教育的立法问题。与政策紧密相连的一直是民族教育研究问题的核心,从新中国成立初期开始的文献中就有很多对时事政治的分析穿插其中,可以说民族教育是离不开国家的政策和法律法规的,不管是对新中国成立前的落后状态进行分析、新中国成立初期的英明决策的赞誉还是对"文化大革命"时期的批判,国家的政策始终贯穿在民族教育的领域中并且占据主导地位。但是改革开放前的研究更多的只是对国家大的政策的一些描述,而对民族教育的立法问题则是在改革开放后才开始进行研究的。相关文章如《民族教育立法刍议》②和《民族教育立法问题浅谈》等。这充分表明了我国的民主程度在改革开放后有了很大的提高,从一定层面上体现了学者的参政议政意识的提升。

4. 提出当前存在的问题时更加贴近研究对象的生产生活条件,强调民族问题和宗教信仰对民族教育问题的影响;强调消除"事实上的不平等",用更加平等和人性化的眼光来看问题,尊重少数民族;重视少数民族学生的心理特征。在民族问题方面,《关于西藏民族教育的几点意见》、③《民族教育问题浅议》、《论我省民族风俗与民族教育的关系》、④《试论民族传统文化心理与民族教育——对民族教育的跨文化研究》、⑤《浅谈教育与宗教的关系问题》⑥等多篇文章中都强调要重视民族特点和宗教问题,如民族风俗习惯、生产生活方式、宗教信仰、经济文化特征、

① 罗知颂:《少数民族地区教育投资经济效益初探》,《广西师范大学学报》1986年第1期。
② 吴大华、杨宗穗:《民族教育立法刍议》,《贵州民族研究》1987年第1期。
③ 山人:《关于西藏民族教育的几点意见》,《中国教育学会通讯》1981年第1期。
④ 李子和:《论我省民族风俗与民族教育的关系》,《贵州民族学院学报》1987年第3期。
⑤ 钟元俊:《试论民族传统文化心理与民族教育——对民族教育的跨文化研究》,《社会科学战线》1989年第2期。
⑥ 田丰云:《浅谈教育与宗教的关系问题》,《固原师专学报》1986年第2期。

民族习惯法、民族心理特征等对民族教育的影响，提倡根据这些民族的自身特点来制定教育政策、方针乃至教学方法和任务等，这种对民族特殊性和敏感性的重视和尊重在以前的文献中是较为少见的，尽管从新中国成立初期开始就一直强调要尊重少数民族，但是真正把这一理念作为研究的切入点来分析并且灌输到每一个细节中来却是在改革开放后才出现的，所以这一时期对民族问题的重视可以说是超越了前面30年的研究。同样的，对于"民族平等"观念的提倡也随之增加，而且不再是那种口号式的注重，还提出了"事实上的不平等"这一说法，指出在民族教育的实施过程中一些存在的有意识或无意识的不平等及其危害。值得一提的是，在《浅谈民族学生的特点问题》① 一文中提出了民族学生的五个特点，其中前四个特点都是优点，只有最后一个特点和汉族学生相比较为落后一些，由此可见，这一时期的研究更多地放在对学生的尊重和鼓励方面，而不是单纯地描述问题，这一点从教育学的角度来看是非常好的。这一时期的另外一个创新是从心理学的角度来研究民族教育，充分认识到少数民族学生的心理特征不同于汉族学生，这一时期共有《根据少数民族学生的心理特点进行写作教学》、②《论少数民族大学生德育心理》、③《8—12岁汉族和裕固族儿童心理发展的比较研究》、④《苗族、汉族学生思维发展的比较研究》⑤ 等7篇以少数民族学生心理为研究主题的文章，而在文章内容中涉及少数民族学生心理特点的在10篇以上。这些特点都说明了民族教育研究越来越趋于专业化和细节化。

　　5. 提出解决问题的方法时更加具体实际，从小的方面入手，对各个层面的问题进行分析解决。同时，强调对待学生的态度要正面、积极，要多鼓励、表扬而不是打击其自信心；强调教师要耐心、细心、热心地对待学生等，从这些方面可以看出，此时期的教育研究不再是一些死板的官话

---

　　① 马健龄：《浅谈民族学生的特点问题》，《中南民族学院学报》1982年第4期。
　　② 吕奎文：《根据少数民族学生的心理特点进行写作教学》，《广东民族学院学报》1983年第1期。
　　③ 于洪志、寇建群：《论少数民族大学生德育心理》，《西北民族学院学报》1985年第2期。
　　④ 王树秀、刘毅、陈晓云：《8—12岁汉族和裕固族儿童心理发展的比较研究》，《西北师范大学学报》1989年第4期。
　　⑤ 李兴国等：《苗族、汉族学生思维发展的比较研究》，《全国第五届心理学学术会议文摘选集》，1984年，内部资料。

套话,而是更多地注重民族学生的心理来对症下药。

　　总的来说,这一时期民族教育的研究注入了很多新鲜的元素,在学科方面开始关注一些新的影响因素,比如说人口、地理、经济、民族特征等问题与民族教育的关系;另外,从文献内容本身来说,一些新的研究和写作方法开始被使用在文献中,比如说曲线图、柱状图、饼状图等各类图形和表格的使用,经济学、社会学、统计学、心理学等研究方法。这一系列新鲜的方式方法和理念的出现,无疑使民族教育的研究迈进了一个新的时代,也为后来一些新兴的交叉学科的出现和发展奠定了一定的基础。

　　(四)90 年代后的急剧变革发展时期

　　从 1990 年到 1999 年,这一时期共研读文献 295 篇,这些文献传承了一直以来对民族教育研究的主要内容,包括资金投入、民族语言文字、师资力量培养、干部素质等问题,研究的虽然是同样的问题,但是在关注的重点、对问题的分析和提出的解决方式等方面都有了很大的变化,这些变化的原因离不开当时社会发展的背景。20 世纪 90 年代,我国市场经济体制正式建立,在经济体制转轨之下,在市场经济公平、竞争、效益的经济规律要求之下,作为具有"特殊性"的民族教育政策,以及需要特殊扶持的思想与市场经济规律存在矛盾,但是后者又是民族地区民族教育的实际情况,大一统与特殊性的发展矛盾如何解决? 在这种背景下,该时期对民族教育的研究也呈现出一些不同于以往的特点:

　　1. 此时期对经济的重视体现在所有的文献当中,几乎 90% 以上的民族教育研究文献都提到了经济对民族教育的影响。并且专门把经济作为影响民族教育发展的主题来进行分析的文献也不在少数,由于此类文献繁多,此处不再一一列举。

　　2. 很多研究文献开始对渐趋统一而特殊性照顾政策逐步减少的民族教育政策和教育方法提出意见和建议。具有代表性的如《高校招生并轨将会给民族教育带来什么?》[①] 一文,作者在文中指出:"首先,实行同一录取分数线,表面看来十分公平客观,但对少数民族学生来说,恰恰是一种不合情理的做法。尽管民族教育是全国教育大系统中的一分子,但我们也不能无视它的各种特殊性,简单地搬用全国统一的招生模式,重蹈

---

　　① 曲比张佳、卢万发:《高校招生并轨将会给民族教育带来什么?》,《中国民族教育》1997 年第 4 期。

'一刀切'、'大一统'的历史覆辙……招生工作实行'全国同一录取线',有违'一切从实际出发、实事求是'的原则。""其次,有人把实行同一收费标准、所有学生都要缴费上大学,硬说是'借鉴发达国家的经验','是从国情出发的'。笔者对此实在不敢苟同……""基于上述认识,我们认为高校招生并轨制应作如下补充完善:第一,建议缴费要分三个档次六个等级,即:沿海地区、中西部地区和少数民族地区各为一个档次,每个地区又分城市和乡村两个等级……第二,录取线应分为三条,即全国重点院校一条线,普通高等院校一条线,民族院校一条线……'并轨'是否有利于加速发展民族教育事业,是否适合国情,是否需要作必要的补充调整,有待于专家学者们进一步深入研究。"这篇文章虽然论述的是高等教育中的民族教育问题,但是也能从中看到民族基础教育此时面临的情况不会有更多的例外。《浅谈民族教育》① 一文认为,"现行教育制度的统一化不利于民族地区教育的发展。统一入学的年龄对于散居高山深谷、沙漠和草原的少数民族子女不利,六七岁的儿童每天要奔走几里、十几里以至二十几里于沟深、坡陡的崎岖小道和沙漠草丛之中,其难度是他们体力所承受不了的……统一教材与民族地区的实际情况不吻合……现行的统一考试、统一分数线录取,不利于民族教育的发展"。

也有一些文章不是直接说明这种照顾政策的减少不好,而是从相反的角度来呈现照顾政策的好处。比如《试论"三包"教育政策的利与弊及其改革对策》,② 从文章的标题来看好像是在评论"三包"政策的好与坏,其实是对西藏从1985年开始实施的"三包"政策(包吃、包穿、包住)的好处大书特书,以此来说明特殊照顾政策应该被坚持下去。

3. 体制改革带来了经济的快速发展,《义务教育法》的实施也大力普及,但是这并不能保证民族教育的质量一定提高,一些文献对学生的入学率、升学率和流失率都作了详细的说明和比较(相关文献如《少数民族地区学生辍学问题初探》③ 中有详尽的数据说明),并且教育质量也没有因此得到保证,也有一些学者对此问题进行了深入的分析。如《贫困地区民族教育的发展思路——临夏回族自治州、积石山县民族教育的调查与

① 华丁:《浅谈民族教育》,《贵州民族研究》1998年第1期。
② 江维祝:《试论"三包"教育政策的利与弊及其改革对策》,《西藏研究》1996年第1期。
③ 贾昭才:《少数民族地区学生辍学问题初探》,《中国民族教育》1994年第4期。

思考》① 一文将此情况称为"纵向的快速发展与横向的低质量教育",并认为原因之一是"体制改革所带来的冲击:其一,在市场经济条件下物价上涨,办学费用增加,学生学费自然增加,使贫困民族地区的家庭承受困难,致使相当一批学生辍学流失;其二,高考升学率低,使绝大部分家长对考试和上学'失望',反正迟早都回家,晚回还不如早回……"《浅谈民族教育》一文认为,"农村实行经济政策以后,土地责任落实承包到户,不少民族地区农村儿童在适龄入学阶段就承担起家庭劳力的角色,加上民族地区经济较为落后,少数民族农村家庭经济负担承重,使民族地区小学教育越到高级班,入学率、巩固率、升学率就越低"。

很多学者认为,义务教育的普及并不能解决民族地区的教育问题,相反的,民族地区应该更多地提倡适应当地环境和条件的教育方式,教授学生一些能在实际中应用的知识如农业知识等。《浅谈民族教育存在的问题及发展途径》② 一文指出:"应试教育向素质教育转轨进展缓慢,职业技术教育相对薄弱。"

4. 少数民族特殊政策开始逐步向扶贫政策转化,将民族问题包括民族教育问题等同于扶贫问题,糟糕的是,就连扶贫在实施的过程中都面临着很多的问题。在《浅谈民族教育的三个误区》③ 一文中,作者指出民族教育中一个很大的误区在于"民族教育扶贫的短期行为";《浅谈民族教育存在的问题及发展途径》一文也指出"在教育投入中存在着有法不依的行为"。

5. 从学术研究的角度来说,此期的研究文献比之前的少了很多官话和套话,呈现出更加学术化的特点。这种学术化首先表现在对概念的详尽阐述,很多文章在论述观点之前必先将所涉及的概念论述一遍,或者在提出一个观点之后就大篇幅论证自己的观点。另外,很多其他专业的问题被加入其中,民族教育领域中的跨学科研究越来越重要,出现了一些关注少数民族女性教育、心理研究、宗教研究、人口问题、地理问题、学校布局等问题的文献,可见对民族教育问题的研究更加深入和细致了。

---

① 李希等:《贫困地区民族教育的发展思路——临夏回族自治州、积石山县民族教育的调查与思考》,《民族研究》1994 年第 3 期。

② 韩光明、张敏:《浅谈民族教育存在的问题及发展途径》,《黑龙江民族丛刊》1997 年第 2 期。

③ 邱开金:《浅谈民族教育的三个误区》,《民族教育》1999 年第 5 期。

（五）21 世纪的民族教育研究

从 2000 年至今所选取研读文献共 297 篇，与前期的文献相比，这段时期的文献研究呈现出以下几个特点：

1. 对民族教育的研究呈现出多元化、地方化和微观化的特点。首先，民族教育不再单纯地被认为只和少数民族特点相联系，而是被放在很多其他的方面来进行考察，比如很多文献把民族教育置于"西部"、"WTO"、"新农村"这样的新鲜话语之下来进行研究；或者将我国的民族教育与国外的教育进行比较研究。《中美少数民族教育优惠政策的差异》、①《中外民族教育立法中双语教育规定之比较》、②《对我国少数民族教育立法的思考——以中英立法特点比较为视角》③ 等文从教育的各个角度入手，包括在宏观的如政策、立法等方面和微观的如语言、学生心理等方面来进行比较研究；还有一些从科学方面如信息技术、现代教育装备等角度来谈民族教育的文章④等。另外，民族教育研究更多地呈现出地方化和微观化的特点，在本书选取研读的 297 篇文献中，有近 150 篇是专门围绕某个地区或者某个个案来写的，其中西南三省和新疆民族教育的研究文献较多。并且这些研究都是从较小的方面入手，有一半以上的研究是微观方面的研究。

2. 很多文献中的民族教育研究是被放在国家宏观政策下来进行分析，但是有些文献中确实提出了比较有建设性的观点和想法，而有些文献却只是给"民族教育研究"戴上一个新的帽子，更多的是把过去的民族教育研究加上一个"西部"的地理限制。比如，由于"西部大开发"政策的提出，21 世纪后对民族教育的研究明显有很多被冠以"西部"的提法。这一时期关注"西部民族教育"的文献不在少数，如《对西部地区民族教育的一点思考——以统一民族与多元族群为背景》、⑤《和谐社会背景下

---

① 马效义：《中美少数民族教育优惠政策的差异》，《民族教育研究》2007 年第 1 期。

② 钱晓芳、马敏：《中外民族教育立法中双语教育规定之比较》，《社科纵横》2005 年第 6 期。

③ 白晶、张博：《对我国少数民族教育立法的思考——以中英立法特点比较为视角》，《前沿》2008 年第 2 期。

④ 徐红梅、罗江华：《信息技术在民族文化课程开发中的应用研究》，《民族教育研究》2009 年第 5 期。

⑤ 韦晓冰：《对西部地区民族教育的一点思考——以统一民族与多元族群为背景》，《民族教育研究》2005 年第 1 期。

发展西部民族教育的对策》、①《中国西南边疆少数民族教育问题与发展对策》、②《西部贫困山区民族教育发展滞后的症结及出路——以云南潞西市三台山德昂族乡为典型的调查研究》、③《关于西北民族地区寄宿制学校办学若干问题的思考》、④《西部少数民族教育的区域失衡与发展策略》⑤等。这些文献看起来是把民族教育与西部发展相结合,但研究内容与研究方法仍无法脱离之前的观点。民族教育研究的局限性可见一斑,民族教育研究理论与方法的创新亟待发展。写得较为全面的可见《西部贫困山区民族教育发展滞后的症结及出路——以云南潞西市三台山德昂族乡为典型的调查研究》一文,作者从文盲率、入学率、师资力量、经费投入、生存环境、经济条件、教育模式与民族地区脱离、传统观念和宗教观念的影响等长期以来在民族教育研究中被提及的方面来论述西部的民族教育问题。此时有相当一部分研究在内容中却没有呈现"西部"和"民族教育"两者的新的结合点,只是在标题中加入了"西部"二字。

同样是根据国家政策进行研究的文献,《"新农村"背景下不利于我国民族教育发展的若干因素分析》⑥和《加入 WTO 对民族教育的影响及对策》⑦两篇文献倒是对 WTO、新农村和民族教育的关联进行了一些分析,提出了一些新的见解。例如《"新农村"背景下不利于我国民族教育发展的若干因素分析》一文提出了三个方面:"一、民族地区教育观念、政策创新滞后性与迟效性,阻碍了新农村建设过程中对教育的准确定位;二、民族地区基础教育质量与效益的低下,限制了建设新农村对人才素质全面提高的要求;三、民族职业教育体系不完备与结构失衡,不适应新农村建设对人力资源全面开发的需求。"并分别对此三方面进行了深入详细

---

① 宋改敏、赵建斌、陈燕:《和谐社会背景下发展西部民族教育的对策》,《兵团教育学院学报》2007 年第 3 期。

② 吴思震:《中国西南边疆少数民族教育问题与发展对策》,《民族论坛》2006 年第 10 期。

③ 李蔬君、李韬:《西部贫困山区民族教育发展滞后的症结及出路——以云南潞西市三台山德昂族乡为典型的调查研究》,《中国民族教育》2001 年第 5 期。

④ 白亮:《关于西北民族地区寄宿制学校办学若干问题的思考》,《当代教育与文化》2009 年第 5 期。

⑤ 蔡茂华:《西部少数民族教育的区域失衡与发展策略》,《教育发展研究》2005 年第 4 期。

⑥ 钟达木、赵鹏程:《"新农村"背景下不利于我国民族教育发展的若干因素分析》,《西北民族大学学报》2006 年第 5 期。

⑦ 朴今海:《加入 WTO 对民族教育的影响及对策》,《中南民族大学学报》2003 年第 3 期。

的分析。

3. 出现了一些对历史上的民族教育研究和政策进行梳理和分析的文献。如：《近20年云南民族教育研究综述》、① 《1994—2009：民族教育政策研究文献分析》、② 《建国初期发展少数民族教育的理论与政策》、③ 《改革开放30年来我国民族教育政策回顾与评析》、④ 《我国民族教育政策基本理论研究述评》、⑤ 《试论我国少数民族教育政策中心的转移问题》⑥等，这些文献从社会学、统计学、人类学等多种学科角度，运用多种分析方法对我国民族教育研究进行了整理，为民族教育研究作出了一定贡献。

4. 对民族教育平等权、自主权和教育失衡问题关注的程度增加。《高等教育招生的民族政策与少数民族教育平等》、⑦ 《论少数民族的教育平等权与自主权》、⑧ 《少数民族教育公平问题探析——一位校长的教育人类学口述研究》、⑨ 《少数民族教育平等问题及政府的教育政策选择》、⑩ 《高考招生录取的民族政策与少数民族教育权利平等》⑪ 等多篇文章从不同的角度出发对少数民族教育平等问题进行了深入探讨和分析。在这些文献当中所呈现的态度各有不同，有些人认为照顾少数民族学生是对汉族学生的不平等对待，持这种观点的主要以个案为多数；也有些人认为对少数民族学生的照顾和优惠政策是应该的，因为种种事实表明，少数民族学生确实普

① 陈月明丹、李劲松：《近20年云南民族教育研究综述》，《学术探索》2004年第4期。
② 于春江：《1994—2009：民族教育政策研究文献分析》，《河南社会科学》2010年第2期。
③ 赵民、林均昌：《建国初期发展少数民族教育的理论与政策》，《黑龙江民族丛刊》2007年第4期。
④ 陈立鹏：《改革开放30年来我国民族教育政策回顾与评析》，《民族研究》2008年第5期。
⑤ 许可峰：《我国民族教育政策基本理论研究述评》，《民族教育研究》2007年第5期。
⑥ 王鉴：《试论我国少数民族教育政策中心的转移问题》，《民族教育研究》2009年第3期。
⑦ 李乐：《高等教育招生的民族政策与少数民族教育平等》，《广西民族大学学报》2008年第6期。
⑧ 宝玉柱：《论少数民族的教育平等权与自主权》，《民族教育研究》2001年第3期。
⑨ 张善鑫、刘旭东：《少数民族教育公平问题探析——一位校长的教育人类学口述研究》，《当代教育与文化》2010年第1期。
⑩ 丁月牙：《少数民族教育平等问题及政府的教育政策选择》，《民族教育研究》2005年第2期。
⑪ 郎维伟：《高考招生录取的民族政策与少数民族教育权利平等》，《西南民族大学学报》2008年第5期。

遍比汉族学生受教育的资源更少、更艰难，为了反驳上一种观点，持这种态度的学者多数提出"差别但平等"的理论或原则来支撑自己的观点，也有从各个角度进行分析举证的。这种观点以《少数民族教育平等问题及政府的教育政策选择》和《高考招生录取的民族政策与少数民族教育权利平等》、《高等教育招生的民族政策与少数民族教育平等》等文献为例。

第三节   本书的研究思路

一   总目标

一是梳理 60 年来云南民族教育的发展脉络，总结分类指导政策下云南民族教育发展的经验，达到以史为鉴的目的。本书立足于云南省 60 年的教育档案，对云南民族教育的发展进行"清家底"式的资料整理与解读，从一个侧面补充分类指导政策在民族教育领域的创新、实践与成效。

二是力图摸清云南省民族教育在基础教育（义务教育）阶段存在的不足。义务教育作为一个民族普遍提高群体素质的重要阶段，也是整个民族教育系统内的基座，其重要性不容置疑。其中存在的问题与发展的状况对民族发展的影响甚至比容纳民族精英的高等教育的发展影响面更大。本书结合典型深入的个案研究，对目前基础教育阶段云南的民族教育中存在的一些重大问题进行描述、分析和解释，进而提出相对应的政策建议，期望为政府相关部门决策提供参考；也为相关专业的研究生提供较为全面的、系统的云南民族教育的发展概貌。

二   研究意义

从历史的角度看，云南是一个多民族的边疆省份，全省 5000 人以上的世居民族 26 个，其中 15 个民族为云南独有；少数民族人口 1500 万余人，约占全省总人口的三分之一；云南地处祖国边陲，国境线长达 4061公里，有 16 个民族跨境而居，与国外同一民族在国境线两侧相邻而居，拥有 20 个国家级和省级口岸，还有 100 多条边民互市通道。所以云南是我国世居民族最多、特有民族最多、跨境民族最多的省份，是我国乃至全球民族多样性分布的典型地区。这种多民族共存、文化多元、经济社会发展不平衡的特殊性使云南民族教育中出现的问题呈现多样性。因此，在某种意义上可以说，云南民族教育的发展变迁既是中国民族教育的缩影，又是中国民族教育类型的代表。而一个地区的发展，以教育先行为主，又以教育发展为基础。据此，对云南民族教育发展变迁的梳理，能在一定程度上厘清中国民族教育发展进程中的得失，对民族经济、社会发展的影响，对现代化转型期的少数民族的制约。另一方面，边境地区的民族教育现状、存在的问题及其解决方式不仅关系到党的民族政策的落实，事关民族团结、边疆稳定的大局，也对构建周边和谐国际关系具有重要的影响。其历史意义和现实意义不言而喻。

受制于社会发育程度不一、经济发展层次较低的历史以及特殊的地理与生态环境等多方面的因素，1949 年至今的云南省民族教育总体发展水平也相应呈现出一定阶段内的滞后性，与全国甚至是云南省教育的平均水平相比还存在着很大差距和诸多问题：

（1）民族地区历史上基础教育总体水平偏低，文盲比例高，两基达标完成后仍有诸多影响因素干扰民族教育的均衡发展。根据 2000 年全国第五次人口普查统计数据，全国人均受教育年限为 8.43 年，云南省仅为 6.33 年，排在全国第 29 位，而云南省少数民族是 5.71 年，民族地区比全省又低 2—3 个百分点，如拉祜族、佤族、布朗族、独龙族、怒族等少数民族人均受教育年限不到 3 年；全国文盲半文盲人口占总人口比重的 15.9%，云南为 25.4%，在全国排第 4 位。云南省民族地区教育信息化尚处于起步阶段。总体上，云南基础教育水平与全国相比落后近十年，在西部省区中居于较后位次，而云南省边疆、民族、贫困地区的基础教育水平又比全省落后十多年。虽然云南省至 2009 年末全省所有县（市）区实现"两基"，人口覆盖率达到 100%。但是，基于历史上遗留的各种不利因素的影响，云南的民族教育中仍然存在诸多问题，少数民族教育中的教育均衡性发展与国家教育财政的非均衡投资仍值得探讨。

（2）民族自治地方贫困面大，基础教育欠债多。在云南省 129 个县（市）中，有 102 个县（市）财政不能自给，这些地区基本上是民族自治地方、边境地区和民族贫困地区，在云南省 73 个国家级扶贫攻坚的重点县中，有 51 个县在民族自治地方，27 个县在边境一线；在全省 506 个扶贫攻坚重点乡中，有 386 个乡是民族乡或民族聚居乡。这些地区经济发展程度较低，财政十分困难，基础教育投入与需求的矛盾十分突出，教育欠债多。

（3）民族地区"排危"欠债大。云南省 129 个县（市、区）都是抗震设防区，其中 6 度设防的仅有 13 个，其余为 7—9 度烈度设防区，所占国土面积达到总面积的 89%，有 1500 所学校处于地质灾害威胁地区，属于国家排查重点并优先安排鉴定的范围。云南省学校点多面广，基础设施薄弱，仅土木结构、砖木结构的校舍就有 900 万余平方米，据云南省民委教育处提供的数据显示，截至 2008 年，云南省尚有 D 级危房近 600 万平方米，基本上都在民族地区。从 2009 年开始，省政府与各州市政府签订了《中小学校安全工程建设责任书》，明确了各级政府 3 年排除 401.67 万平方米危房的目标任务，排危工作任重而道远。

（4）各民族、各地区之间基础教育发展极不平衡。全省 25 个世居少数民族中，教育发展水平差异大，不仅民族和民族之间差异大，而且同一民族的不同地区之间差异也很大。许多少数民族地区生产力水平低下，社会发展程度低，民族地区中小学公用经费拮据，校舍不足，教学设备简陋，甚至还有许多课程无法开设，尤其是边境一线人口较少的民族地区、藏区及民族贫困山区，维护"两基"达标任务十分艰巨。云南省目前约有贫困中小学生 257 万人左右，其中绝大多数是少数民族学生，在 2009 年"两基"任务完成之后，许多少数民族学生仍然会因经济困难失学或辍学，造成入学率、升学率低，辍学率高。

（5）民族地区师资短缺，尤其是"双语"教学师资短缺。云南是一个多民族、多语言、多文字的边疆省份，5000 人以上的 25 个少数民族中，除回族、水族、满族 3 个少数民族已使用汉语外，其他 22 个少数民族共使用 26 种语言，14 个少数民族使用 22 种文字或拼音方案进行双语教学。在全省 1400 多万少数民族人口中，以本民族语言为主要交际工具的有 1178 万人口，不通汉语或基本不通汉语的约有 600 万人。发展这些地区的教育事业，双语教学显得尤为重要。截至 2007 年，云南省教育厅民教处共审定 14 个民族 18 个语种 239 本民文教材（包括学前班、小学一年级至四年级语文教材及小学一年级数学，并免费提供学生使用）。[①] 但是上述地区能使用"双语"授课的教师不仅数量缺乏，而且质量也不高，成为这些地区民族教育发展较为突出的制约因素。

（6）民族地区边境安全教育形势严峻。云南边境线全长 4061 公里，

---

① 云南省教育厅民族教育处提供。

有 26 个边境县分别与缅甸、老挝、越南接壤。这些边境县绝大多数都是民族自治地方。近年来，从境外流入的一些不良因素对边境地区的基础教育带来了消极影响。如贩毒、吸毒、赌博、卖淫嫖娼在个别地区泛滥，使边境少数民族青少年深受其害。在边境民族地区，西方一些国家和敌对势力在境外以扶持教育为借口进行渗透，他们以资助办学、免费送书、送文具、送衣被和生活补助等方式，吸引边民子女出境上学，严重影响到我国的国家安全。

此外，云南省民族自治地方的基础教育还存在着少数民族学生学业成就低，课程内容不能适应学生发展需求，教育资源的不足与浪费现象严重，师资力量薄弱，教学质量不高等诸多问题。所有这些问题都在一定程度上制约着云南民族自治地方基础教育的发展，严重影响了云南民族自治地方的进一步发展和云南省整体现代化水平的提高与和谐社会的构建。因此，发展民族教育特别是民族自治地方的基础教育是云南省教育的"重中之重"。从长远看，它涉及云南省的经济社会与文化教育是否能实现可持续发展和边防巩固、国家安全及少数民族人口素质提升等问题，从眼前看，它是实现云南省"十一五"规划目标的瓶颈。

所以，从历史的角度出发，对云南民族自治地方基础教育中的重大问题开展多学科的、理论与实践价值兼具的、深入细致的研究已迫在眉睫，具有重大的现实意义。

从"八五"开始，云南民族教育研究取得了重要进展，有关学者对云南民族教育（包括民族自治地方的基础教育）从历史发展、现状调查、影响因素、发展模式、民族心理、双语教育、课程改革等诸多方面进行了积极探索和研究，也发表了一些论文和著作，但这些研究大都是从宏观的视角出发，采取的是"自上而下"式先入为主的研究方式，或者从预设的理论和先验出发，或者偏重于理论探讨和模式建构，这就使得此类研究的实践性、针对性不强，对解决实际问题和指导工作的意义不大。而且，以往对云南民族教育研究的方法比较单一，主要采用文献研究和个案研究的方法，大多是描述性的，比较注重对历史和现状的解释分析，以经验的、定性的方法为主，较少采用定量和实验的方法。研究主要集中于对民族教育现象的表面描述分析，而缺乏对成因、规律等方面的深层次分析。有的研究虽然运用了定量的方法，但不太注重所选择样本的代表性和科学性。本书主要采用教育人类学田野工作的实证主义研究范式，以教育人类学的田野研究方法（参与观察和深度访谈）为主，结合教育社会学的问卷调查法，将定性研究和定量研究有机结合起来开展研究工作。我们将通过典型的个案研究，努力广泛获取第一手真实的调查资料，深入分析、考察云南民族自治基础教育的现状和存在的问题，提出针对性较强的对策和建议，为政府部门决策提供科学依据和重要参考。

第二章 民族教育的特殊性分析

第一节 不同时期民族教育的工作和重点

我国的教育工作和民族工作在不同历史时期有不同的重点和特点，民族教育是教育工作的组成部分，又与具有阶段性特点的民族工作和民族发展要求密不可分，因而民族教育的方针、任务在不同的历史阶段有其不同的内容和不同的要求。从 1949 年中华人民共和国成立至今，国家分别在1951 年、1956 年、1981 年、1992 年、2002 年召开过 5 次全国民族教育工作会议，其方针和任务如下：

一 第一次民族教育工作会议

新中国成立后不久，国家为了及时了解民族地区的教育状况，制定新时期党的民族教育发展方针政策，于 1951 年 9 月 20—28 日在北京召开第一次民族教育工作会议。此次会议根据《中国人民政治协商会议共同纲领》中关于文化教育政策的精神和第一次全国教育工作会议精神，从少数民族的实际发展状况出发，首次确定了少数民族教育的方针是：少数民族教育必须是新民主主义的内容，即民族的、科学的、大众的教育，并应采取适合于各民族人民方针和进步的民族形式。少数民族教育的任务为：少数民族教育目前应以培养少数民族干部为首要任务，以满足各民族政治、经济、文化教育建设的需要，同时应当加强小学教育和成人业余教育，提高少数民族的文化水平，并应当努力解决少数民族各级学校的师资问题。会议讨论通过了《培养少数民族师资的试行办法（修正草案）》、《中央人民政府政务院关于建立民族教育行政机构的决定（修正草案）》、《少数民族学生待遇暂行办法（修正草案）》、《中央人民政府政务院关于加强少数民族教育工作的指示（修正草案）》。政务院第 112 次政务会议批准了教育部关于这次会议的报告。

　　此次会议还对少数民族教育的办学形式、教学计划、教材编制、教学用语等都做了具体规定，强调尊重少数民族地区的实际情况和特点。此后，在发展上采取了专为少数民族子女设校的办法，在一般学校也注意向少数民族子女开放，放宽入学年龄并优先录取等措施。

　　中华人民共和国成立初期确立的民族教育方针任务，适应了当时民族地区政权建设和实施民族区域自治制度对大量少数民族干部的需要，极大地促进了民族地区社会主义制度的建设。

二　第二次民族教育工作会议

　　1956 年 6 月 4—17 日，教育部在北京召开第二次民族教育工作会议。会议总结了新中国成立后的少数民族教育工作，研究了 1956—1957 年全国少数民族教育事业的发展纲要，提出要在整个国民教育事业的发展过程中，使少数民族的教育事业逐步接近和赶上汉族水平，在少数民族地区有步骤地开展扫盲工作和实行普及小学义务教育。会议确立了今后民族教育工作的方针是"整顿巩固、重点发展、提高质量、稳步前进"。

　　随后在经费支持、解决师资、创制和改革民族文字等方面出台了一系列政策，以达到这一目标的实现：

　　1956 年 9 月，国务院发出《关于少数民族教育事业费的指示》，一是针对当时的公办、民办"两条腿"走路的办学方式，强调民族地区办学以公办为主，办学经费由国家承担，在一定程度上减轻了民族地区的学业负担；二是减免收取民族地区的学杂费；三是对民族小学的编制定额给予照顾，从增加人员经费上支持了民族教育；四是逐年增加少数民族教育补助费。

　　1956 年 11 月，针对民族地区师资严重缺乏问题，教育部下发《关于内地支援边疆地区小学师资问题的通知》，通过内地调配、邻近省区支援、有针对性移民、定向招生和培养等方法支持民族地区少数民族教育的发展。

　　1957 年，国务院批准了关于少数民族创制和改革文字的方案，从实际出发，推广民族语文的使用，适应民族地区民族教育的需求和推进特色教育的发展。至 1959 年 9 月，在文化部、教育部、民族事务委员会联合召开的全国少数民族出版工作会议上，提出了民族语文教材翻译和采用相结合、通用教材和自编及补充教材相结合的民族语文教材工作方针，此后基本沿用。

三　第三次民族教育工作会议

1981 年 2 月 16—25 日，教育部和国家民族事务委员会在北京召开第三次民族教育工作会议。此时，我国的各项工作重点转移到以经济建设为中心。会议总结了 30 年民族教育工作的经验教训，交流了各地情况，研究了新形势下调整和发展民族教育的方针任务。教育部副部长臧伯平在会议报告中指出：加强民族教育工作，第一，要深刻认识加强民族教育工作的战略意义；第二，要尊重民族特点，民族教育的内容应采取适合于各民族人民发展和进步的民族形式，在学校教育中，要加强少数民族语文教学，切实搞好少数民族语文教材的建设。少数民族学生在中小学阶段应先学好本民族语文，在此基础上学习汉语，有条件的还要学习外语。民族文字教材要反映民族地区特点和民族文化传统。在办学形式上，既要有重点地以寄宿制学校作为骨干，又要采取其他多种形式。总之，必须逐步建立适合民族特点的社会主义教育制度，绝不能照搬汉族地区的做法。第三，要从各民族地区的实际情况出发，制定切合实际的民族教育规划。第四，发展民族教育必须把加强国家支援和少数民族地区自力更生正确结合起来。除国家大力支援外，还必须充分调动民族地区、地方厂矿、企业和社会的办学积极性，实行"两条腿走路"的方针。按照新的财政体制，国家预算中列有支援经济不发达地区发展资金，还有少数民族地区事业补助费、边境地区事业补助费和基建补助费，建议在这些资金、补助费中都拿出一部分用于民族教育。内地支援少数民族地区教育事业已有传统，今后还要加强。

针对"文化大革命"中民族教育政策被严重破坏、民族教育工作基本停滞的局面，此期的民族教育工作方针与国民教育的方针"调整、改革、整顿、提高"相一致。其工作任务主要有：一是要加强各级各类学校的思想政治教育；二是要切实抓好中小学教育，根据少数民族地区的实际情况，采取多种形式，分期分批地逐步完成普及小学教育的任务。中学教育要分不同情况适当发展，并注意提高质量；三是调整和办好少数民族中等专业教育和高等教育；四是大力扫除文盲，逐步发展业余教育；五是加强民族师范教育，搞好少数民族师资队伍建设，要恢复和发展民族师范院校,加强在职教师的培训提高,继续派教师到边疆、少数民族地区。会议还提出了在民族教育恢复和发展中要注意的几个问题,如要进一步恢复和加强民族语文教学和民族文字教材建设,要妥善解决民族教育的经费,建立和健全民族教育行政机构,保障民族自治地方在教育上的自治权。

这次会议还指出当前民族教育中存在着一些亟待解决的问题,如少数民族教育发展极不平衡;民族教育中"虚肿现象"和形式主义严重;民族教师数量不足、水平低;办学条件差,校舍严重不足等。这些现象同培养"四化"建设人才的需要很不相适应,势必影响少数民族地区现代化建设的进程,影响民族团结和边防巩固,所以必须采取有效措施,扎扎实实地把民族教育搞上去。

此时期,20世纪50年代建立的民族教育政策得到了全面恢复执行,民族教育事业得到了较快发展。

四　第四次民族教育工作会议

1992年3月15—18日,国家教育委员会和国家民族事务委员会在北京召开第四次民族教育工作会议。

会议总结交流了民族教育工作经验,特别是十一届三中全会以来民族教育发展与改革的经验,表彰了长期在民族教育园地辛勤耕耘的先进集体和先进个人。

进一步明确了改革和发展民族教育的基本原则。强调做好民族教育工作,必须把贯彻执行党的教育方针和民族政策有机地结合起来,坚持从少数民族实际和少数民族特点出发,发展民族教育事业。要做到:坚持社会主义方向;坚持为当地经济和社会发展服务;坚持开放,扩大交流;坚持宗教与教育分离;坚持国家帮助与自力更生相结合。

会议提出了20世纪90年代发展民族教育工作的主要任务和主要措施:90年代民族教育工作要打好基础,在数量上和质量上有所发展和提高;要坚持改革开放,进一步明确办学路子,使民族教育更好地为当地经济建设和人民群众文明富裕服务。为了完成好任务,必须采取如下措施:进一步调整和改革教育结构、教学内容和课程设置,大力发展职业技术教育。在办学体制上,要立足于自力更生,注意调动人民群众的办学积极性,确立多渠道筹措教育经费的体制。进一步推动民族教育事业的发展和民族地区的社会主义现代化建设。会议要求确定各地区各级各类教育事业的发展规模、速度，以及教育结构和办学形式，把提高劳动者素质，培养初级、中级技术人才，全面提高教育质量，增强办学效益，为当地的经济和社会发展服务。要大力加强基础教育，积极创造条件，实施九年制义务教育。

会议通过了《关于加强民族教育工作若干问题的意见》、《全国民族教育发展与改革指导纲要》、《关于对全国 143 个少数民族贫困县实施教育扶贫的意见》、《关于加强少数民族与民族地区职业技术教育工作的意见》等 9 个文件，着重强调了民族教育的改革与发展问题。此阶段是民族教育政策出台最集中、最频繁的一段时间，除了国家对民族教育的重视，期望通过发展民族教育，提高民族素质，努力缩小目前困难较大的民族地区同全国教育发展平均水平的差距，使民族教育的发展与全国教育发展相适应，为民族地区经济建设服务，达到经济发展的目的，也是同时期邓小平同志南行讲话精神和中央民族工作会议精神的反映。这些政策要求各级党委和政府要根据当地经济、教育的不同发展水平和产业结构，合理确定本地区各级各类民族教育事业发展的规模、速度、教育结构和办学形式，把提高劳动者的素质，增加办学效益，为当地的经济与社会发展服务，作为民族教育改革与发展的重点；要实行农、科、教三结合，尤其是在一些经济教育发展水平较低的民族地区，从小学高年级开始引入职业技术教育因素，把学文化和学技术结合起来；要努力缩小差距，尤其是要缩小有特殊困难的少数民族和民族地区与内地教育发展平均水平的差异。此时，特别强调要加强党和政府对民族教育工作的领导，做好民族教育的立法工作，要根据《宪法》、《民族区域自治法》、《义务教育法》等有关法律、法规，抓紧拟订《民族教育工作暂行条例》，在总结经验的基础上，制定《民族教育法》，使我国民族教育工作逐步走上依法治教的轨道。

分类指导政策依然是该时期指导民族教育发展的重要依据，会议指出党和国家的教育方针必须同贯彻执行党和国家的民族政策有机地结合起来，坚持从少数民族的特点和民族地区的实际出发，充分考虑民族特点和地区特点，发展民族教育事业。这既是过去改革与发展民族教育的基本经验，也是今后必须坚持的基本方针。

五　第五次民族教育工作会议

2002 年 7 月 26—27 日，教育部和国家民族事务委员会在北京召开第五次民族教育工作会议。会议召开前夕，国务院印发了《关于深化改革，加快发展民族教育的决定》，成为今后一个时期民族教育工作的重要指导性文件。

本次会议规定了新时期民族教育工作的方针和任务：

一、从贯彻"三个代表"重要思想的高度，充分认识民族教育的重要战略地位和作用。

二、新时期民族教育工作的指导思想、发展目标和方针原则。

1. 民族教育的指导思想和发展目标。民族教育是我国教育的重要组成部分。民族教育的改革发展要全面贯彻党在社会主义初级阶段的基本路线，保证民族教育的社会主义性质。

新时期民族教育的指导思想是，以邓小平理论和"三个代表"重要思想为指导，全面贯彻党的教育方针和民族政策，落实中央民族工作会议、第三次全国教育工作会议和全国基础教育工作会议精神，高度重视教育在促进民族地区经济社会发展、增强民族团结、维护国家统一中的重要战略作用；坚持教育为民族地区经济、社会全面进步服务；全面推进素质教育，坚持"两基"在民族教育中的"重中之重"的地位，大力发展各级各类教育，并坚持规模、结构、质量和效益相统一。在全国各民族师生中大力加强爱国主义和马克思主义民族观、宗教观及党的民族、宗教政策教育；培养学生的科学精神、创新意识和实践能力；加强国防、民族艺术和体育教育。

2. 新时期民族教育工作的基本方针和原则。民族教育的改革与发展要坚持解放思想，实事求是，从实际出发。要以改革统揽全局，坚持与时俱进，坚持观念、体制和机制创新，使民族教育具有鲜明的时代特点。

会议也规定了深化改革和加快发展民族教育的政策措施：

一、大力加快"两基"步伐，促进各级各类教育健康、协调发展。二、大力加强教师队伍建设。要把师资队伍建设摆在民族教育发展的优先位置。三、大力推进民族中小学"双语"教学工作。四、大力推进民族教育手段现代化。五、深化改革，增强办学活力。六、大力加强对民族教育的支援工作。七、加大对民族教育的投入。八、大力加强民族团结教育。

在这个会议上，分类指导政策在民族教育领域再次被强调，"要根据少数民族和民族地区的特殊情况，研究政策措施。民族教育有自身的特殊性，不同于普通国民教育。有区别，就要有政策；有差距，就要有政策；有特点，就要有政策。没有政策，就是'一刀切'，就是一般化。所以，我们必须研究差异、研究差距、研究特点，从而研究新的政策，该特殊的一定要特殊，该帮助的一定要帮助。"①

　　总体来看，各个时期召开的民族教育工作会议，为民族教育及时总结了经验，制定了新时期的发展方略，有效地促进了民族基础教育的健康发展。

第二节　民族教育特殊性分析

　　从上述民族教育的特性体现、国家历年的民族教育工作会议都从民族教育的基本方针和工作任务方面强调了民族教育的特殊性，其特殊性决定了"民族教育"并不是"民族地区的教育"，需要坚持分类指导政策。

　　但是，十年"文化大革命"期间，"民族问题实质是阶级问题"的错误论点被推到极端，认为"民族问题就是阶级、阶级斗争和两条道路的问题"，污蔑"消除民族间经济文化发展上的不平等就是抹杀民族问题的阶级实质，反对革命"，讲民族化就是反对共产主义化，讲民族特点和民族差别就是制造民族矛盾、搞民族特殊、反对民族融合；提社会主义民族关系就是不讲阶级斗争，批判大汉族主义就是反对党的领导，搞全民国家等以反对边疆特殊论为核心的指导思想，使民族工作遭到全面的大破坏，尤其是云南民族地区和民族工作成为这一破坏的重灾区。民族教育工作基本停滞，民族教育的特殊性和特点不再被提及。

　　1990年2月20日印发的《国家教委、国家民委关于申请民族教育专项补助经费的请示》对此也专门指出："由于民族地区经济、文化教育基础差，原来起点低，大多数地处边防、居住分散，加上恶劣的自然地理和封闭的社会环境，严重制约着民族教育事业的发展。特别是财政体制改革后，原来中央财政专列的每年7100万元少数民族教育补助专项经费列入地方包干基数，用以顶替自治地方正常收入预算，省（自治区）地方政府所设的少数民族补助专项经费也照此办理，国家对民族教育的扶持受到

　　①　李德洙：《在全国第五次民族教育工作会议上的总结讲话》，《中国民族教育》2002年第5期。

了极大的削弱，致使民族地区教育掩盖了民族教育。少数民族教育发展十分缓慢，与内地汉族教育的差距不断扩大……所需各类建设人才培养不出来，严重制约着民族地区脱贫致富和两个文明建设，影响民族团结和维护祖国统一。"

李德洙《在全国第五次民族教育工作会议上的总结讲话》中指出，我国少数民族和民族地区与全国特别是与东部沿海地区相比，存在着"三个落后"：生产力发展水平落后、文化发展水平落后、群众生活水平落后。实践"三个代表"，必须消灭"三个落后"。这"三个落后"都与少数民族和民族地区的教育发展落后有着密切的关系。因此，不发展教育，就不能真正代表先进生产力的发展要求；不发展教育，就不能真正代表先进文化的前进方向；不发展教育，就不能真正代表人民的根本利益。我国民族教育的基本现状是：体系基本形成，但基础比较薄弱；总体情况不错，但发展不平衡，质量有待进一步提高。因此，加快发展民族教育，任务十分艰巨。

那么，"民族教育"的定义与一般意义上的基础教育有什么区别？其特殊性表现在哪些方面？从政策、资金到办学形式、教学形式与方法、评估体系等需要什么样的特别对待？不廓清它的定义，就无法廓清民族教育的特殊性，进而无法对现有的民族教育发展情况进行评价，提出相应的对策与措施。

从本质上来说，民族教育是针对少数民族的特殊性而采取的特殊性教育，与一般意义上的基础教育相比较，其本质和属性还是教育，因为在1951年颁布的《第一次全国民族教育工作会议纪要》中就已经明确规定"少数民族教育的内容与形式问题、课程教材问题，既要照顾民族特点，又不能忽视国家的统一性"。然而，民族教育在本质上仍然具有民族的特质（具有自己的个性或特殊性）。首先，它是针对不同民族地区和不同民族的特殊性采取的特殊教育，因此包括了特殊的法律保障、特殊的政策措施、特殊的财政支持（投入）、特殊的办学形式、特殊的教学形式与方法、甚至特殊的教学语言文字和教材。其次，总体上讲，民族教育相对于以汉民族为主的基础教育而言，其欠发展、有差距，有时用"落后"、"滞后"、"欠发达"等词语表示。

因此，关于民族教育的研究与分析就要从经济、社会、政治、教育、文化、卫生、自然、历史、交通、观念、传统、宗教、习俗等各方面来分析和阐述。应当看到，教育是公益事业，有公益属性，但是民族教育除了其公益属性外，还有政治属性，因为民族教育问题解决的好与坏，会直接影响到民族地区的发展与团结稳定。其他相关部门在职能上有分工，强调的重点也不一样，比如民委也抓民族教育，但它是从民族工作的角度来做教育工作，与教育部门从教育工作的角度来做民族工作不同，文化、扶贫等部门讲的民族教育又各有其内涵和重点。只有在全面地理解了上述特性后，我们才能对民族教育的概念和内涵有比较完整的了解和认识。

一　从教育对象及其所处环境上来看

如上所述，民族教育在发展方向上必须具有与国民教育相一致的统一性，又因其内部所包含的文化特性、历史上各民族的社会发展程度与经济发展程度不一致、所处的地理环境的差异性，形成了民族教育特殊性的基础。对此，第一次全国民族教育会议报告已指出：少数民族教育"必须采取民族形式，照顾民族特点，才能很好地和各民族实际情况结合起来"，同时，"少数民族教育的内容与形式问题、课程教材问题，既要照顾民族特点，又不能忽视整个国家的统一性"。因此，国民教育到了民族地区后，穿上了"民族服装"，其内容、方向虽是一致的，但教育对象、发展程度、文化不同，差异明显，具有了鲜明的民族性，呈现出特殊性。具体体现在以下几个方面：

教学对象不同——除汉族以外的 55 个少数民族。

民族文化与社会环境不同——55 个少数民族决定了少数民族民族文化的多元性，语言、文字、宗教的多样性，在此基础上形成民族教育的特殊性和复杂性。例如教学用语，全国只使用本民族语言的少数民族人口就有 3800 万人，占少数民族总人口的 34%，主要集中在少数民族聚居区，如西藏的藏族、新疆的维吾尔族、内蒙古牧区的蒙古族、四川凉山的彝族。[①] 其他处于大分散、小聚居的少数民族地区也存在这种情况。又如云南全省 1400 多万少数民族人口中，至 21 世纪时以本民族语言为主要交际工具的仍有 1178 万人，不通汉语或基本不通汉语的就约有 600 万人。双语双文、双语单文成为教材编写、授课乃至寄宿制民族中小学学生管理中的特殊要求，随之导致了专门的师资培养、少数民族学生学习的心理研究

---

① 滕星、王铁志主编：《民族教育理论与民族政策》，民族出版社 2009 年版，第 431 页。

和学校管理的特殊性。

民族分布与生存环境不同——虽然 55 个少数民族人口在中国总人口中仅占 8%，但其分布地域广阔，民族区域自治地方占全国总面积的 64%。这些民族聚居区"大都在中国西北、西南和北部边界，即边疆地区。所以在中国，'边疆'的概念往往与'少数民族'联系在一起"。[①]而这些边疆地区虽然自然资源极为丰富，但其独特的自然环境：山地、河谷、高寒山区、林区、牧区、戈壁等导致的海拔相对落差大、气候差异大等这些易产生交通与信息阻隔的地势地貌、不适宜居住的生态环境、难于集中而沿狭长的河谷、山麓、山沟、水源地分散居住等因素都在一定程度上阻碍了民族经济的发展和教育的发展，例如校点的合理布局、教育资源的配置和教育投入的效益等。例如在云南这种山河相间、交通极为不便、居住分散的地区，如果不按一师一校布局校点，不设置复式班、隔日班、街周班等多形式的就学方式，就无法满足少数民族适龄儿童上学的需要；如果不设置寄宿制学校，"看山跑死马"的交通距离就足以使众多山区学生在跋山涉水的上学路上单程消耗一两个小时的步行时间，加之路途中的种种不安全因素，家长与学生的就学愿望就将因为自然地理因素而放弃。例如至 60 年代中期，在边疆地区和分散地区的全日制学校，教学时间就没有办法按照计划中规定的全年教学时间九个半月完成；一般只能教学 8—9 个月。例如在滇西北的丽江、迪庆，除了星期天外，学生回家拿粮每月 3 天，砍柴 2 天，教师买粮 2 天，一个月就少了 7 天。以每月占 7 天计算，9 个半月的教学时间就少了 2 个多月，实际教学时间只有 7 个月左右。[②] 这种状况一直延续至 90 年代，随着乡村交通状况的大力改善才开始有改观。

经济发展和社会发育程度不同——极边远的特殊地理位置和复杂的自然生态环境，使大部分少数民族或居住在远离经济、文化交通主干线的穷乡僻壤，或居住在与世隔绝的边远山寨、深山幽谷，社会、文化、经济的发展处于停滞或缓慢行进的状态，文化的积淀和经济的积累不仅难以形成社会经济增长所需要的持续资本，其内部的社会发育程度也严重不平衡。

---

①　钱灵犀：《新时期的民族政策和跨世纪的民族问题》，《内蒙古统战理论研究》1999 年 S1 期。

②　云南省档案馆资料：《在讨论办学方针过程中关于其他有关问题的反映》，全宗号 123，目录号 20，案卷号 441，时间 1963 年。

云南至 20 世纪 50 年代初，尚保留有处于从原始采集狩猎经济到发达传统农本经济的生产力发展的各个层次和阶段。"第一，发达的传统农本自然经济，其经济结构和发展水平与内地沿海人口稠密地区的封建农本自然经济已接近或大体相当……处在这个生产力发展阶段上的民族主要是白族、回族、壮族、彝族和纳西族中的一部分，约有 300 万人，占当时全省少数民族总人口的 60% 左右。第二，初步发展的农本自然经济。处在这个发展水平上的少数民族主要是边疆地区的傣族、阿昌族、德昂族、藏族，以及哈尼族和彝族中的一部分。这些民族，农业生产已有很长的历史，生产规模和技术达到了一定的水平……这些民族已有少量的商品交换和货币流通，但只是作为自足性农本自然经济的偶然补充，没有专门用于交换买卖的商品生产……处在这个发展水平的少数民族约有 150 万人左右，占当时全省少数民族总人口的 30%。第三，原始粗放的早期农业经济，一些居住在交通十分不便的僻寒山区或高寒山区的傈僳、景颇、拉祜、佤、怒、苗、瑶等民族中的全部或一部分，从事着粗放的早期农业生产，经营方式原始，生产力很低。使用砍刀、木棍和小铁锄，采用刀耕火种生产方式，种植玉米、马铃薯、荞麦等旱地作物，收获量很低，能供人生存的可耕地比较少。这些民族的居住大多比较分散，也有几户人家聚居的散村，同外界交往很少；基本上没有城镇或集市贸易，缺乏商品交换和货币流通意识。文化教育十分落后，基本上是文盲。第四，原始采集狩猎经济。50年代初云南还有一部分原始民族，人数很少，只占当时全省少数民族总人口中的很小一部分。主要是居住在极边远封闭的高寒山区或深山峡谷中的独龙族、景颇、怒、佤、拉祜族中的一些支系。他们靠采集野生植物和渔猎为主，有时也偶然从事刀耕火种的原始农业，生产工具极为落后，有少量的铁质农具，生活水平很低，大多寿命很短，久居深山幽谷，与外界封闭隔绝，社会长期处于停滞状态。"[①] 这几个经济发展阶段的民族所处的社会形态涵盖了封建地主制、封建领主制、原始社会末期的母系氏族或父系氏族公社（部分开始向阶级社会过渡）和奴隶制。因此，经济贫困面大，贫困程度较深、受教育人口比重很低、受教育层次不高是云南这个多民族地区长时期以来需要解决的实际问题，特别是在新中国成立初期，问题更为严重。

---

① 周域主编：《云南民族工作四十年研究》，云南人民出版社 1991 年版，第 21—23 页。

　　这种社会结构和特点，促使教育在民族地区的建设与发展过程中，必须从中分化出民族教育，以应对其特殊需求，决定了少数民族的办学形式、课程设置、教学方法、教学形式、组织管理、经费投入和分配等都必须不同于普通国民教育，以特殊的扶持政策促使其稳定快速发展，缩小与其他民族的差距，从根本上促进民族平等，建立新型的社会主义民族关系，达到民族团结的最终目标。

　　因此，从纵向和横向上来看，民族教育是整个国家教育工作的一部分，必须牢牢坚持党的教育方针，又是不同时期民族工作的一部分，必须贯彻党的民族政策。把贯彻党的教育方针同贯彻执行党的民族政策有机结合起来，成为新中国成立以来民族教育工作的一条基本经验。

二　从专门工作机构设置与政策支持来看

　　少数民族所处的自然与人文环境的诸多不同，使专管民族教育行政机构的成立成为必然。1952 年 4 月 16 日，政务院下发了《关于建立民族教育行政机构的决定》，规定在中央及各级地方政府的教育行政部门内专门设立专门管理少数民族教育的行政机构：民族教育司、处、科或专职人员机构，要求各级教育部门必须重视民族教育工作，健全机构，加强领导。在"关于少数民族教育的行政、经费、师资、学制课程、教材等特殊问题，由民族教育司、处、科负责处理，或设专人负责处理"，其工作任务是贯彻党和国家的民族教育方针政策；结合本地民族情况具体实施国家的教育政策和变通、补充或修改国家统一的教学制度、教学大纲和教学计划；管理民族地区的学校和民族语文教材的编译工作；培养民族教育工作的师资。可见，民族教育的特殊性是从专职管理上就被确认了的。此时，民族教育工作的对象主要是少数民族学校，例如民族小学、民族中学、民族院校之类专门招收少数民族学生（包括部分汉族）的学校。

　　新中国成立以来，党和国家采取了许多特殊政策和措施支持民族教育事业的发展，概括起来主要有：

　　一、国家重视和帮助少数民族发展教育事业。

　　二、设立民族教育行政管理机构和召开民族教育工作会议以加强对民族教育事业的领导和支持。

　　三、赋予和尊重少数民族自治地方自主发展民族教育的权利。

　　四、重视民族语文教学、双语教学和发扬少数民族优良历史文化传统。

五、加强少数民族师资队伍建设。

六、加强少数民族文字教材建设。

七、在经费上给予特殊照顾。

八、举办民族学院和民族班。

九、举办寄宿制民族中小学校。

十、实行定向招生。

十一、在招生中对少数民族学生给予特殊照顾。

十二、对少数民族学生的生活给予适当照顾。

十三、积极开展内地省、市对民族地区教育的对口支援和协作。

十四、全国支援西藏教育事业。

以上这些政策基本是在 1949—1956 年间制定并经过后期的完善一直沿袭下来。例如，1951 年 11 月 23 日，政务院第 112 次政务会议批准发布的《关于加强少数民族教育工作的指示》，① 制定了少数民族教育工作的原则和方针，也奠定了此后少数民族教育工作的思路：

一、原则

人民政府的行政机关，必须遵照中国人民政治协商会议《共同纲领》关于文化教育政策和民族政策的规定，采取各种有效措施，有计划地努力开展少数民族教育事业。这种教育应该是以新民主主义为内容，采取适合于各民族发展进步的形式的人民教育。

二、方针

根据各民族教育的实际情况分别采取巩固、发展、整顿、改造的方针。

对文字教材师资条件不具备的民族，则应努力创造条件，为今后的发展开辟道路。

全国各地高等、中等、初等学校均应为少数民族开门。各级行政部门指定一些学校较为集中地吸收少数民族学生。

三、少数民族教育工作目前以培养少数民族干部为首要任务。应有计划地培养少数民族师资及其他教育工作干部。其办法遵照《培养少数民

① 云南省档案馆资料：《关于加强少数民族教育工作指示（修正草案）》。全宗号 123，目录号 3，宗卷号 20，时间 1951 年。

族干部试行方案》和《筹办民族学院试行方案》进行。

四、各地区有计划、有步骤、有系统地实施革命的思想政治教育,以爱国主义教育为中心。通过各种教育及活动发扬民族间的平等、团结、友爱合作精神,克服大民族主义和狭隘的民族主义。加强祖国观念和热爱人民领袖的思想感情,各民族团结一致,发扬各民族的优良传统,为建设和保卫祖国而奋斗。

五、学制遵照中央人民政府政务院《关于改革学制的决定》办理。教学计划、教学大纲,以中央规定为基础,结合具体情况酌情变通或补充。其改变者应由中央直接领导机关,报请教育部核准后执行。教科书及教师参考书的编辑翻译由教育部订定办法统一筹划。由领导教育部门分头进行。

六、有通行文字的少数民族小学及中学各科课程必须用本民族语文教学。文字尚无或不完备者,遵照政务院《关于民族事务的几项决定》第五条规定帮助创设及补充其文字。在此过渡期间可根据自愿原则以汉族语文或所习语文进行教学。关于各级学校按需要应设的汉语课亦以自愿为原则。

七、各大行政区、省、市人民政府根据情况在教育支出预算内得列适当数目的少数民族教育费以补助解决学校设备、教师待遇、学生生活等方面的特殊需要和困难。此费不得他用,亦不得因此减少一般有少数民族地区的教育经费。

八、各级人民政府教育行政机关视情况设置主管少数民族教育的行政机构或指定专人负责,加强对少数民族教育工作的领导。

在这一背景之下,该时期频频出台了各类政策,强有力地支持了新型民族教育体系和民族教育政策的创建,加快了旧式教育的改造,极大地推动了中国民族教育长足、有序的发展。

三　从资金支持与投向上来看

正是由于地理阻隔、经济滞后、社会发育程度差等各种困境使少数民族处于发展的极度不平衡状态,为缩小差距,体现教育的公平性,促使民族教育发展与经济社会发展需求相一致,能为当地的经济发展提供各类人才,就必须在资金支持上采取特殊扶持,1953 年,教育部在《关于少数民族教育补助费使用范围的指示》中规定:"少数民族教育补助费是为了帮助少数民族教育事业的发展，在一般教育费之外特设的一笔补助费用，用于补助一般教育事业费的不足。因此，不能以有此'专款'而取消或减少其在一般教育事业费项下的应有份额，更不得以此项补助费代替了一般教育事业经费项下的任何开支。只有在学校教育上因民族特点而产生的必需开支超过一般教育事业费的范围或标准时，其超过部分方由少数民族教育补助费项下开支"，这种教育补助经费的使用范围应该就是上述各种"不同"导致学生就学困难的领域。因此，这种专项补助从50年代初期开始至今就没有停止过。

基于新中国成立初期民族地区经济发展滞后、民族基础教育起点低、基础薄弱的状况，国家财政比较困难的时候，少数民族除享有国家每年正常拨给的教育经费外，另有民族教育专项补助经费。从1951年起中央财政就专设了"少数民族教育事业补助费"，其目的"是为了帮助少数民族教育事业的发展……用以补助一般教育事业费之不足"，"从而解决少数民族教育事业的特殊需要"，说明民族教育具有其特殊性，因此其使用范围是"只有在学校教育上因民族特点而产生的必需开支超过一般教育事业费的范围或标准时，其超过部分方由少数民族教育补助费项下开支"[①]，1951年11年23日，政务院第112次政务会议批准的《少数民族学生待遇暂行办法》，对少数民族学生的生活待遇采取了一些特殊的照顾措施，以帮助边疆民族地区的少数民族学生完成学业；从1956年起，中央核拨经费采取块块拨款的办法，民族教育补助费不再单列项下达，拨给各地的教育事业费中仍包括这笔经费。1979年，这笔经费达到7100万元。1980—1989年，财政体制改革后民族教育补助专项经费被列入地方包干基数，由省、自治区掌握使用，财政部不再专列，至1990年，中央又恢复设立民族教育专款，每年安排2000万元作为支持少数民族地区发展教育的补助专款。

1983年进行教育体制改革后，基础教育实行地方负责的办学体制。考虑到民族地区的特殊情况，自1985年开始，国家每年拨出1亿元普及小学教育专款，帮助解决老、少、边、山、穷地区办学经费不足的困难。其中，拨给新疆、内蒙古等八个少数民族省、自治区的经费占50%以上。

1992年，国家教委和国家民委印发《关于加强民族教育工作若干问

---

① 教育部：《关于少数民族教育补助费使用范围的指示》（1953年3月21日）。

题的意见》提出：国家拨给民族地区的"三项"补助经费（民族地区机动金、边境地区事业建设补助费、不发达地区发展资金），各省、自治区要适当增加用于发展教育的比例。

1993 年，国务院在《关于印发中国教育改革和发展纲要的通知》中指出：中央和地方要逐步增加少数民族教育经费，对有困难的少数民族地区，要采取倾斜政策与措施。民族教育要坚持国家扶持与自力更生相结合的原则，多渠道增加投入。根据民族地区实际，基础教育要实行由地方负责、分级办学分级管理的体制。各级各类民族学校要充分利用资源、因地制宜，广泛开展勤工俭学活动。同时，国家积极鼓励社会各方面支持民族教育，"希望工程"、"春蕾计划"等，都有相当一部分在民族地区实施；鼓励社会力量集资助学，弥补了民族地区基础教育经费的不足。

1995 年，为加快民族贫困地区普及义务教育的进程，国家设立"贫困地区义务教育工程"专款. 共投入 39 亿元（加上地方配套款共 100 亿元）。其中，主要针对少数民族地区的九省、自治区的资助项目于 1998 年启动，投资 22 亿元。

1997 年，国家又设立"国家义务教育助学金"，4 年内累计 1.3 亿元用于资助贫困家庭的失学、辍学儿童，尤其是民族儿童及女童。

2001 年，开始对农村义务教育阶段贫困家庭学生就学实施"两免一补"资助政策。对农村义务教育阶段贫困家庭学生"免杂费、免书本费、逐步补助寄宿生生活费"，由中央财政负责提供免费教科书，地方财政负责免杂费和补助寄宿生生活费。至 2005 年，中央和地方财政安排"两免一补"资金 70 多亿元，共资助中西部贫困家庭学生 3400 万人。2006 年又从西部地区开始全部免除农村义务教育阶段学生的学杂费，享受免学杂费政策的学生达到 4880 万人。2007 年，全国农村义务教育阶段家庭经济困难学生均享受到了"两免一补"政策。成为中国政府确保教育机会公正公平的一项重要举措。

这些变更皆从不同层面上说明了民族教育的特点需要专门的财政支持，否则只会加剧民族教育事业发展的困难程度。

四　从教学与办学形式、方法上来看

受制于民族地区特殊的地理环境与人文环境，民族地区的办学形式必须多种多样才能满足少数民族学生的求学问题。从 1950 年至今，各地根据实际情况采取的特殊办学方式包括寄宿制学校、民族班（校）、女童班、早晚班、隔日制学校、半日制学校等，针对西藏、新疆的教育发展状况，为加速西藏、新疆的人才培养，中央又拨款在内地设立了西藏班和西藏学校、新疆班，面向西藏、新疆招生。

寄宿制民族中小学是根据民族地区实际情况兴办的一种特殊办学方式，也是主要形式，它主要针对部分人口稀少、居住分散、交通不便或长期游牧的民族地区的特点，集中办学，从一定年级开始实行寄宿制，实行助学金制度，由国家负责学生的食宿。至今，全国有寄宿制中小学 6000 余所。

中小学民族班是为解决尚不具备条件设立民族中小学的地方少数民族学生的求学问题，在重点学校设班，专门招收少数民族学生，学生享有助学金、减免学杂费，特困生还可享有适当补助，学生大多在校集中食宿。

女童班（女子学校）是针对有些地区的一部分少数民族，由于传统观念和习惯的影响，女童入学和巩固率很低而专门兴办，以提高女童的入学率。

又因民族地区生产力滞后，劳动力是生产生活中最主要的资源，还在 20 世纪 60 年代的“两条腿走路”、“两种劳动制度，两种教育制度”思想指导下，兴办了大量的简易学校、耕读学校和农业学校，培养农业技术人员，在学习与劳动的时间分配上、在生产与技术的要求上适应民族地区生产发展所需。这些特殊的学校，小学的学制也与内地一般全日制学校的六年制不同。例如云南省小学学制一般为六年，但是在人口稀少、居住分散的边疆民族地区，在 2000 年以前，一直都实行基础教育分级管理的原则，凡学制为六年的，实行“四二”分段制，先普及初小四年制教育，再普及高小二年制教育；其二，凡学制为五年的，实行“三二”分段制，先普及初小三年制教育，再普及高小二年制教育。在教材上使用云南省教育厅编、云南人民出版社出版的农村简易小学语文、数学课本；思想品德教材采用全日制小学统编课本。

实践证明，适合民族地区特点的办学形式，有利于牧区、山区义务教育的普及，有利于提高学龄儿童的入学率和巩固率，有利于集中力量办学、提高教育质量，有利于对少数民族人才的培养。例如，在基础教育薄弱的西藏自治区，50 年来举办了各式各类中小学校，“到 1997 年，全区的适龄儿童入学率已达 78.2%"①，"到 2009 年，全区'两基'攻坚历史任务如期完成，城乡免费义务教育全面实现。小学适龄儿童入学率达到 98.8%，初中入学率达到 96.4%。全区青壮年文盲率下降到 1.8%。积极发展普通高中教育。高中在校生 3.8 万人，中职在校生 2.1 万人，高中阶段入学率达到 56.5%。学前教育、特殊教育得到进一步加强，启动了拉萨市、日喀则地区特殊教育学校和 10 个县幼儿园建设工程。积极推进义务教育经费保障机制改革，全区 45 万多名义务教育阶段学生受惠。再次提高了'三包'经费标准，年生均达到 1800 元，2009 年财政投入'三包'经费达到 4.2 亿元。中小学年生均公用经费分别提高到 300 元、500 元，中小学教师人均年公用经费提高到 3400 元。"②

五　培训地方化、民族化师资，开展双语特色教学

少数民族师资是民族教育发展中的核心，也是民族教育中最薄弱的环节，这是导致城乡学生成绩差距大的主要原因之一。

1950 年 11 月 24 日，政务院出台《少数民族干部试行方案》，首次确定了少数民族干部培养的概念；首次确立在民族教育中要进行党的民族政策和马克思主义民族观的教育，为消除大民族主义和狭隘的民族主义，建立平等团结的民族关系奠定了基础；首次确定使用民族语言和语文授课原则；首次提出了一系列培养少数民族师资的具体措施。

1951 年《第一次全国民族教育会议报告》提出，努力解决少数民族各级学校的师资问题。会议通过了《培养少数民族师资的试行方案》，对民族教育中的师资政策作了明确具体的规定。当时的目的是提高民族教师的汉语水平，帮助汉族教师学习当地民族语言文字。到 1996 年以后，民族教育中的师资培训把培养、培训"双语"教师作为重点，以期建设一个合格的"双语型"教师队伍。③ 此外，还有计划地抽调一部分汉族教师支援少数民族地区发展教育事业，并采取了一系列优惠政策吸引和鼓励教师来到或长期留在老少边穷地区任教，大力解决少数民族教育事业所需要

---

　　① 《民族基础教育成就显著》，资料来源：中国民族宗教网，http://www.mzb.com.cn/html/report/15110—1.htm。

　　② 《200 年西藏教育事业累累硕果再谱新篇——认真学习宣传贯彻落实中央第五次西藏工作座谈会精神》，资料来源：http://tibet.cctv.com/20100322/101739.shtml。

　　③ 国务院《关于深化改革加快发展民族教育的决定》（国发〔2002〕14）。

的师资问题。1956 年 7 月 20 日发布的《教育部关于抽调初中、师范教员和教育行政干部支援西藏的通知》、1980 年 3 月 19 日发布的《教育部关于继续派援藏教师的通知》、1985 年 3 月 7 日发布的《教育部关于筹建西北少数民族师资培训中心的通知》等，都是在这种背景下的一种创新型措施及其延续。从中可以看到，边疆民族地区的教师能否留得住、留下来后能否使用双语进行教学都使民族教育不同于一般教育。民族地区的少数民族学生对汉语的掌握程度远不及城区学生，双语教育就成为少数民族学生掌握基础知识和"努力提高教学质量"① 的有效途径。发展这些地区的教育事业，双语教学显得尤为重要。

1953 年 2 月教育部出台《关于兄弟民族应用何种语言教学的意见》，1954 年教育部《关于甘肃临潭初中增设藏文课程的问题给西北教育局的批复》等，确定了民族学校必须设置民族语文课程并逐步过渡到各学科使用民族语文进行教学的民族语言教育政策。

经过 60 年的发展，双语双文或双语单文教学在民族教育体系中的发展已经日趋完善，以云南为例，截至 2007 年，云南省共审定 14 个民族 18 个语种 239 本民文教材（包括学前班、小学一至四年级语文及小学一年级数学教材，并免费提供给学生使用）。② 2001 年至 2008 年，共培训双语骨干教师 4782 人（含 7 个人口较少民族教师的培训）。但是，教育需求面仍然巨大。如前所述，云南全省近 1400 多万少数民族人口中，以本民族语言为主要交际工具的就有 1178 万人，不通汉语或基本不通汉语的约有 600 万人。但是少数民族地区能从事"双语"教学的教师依然存在数量缺乏而且质量也不高的现状，成为这些地区民族教育较为突出的制约因素。

六　民族教育要与当地需求相结合

由于少数民族地区基础教育历史积淀浅，民众的教育期望不高，其教育价值观念以实用性为主。因此，云南在 20 世纪 60 年代开始力推第二次全国民族教育工作会议提出的"两条腿走路"的教育政策。当时的云南省教育厅有关文件也指出，"为了密切结合民族地区的实际，必须贯彻

---

① 中共中央《批转乌兰夫在全国边防工作会议上的报告的通知》（中发［1979］52 号）。
② 云南省教育厅民族教育处提供。

'两条腿走路'的方针,根据不同民族、不同地区的经济条件和文化基础,按照不同的要求,采取多种多样的办学形式,以全日制为主,大量举办半日制小学;也可举办简易小学;还可少量举办半工半读性质的工读学校⋯⋯"① "采取得力措施,帮助边疆少数民族发展科学技术和文化教育事业,关键是办好各级各类学校,采取多种学制、多种办学形式办学,加速培养各种人才。"② 这种按照地区实际和民族教育发展所需采取的分类指导实践一直延续到 90 年代末期。也正是在这段时期,云南省民族地区的民族教育得到了快速发展,学校建设数量上升,入学人数大幅提升。但到了 20 世纪 60 年代末期,由于"极左"思潮的影响,民族教育规律被严重违背,学校数量盲目扩张,教师素质下降,强迫少数民族学生入学等现象时有发生,一部分少数民族学生及家长开始回避学校教育。

进入 20 世纪 80 年代后,国家为此出台相关政策重新肯定了民族教育的特殊性。1980 年 10 月 9 日,国家教育部、国家民委出台的《关于加强民族教育工作的意见》指出:"过去,在民族教育工作中不顾民族特点,强行搬用汉族地区的一些做法,管得过多,统得过死,民族自治地方没有多少自主权可言,这是少数民族地区教育事业落后的一个重要原因。今后,必须遵照党中央真正实行民族区域自治,在中央统一领导下充分行使民族区域自治权利的精神,保证民族自治地方在教育设施上的自主权。在国家统一的教育方针指导下,教育规划、学校管理体制、办学形式、学制、教材建设、教学内容、人员编制、教师任用和招聘、经费的管理和使用等,都应由自治地方根据实际情况决定。各民族自治地方要加强民族教育立法工作。"

七　现代民族教育政策中的普惠性与特殊性

应该说,上述政策中对民族教育特殊性的界定,使民族教育在一段时期内从资金、政策各方面都得到了特殊支持。但是,进入 90 年代后,随着民族地区的教育目的和功能、教学方法、教育管理、教育布局、教师发展与教学评估走向大一统,发展方向向东部发达地区靠拢等办学思想的出

---

① 中共中央《批转乌兰夫同志在全国边防工作会议上的报告的通知》 (中发 [1979] 52 号)。

② 中共云南省委、省人民政府《批转省教育厅、民委党组〈关于全省民族教育工作会议的报告〉》(云发 [1964] 089 号)。

现，民族基础教育中培养本民族人才——民族干部、管理与科技人才，传播民族文化的特性更是不被提及。而民族地区诸多民族居住分散、交通不便、汉语掌握程度不高、社会性别严重不平等、信息闭塞、社会发展滞后、贫困面大、边民跨境流动大、教育价值取向低等实际情况却仍然存在，依然在一定程度上对是否"学得好、留得住"的基础教育要求起着重要的影响作用。

民族地区的民族教育的发展从本质上来说还是财政支持是否到位的问题。从现有的政策和资金投入来看，教育所需的资金不再是完全的无偿投入，主要还是在大一统的教育政策中以"拼盘"的形式进行：国家出一点、地方出一点、老百姓出一点，这"一点"对于经济发达的东部地区而言是得到了加快加大投资的空间，而对于民族地区，特别是在类似云南省这种山区面积大、贫困面大、各级财政困难的民族地区，地方一旦出不起"拼盘"中的那"一点"或主管领导班子没有投入意愿，就只有舍弃，或仅仅能使用国家给的那部分，而本就困难的老百姓则连"一点"都出不起，或在教育价值取向低的环境之下不愿投入。而且进入20世纪90年代中期以后，民族教育的资金来源国家鼓励以"争取世行贷款和其他外资，帮助边疆、民族、贫困地区发展教育"进行，[①] 或是各种与教育相关的工程建设项目、教育捐款的分配"要向少数民族和西部地区倾斜"，可以说，这些普惠性政策已经慢慢地把民族教育事业所需要的特殊投入淡化，一旦民族教育的特殊性被弱化、淡化，未来的严重问题就是在看似公平的政策下，加大民族教育的差距。而"适度运用财政、金融等手段支持少数民族和西部地区教育事业的发展"的政策[②]在2002年后没有再见到有更专门的经费投入支持。结果，教育投入上的差距在这种政策背景下越来越大，民族教育的特殊性逐渐被掩盖，各地民族教育只能从财政投入、教学方式等逐渐向大一统的教育模式靠拢。其特色性更多是在双语教学上有一定体现，即使如此，校点收缩后，教师编制减少，加上对学历的限制，一些具有双语教学能力的民办教师被裁编，新的符合教学改革需求标准的双语师资力量缺乏，仅靠对在职教师的不定期双语师资培训无法满

① 中共云南省委、省人民政府《贯彻实施〈中国教育改革和发展纲要〉的意见》（云发［1995］33号）。

② 国务院《关于深化改革加快发展教育的决定》（国发［2002］14号）。

足民族地区的办学需求,民族地区双语教学的压力很大。

随着社会的快速发展,少数民族使用汉语交流能力的加强,20 世纪 70 年代以前主要因为汉语掌握程度低而必须进入民族学校接受双语教育的现象已经大大减少,少数民族学生进入普通学校的比例增加,民族教育工作的范围也随之扩大,例如在普通学校推广双语教育,而市场化概念从经济领域向科教文卫领域的普及与推行,使教育政策中的普惠性政策力度加大,而民族教育的特殊性政策变化不大,其特性没有得到突出,逐渐导致民族地区教育等同于民族教育的误区出现。

在这种大一统的观念作用下的民族地区的少数民族教育,作为基础教育体系中的幼儿早期教育依然因为经济基础薄弱、教育投入不足而无法在边远山区少数民族聚居的乡村建立,例如云南省红河州在 20 世纪 80 年代末全州虽有学前幼儿园 153 所、120 个班,在校幼儿 33263 人,但在园少数民族幼儿只占 22%,边六县和边远山区少数民族聚居的乡村几乎是个空白。① 处于这种境况下的适龄儿童因为一师一校被大量拆并后直接进入到寄宿制小学就学的时候,基本无法用汉语进行交流,而双语教师则因为这种拆并流失或调走,明显无法满足该阶段学生学习的需要。即使一些有寄宿条件的学校为提高教育质量开设了一年制学前班,但尚且幼小的孩子寄宿时带来的生活照顾、经费来源、教师编制与安全管理又成为一大问题。这个薄弱环节不解决,与那句"赢在起跑线上"的口号相比较,就已经使这些地区的教育公平性在一定程度上打了折扣。

---

① 云南省档案馆资料:《在改革中探索民族经济与民族教育发展战略》,全宗号 123,目录号 39,案卷号 11,时间 1988 年 9 月至 1989 年 11 月。

第三章　云南民族教育的发展历程

第一节　1950—1957年:接管、整顿、建设为主的顺利发展时期

一　历史背景

云南特殊的边疆与多民族、多宗教、多文化的地理与历史决定了1950年前民族矛盾、阶级矛盾与边疆不稳等多样化局势并存。为此,西南局对包括云南在内的西南地区的工作做了详细规定:"西南是一个多民族地区,必须依据共同纲领第六章的各条规定,[①] 执行正确的民族政策,反对大汉族主义和狭隘民族主义,以便亲密团结各民族的力量,建立巩固边防,肃清土匪特务,建设新西南,并使各少数民族的人民大众获得政治、经济、文化、教育的建设事业之发展。在政治上,应本平等团结互助原则,在少数民族聚居地区,实行民族区域自治,在文化教育方面,人民政府应帮助少数民族发展本民族的语言文字和学校教育,保障其宗教信仰自由,尊重风俗习惯,并帮助其发展医药卫生工作,人民政府应举办各少

---

① 1949年9月29日中国人民政治协商会议(21日—30日)第一届全体会议通过了《中华人民政治协商会议共同纲领》(简称《共同纲领》)。纲领第六章规定了新中国的民族政策:"第五十条规定:中华人民共和国境内各民族一律平等,实行团结互助,反对帝国主义和各民族内部的人民公敌,使中华人民共和国成为各民族友爱合作的大家庭。反对大民族主义和狭隘民族主义,禁止民族间的歧视、压迫和分裂各民族团结的行为。第五十一条规定:各少数民族聚居的地区,应实行民族的区域自治,按照民族聚居的人口多少和区域大小,分别建立各种民族区域自治机关。凡民族杂居的地方及民族自治区内,各民族在当地政权机关中均应有相当名额的代表。第五十二条规定:中华人民共和国境内各少数民族,均有按照统一的国家军事制度,参加人民解放军及组织地方人民公安部队的权利。第五十三条规定:各少数民族均有发展其语言、文字、保持或改革其风俗习惯及宗教信仰的自由。人民政府应帮助各少数民族的人民大众发展其政治、经济、文化、教育的建设事业。"《共同纲领》所规定的民族政策,概括起来,就是民族平等团结政策,民族区域自治政策,建立少数民族武装的政策,尊重少数民族语言文字、风俗习惯、宗教信仰政策,帮助少数民族发展经济文化的政策。

数民族的干部学校和干部训练班，培养大批的少数民族干部。"①

（一）以传统社会教育为主的民族教育

新中国成立初期，云南各少数民族所处的社会发展程度不一，在复杂的地理环境和特殊的社会历史条件背景下，云南少数民族的发展呈现出"社会发展阶段上的多层次差距，形成多元、多类型、多层次的经济文化特征，并集中表现为各民族经济社会发展极不平衡"。② 此时，云南部分民族尚处于"原始社会向阶级社会过渡的时期，教育还未从社会结构中独立分工出来"。③ 此前，云南少数民族地区的国民教育被称之为"边地教育"，按 1931 年 4 月公布的《云南省政府实施边地教育办法纲要》界定，"边地"系指本省腾冲一带，沿边各县及准县地方，其不在上指沿边地方而地处边界、其人民多系土著、其文化尚未达到与内地同等者，各该地方均在实施边地教育之列；凡 6—50 岁不识汉字、不通国语者，均应受边地教育；具体事宜由教育厅负责统筹、设计、监督、考核，由各该地方官及该县（区）之教育行政机关负责筹款、延师、设学及劝导或强迫就学。至 1949 年中华人民共和国成立前，整个云南的边地小学共有 45 所，所接纳的少数民族学生不过万余人，覆盖面极低，能进入中学等更高一级学校接受教育者更少，而云南此时的少数民族人口为 510 万，很多少数民族尚未有自己的小学生、中学生，大学生就更不用提，"一穷二白"是此时众多少数民族经济、教育状态的真实写照。因此，民族教育的主要方式是家庭教育、火塘教育、宗教教育和依靠言传身教、劳动模仿与以实践为主的传统社会教育而非国民教育；教育内容则以民俗教育和生产生活教育

---

① 云南省档案馆资料：《西南区的工作任务》，全宗号 123，目录号 2，案卷号 29，时间 1950 年。

② 云南的少数民族此时不同的社会形态被划分为几个层次：第一个层次为新中国成立前尚处于原始社会末期的独龙、怒、傈僳、布朗、基诺、佤、景颇、德昂等民族，以及分布在国境边沿一线的拉祜、苗、瑶等民族，当时人口约 60 万，为直接过渡区。第二个层次是小凉山彝族的奴隶占有制。小凉山指宁蒗、永胜、华坪三县的彝族居住的山区，地处滇西北高寒山区，新中国成立初期约 5 万余人。第三个层次是傣、阿昌、藏、哈尼、拉祜、普米等民族，以及部分纳西族，新中国成立初期尚处于封建领主制或封建农奴制社会，约 150 余万人，是和平协商土地改革区。第四个层次是回、白、纳西、壮、蒙古等族，以及部分彝族，新中国成立前已进入与汉族地区大体相同的封建地主经济，当时约 300 万余人。除此以外，因分布地区不同，同一民族内部也同时并存着几种社会经济形态。见周域主编《云南民族工作四十年研究》，云南民族出版社 1991 年版，第 198、202—204 页。

③ 张子建：《云南德宏民族"直过区"教育发展的调查与思考》，甄朝党主编：《民族理论与民族发展》，云南民族出版社 2006 年版，第 109 页。

为主；教育地点集中在以下几类公共空间里：①

建筑类。如滇西南布朗族的社房；滇中花腰傣和滇东南哈尼族、拉祜族的公房；壮族老人亭（老人房）；出现在信仰南传上座部佛教的傣族、布朗族、德昂族地区的佛寺和"萨拉房"（凉亭）；存在于滇西北的怒族的"哦哟"；佤族祭祀"梅依迪梅依麻"（天地之神）的神庙；等等，此类有专门建筑标志的场所。

森林类。彝族的密枝林；哈尼族、壮族、傣族等民族的龙（垄）林等。

水源类。壮族等民族的龙潭、傣族的水井。

标志类。苗族踩花山时花山上的花竿；哈尼族嘎汤帕节上的龙巴门；傣族、布朗族、德昂族、阿昌族等民族的寨心桩（石）等。

活动与信息发散中心类。社区的桥头路口、大青树（有的地方又叫风景树）、晒谷场等。

分析这些类型的公共空间里进行的活动，可以发现它们有的是为人们提供社交、休闲、娱乐和信息交流的场所，如社房、公房、"萨拉房"、龙潭、活动与信息发散中心地点之类；有的是进行宗教活动、教育活动的空间，如佛寺、"哦哟"、老人亭、龙（垄）林；有的则二者兼备，如龙潭、水井。

在这些类型的公共空间里，社会组织（民间组织）、社会舆论和民间精英都基本是同时出现在一个空间里。因此，在民族社区的公共空间除了固定的地点外，就不约而同地具备了以下一些表象特征：在特定的时间里，有特定的人群聚合在一起，祭祀共同的信仰、完成某一阶段的人生教育或礼仪、处理村寨事务或是传播某种信息，并且在同一地点有几种活动的复合，或是在一个社区内有一个主要的公共空间和几个次要的公共空间，在地理位置上来说就是具有"人们自愿聚集的传统"。其中，特定的人群是按权力（地位）、性别、年龄的分层形式出现，并不是每一个人都有权利在此空间内自由进出。也正因为公共空间的这些属性，它在很多时候也被认为是民族文化的"传承场"，担负着重要的文化传承和有意识的文化再生产。例如怒族的"哦哟"，它是怒族特定的专门针对青少年的民族传统教育的场所，村村都有。这一场所有的是父母为儿子专门建盖的，

---

① 伍琼华：《生态文化基础上的公共空间变迁与重构》，《思想战线》2005 年第 5 期。

有的就选寡妇或孤儿的住房，有的是主人远行或去世留下的。历史上，当孩子长到十来岁后，就要离开父母，到"哦吆"里寄宿，在里面学习弹琵琶、跳舞、制弩削箭、捻麻绕线，玩耍取乐，是造就少男少女们性格、气质、技艺、社交能力的场所。但孩子们进入恋爱期后，"哦吆"又成为他们谈情说爱的地方。① 又如壮族的"老人亭"，不仅是村寨祭祀的地点，每年要定期举办全村性的集体祭祀活动，也是寨老们议事的场所。

因此，云南各少数民族在接受上述不同形式、不同地点、不同内容的传统社会教育的同时，通过经历一系列传统仪式和参与生产生活而亲身体验和实践着这些习俗和技能，从而使自身最终也成为传统文化和习俗的实行者和捍卫者，一代一代地继承着民族传统和文化，并由此体现出民族特征和民族意识。这种文化特质在 60 年的民族教育发展进程中，一直在不同的层面上影响着民族教育的发展，并未因为整个国家和地区的经济快速发展而弱化，也未因上述的一些民族外显文化的逐步消失而弱化，反而在经济发展带来的差距扩大过程中和民族教育向国民教育的一致性靠拢过程中，成为新的影响民族教育发展的因素。

（二）有步骤地接管、改造和建设的民族教育

1950 年云南和平解放，中华人民共和国人民政府从国民党手里收管了原有的学校并有步骤地、慎重地进行了改革，执行了"暂维现状，逐步改进"和整顿巩固、适当发展的方针，把旧教育改造成为沿着社会主义方向前进的人民教育事业。云南教育事业整体被纳入国家计划轨道，根据有计划、按比例发展的要求，统筹安排了各级教育事业的发展，发展数量、提高质量。至 1957 年，已有普通中学 157 所，其中高中 42 所，小学已发展到 13800 余所。学龄儿童入学率 47%。各级学校在校生人数和与 1950 年相比，"高等学校 6310 人，为 1950 年的 2.5 倍；中等技术学校 11925 人，为 1950 年的 10 倍；中等师范 8400 人，为 1950 年的 13 倍；普通中学 84243 人，为 1950 年的 3.9 倍；小学 153 万人，为 1950 年的 2.7 倍。各级学校在校生总和占人口的 8.9%，比 1950 年增长了 5.3%。7 年中约扫除文盲近 20 万人。7 年中为国家培养了大学毕业生 3892 人，中专毕业生 4265 人；中等师范毕业生 3233 人；高中毕业生 7461 人；初中毕业生 42000 人；高小毕业生 193000 人，全省教育经费由 50 年的 295 万

---

① 段伶：《怒族》，民族出版社 1991 年版，第 48 页。

元，增加到 2790 万元，增长 8.5 倍。"①

　　而在 1949 年以前，南京国民政府在云南省各地办有省立小学 34 校，到 1949 年初仅剩 20 校，一些少数民族虽然也办有学校，但是除其中回族所办中学（明德中学、蒙化兴建中学、元谋伊斯兰中学）和小学 18 所"稍有成绩"外，其余基本上并无太大起色。

　　云南省人民政府为此发布了一系列的指示和通知，或恢复、或增设、或新建、或合并，以期尽快建立起云南的教育体系。1950 年，云南省第一次全省教育会议就指出"调整旧政府所设之边地小学，选择其中集居少数民族较多，且办有成绩者，予以恢复作为重点示范，其余待教费充裕后再普遍恢复，并视需要酌量增设。原设之缅宁、鹤庆、泸西、思茅等四个师范应恢复办理以培植少数民族小学师资人材。"② 从当时云南省民委对教育工作、民族语言文字、文化工作等三方面提出的建议中，可以看到当时民族教育中存在的一些问题：民族地区中小学亟须恢复发展、师资缺乏、教师待遇低、学生就学存在经济上的困难、民族语文教材缺乏、亟须文化活动。省民委建议：③

　　对教育工作，"1. 对现有民族地区的中小学校，作重点的恢复与发展。2. 师资的调配，应多照顾民族区中小学校，在民族区中小学的教师待遇太低（一般较城市和内地低），以致好的教师不愿意去，应酌量提高其待遇。3. 增加民族中小学校的经费和设备，及增加学生人民助学金名额"；

　　在关于发展少数民族的语言文字方面，"1. 文教厅、民委会、民族学院三单位联合成立语文研究机构，聘请专门人才，从事研究，统一领导，力量集中，已有文字的民族帮助其改进，没有的帮助创造，初步用各族语文翻译一些小学课本、群众识字课本和政策文献等。2. 大量培养少数民族师资，将现有民族师资抽调轮训，逐步提高"。

　　在文化工作方面，应成立民族文工团，从事学习和研究民族歌舞艺

---

　　① 云南省档案馆资料：《云南省教育事业三十二年发展概况》，全宗号 123，目录号 32，案卷号 11，时间 1982 年。

　　② 云南省档案馆资料：《云南省第一次全省教育会议讨论提案》，全宗号 123，目录号 2，案卷号 28，时间 1950 年 8 月。

　　③ 云南省档案馆资料：《中央教育部即将召开全国少数民族教育会议，云南省民族事务委员会提供关于少数民族问题的意见》，全宗号 123，目录号 2，案卷号 29，时间 1950 年。

术，配备电影队，经常到民族地区活动。

根据《云南省兄弟民族教育情况（草案）》资料记载，到 1951 年，云南省已经有计划、有重点地先后恢复了 32 所省小：

1. 普洱专区 7 所，已上课。

2. 丽江专区 6 所，已上课。

3. 保山专区 8 所，2 所已上课，1 所因校长奉调赴京学习，故未上课。其余 5 所经呈准恢复，正积极筹备开学。

4. 宜良专区 5 所，4 所已上课，1 所呈准恢复，将于本年秋季上课。

5. 武定专区 2 所，已上课。

6. 昭通专区 1 所，呈准恢复，本年秋季开学。

7. 蒙自专区 2 所，已上课。

8. 文山专区 1 所，已上课。

1952 年年底，继续恢复及新设增加为 38 校，166 班学生约 6000 人，这些学校均系设立在少数民族聚居地区，其中以普洱、丽江、蒙自、保山、文山等五专区，民族较为复杂，人口亦较多。

民族地区的中等学校（包括短期师资训练班）在"逐步发展"的方针下，首先在云南的革命根据地宜良专区的圭山，创设了圭山初中，以后逐渐发展，1951 年时设立民族中等学校 4 所：宜良专区的圭山初级中学、西山初级中学、大理专区的蒙化初级第二中学、普洱专区的佛海初级师范。圭山、西山两校学生大部分系撒尼族，蒙化二中学生全部系回族（见表 2）。

表 2　　　　　　　　民族地区中等学校发展情况（1950—1952 年）

年份	校数	班级	学生数	学生发展比例
1950	1	4	130	1
1951	4	19	751	5.77
1952	9	36	1672	12.72

云南省档案馆：《民族教育工作总结》，全宗号 123，目录号 3，案卷号 4，时间 1951 年 5 月至 8 月。

扶持兄弟民族自办学校，本省兄弟民族办理的学校、中学有 2 所，但"因小学目前尚无确实的统计数字，不过蒙自、玉溪、大理等专区设立者较多，这些学校有不少是经费困难的，根据公私兼顾的原则，除积极扶持外，均予适当的补助，昆明区业已办理完毕，总计发出兄弟民族私校补助费人民币 2500 万元，各专区正办理中。"

为了培养民族小学师资，在丽江、保山、普洱等三专区均先后开办了民族师训班，"其中丽江专区办过 2 所，现正办理第三所，专收兄弟民族。保山专区开始办理第一所，普洱专区已办过 2 所"。

保送兄弟民族子弟升学。"兄弟民族学生成绩优良者，按其程度，先后会同民族事务委员会保送升入高级医学院 5 人，民族学院 250 人深造。"

二　在分类指导政策指导下发展起来的云南民族教育

（一）确立分类指导政策

1950—1957 年，为云南民族地区完成民主改革和社会主义改造的第一个时期，其目的在于实现各民族在政治上的平等并为发展民族经济开辟道路。在民族关系基本疏通和民族经济得到恢复和发展的基础上，党和政府根据少数群众民族的要求，才着手研究解决民族内部的阶级矛盾问题。1953 年，中共保山地委组织调研组以潞西三台山为点展开了对当地沿边少数民族的社会经济调查，就提出了在这类地区应以团结、生产为指针，发展生产力，直接过渡到社会主义的意见，并报云南省边疆工作委员会。同年 6 月，为了进一步摸清情况，中共云南省委边疆工作委员会再次组织工作队到潞西的西山调研，首次提出阻碍这类边疆少数民族地区生产力发展的主要不是剥削，而是生产力水平十分低下，社会分工和商品经济不发达及拉事祭鬼等原始和落后因素，并建议在此类地区不把土地改革作为一个阶段来进行，而是通过互助合作，发展经济和文化，直接向社会主义过渡。① 云南省委向中央汇报了"直接过渡"的方案，得到了刘少奇、邓小平及中央统战部李维汉的同意，刘少奇认为"这是毕其功于一役"，李维汉则形象地将其比喻为"一步走与千百步走"的关系。②

在深入细致的调查研究的基础上，采取了有别于汉族地区的民主改革

---

① 中共云南省委党史研究室编：《云南民族"直过区"经济社会发展研究》，云南民族出版社 2006 年版，第 8 页。

② 王连芳：《王连芳云南民族工作回忆》，云南人民出版社 1999 年版，第 246 页。

方式。云南省委在全省范围内对少数民族社会发展情况又经反复调研及讨论，提出了针对少数民族社会实际情况分类指导进行民主改革的思路，具体分为五种民主改革方式：①

一是在云南坝区已经进入封建地主经济的大约 150 万人口的彝族、白族、回族等少数民族地区，采取与汉族大体相同形式的土地改革；

二是在约 200 万人口的少数民族居住的高寒山区，采取稍宽于汉族地区的政策进行土地改革；

三是为减少对边疆和国外的震动，在大约 134 万人口的与边境相邻的少数民族地区，采取比较温和的缓冲区土地改革；

四是在大约 160 万人口的保留着土司制度或处于封建领主制下的傣族、哈尼族等少数民族地区，采取自上而下和平协商解决土地问题的改革方法；

五是在大约 66 万人口的处于原始社会末期或虽然已经进入阶级社会但阶级分化不明显、土地占有不集中、生产力水平低下的涉及景颇、布朗、德昂、怒、傈僳等民族的少数民族地区，采取"直接过渡"方式，即不经过民主改革直接从原始社会末期向社会主义社会过渡。

中共云南省委提出的分类指导进行民主改革的思路，得到了中央西南局和中共中央的批准同意，1954 年，全国统战工作会议通过了《关于过去几年内党在少数民族中进行工作的主要经验总结》，提出对于"还没有进入阶级社会的少数民族地区，它们将直接地、但却是逐渐地和我们共同过渡到社会主义"，此文件后经毛泽东、刘少奇批阅并向全国各中央局及有关省委征求意见后由中央正式下发。1954 年 8 月，中央西南局批转《云南省委边委关于边疆民族工作情况和今后工作意见》，提出了在还没有进入阶级社会的少数民族地区，"应以'团结、生产、进步'作为长期的方针，必须在党和工人阶级的领导下，团结广大劳动人民，团结和教育与群众有联系的民族的与宗教的领袖人物，通过人民政府和先进民族长期有效的帮助，大力发展农业、副业和手工业生产，发展国营经济和交通运输，有重点地发展民族的文化卫生事业，认真培养民族干部，以积极稳步地增加社会主义因素，从而创造条件，

---

① 中共云南省委党史研究室编：《云南民族"直过区"经济社会发展研究》，云南民族出版社 2006 年版，第 4 页。

逐步消除民族的落后因素，停止民族纠纷，加强部落间的团结，以逐步导向其民族内部的民主统一，并从长期教育中逐步减少宗教习惯对生产对人力物力的破坏性，以便同样通过农业、手工业合作化的道路，保证他们直接地但却是逐步地过渡到社会主义"，正式确定了"直接过渡"的方针。分类指导政策的提出与确立，成功地解决了处于不同发展阶段的少数民族如何共同进入社会主义社会的问题。

由于在过去历史上造成的一穷二白，以自给自足的个体经营生产方式为主，使云南广大少数民族群众并没有送孩子上学的习惯，尚未形成教育价值认同。到20世纪60年代中期，红河州河口县大寨的瑶族都还认为"孩子们去读书啦；不能抢工分，读书回来男的不会犁地，女的不会捻麻，不会织布"。而且由于历史上的原因，一些少数民族对送儿童上学仍视为畏途，认为去上了学，就会"被抓去当兵"、"要到汉人地方工作"，这种思想的存在对于当时因信息阻隔、民族隔阂严重的少数民族而言，无疑是一件令人恐惧的事情，因此当时云南的教育方针是应动员少数民族自觉自愿地入学，不该强迫命令。小学可以免费，并可不必完全脱离生产，兄弟民族区内的小学应尽量办好，停办的应尽先恢复，经费少可以酌量补助。

（二）结合实际发展民族教育

在"和平协商土地改革"和"直接向社会主义过渡"等不同方式背景下发展起来的云南民族教育，此时虽然主要以培养民族干部为主要目的，并从全省民族实际和边疆民族地区采取了一系列特殊措施，如"五抓"（即抓培养少数民族干部、抓生产、抓生活、抓文化教育和抓卫生工作）"两带"（科学知识、先进思想）等以保证云南经济社会的全面发展。但也同时确定了把民族教育作为基础教育的重点，民族教育得到快速发展。

此时的云南民族教育正处在一个新旧转换期，少数民族对送孩子入学还停留在1949年前"被强迫"、"恐惧"、"猜疑"的状态，因此"有在工作没有深入到少数民族的上下层的时候，小孩见了汉族教师也是害怕的……有的民族省小在开班时，没有搞好这一工作，招生时只有八个学生，而且全部是少数民族花钱雇来的"，"后来经过宣传政策，耐心访问，密切联系群众和接近学生，爱护学生以后，少数民族学生日益增加了，开办时有八个学生的省小，现在有200多（个学生），群众对于办学的要求也日有反映。"① 此时开办的省小起到核心作用，有的省小由于条件比别的县村小学和民族小学条件好，于是经常起着一定的核心作用，通过实行推动省小教师的学习，培养教学工作能力强的教师，调到附近的小学去担任行政工作的方法，带动了附近别的小学的工作。有的省小教师在教学时间之外还参加了边境地区进行对敌斗争，在这些训练中逐渐获得提高，与群众的联系在共同的战斗中得到加强，教育工作也得到了群众的大力支持。

1. 办学形式与教学内容

由于历史的种种原因，各民族的经济、文化的发展不平衡，此时少数民族对教育的第一步需要，是解决当前生产、生活迫切需要解决的问题，即培育能读、能写、能计算、能记账的具有初等文化水平的识字人问题。由于各兄弟民族地区经济比较落后，居住分散，他们的子女既需要学文化，又需要搞生产，因而采取多种多样的办学形式，使学校教育适合当地民族生产、生活的需要，才能更好地为群众服务，否则，学生的流动性极大，无法保证教学质量。此时期除了在交通便利、经济基础较好的地区兴办全日制学校外，相当一部分地区以半日制学校、简易小学、巡回学校、夜校等为主，而这些学校的教学内容、时间与形式安排都被强调要与实际相符。以下几则资料基本反映了当时的这种政策：

"查在你区内各县均设有新式小学，应使其小学的上课时间及功课必须适合农村的生产情况，并通过教育群众使他们愿意送子弟到新式学校上课，对于私塾应视具体情况，必要时勒令停闭，并设法安插失业的塾师，少数民族住区应特别慎重处理。"②

"学生流动现象大，影响教学任务的完成和质量的提高。一方面在学校的发展上应从当地民族地区的实际出发，办学形式可以多种多样，不强求正规，如设立分校分班，巡回教学，根据当地生产季节、气候、风俗习惯等适当变通寒暑假、农假及上课时间等；另一方面，必须加强

---

① 《"云南省思茅专员公署文教局贯彻执行省民族教育会议精神情况的报告"》。全宗号123，目录号16，案卷号95，时间1964年4月至10月。
② 云南省档案馆资料：《中央、西南对私塾问题，取缔反动读物的指示，本厅关于中小学教育、公私立中等学校性质组织的办法及纲要草案》，全宗号123，目录号2，案卷号22，时间1950年。

教师的主观努力，热爱关心儿童和群众，提高教学质量，做好家长工作等。"①

在分类指导思想下，云南各地积极探索适合民族教育的教学方法。云南思茅区专员公署、中共西双版纳工委会宣传科提出 1953 年 10 月 5 日省教育厅转发中共教育部试行小学（四、二制）教学计划草案，在城镇汉族地区的小学如佛海省一小、镇越完小等是能够实行的，但农村的小学特别是傣族地区的小学执行就有困难，原因有三：

一是当地各地群众现在的交易形式主要是以定期集市的形式来进行（俗称为赶街，五天一次）每遇集市的日期，远近数十里的各族人民，都挑着自己生产的农产品或手工业品到市场去卖，然后买回自己所需要的农具、食物或日用品，因此每遇集市日，大的学生要帮家长去赶市做买卖，小的要在家看门或照顾弟妹，大部分都不能来校上课，如果仍实行星期制，则每星期实际就等于要休假两天。因此当地部分学校根据这种情况，已改星期制实行街周制，即每五天放假一天。

二是按照傣族的风俗，每年傣历九月十五日起至十二月十五日（约为公历 7 月中旬至 10 月中旬）这 3 个月为关门节，在这时期内，每 7 天要礼佛一次，礼佛的一天各村寨傣族同胞，备办礼品，扶老携幼，前往佛寺礼佛献斋，佛爷及小和尚（学校学生男的多是小和尚）整天在佛寺念经，接待香客。每届礼佛时节，学生缺席现象特别严重。为了适应当地的风俗，在这期间，部分学校又把礼佛日定为假日，星期天、集市日照常上课。

三是由于当地农村小学（不论汉族地区或民族地区）每届农忙季节，大的学生要下田地帮助家长生产，小的要在家做些零活或照顾弟妹，为了照顾生产，所以每年必须放农假两次，但每年的春耕及秋收时期不尽一致，且各地先后不同，因此农假不可能作全区的统一规定，以之作为划分学期的区间也不适合，而且教科书的供应也有问题（根据当地的经验，春耕时期约在 7 月，秋收时期约在 12 月，每次农假均需 1 个月左右）。西双版纳根据上述情况在既要遵照全国的统一性，又需适合地方民族生产生

---

①　云南省档案馆资料：《各地关于民族语文、汉语文教学经验总结报告及云南省教育厅通知（包括使用教材）》全宗号 123，目录号 3，案卷号 51，时间 1951 年。

活习惯和宗教信仰的实际情况,对学制进行了调整,实行街周制:①

　　一是调整学期时间:以两学期制为适宜,为使学期时间统一,春节定于 2 月 25 日开学,7 月 15 日结束,16 日开始放暑假 40 天(这样暑假时间与农忙时间基本可趋于一致);秋季定于 8 月 25 日开学,2 月 20 日结束,21 日开始放寒假 35 天(5 个星期)。农村小学为照顾农忙,学期中间根据当地情况放农假 4 个星期,假满继续上课,至 2 月 18 日学期告一段落,18 日起放寒假 1 个星期(寒假连农假仍为 35 天)。

　　二是调整了教学周数及时数:凡能实行星期制的学校,每学期定为 21 周,上足 19 周课程,其上课周数及各学科授课时数悉照中央教育部教学计划执行,其不能实行星期制而必须采取街周制的学校每学期定为 29 街,实上足 28 街并规定一、二年级每街上课 16 节(每天 4 节),三、四年级每街上课 18 节,五、六年级每街上课 20 节(各级各学科授课时数详见附表)。傣族地区在礼佛时节,如以礼佛日定为假日的,因其每周天数与星期制相同,故仍按照中央教育部教学计划中的授课时数执行,至每节时间及晨操朝会与课外活动,不论实行星期制,抑或实行街周制,均遵照中央教育部教学计划结合本校具体情况进行。

　　三是实行街周制的学校,学期终始时间虽与实行星期制的学校一致,但因休假天数增多,因而上课的天数相对减少了,而且是以 4 天时间来编排课程,因此各学科的时数与中央教育部实行的教学计划中的授课时数就有超过或不足的情况。

　　这种与当地实际情况紧密结合的学制,保证了劳动生产对学生群体这一劳动力所需,也保证了学生的就学时间,减少了学生的流动,可谓各得其所、两不误,深受民众的欢迎。

　　2. 发放人民助学金,帮助少数民族学生就学

　　由于经济落后等历史原因,少数民族地区的学生上学,不仅没有交费的习惯,学校还要补给一定的补助费,如果要交费,他们就不愿读下去,有的地区则由于经济困难交不出学费而中途辍学。云南省第一次全省教育会议提出"为使少数民族子弟入学,得到政府特别照顾,以资鼓励起见。

---

　　①　云南省档案馆资料:《云南省教育厅关于设民族教育机构、教材编译室、教材经费、各民族办学、民族小学教育工作、教学计划问题的报告、通知及省小校名、民族学校统计资料》,全宗号 123,目录号 3,案卷号 23,时间 1951 年 5 月至 1958 年 1 月。

应由政府拟定奖励后待办法之单行法规，分别通过各专区各县各学校实施。其后待办法应包括：

（1）放宽入学尺度（从宽收录少数民族子弟入学）。

（2）关于学籍之变通（升级休退转复学毕业等）。

（3）人民助学金比例上较汉族人数增多。

（4）可准许用保送方式免考升学（以优秀学子为限）。

（5）减免学杂费。"①

此后，各地按照以下政策执行扶持政策：小学方面没有人民助学金，但学生入学一律免费，全部供给教科书，为解决学生生活上的困难并拨发了生产助学基金，由各专署掌握搞生产事业以补助学生伙食费用。中学方面圭山中学、西山中学的人民助学金名额均为50%，学生入学全部免费，佛海初师人民助学金名额为70%，学生入学免收学费，各校学生中经济困难者并酌情供给教科书。

因此，国家、省都将民族教育补助放到了支持民族教育工作的第一位，而且其增长速度、所占比例都占到了极高的量（见表3）。

表3　民族教育补助费变化情况一览表

表3.1　　　　　　　　　民族教育补助费占总预算比重　　　　　　单位：元

年度	总预算	民族教育补助费	占总预算比重	备注
1952	8296292	724956	8.24%	1952年一般小学由地方拨发开支不在本总预算数内
1953	23352024	882800	3.78%	
1954	21840571	1059400	4.85%	
1955	22977898	1168890	5.17%	
合计	76466785	3836046	5.04%	已减去不可比的各项经费

---

① 云南省档案馆资料：《云南省第一次全省教育会议讨论提案》，全宗号123，目录号2，案卷号28，时间1950年8月。

表 3.2   历年民族教育补助增量情况   单位:元

年度	1952	1953	1954	1955
金额	724956	882800	1059400	1168890
增量比例	100%	121.77%	146.13%	163.72%

表 3.3   1954 年自治区经费占专区经费的比重   单位:元

专区	一般教育事业费			民族教育补助费			备注
	全专区	自治区	占全专区比重	全专区	自治区	占全专区比重	
保山区（包括德宏自治区）	1220194	196021	16.06%	126590	91564	72.33%	1. 由于自治区基础不一样，所占比重大小也不一致 2. 一般经费内不包括民族费
丽江区（包括怒江自治区）	1077260	44933	4.17%	101753	35752	35.14%	
思茅（西双版纳区）	950739	81883	8.61%	151719	47604	31.38%	
蒙自（红河自治区）	1233383	133990	10.86%	57064	16403	28.74%	
合计	4481575	456827	10.19%	437126	191296	43.76%	

云南省档案馆资料:《关于民族教育补助费（设学、人助金、书籍、设备等）分配、使用及学生教师生活情况的通知、报告和批复》,全宗号 123,目录号 3,案卷号 44,时间 1951 年。

同时，在少数民族教育补助费的使用上，严格遵循"根据经济、文化、地区和民族人口比例多寡不同情况，给予不同照顾原则"，最大限度地保证少数民族学生完成学业:[①]

一、经济、文化发展比较落后的少数民族学生，优于先进的少数民族学生。

二、边疆的少数民族学生，优于内地的少数民族学生。

三、内地山区少数民族学生优于内地坝区少数民族学生。

四、对同一民族的学生，亦可根据地区的不同，各人经济情况的不

---

① 云南省档案馆资料:《云南省 1954 年少数民族教育补助费》,全宗号 123,目录号 5,案卷号 4,时间 1952 年至 1954 年。

同，给予不同的补助或不补助，至专设民族中学及民族小学（省小）内的汉族学生，有特殊困难者，按中央规定，经直接领导的教育行政部门批准后，得与民族学生享受同等待遇。

少数民族学生贫困面大，完全要靠政府照顾，也不可能解决问题，有很多省小此时实行了生产助学。例如泸西省小曾向专署领得生产助学基金100万元，在课余开展生产，饲养家畜，栽种蔬菜及棉花，种桑养蚕等，采取组织生产委员会，由经费稽核委员会检查生产出售情况，五、六年级同学与全体员工负责，福利用来照顾贫困学生的方法，一年所得利润约200万元，两年时间就可缴还基金。这些生产助学实行以来不但效果很好，而且加强了民族团结，锻炼了同学的互助观念。

3. 编、译民族语文教材

对已有通用文字的民族，运用民族语文教学是中央的方针，1950年，云南省第一次全省教育会议讨论通过了决议："根据共同纲领，原则上对于少数民族之教育应用教材尽可能情况得用其原有或特有之语言文字编教科书，应用以适应其特殊环境。如无特殊语言文字者，仍以采用新华书店编印之教科书为原则。再如因新华版本一部分教材内容不适应于少数民族地区时，应由各专区文教科斟酌各地区按乡土（并包括国防、卫生材料）特殊情况拟编教材补充。"[①] 但是由于新中国成立初期，各民族的经济、文化基础及风俗习惯不同，加以语言隔阂，统一的汉语教材结合各民族的实际情况也还不够，因此在民族学校贯彻统一的教学计划、教学大纲及教材时存在一定的困难。为此，云南省教育厅在1951年指示，[②] 在教学要求上不能强调与内地一致，应结合民族特点，从当地不同的教学实际出发，如教学计划可根据云南省教育厅布置的小学教学计划所规定的变动范围，根据当地实际情况"灵活掌握"。但民族地区的教学也应照顾到国民教育的统一性，同意在统一的汉语教材的基础上进行变动。在以民族语文教学为主的学校中，加授汉语文课是必要的，但应在本民族语文基础上完成识字教学的任务以后再考虑增设汉文课较为恰当。

根据中国科学院语文研究所云南工作组1954年年底的材料，云南省

---

① 云南省档案馆资料：《云南省第一次全省教育会议讨论提案》，全宗号123，目录号2，案卷号28，时间1950年8月。

② 云南省档案馆资料：《各地关于民族语文、汉语文教学经验总结报告及云南省教育厅通知（包括使用教材）》，全宗号123，目录号3，案卷号51，时间1951年。

所发现的独立语言共有 21 种，文字 16 种，有一个民族使用两三种文字的，故只有傣、景颇、傈僳、拉祜、瓦、藏、苗、彝和纳西九个民族有文字，其中有的文字只限于宗教使用，如纳西的象形文字已不通行。到 1954 年时，关于民族文字的新方案，已经中央批准的有德宏自治区的傣仂文、西双版纳自治州的傣纳文、怒江自治州的傈僳文，拟报中央批准的有景颇文。

至 1951 年年底，云南正式出版傣纳、傣仂、拉祜、傈僳等民族文字的小学一年级试用课本进行试教。

（三）发展状况

1956 年 10 月，云南省第一次少数民族工作会议召开，会议讨论并明确了少数民族教育的内容、性质和任务。建立以学校基础教育为主的民族教育体系，保障少数民族受教育的平等权利，提升各少数民族的文化素质和思想意识成为其中的重要工作之一。其主要措施包括：从内地派遣大批干部教师到边疆；在边疆少数民族地区创办一批食宿包干的中小学，学生衣食住和学习用品得到免费照顾；少数民族学生可优先获得人民助学金。此后，少数民族的中小学教育发展进入快车道。全省 1951 年时仅有民族小学 32 所，到 1956 年全国第二次民族工作会议召开时，已有专设民族小学 3778 所，民族学生（包括一般学校兼收的民族生在内）共 312599 人，占民族学龄儿童的 38%（包括超龄生），占学生总数的 26%；专设民族中学 18 所，民族学生（包括一般学校兼收的民族生在内）共 9141 人，专设民族师范 2 所，民族学生（包括一般学校兼收的民族生在内）共 1127 人。与 1949 年前相比，这种发展速度是快速的，以德宏州为例，其边疆 6 县新中国成立前只有小学 36 所，学生 719 人，现有学校 243 所，小学 172 所，学生总数达 17580 人，学生增加了 24 倍，社会发育程度很低的景颇、卡瓦等民族或民族支系也开始突破了教育史上没有中学生的纪录（见表 4、表 5）。①

---

① 云南省档案馆资料：《卢华泽同志在第二次全省教育工作会议上关于第二次全国教育工作会议精神的传达报告提纲》，全宗号 123，目录号 3，案卷号 21，时间 1951 年 9 月至 1956 年 10 月。

表 4 云南省各专区小学学生比例表（1954—1955 学年度） 单位：人，%

专区、县（市）自治区	学生数	其中民族学生	民族生占学生数
全省总计	1056393	261454	25.03
昆明市	66577	4879	7.33
个旧市	10994	2855	25.97
东川矿区	1004	54	5.38
下关市	2956	619	20.94
省辖市计	81531	8407	10.31
玉溪专区计	92578	15704	16.96
曲靖专区计	157488	15008	9.77
楚雄专区计	121106	25943	21.67
昭通专区计	81358	7024	9.97
大理专区计	120188	46281	37.91
文山专区计	72416	25327	40.56
红河区	11811	6382	58.34
蒙自专区计	93510	34849	39.16
思茅专区计	52221	22890	44.93
临沧专区计	19607	3136	16.03
德宏区	14793	5830	46.63
保山专区计	92608	10671	12.03
怒江区	3857	2759	88.13
丽江专区计	71782	46214	64.38

云南省档案馆资料：《云南省教育厅 云南少数民族教职工、学生统计表（1953—1954、1962、1965—1966 等学年度）》，全宗号 123，目录号 17，案卷号 62。

表 5 云南省 1957 年边疆民族地区教育事业发展统计表 单位：人

项目	小学					中学			
	校数	学生数				校数	学生数		
		总数	民族生数	总数占总学龄儿童（%）	民族生数占民族学龄儿童(%)		总数	民族生数	民族生占总数
合计	1157	110095	58765	31.27	23.98	15	2754	763	27.7
德宏边 6 县	276	24741	11471	35.85	28.94	3	762	114	14.96
西双版纳州	104	8903	6998	23.34	19.73	1	51	5	9.8
红河外 6 县	225	22162	15097	31.94	24.71	3	506	193	38.14
怒江原 6 县	76	7659	7745	44.59	45.17	1	184	148	80.43
迪庆自治州	187	10359	6461	45.47	34.76	2	351	171	48.71

续表

项目	小学					中学			
	校数	学生数				校数	学生数		
		总数	民族生数	总数占总学龄儿童(%)	民族生数占民族学龄儿童(%)		总数	民族生数	民族生占总数
双江县	49	3277	887	34.13	32.28	1	129	18	13.95
镇康县	72	13001	752			1	366	36	9.83
沧源县	19	2602	2433						
耿马县	25	2223	911						
江城县	17	2108	1471	46.3	41.2	1	94	34	36.14
澜沧县	75	8330	3062	23.7	10.32	1	261	35	13.41
孟连县	14	821	660	12.08	9.96				
宁蒗县	13	3342	745	21.18	23.18	1	50	9	18
西盟山区	5	567	472	5.02	3.85				

项目	师范				备注
	校数	学生数			
		总数	民族生数	民生占总数	
合计	4	502	245	48.8	
德宏边6县	1	138	51	36.95	
西双版纳州	1	220	107	48.63	初中一班附于景洪师范内
红河外4县	1	96	43	44.79	初师一班附于红河中学内
怒江原4县	1	48	44	91.66	初师一班附于碧江中学内

云南省档案馆资料:《云南省1957年边疆民族地区教育事业发展统计表》,全宗号123,目录号20,案卷号62,时间1953年至1959年。

民族教师也在各级学校中占据了一定的比例(见表6)。

表6 民族教师在各级学校中所占比例 单位:人

年度	小学		中学		师范		中等专业学校		大专学校	
	占教师总数(%)	民族教师	占教师总数(%)	民族教师	占教师总数(%)	民族教师	占教师总数(%)	民族教师	占教师总数(%)	
1952	5234	19.69	176	9.81	22	13.93	1	0.68		
1953	5638	18.55	212	10.76	16	8.09	6	3.05	22	6.13
1954	5702	18.76	224	10.43	16	8.78	9	3.27	25	4.14

总体来说，这一时期依据分类指导思想创建的教育理念、教育政策，增加了新中国的民族教育政策的理论厚度；通过各种教育方式培养的人才，改变了云南少数民族地区的教育状况，奠定了云南民族教育发展的基础。

（四）存在的问题

第一，1950 年起，虽先后恢复和新设了一些省小，但校数有限，事实上，省小也仅能作示范的性质，由于经费、师资等因素限制，不能大量设立，不能普遍照顾到各少数民族。1952 年后开始增加，民族初中增为 8 所，民族省小增为 94 所，483 班，学生 16312 人，一般小学兼收民族生 253869 人，共有民族生 270181 人，占全省小学生总数 29.9%，民族教师 5228 人，占 2.1%，1953 年民族初中增加 5 班，学生 250 人，民族省小增加 50 班，学生 2000 人，连同原有的达到 96 所，488 人，学生 18312 人。这三年中以 1952 年发展最大，而以小学为最，但因为只求数量的增加，教师素质不高，缺乏民族语文教学经验，教学质量低下。[①]

第二，此时由于情况不熟、缺乏经验、师资不足，各省小的师资多半都是由汉族教师担任，很少使用民族语言教学，新编的民族语文教材尚无法全部满足使用民族，一般的民族学校只能以新华版为主，其中所使用的一些语言不切合民族地区的用语实际，使少数民族学生无法理解，教学和学习均感困难，无法满足少数民族求知的欲望。

云南省民族语言文字工作委员会对边疆民族地区推行民族文字的一份工作总结里写道：

> 从群众的一般反映来看，是喜欢学习本民族文字的。如澜沧拉祜族群众说："学汉文倒好，但想先学点拉祜文。"沧源县有的乡干部建议："还是先学点卡瓦文，把社会主义的内容好好告诉群众。"红河边四县一向被认为哈尼族不愿意学习本民族文字，最近有些干部已经认识到"哈尼族不愿学习哈尼文的说法是不符合群众的真实愿望的"，政策思想端正了，才能提供真实情况。根据上述反映，可见忽视民族语文的现象，是一种脱离群众、脱离实际、不利于民族政策的

[①]　云南省档案馆资料：《云南省 1952 年少数民族教育工作总结报告及 1953 年工作情况》，全宗号 123，目录号 3，案卷号 22，时间 1951 年 3 月至 1960 年 1 月。

全面贯彻、不利于民族工作开展的不良倾向。

经过这几年的工作，我们也清楚地认识到，不论哪一个民族，都看到学习汉文的好处，他们从来不反对学习汉文，积极分子的热情尤其可贵。他们说:"学了民族文字只睁开一只眼睛，学了汉文才睁开两只眼睛"，"汉文里道理多，要学习马列主义、掌握科学技术非学汉文不可。"事实正是如此，由于历史的原因，我省各民族的居住情况在大片杂居、小块聚居、各民族经济文化交往密切，汉语文被视为"公话"，早已形成了各民族共同的交际工具。尤其是解放后，各民族地区的社会面貌起了根本的变化，政治、经济、文化事业获得空前发展，民族团结增强了，各民族之间的交往范围扩大了。大量的汉族干部、工人、部队进入民族地区，更加促进了经济文化的交流，汉语文逐渐被群众所接受，这是社会发展的必然趋势，所以提倡各少数民族学习汉语文是完全正确的。

我们认为，边疆大部分地区群众是不懂汉语的，社会交际仍然以当地通用的民族语言文字进行;群众的生产、文化水平尚低，除少数乡、社干部、青年积极分子以外，要求学习汉语文不很迫切，信心不足。目前在边疆少数民族中普遍学习汉文条件还不成熟，还需要等待，在群众还没有自觉要求的时候，是不能急躁行事的。

为此，民语委对小学教育中民族文字的使用问题提出了几点建议:

1. 傣族对傣文要求较高，需要学习两年到四年的民族文字。安排初小一、二年级不学习汉文，完全学习民族文字，每周加授汉语会话课二节，三、四年级以学习汉文为主，每周加授民族文字课二节。景颇、拉祜、傈僳、哈尼四个民族，初小一年级完全学习民族文字，二至四年级以学习汉文为主。2. 对于少数升入中学的，如果汉文水平低，可在中学校里设预备班或补课等办法补救。3. 民族小学的教材需要改编，语文课教材全省统一编汉文底本，再按需要译为少数民族文字。4. 边疆地区、多民族杂居、各民族混合编班的城镇小学，可不学民族文字，直接学习汉文，采用全国统一的教材。5. 凡采用民族文字的农村小学，用民族文字注音注义学习汉文，不再学习汉语拼音方案，以减轻儿童学习负担。6. 云南人民广播电台应该把民族语言的广播节目恢复起来,其中傣、景颇、傈僳族等语言应尽快恢复,以争取在对国内少数民族和对外广播中的主动地位。[①]

第三,由于当时很多小学教师因客观形势的需要转业,或被抽调参加其他工作,因此各地普遍感到教师缺乏,特别是民族中小学师资更甚。例如保山专区的盈江省小,虽然早已批准恢复,但因校长被调到北京学习,到1952年年底学校才开始上课,几所民族中学例如圭山中学教员一直没有少数民族民族师资,教学上感到困难很大,因此各专区都要求办理民族师训班。例如德宏,1953年在盈江中学附设民族师范班,至1956年毕业41人,其中傣族14人,有在校初师学生50人,其中民族生19人;1955年在芒市开办民族师资短训班,训练傣族和景颇族的知识分子和青年,已结业两期,共85人,有在校学员132人。1956年时,边疆六县民族教师93人只占教师总数的17.6%,而且绝大多数是只受过4个月短师班训练的,一般不懂汉语。此时,边疆六县青年文盲195140人,占总人口的52.9%。所需要民族教师的数量极大。[②]

第四,云南省有很多民办中小学,经费多属困难,尤其是小学方面,校数较多,需要补助亦较迫切,但因补助私校经费预算有限,仅作重点的补助,未能根据实际情况作适当的照顾,维持艰难。

第五,云南省教育厅仅有监管民族教育的干部2人,边区文教干部虽已配齐,但量少质弱,政策、业务水平低,领导一般化,一些地方的教育行政部门对民族教育不够重视,不做调查研究,往往草率处理,使工作受到损失。

第六,由于民族地区生产季节和生活习惯不同,语言不通、居住分散,加之有的学校加设本民族文字,因而学制与教学计划很难与内地划一,学生流动现象极为严重(注:这里指的流动是指因环境不能保证学生每天上学等,不是指现在的流动),一般不能上足每年38周的教学计划,教学进度不能按时完成,能够继续升入中学就读的学生极少。到1956年,德宏自治州只有民族中学生86人,占学生总数的0.9%,在

---

① 云南省档案馆资料:《少数民族语文工作几年来的总结报告》,全宗号123,目录号1,案卷号126,时间1962年3月至12月。

② 云南省档案馆资料:《德宏傣族景颇族自治州边疆六县教育情况和意见》,全宗号123,目录号3,案卷号22,时间1951年3月至1960年1月。

4583 个民族人口中才有一个中学生,而该阶段的汉族在 115 人中就有一个中学生,汉族小学生已达汉族人口的 9.04%,德宏边疆六县民族小学生只占其人口的 3.3%。流动和留级生多,毕业生少,如盈江县全县 1706个小学生中留级生 550 人,竟占学生数的 31.6%。①

第七,民族教育与对敌斗争和宗教矛盾仍很尖锐,影响了学校的发展与巩固,以及用社会主义思想和科学的唯物主义观点教育学生,如德宏州瑞丽第二小学 1956 年流动学生 50 人,其中有 30 多人是随家长跑到缅甸去的。另外,按云南省教育厅《关于 1955 年的工作和解放五年来的工作总结》里所说,"边远教师多是解放初由师训班派去的失业知识分子,一般来源复杂,政治觉悟低,教学观点模糊",无法在思想上给予学生更多的指导。

云南省民族语言文字工作委员会对边疆民族地区推行民族文字的工作总结里就反映:在边境民族地区推行民族文字是有利而无害的好事。从政策着眼,有利于增强民族团结,调动积极因素;从政治宣传工作着眼,充分利用民族语言文字这个有力的工具,把党的政策方针清清楚楚地向群众交代,把社会主义、爱国主义的思想内容深入群众进行教育。边沿一线傣族、拉祜族、佤族、傈僳族、景颇族都是跨境民族,与境外民族使用共同的语言文字、宗教文化,往来密切,处于这样的复杂环境之中,不是社会主义文化影响的对外扩大,就是资本主义、封建主义的宗教文化对我少数民族的侵蚀。美帝国主义、蒋残匪正利用这一点,用民族文字编印了许多反动传单、书刊运入国境。从政治上着眼,充分利用民族文字和敌人作斗争,变被动为主动,在政治上是十分有利的。从文化教育着眼,当前的业余教育、学校教育使用民族文字也是有利于文化教育事业的发展的。

第二节　1958—1965 年:强制大发展时期

一　历史背景

1957 年后,社会主义改造基本完成,整个国家进入了全面的社会主义建设时期。

---

① 云南省档案馆资料:《德宏傣族景颇族自治州边疆六县教育情况和意见》,全宗号 123,目录号 3,卷号 22,时间 1951 年 3 月至 1960 年 1 月。

但是，第一个五年计划（1953—1957年）后期，中国社会主义的发展出现经济建设上急于求成、生产关系上急于过渡以及阶级斗争扩大化等错误。1958年2月2日《人民日报》社论指出："我们国家现在正面临着一个全国大跃进的新形势。"同年3月3日《中共中央关于开展反浪费反保守的指示》正式提出"社会主义生产大跃进和文化大跃进运动已经出现"。要求修改2月间全国人民代表大会通过的国民经济计划，农业总产值的增长速度由6.1%提高到16.2%，工业总产值的增长速度由10%提高到33%。其间，又经历了1959年8月开始的"反右倾"斗争，至此，经济建设离开了实事求是、稳步前进的轨道，一场全国性的"大跃进"运动被轻率地发动起来了，其主要标志是在经济建设各个领域提出不切实际的高指标。1960年冬，中共中央发出《关于农村人民公社当前政策问题的紧急指示信》，开始纠正农村工作中的"左"倾错误，"大跃进"运动才停止。"大跃进"运动违背客观规律，严重破坏社会生产力，打乱正常生产秩序，造成国民经济各部门之间、积累和消费之间比例严重失调。经济工作中急躁冒进的"左"倾错误，使国民经济遭受严重挫折，人民生活受到很大的影响。从1961年起，国家不得不用5年时间进行经济调整。①

在"大跃进"思想指导下的民族政策中开始出现反对"边疆特殊论"、"民族落后论"和"条件论"的政策指导思想。党在边疆少数民族地区所实施的适合不同民族社会发展程度与需求的分类指导政策不同程度地被迫放弃，在全国掀起的"大跃进"和人民公社的浪潮中，云南的一些"直过区"搞了民主补课，补划阶级成分，批斗山官头人，追缴土地、耕畜、武器和浮财，许多"左"的做法都被照搬到了"直过区"，"慎重稳进"的方针被抛弃，从实际出发的思想路线被当作"唯条件论"遭到批判，造成了西南边疆少数民族的思想混乱和生产混乱，引起了边疆的震荡和各族人民的疑惧不安，导致社会动荡，大量边民外流，边疆少数民族社会的发展和进步遭受了新中国成立后的第一次挫折。问题的严重性很快引起了边疆地区省委和中央的重视，1959年，中共云南省委发出了《关于边疆民族地区人民公社及有关若干问题的决定》，提出边疆民族地区办

---

① 《开展大跃进的原因及开始和结束时间》，资料来源：http://zhidao.baidu.com/question/545227.html。

社规模不宜过大，在随后云南省委批转的云南省边委《关于边疆当前生产合作社及人民公社有关问题的报告》中提出，人民公社只能在"直过区"条件好的地方办一两个，其余的地方办互助组。此后，云南省委决定在全省"直过区"停办人民公社，不再划分阶级，沿边一带可以退出公社，"直过区"的政策得到逐步恢复，边疆社会复归稳定，外流边民逐渐回归。此时，云南省委和昆明军区决定大力加强1964年经中央和中央军委批准组织的民族工作队，在民族地区扶植生产，传授技术。部队派出5000人，地方党政机关经常有三分之一干部参加民族工作队。当时的省委书记阎红彦为民族工作队交任务、教方法，还具体交代人员如何配备。民族工作队和边防部队普遍开展了三员（文化教员、卫生员、理发员）、五匠（木匠、铁匠、篾匠、石匠、泥瓦匠）的培训活动，深入边疆民族村寨，从教群众洗脸、刷牙、吃饭用筷子做起，直到教会群众腌咸菜、磨豆腐、缝衣服、盖瓦房等。

二　在普及教育与急进背景下继续发展的云南民族教育

（一）突击办学，普及教育

1. 办学形式与教学内容

此时生产中的"大跃进"思想也蔓延到了教育战线，从当时的几份工作简报里可见一二：[①]

"随着工农业生产大跃进的新形势，特别是技术改革的到来，教育工作也必须来一个大跃进，以便更好地服务和支持工农业生产，适应国家社会主义建设的需要。中共宜良县委根据群众办学、勤俭办学的方针及群众对文化的迫切要求，使教育事业又多又快又好又省地办起来，在原有规划的基础上，又根据各方面的条件，一方面拟订跃进计划，一方面行动……以匡远镇为试点，三天内普及全镇中、小学教育。"

"沾益奋勇直追，于4月10日全县学校化。目前全区已有192乡普及了中小学教育，新办了各类民办中学176所，民办小学912所，组织了6132个高小毕业生和50897个学龄儿童入学，全区形成了群众性的办学运动。"

"（禄劝县经过十天苦战）1. 办起民办小学732所，741班，已经有

---

① 云南省档案馆资料：《工作简报》第一、二、三号。全宗号123，目录号9，案卷号6，时间1957年。

了 91.6% 的学龄儿童入校学习，比十天前校数增加 14 倍，人数增加 1 倍以上，做到了二三十户的村子，基本上村村有小学。2. 办起扫盲学校 872 个，比十天前增加 24.2 倍，有 50% 左右的青壮年入村学习。3. 做好了新办 13 所中学的准备工作，即将开学上课，校数将比十天前增长 13 倍，人数将增长 1.5 倍，将保证 100% 的小学毕业生升入初中学习……"

"根据（云南）59 个市、县的不完全的材料，已新办民办小学 8973 校，9233 班，学生 331925 人；民办农业中学 661 校，744 班，学生 26493 人（其中有少数工业学校和其他畜牧、林业等职业学校）。目前全省已实现普及教育的共有 26 个县、市，其中曲靖专区 13 个县及昆明、个旧二市均已普及了中小学教育。"

这种突击办学、普及教育的"跃进"思想使得云南省的中小学数量和在校生人数呈大幅度上扬。从"1956—1957 年云南省小学综合表"（见表 7）数据中可以看到，至 1957 年，少数民族学生达到了 359276 人，比 1955 年的 261454 人增加了近 10 万人。

该时期突击开办的学校里包含了大量的耕读小学、农业中学。

表 7　　　　　1956—1957 年云南省小学综合表　　　　　单位：人

	小学生数	民办小学学生数	女生数	少数民族学校（班）的少数民族生	非少数民族学校（班）的少数民族生
昆明市	80517	47	41103	2997	2754
个旧市	17360		7988	1221	2115
东川矿区	5859	1116	1528		190
曲靖区	208132	7973	65216	9242	11192
楚雄区	159862	1663	55878	20144	15614
临沧区	62292	278	18774	9289	4457
昭通区	120645	27589	35327	3905	8420
大理区	163923	1189	60924	36160	29082
蒙自区	101776	4781	39981	27687	12236
红河自治区	22144	468	3433	14378	2050
文山区	94634	36389	37532	42328	19014
思茅区	66053	1292	19876	5065	9593
德宏自治州	122920	6273	45009	14170	3692

续表

	小学生数	民办小学学生数	女生数	少数民族学校（班）的少数民族生	非少数民族学校（班）的少数民族生
玉溪区	122119	1095	46588	16729	7208
西双版纳	9974		4513	7799	257
丽江区	57474	178	17076	6270	2171
怒江自治区	14069	371	3277	11790	57
合计	1429753	90702	504023	229174	130102

备注：根据云南省档案馆1956—1957年云南省小学综合表各专区报表整理。全宗号123，目录号9，案卷号6，时间1957年。需要说明的是，该表中的数据与其他报表中的数据略有出入，例如，《云南省教育事业三十二年发展概况》中统计，1957年的小学生总数为1494886人，其中少数民族学生为376499人。

在这种背景下发展起来的小学存在以下几种办学形式：以公办为主，辅助其他类型：[①]

1. 民办：即教师配备和工资口粮、教学经费、校舍桌椅板凳由生产大队或生产小队全部负责。

2. 民办公助：这类学校在学校设备、办学经费、教师口粮方面由生产队解决，工资由国家负担。

3. 公民合办：出现的原因主要是山区有些村落离完小较远，四年级结业生升高小的困难较大，群众提出要求，经县同意后将当地公办村小"戴帽"办高年级班，初小转为民办，原来的公办教师办高小，初小的经验、教师待遇及扩充的校舍都由生产队负责。此类经验最初在宜良出现。

4. 公办群众支援：这一类形式在山区比较普遍，即国家办学校，校舍、桌凳由生产队支援。

其中民办小学的基本经验是：（1）因地制宜，形式多样化；（2）方便学生就地入学；（3）在学校布局上填补了空白；（4）村小"戴帽"的公民合办形式和高小、初小几个年级复式教学的形式，特别适应山区的特点和需要；（5）各校领导大力支持。

但是，在极快的学校数量的扩充同时，是校舍、师资和办学经费的严

---

① 云南省档案馆资料：《各地关于小学教育的调查报告》，全宗号123，目录号20，案卷号425，时间1963年。

重短缺。导致了几个问题：一是对师资资源的滥用，最明显的就是拔高一个甚至是两个档次使用，无法胜任教学工作的情况必然出现；二是以民办为主的辅助类型学校存在着领导问题——分布在自然村的小学由生产大队领导，山区分散地区个别民小由生产小队领导，业务都由完小领导，公社体制变动后，取消大队，小队更小，这些领导自身存在的文化素质局限使学校基本难以谈得上发展。三是办学经费和教师待遇问题也使山区的这些民办小学发展举步维艰，校舍无法保证，交给村小队负责的学校教师的待遇更是难以兑现，而且限于当时的文化素质普遍偏低的现状，能识会算者极少，一个小学的民办教师往往还必须身兼数职，老师、会计、销售员集于一身，无法专心完成教学任务。四是此时产生的庞大的民办教师数量在20年后，依然成为云南教育发展中一大难以解决的问题。在这种状况下的学校教育质量可想而知。云南省教育厅当时的一份《民族教育工作情况问题和改进意见》反映，1965年左右，边疆地区新发展的大部分是民办小学，民办教师70%是初小以下文化程度，其中又只有少部分人能教汉文，比较突出的如瑞丽县，共有26个民办教师完全不懂汉文，只能教傣文，同时由于工分报酬、待遇也存在问题，致使部分民办教师不安心工作。而低质量的教育反过来又成为学生流动不固定的原因之一。

即使如此，这一时期云南省的小学发展依然严重不平衡，在边疆民族地区适龄儿童的入学率一直都难以得到提高，边疆地区有15个县小学适龄儿童入学率在70%以上，最高的在畹町县，达到94%；还有9个县不到50%，最低的在禄春县，只达到28.8%。① 这种情况直接影响了这些地区20世纪80年代中期以后的"普六"和2000年以后的"普九"达标。

2. 勤俭办学、办厂

应该说，"教育与生产结合的社会主义教育方针"在一定程度上满足了民族地区劳动力紧张、教育与生产所需技能相结合的需求，例如宜良县的一份工作简报里提到"初中班采用二部制。早饭前为街道居民子女上学时间，晚上为农业社子女上学时间。这样既解决了缺教师的困难，也使农业社的劳动力不减少，贯彻了教育与生产结合的社会主义教育方针。因此，群众的反映是：'这样的学校要得，适合我们农民的口味，能读书又

---

① 云南省档案馆资料：《云南省教育厅 普通教育处 云南省教育厅关于民族教育工作情况问题和改进意见（初稿）、民族教育情况调查》，全宗号123，目录号18，案卷号29，时间1966年。

不误生产。'"① 但是，在"跃进"建设的高指标指导下，教育与劳动的时间开始倒置，开始偏离上述方针提出的最初的原意。

1958 年，在云南省教育厅举办的关于教育与生产劳动相结合的展览会上，砚山县江那小学的一份发言《小学也能办厂》② 中可以看到当时劳动时间与教育学习时间已经开始走偏，发言说道："在党的领导下，我们根据'勤工俭学、勤俭办学、教育与生产相结合'的方针，创办了小工厂。全校师生经过短短三天的苦战，就开办了三个厂，有两厂在三天内投入了生产，而没有花费国家一文资金。（有诗为证）

> 学校办工厂，
> 自古无人干。
> 如今大跃进，
> 勤工把学办。
> 学校空房子，
> 大家凑罐罐。
> 自制橡胶套，
> 生产效率高。
> 车间虽然小，
> 锻炼实在好。
> 开采当工人，
> 上课是学生。
> 节约省经费，
> 培养接班人。"

按当时思茅专区对七县教育部门办的学校（共有 561 所，其中专为少数民族办的有 402 所）所做的调查，全区全日制小学（每天上课五节以上）134 所，占 23.8%，半日制小学（每天上课四节）403 所，占

---

① 云南省档案馆资料:《工作简报 第一号》，全宗号 123，目录号 9，案卷号 6，时间 1957年。

② 云南省档案馆资料:《云南省教育厅关于举办省教育与生产劳动相结合展览会工作总结、开幕序言和在大姚中学开勤工俭学现场会议的情况总结》，全宗号 123，目录号 10，案卷号 18，时间 1958 年。

72%，简易小学（每天上课二至三节）24 所，占 4.2%。半日制小学和简易小学大部分是半天上课、半天劳动，少部分是早晚上课、白天劳动。①

在这种学习与劳动冲突下，而且上升成了"知识分子"与"劳动人民"哪种身份更光荣的冲突，以至于云南省教育厅 1958 年召开的中等学校教育工作会上有教师代表提出了"边疆的小学教师，很多都是高小毕业，出身都是农民，这些人算不算知识分子？"学生的思想发生了动摇，一些学生认为"学了文化用处不大，反正要劳动，迟回家不如早回家"、"读书不如劳动，劳动可以得钱，读书要花钱"、"大发明家都不是大学问家，都是平凡的劳动者"，老师也反映"不少学生坐不下来读书，轻视书本知识"。这也成为边疆地区少数民族小学学生流动量大的原因之一。

对此，云南省教育厅在 1959 年《全省中等学校教育工作会议总结》中也提到"全日制的学校为了结合生产劳动，过多砍掉基础课，使普通教育适合职业教育的做法，显然是不适当的"。②

（二）分类指导思想的延续

1963 年《中央教育部给云南、贵州、四川三省教育厅长的信》中仍提到："我们认为三省在民族教育工作中有下列几个值得注意的问题：1. 民族教育能否与当地群众的生活实际密切结合，是一个关系成败的根本问题。2. 民族语文与汉语文的安排，是民族小学的极重要问题。按一般原则，民族语文应在小学学好，而汉语文则应安排于小学较高年级学习，其水平也不宜要求过高，更不能强求与汉族小学看齐。3. 民族地区一般经济落后，居住分散，学校的布点及课程内容必须力求适应此种情况，才可成为群众服务的教育事业。4. 师资问题十分重要。5. 民族地区大抵经济落后，教育经费应予以特殊照顾，过早提倡民办学校是不适宜的。6. 民族地区多数位于边疆，这样就涉及国际斗争。云南与缅甸的边境，有美国特务披着宗教外衣，做着各种阴谋活动，已历多年，势力颇大。民族教育便含有国防意

① 云南省档案馆资料：《云南省教育厅 各专、州关于贯彻省民族教育工作会议情况的报告、学制、教学等的意见》，全宗号 123，目录号 16，案卷号 95，时间 1964 年 4 月至 10 月。
② 云南省档案馆资料：《云南省教育厅关于召开中等学校教育工作会议的通知、开幕词、报告、总结及袁部长的讲话》，全宗号 123，目录号 10，案卷号 16，时间 1958 年。

味。讲求对策,时不容缓。"① 1963 年 10 月 22 日,中央教育部林砺儒副部长在云南省民族教育工作会议上再次强调,"我们认为这次大会的中心思想是:要在民族地区贯彻执行党的教育方针,应该如何具体贯彻体现? 我们的民族教育必须要从民族的生活实际出发,教学必须结合民族的生活实际,只有结合实际,才能推动我们的兄弟民族向前发展进步。这是民族教育要走的一条正确道路。教育方针只有一个,那就是'教育为无产阶级的政治服务,教育和生产劳动相结合',培养有社会主义觉悟的有文化的劳动者,这是全国一致的,民族教育也不能例外。问题是如何结合民族的生活实际来贯彻。从实际出发,在工作中结合实际"。②

因此,实事求是、因地制宜地继续采取分类指导政策推动民族教育发展,依然是民族教育发展的重要指导思想。

1. 民族语文政策与教育

20 世纪 60 年代,民族语文的创制和改进继续得到发展。通过试验推行,文字方案本身做了群众性的检验,证明了 6 个民族 7 种文字方案是好的,多数群众表示满意。新创制的卡佤文、傈僳文、哈尼文和在原有文字基础上改进的景颇文、拉祜文、傣文(2 种)都在本民族中得以试验推行,并继续征求意见,使文字方案更臻完善。民族文字是拼音文字,与语言一致,口头语变成书面语比较容易,只要教学方法得当,花两三年的时间就可以帮助学生掌握民族语文是完全可能的。因此,使用民族语文进行的学校教育教学质量得到提升,在农村扫盲中也起到了很好的作用,到20 世纪 60 年代中期,已有 4 万人左右达到脱盲水平,约占青壮年文盲数的 10%,其中傣文、景颇文因为有群众基础,推行情况较好③。民族文字推行以后,少数民族用来记工分、记账、写信,大大地改变了以往刻木记事的落后状况。云南民族出版社出版了 200 多种课本、读物;德宏、西双版纳两州报纸编印了傣、景颇、傈僳等民族文字版。民族文字的书报大量发行,对于边疆地区宣传党的政策,进行社会主义、爱国主义教育,起到

---

① 云南省档案馆资料:《全省民族教育工作会议的文件、会议参考资料》,全宗号 123,目录号 15,案卷号 120,时间 1963 年。

② 云南省档案馆资料:《云南省教育厅 各专、州关于贯彻省民族教育工作会议情况的报告、学制、教学等的意见》,全宗号 123,目录号 16,案卷号 95,时间 1964 年 4 月至 10 月。

③ 云南省档案馆资料:《少数民族语文工作几年来的总结报告》,全宗号 123,目录号 1,案卷号 126,时间 1962 年 3 月至 12 月。

了一定的积极作用。

在师资方面，云南民族学院先后培养了 200 多名民族语文干部，各专区、州培养了 5000 多名民办教师，为今后继续推行民族文字准备了骨干队伍。

但因为少数民族历史上与外界接触较少，语汇缺乏，特别是缺乏现代政治的、科学的、生产的语汇，形成了新的学习障碍。因此，少数民族学生也必须学习汉语文，才能融入社会发展的主流。当时的一份中央文件指示：凡是民族语没有的语汇，尽量利用汉语来弥补，以丰富和发展民族语，这是符合语言发展的规律的。任何一个民族语都要吸收外来语，吸收语汇的来源，一是汉语汇，二是西方的拉丁语汇。兄弟民族作为中国社会主义大家庭的一员，当然是吸收汉语汇，以弥补民族语的缺陷，这样便发展和丰富了民族语言，产生出许多与汉语共同的词汇，有利于团结，有利于互相学习，有利于爱国心的培养。这是肯定的，不应再有怀疑。所以从三年级起学习汉语文是有利的，应该看到丰富民族语与学习汉语二者之间有可以统一的因素。①

2. 形式多样、因地制宜的办学与教学

20 世纪 60 年代的云南民族教育，在民族地区农村小学的教育内容上，根据民族地区的农村生产、生活实际，以及农业生产发展的需要，进行了适当的改革，例如思茅地区"根据边疆农村地广人稀，劳动力负担重的具体情况，我们在学制方面也作了灵活机动的安排。有条件的地区就争取全日上课，确有困难的地区就改行半日制教学，并把寒暑假改为农忙假，使民族子弟既能坚持学习又能帮助家庭劳动，解决了读书和生产的矛盾。为了满足农村对会计人员和其他方面的迫切需要，在教学中加强了语文、算术、珠算和农村应用文的教学，使他们回乡后能担当起一定的社会工作。目前有的农村小学还开设了短期会计训练班，吸收农村会计人员参加学习，帮助他们提高业务水平。"② 在教材内容上力求精简，民族语文教材由省编写，提出汉语文教材在有条件的时候也应由省编写，并指出如使用全国通用教材，必须进行适当删

---

① 云南省档案馆资料：《云南省教育厅 各专、州关于贯彻省民族教育工作会议情况的报告、学制、教学等的意见》，全宗号 123，目录号 16，案卷号 95，时间 1964 年 4 月至 10 月。

② 云南省档案馆资料：《云南省教育厅编印"民族教育参考资料"样本》，全宗号 123，目录号 16，案卷号 42，时间 1964 年。

减，编写一套适合民族地区生产、生活需要的补充教材。①

此时，虽然难免有突击办学的弊端，但是云南民族教育最大的特色仍在基于因地制宜之上的多种办学形式上体现出来。从一些偏远边境山区突击开办耕读小学普及小学教育来看，因其适合了这些地区的交通与农村生产劳动所需，成效确实很好（见表8）：

表8　　　　　　　河口县桥头区四所民办小学情况调查　　　　单位：人

学校名称	适龄儿童数	原入学数	占（%）	现入学数	占（%）
木城	45	12	26.6	33	73.3
三棵树	40	12	30	30	73
岩头	21	3	15	14	66.7
耗子洞	41	11	26.7	38	92.6
合计	147	38	25.7	115	78.2

云南省档案馆资料：《各地关于一个片、乡、社、队办耕读小学普及小学教育工作的情况报告、经验、材料》，全宗号123，目录号20，案卷号591，时间1965年。

这四所民办学校创办之后，学生人数由原来的38人增加到115人，入学率由原来的25.7%增加到78.2%，尤其是女学生的增长率更为显著。"办学不到一年，学生们的进步很快。岩头民办小学的学生（苗族）读书后，全部（14名）都会说汉话了，还会写自己的姓名，会算两位数的加减法。上民校的学生由于就地入学不跑远路，加之教学形式灵活，学生们既能读书又能劳动。在入学的115个学生中，大约有五分之二的学生可以参加社里劳动放牛或帮助家庭挣些工分。另外，约五分之三的学生在带弟妹、找猪菜、打柴火、煮饭等方面，也不同程度地帮助家里解决了一些实际困难，减轻了家长的负担。这说明了办民校是方便广大贫下中农子女入学的好办法，是逐步地普及农村小学教育的有效途径。"

在保山龙陵县龙江区，提出了举办耕读小学的原则和要求：自力更生，以村办学，小型分散，灵活多样，因地制宜，因人而异。具体是：（1）凡是十户以上的村庄，学龄儿童在十人以上，学校服务半径不超过三里的，即办早晚形式的耕读小学。（2）凡在十户以下，学龄儿童在十

① 云南省档案馆资料：《民族教育学制问题研究座谈会纪要》，全宗号123，目录号16，案卷号41，时间1964年。

人以下，去附近学校上学超过三里的小村小寨，即组织学习组或包教包学、送字上门等。（3）在几个自然村比较邻近，学额超过 20 人，学习形式需三种以上的地区，举办一揽子小学。（4）在人户比较集中的公立全日制小学中，扩大班级容量，并附设耕读班，招收那些需要参加家务劳动和生产劳动的学龄儿童学习。未办耕读小学以前，全区适龄女孩子共 1258 人，只入学了 499 人，占 39%；耕读小学、农业中学办起后，女生增加为 1134 人，占女生总适龄数的 90%。不少耕读小学成为"女子小学"、"姑娘班"。至 1965 年，龙陵县有 11 所公立全日制小学中附设耕读班 11 班，182 人；一揽子小学 2 所，9 班，169 人；早班 58 班，817 人；晚班 4 班，75 人；插班学习 20 人；带娃娃班 15 人；随到随教班 9 人；送字上门 23 人；父兄包教 15 人。①

在阿佤山上，新建的半耕半读农业中学开设政治、语文、算术（珠算）、农业知识四门课，采用省编农中教材，对生产劳动和学习时间采取早晚到校学习、白天回队生产、回家食宿的办法，每天清早（早饭前）和夜晚各学习两个小时，一天学四个小时，白天学生回队参加劳动。② 这样安排，不论对社里劳动力或学生家庭的工分收入都无大影响。由于当地找不到能教中学的教师，一个在当地长期蹲点做农业试验的技术人员为农中兼教农业知识课，不仅为农中解决了技术课教师问题，而且农技站的试验推广工作，也可与农中结合起来，相互配合、相互促进。这种"农忙回队生产，农闲到校读书"的季节性农业中学减轻了国家和群众的负担；对民办师生好管理，学生很少流动，教师稳定，教学质量提高快；初步贯彻了"两条腿走路"的办学方针，为推行两种教育制度摸经验、找方法；学生又读书又劳动，利于为当地的社会主义建设培养知识型人才。

20 世纪 60 年代，云南对直接教学汉语的全日制小学的学制实行如下管理：③

1. 对接近汉族地区，语言隔阂不大的彝、白、回、纳西、蒙古等族

---

① 云南省档案馆资料：《各地关于一个片、乡、社、队办耕读小学普及小学教育工作的情况报告、经验、材料》，全宗号 123，目录号 20，案卷号 593，时间 1965 年。
② 云南省档案馆资料：《阿佤山上办起了农业中学》，全宗号 123，目录号 16，案卷号 8，时间 1964 年。
③ 云南省档案馆资料：《民族教育学制问题研究座谈会纪要》，全宗号 123，目录号 16，案卷号 41，时间 1964 年。

聚居区或杂居区，约有 300 万人口地区的民族小学，可以兴办五年制小学。在经济、文化条件较差，劳动力又缺乏的乡村小学，可以实行"三二"分段，即一至三年级作为一段，达到相当于现在初小毕业水平；四五年级作为一段，学完高小课程，达到相当于现在的高小毕业水平。

2. 对距离汉族地区较远的边沿区和山区，经济、文化比较落后，语言隔阂又较大的苗、瑶、怒、阿昌、布朗、独龙等十三个民族的聚居区或杂居区，约有 200 万人口地区的民族小学，可以兴办六年制小学，仍实行"四二"分段，与现行学制要求一样。

关于课程设置和教学要求：实行以上两种学制的民族小学，开设周会、语文、算术，五年级或六年级增设生产常识，并将史地、自然课合并为常识课。要求民族小学毕业能认识 3500 个常用汉字，掌握常用词汇，字写得端正，会写一般的记叙文和应用文。算术要求学完算术和学会珠算的加减乘除法。常识课使学生获得关于祖国历史、地理常识以及初步的自然常识，生产常识课使学生了解农业生产常识。

关于课程和教学要求：实行五年制或六年制的全日制民族小学，均开设周会、民族语文、汉语文、生产常识，并将史地、自然课合并。

不可否认，这种"因地制宜，形式多样化"的"普及教育"，是 50 年代确立的分类指导民族政策的延续和发展，在一定程度上推动了民族地区少数民族教育的发展，特别是在云南这种山河相间、交通不便的地区的小学发展，方便了学生就近入学，使得适龄儿童的入学人数得以在一段时间内有了极大的增加，解决了民族地区学生入学岁数偏大的现象。[①] 1965年 11 月 30 日《云南日报》（第三版）就刊载了一篇《潜力从觉悟中来办法从实践中来——曼燕小学帮助农民子女普遍上学》的报道，记录了西双版纳勐海县曼燕小学采取多种形式办学，使其服务范围内的曼燕、曼国等十个村寨普及小学教育的经验。报道称，曼燕学校：

---

① 根据云南省教育厅的统计，1958 年贯彻执行了两种教育制度，小学曾一度发展到 28000 所，有 200 多万名小学生，其中民办小学的学生达 60 万人。到 1961 年时曾一度采取了接收民办小学、不准许群众办学的做法，加上强调正规化，一般只办了全日制一种学校，以致学校数量大大减少，学生人数不断下降。因全省只有小学 22000 多所，学生 143 万人，其中民办小学生 106000 人，占 7.6%。全省学龄儿童入学率只达到 54%，农村地区只到 40%。从中可以看到分类指导政策对少数民族教育的发展一直起着促进作用，也可看到当时教育政策的不稳定性对教育发展的阻碍。

改变了只在秋季招生的办法,实行春、秋两季招生的办法,有些招生时不能入学的,随来随收,方便家长送孩子上学,很受群众欢迎。同时,学校分析了自己的情况,本校六个年级六个班,只有一百八十名学生。就决定将二、三年级和四、五年级分别复式,合并为四个班,发挥教师潜力,增办了五个班。一个春季班,一个汉族班,一个女早班和两个巡回班。学校附近的汉族寨子,有十二个学龄儿童,因学校低年级教傣文,而他们要求学汉文,一直未能入学。今年,学校专设了一个汉族班,使他们都上了学。还有二十二个女娃娃,要参加家务劳动和带弟妹,上学困难,学校又为她们单独开了一个早班,每天上午十点钟以前学习两个小时,主要教识字,还允许她们背娃娃上课,使她们都有了读书的机会。曼窝和曼那告两个寨子离曼燕小学较远,学龄儿童走读困难,家长不放心。学校就与当地干部和群众商量,办起两个巡回教学班,有三十一个儿童入学。教室、桌凳、黑板等,由合作社和群众自己解决,学校每天下午派两个老师去上课。

此外,曼国和曼墩两个寨子可以找到民师,学校就帮助他们办起了两个民办小学班,共吸收三十二个儿童入学,学校派教师进行辅导。还有十个学龄儿童居住分散,离校较远,其中两个儿童,家长识字,就由家长包教;其余八个,就组织校内中、高年级学生,每天送字上门。

这样,根据当地生产、生活实际需要,采取多种形式办学,使儿童入学人数由一百八十三人增至三百二十四人,其中,学龄儿童二百七十九人,入学率由百分之四十上升到百分之九十六。目前,学校正抓紧做好巩固提高工作,不断改进教学,努力提高教学质量,使农村小学教育更好地为农业生产服务。

3. 经济上特殊照顾

从 1952 年到 1966 年,国家先后拨发了 1600 多万元的少数民族教育补助费。对生活有困难的民族学生采取半包干、包干,学杂费免收、减收等方法,有利于办好民族小学,巩固学生,使其安心学习。云南此时实行对边疆民族地区和内地分散山区的一部分民族学生,在国家教育经费可能的前提下,在经济上给予一些特殊照顾。公立小学可以继续免收学杂费,对景颇、傈僳、独龙、苦聪、苗、瑶、怒、佤等民族和支系,生活特别困难的学生,可以根据情况,给予适当补助或采取部分包干的办法等补助政策。并指示各地应将少数民族教育经费纳入教育事业经费预算,对中等学校和高等学校的民族学生,可适当增加人民助学金的比例;对少数困难较大的,也可以有重点地实行包干的办法。①

三　发展状况

1957—1958 年,毛泽东提出"教育为无产阶级的政治服务,教育与生产劳动相结合"的方针和发展教育事业"两条腿走路"的方针。1964—1965 年,在刘少奇倡导的"两种劳动制度、两种教育制度"指导下,又试办了一批半工(农)半读的学校,分别采取国家办、集体办、民办、民办公助、农场办学,以及办农业中学、工读学校、耕读小学等多种形式,多吸收学龄儿童和群众入学。工读学校则培养篾匠、木匠、泥瓦匠、缝纫匠,真正为此时云南民族地区的生产发展培养所需人才。云南的教育事业出现了一个新局面:

各级各类半工(农)半读学校和农业中学及其他职业中学大量增加。1965 年,全省办有半工(农)半读大学 1 所,中级学校 45 所,技工学校 8 所,农业中学 1140 所,半耕半读小学 48000 多所。在县镇所在地还办了一批手工业学校,专为少数民族培养工匠艺人。当时高中阶段的普高与职业技术教育各占一半,结构合理,不存在学生出路问题,教育事业与经济建设基本相适应。两种教育制度的推行,为教育事业的发展开拓了更广阔的道路;

7 所高等院校在校学生全日制 9410 人,半日制 716 人。中等技术学校全日制 21 所,学生 9600 人;半工半读 45 所,学生 10300 人。中等师范 17 所,全日制学生 5500 人;半工半读 1000 人;

普通中学 253 所,其中完中 75 所,在校生 136000 人,高中生 20300 人。小学全日制 32772 所,耕读 44787 所,在校生全日制 218 万人,耕读 984000 人,各级学校在校学生总和占全省人口 2160 万的 15.7%,比新中国成立初期增长 12.1%;②

---

① 云南省档案馆资料:《省委、省人委、本厅关于小学教育、文教科、局长、师范教育、中小学校长、民族教育会议的请示、批示、报告》,全宗号 123,目录号 1,案卷号 41,时间 1963 年 1 月至 1963 年 12 月。

② 云南省档案馆资料:《云南省教育事业三十二年发展概况》,全宗号 123,目录号 32,案卷号 11,时间 1982 年。

随着民族教育事业的发展，壮大了民族教师队伍。到 1963 年，全省已有民族教师：小学为 11153 人（占教师总数的 21%），中等学校为 672 人，均比 1953 年增长了 1 倍以上。边疆 28 县和 1 镇的民族教师增长更快，1963 年已有小学民族教师 2106 人，占边疆小学教师总数的 39%。同时，还输送了大批汉语教师到民族地区帮助各民族发展教育事业；[①]

扫盲业余教育也有所发展。例如德宏州组织青壮年、农村干部首先达到"三会"（会写自己的名字、会写阿拉伯数字、会算珠算加减法）。

教育厅设立民族教育处，民族专区、州、县指定专人抓民族教育工作，成立民族文字教材编译机构。

为了适应少数民族生产、生活上的需要，有利于民族学生学习汉语，在有文字的民族里，编写出版了德傣、西傣、景颇、傈僳、拉祜、佤等六种民族文字初小一至四册语文课本，编译了算术教材、扫盲课本、通俗读物。

表9　　　　　1961—1962 学年初边疆民族地区教育事业基本情况　　　　单位：人

项目 \ 学校类型 \ 年份	中等技术学校		中等师范学校		普通中学		小学	
	1961	1962	1961	1962	1961	1962	1961	1962
学校数	6	5	3	2	32	30	2496	2248
学生数	656	336	574	268	6106	5591	129606	109717
其中民族生	53	27	178	2	2034	1816	74266	48669
教职员工数	115	50	62	26	474	493	5038	5079
专任教师	61	—	36	—	302	—	4535	—
民族教师数	3	3	6	—	41	37	1333	1537

根据云南省档案馆资料整理《云南省教育厅关于 1961—1962、1962—1963 学年度云南省教育事业统计资料汇编》，全宗号 123，目录号 16，案卷号 17，时间 1964 年。

备注：此时的边疆民族地区，指德宏、思茅、丽江、临沧、红河专州中的 27 个县和 1 个镇。1962 年增加梁河县。

---

① 云南省档案馆资料：《省委、省人委、本厅关于小学教育、文教科、局长、师范教育、中小学校长、民族教育会议的请示、批示、报告》，全宗号 123，目录号 1，案卷号 41，时间 1963 年 1 月至 1963 年 12 月。

到 1964 年，全日制普通中学的学生总数中，少数民族学生 14279 人，占 13%，女生 39149 人，占 35.8%。[①]

各地民族教育的发展也喜见成效。例如到 1966 年，西双版纳州共有小学 323 所，比 1952 年的 37 所增加 8 倍多，学生 17216 人（其中民族学生 13114 人，占 76%，其中傣族学生 6404 人，倮尼学生 1826 人）比 1952 年的 750 人增加了 23 倍多。教师 630 人（其中傣族教师 132 人）比 1952 年的 89 人增加了 7 倍。全州有中学 4 所，学生 653 人（其中民族学生 192 人，占 30%）。共培养了中学毕业生 700 多人，其中民族生 224 人，学校还培养了初小毕业生近 1 万人、高小毕业生 3000 多人。[②]

四　存在的问题

（一）学生流动大，教学质量差

这是云南民族教育在这一时段上存在的最突出问题。呈现出初小一、二年级在校生多，三年级以后逐渐减少，在初小三、四年级流动量最大的规律，基本上从初小升高小时为一个关口；在完全小学中，又以五、六年级流动量最大，从高小升中学又是一个关口。导致了一些民族小学生升入中学的很少。其中以傣族尤甚。据思茅地区边 7 县调查，1960 年有小学生 59886 人，到 1961 年只有 37208 人，一年之内流动了 22678 人，占学生数的 38%。"学生流动的原因主要有：经济条件较差；傣族地区生活水平较高，但又受风俗习惯的影响（男孩子要当和尚），学生流动特别大；部分群众对读书的认识不足，怕读了书'变汉人'，怕调内地工作；边疆地区学校的巩固与政治形势联系在一起，形势稳定时学校也稳定，但有敌对造谣破坏，家长外迁，学生也跟随家长外出；学校的教学计划，教材要求过高，要求与内地一样，学生学习跟不上，也形成学生流动。边疆地区小学的教学质量较低。其原因是：（1）要求过高，采用全国统一的教材和教学计划学习，超过了少数民族儿童的实际能力；（2）课程设置对民

---

① 云南省档案馆资料：《全日制普通中学目前基本情况的分析资料》，全宗号 123，目录号 16，案卷号 7，时间 1964 年。

② 云南省档案馆资料：《（西双版纳）几年来民族教育工作总结和今后意见》，全宗号 123，目录号 16，案卷号 95，时间 1964 年 4 月至 10 月。

族语文和汉语文的安排不妥当；（3）教师水平低。"① 为此，地方教育部门也提出管制中、小学的衔接问题，建议让小学毕业生在中学开设的预备班里补习一年高小未学完的课程，然后再升入初中一年级。②

思茅地区由于民族地区语言隔阂较大，全日制小学按照全国统一的语文教学大纲，初小四年教完三年课程，高小六年教完五年课程实行没有问题，但是在半日制和简易小学中实行就有困难。西盟县文教科访问了6所学校的意见，只有1所学校表示可以，1所学校愿意试试看，其余4所学校都反映办不到。③

（二）少数民族学生学习困难大

由于少数民族小学生入学年龄较大，学习年限往往延长，而且因为民族语言障碍难以克服，汉语文化程度太低，跟班学习困难很大。"有的地区的民族小学办到7年、8年、9年，甚至办到10年还没有一个高小毕业生。"④ 如潞西县31所傣族小学，一年级共招收新生412人，逐年流动减少，到四年级剩下6%，最后仅有2人高小毕业。有的即使学生稳定下来，教学质量也很低，学习年限拖得很长。又如峨山县富良棚彝族小学，新中国成立后高小毕业了12个班，学生227人，其中按期毕业的只占5%，7年毕业的占40%，8—10年毕业的则占55%。类似情况在民族小学中都较普遍。

这种情况的出现与教学方式、教学要求措施不稳定、不切实际也有密切关系。西双版纳教育部门的一份报告中就比较全面地反映了这一情况：

> 我们曾经走了一段曲折的道路，大体分为4个阶段。即从解放后到1955年这段时间，在办学形式和教学要求上一般化，强调统一的教学计划，使用全国通用的教材，民族生学习上困难多，进度极缓慢，两周才教完一课书；从1956年至1957年，随着傣文的改革和运

---

① 云南省档案馆资料：《云南省教育厅关于云南省少数民族教育工作情况的整理材料》，全宗号123，目录号14，案卷号16，时间1962年。

② 云南省档案馆资料：《（德宏州）民族教育工作会议的报告》，全宗号123，目录号16，案卷号95，时间1964年4月至10月。

③ 云南省档案馆资料：《云南省思茅专员公署文教局贯彻执行省民族教育会议精神情况的报告》，全宗号123，目录号16，案卷号95，时间1964年4月至10月。

④ 云南省档案馆资料：《关于我省民族教育工作的报告（草稿）》，全宗号123，目录号20，案卷号424，时间1963年。

用民族文字进行教学,并改变了统一的教学计划,另编了教材,收到了一定的效果,不足的地方是,民族文字教材仍照全国通用的教材翻译过来,内容未能很好结合民族地区实际,另一方面又忽略了学习汉语文的重要性。从1958年至1960年,又使用全国通用教材,强调统一教学要求,又放松了用民族文字进行教学;1961年以后云南省教育厅拟定了农村学校教学计划,有的学校根据当地实际情况,执行四、二分段制,教学计划执行农村小学计划;教学内容在傣族地区初小以学傣文为主,加授珠算和汉语会话,效果又好起来。但仍由于培养目的不明确,措施不够具体,学生流动仍然很大,对发展和巩固民族教育还未根本解决,1960年全州小学生已达2万,到1963年下半年又下降到1万左右,到1963年暑假招生后又升到17216人,由于学生流动,教学质量很低,质量低又反过来影响学生流动,有的初小毕业还不能掌握傣文,高小毕业生很少,特别是傣族高小毕业生少,有的学校长期没有毕业生,有的学校要7、8年甚至9年才有毕业生,而且教学质量一直比较低。①

在这个时期内,还存在一些民族小学教师特别是教六年级的教师不顾民族生的实际,不顾质量,继续赶进度,原因是怕延误初中招生统考。

从当时边疆7县对民族教育工作会议精神的领会和贯彻情况报告来看,中学不如小学,中学里民族学生还处于少数,少数的民族生属好几个民族,有的学校还没有引起足够的重视,有的学校对如何从各种不同的民族生的实际出发没有经验,一般都注意了对他们的政治上的关怀和生活上的照顾,但对如何帮助他们学好功课,特别是在学他们感到特别困难的文言文和数理化、历史等方面还没有成熟的经验,有待摸索总结。②

同时,少数民族的适龄儿童入学率也比较低。如1963年在校民族学生占适龄儿童的比重,内地为51.4%,而边疆仅为29.3%(包括超龄生)。这种情况远不能适应各民族经济和文化发展的需要,对提高民族教育质量也很不利。按德宏、临沧当时的统计数据,"临沧区1964年学年初

---

① 云南省档案馆资料:《(西双版纳)几年来民族教育工作总结和今后意见》,全宗号123,目录号16,案卷号95,时间1964年4月至10月。

② 云南省档案馆资料:《云南省教育厅 各专、州关于贯彻省民族教育工作会议情况的报告、学制、教学等的意见》,全宗号123,目录号16,案卷号95,时间1964年4月至10月。

学龄儿童入学率为 41.6%，其中内地县为 47.5%，边疆县仅 28.1%。德宏州稍高一些，为 55.2%。未入学的适龄儿童大部分是贫下中农子女。德宏州的陇川县城子小学，地富子女入学率为 95%，贫下中农子女仅为 30%。已经入学的贫下中农子女流动也比较大。潞西县法帕小学今年流动了 34 人，其中贫下中农子女就有 24 人，约占 70%。"①

（三）问题成因

1. 民族教育工作与民族特点结合不够。

第一，从工作上看，该时段在教学上忽视民族特点，要求采用全国统一的教材和教学计划，要求过高。如何结合民族实际，贯彻执行党的教育方针和"两条腿走路"的办学方针，缺乏经验，认识上有片面性，不善于从不同民族、不同地区的实际出发，紧密结合当地群众的生产、生活实际办学。

第二，民族语文的教材使用政策尚未能找到合适的衔接点，形成了政策上的不稳定。在教学上，民族文字和汉文教学的设置未得到妥善安排，变动过大。边疆教育工作会议上就指出，汉语文与民族语文的安排摇摆不定，1958 年以前只教民族语文，民族文字读物少，学生知识贫乏；1958年以后在执行省委"民族文字与汉文同时并学"的指示当中，只注意了边疆少数民族学汉文的方面，只教学汉语文，放松了推行民族文字的方面，对民族语言文字这一特点有所忽视，学生学习很吃力，群众也有意见，因而民族教育的巩固和发展问题一直未得到很好解决。②

一份对云南省民族语文推行情况汇报中便集中反映了民族语文教学政策的不稳定性带来的影响，报告指出：

> 我们对民族文字的作用估计不足，1958 年推行过民族文字，1959 年以后即相继停顿下来，不论学校教育、业余教育或政治宣传活动，应用少数民族的语言文字这个有力的工具是被普遍地忽视了。例如：（1）在小学教育中，大部分民族地区均未采用民族文字的课本，西双版纳、德宏使用过傣文和景颇文，但自 1960 年以

① 云南省档案馆资料：《德宏、临沧贯彻民族教育工作会议情况》，全宗号 123，目录号 16，案卷号 7，时间 1964 年。

② 云南省档案馆资料：《少数民族语文工作几年来的总结报告》，全宗号 123，目录号 1，案卷号 126，时间 1962 年 3 月至 12 月。

来，潞西、景洪等县也完全放弃了民族文字，全部用汉文教学。勐海县在初小四年教学中，提出八周突击完民族文字课的要求，结果流于形式，汉文、傣文均未学好。（2）在政治宣传活动中，两年多来也很少使用民族语言文字，如勐海电影放映队不配民族干部，不配翻译人员，群众高高兴兴来看电影，不懂意思，达不到宣传目的，群众反映说"白白看了"。云南人民广播电台从1960年起，已停止了民族语言的广播节目，而缅甸广播电台则一直用景颇语、傣语广播节目对我进行宣传，使我们陷于被动。（3）中央和省委一贯强调的外来干部必须学习民族语言，民族干部必须学习汉语文的重要指示，已普遍被遗忘了，民族干部几年来在工作中学会了一些汉语汉文，外来干部则十分缺乏学习民族语文的空气。小学教师中也普遍放松了民族语文的学习，勐海县勐遮区34个汉族教师中，傣话讲得好，能胜任教学的有6人，占18%；只能讲日常会话和简单教学用语、授课吃力的有21人，占62%；不懂傣话的7人，占20%，直接影响到教学质量的提高，也影响了和群众的联系；（4）在民族自治机关中，行使行政权力时，也很少使用民族文字，只有德宏、西双版纳两个自治州一直用汉、傣两种文字对照出布告，但是下达指示，大多数仍用汉文，不用傣文，临沧、孟连、沧沅等自治县向乡、社行文，一律使用汉文，群众不懂，领导意图很难贯彻到群众中去。

产生这些问题的原因，主要是对少数民族的实际情况认识不足，看不见边境各少数民族绝大多数群众还不懂汉语、民族语言仍然是社会交际的主要工具这一客观事实，不了解大多数群众的意愿，没有把语文问题当做政策问题来看待，对民族语文害怕麻烦，当做负担，害怕提出学习民族文字以后会迷失方向，变成右倾。①

第三，没有一套固定的适应边疆民族地区的教材和教学计划，直接影

---

① 云南省档案馆资料：《少数民族语文工作几年来的总结报告》，全宗号123，目录号1，案卷号126，时间1962年3月至12月。

响了教学质量的提高。① 同时，按云南省民族语言文字委员会的总结，此时在少数民族文字翻译出版工作中，数量多，质量差；民族语文的翻译工作中有脱离民族语言实际的倾向。

第四，教材与教学安排不对接。此时民族地区的民族教育基本上采取两种教学方式，一种是直接教汉文的，普遍难以完成教学计划，大都学好一课再教一课。一种是教民族文的小学，学了一两年民族文后才开始学习汉文，到六年级毕业时又达不到高小要求。同时，算术是翻译的，从一年级就学起，但到二、三年级才学汉语文第一册，语文、算术的进度不对称，距离拉开太大，增加了学习上的困难。升学问题大，使少数民族学生高小要多读或进入初中后还需要设预备班过渡，无形中都要延长学制。

第五，办学形式强调正规，教育内容与云南民族地区此时的生产发展所需的知识、技术仍有脱轨。边疆教育工作会议指出，内地汉族地区考虑升学需要的多，而少数民族地区则不一样，群众希望少学一点，学好一点，学了就能用，但是此时课程设置门类比较多，超过了少数民族儿童的实际负担能力，又不能适应群众要求子女既读书又参加生产劳动的需要；教学内容未能很好地为民族地区当前的生产、生活服务，因此导致当地民众并不热心送子女入学。

第五，经费支持减少。按云南省教育厅 1966 年对民族教育情况的调查，民族系统下达的经费（直过费、少数民族补助费、自治州县特补费），过去 3 年内边疆共有 15711000 元，用于文教卫生的只有 8.9%，直接用于教育的更少。直接影响了民族教育硬件、软件的发展。

第六，民族教师水平低，对教学质量影响较大。

2. 少数民族内部存在的实际困难

一是各民族历史上遗留下来的政治、经济和文化发展不平衡，除语言阻隔、劳动力缺乏及某些风俗习惯的影响外，还存在边疆民族地区地广人稀，劳动力缺乏，加之目前生产水平还不高，群众收入比较少，许多贫下中农子女多、劳动力少，生活困难，没有力量送儿童入学。

---

① 云南省档案馆资料：《省委、省人委、本厅关于小学教育、文教科、局长、师范教育、中小学校长、民族教育会议的请示、批示、报告》，全宗号 123，目录号 1，案卷号 41，时间 1963 年 1 月至 1963 年 12 月。

二是因为大量举办耕读学校和农业学校,办学主体向民办转移的观念占了上风,1959 年"大跃进"中,政策上开始搞"一刀切",一些扶持政策被取消。例如 1950 年,政府在全县(宁蒗)设立了 4 所省立完小,这对于培养少数民族人才起了很大的作用,但是,"大跃进"时期 4 所省立小学被取消了,原对少数民族学生实行的一些照顾和扶持政策也随之被取消了。其他地方的省立小学的情况也基本一致,直接影响了少数民族送孩子入学。

民族中小学的教学质量普遍低。由于小学基础差,高小毕业生少,初中招生甚至从零分录取起,没有选择余地。[①]

第三节   1966—1977 年:曲折发展时期

一   历史背景

1966 年"文化大革命"开始,文化教育系统成为较早推行极"左"路线的地方。1971 年炮制出台的《全教会纪要》歪曲毛泽东同志提出的教育方针,全面否定了"文化大革命"前 17 年的成绩,在教育战线鼓吹"宁要没有文化的劳动者","制造白卷英雄",反对学生学习科学文化知识,推行愚民政策。他们借口反对"师道尊严",败坏学习纪律,鼓吹无政府主义,严重腐蚀了广大青少年的思想,使教育事业遭到一场空前的浩劫。

西南边疆少数民族地区的正常发展进程此时再次被打断,在批判"边疆特殊论"、"民族落后论"的荒谬口号下,在所谓的"政治边防建设"中,全盘否定了 1950—1956 年"和平协商土地改革"和"直接过渡"的民主改革方针,要求在边疆少数民族地区重新划分阶级,对边疆民族地区 29 个县开展了全面复查工作,进行第二次土改。复查中,篡改了划分阶级的一些标准和具体原则,例如在阶级分化并不明显的"直过区"宁蒗县,原来是"只划两头,不划中间",可是重划时却完全照搬了内地汉族地区的做法,结果全县共划出剥削阶级 1278 户,占全县总农户的 4.5%,富裕中农户 2661 户,占总农户的 9.5%,中农 3365 户,占总

---

① 云南省档案馆资料:《云南省教育厅 普通教育处 云南省教育厅关于民族教育工作情况问题和改进意见(初稿)、民族教育情况调查》,全宗号 123,目录号 18,案卷号 29,时间 1966 年。

农户的 11.3%，其他为贫农，四分之一的人口变成了阶级斗争对象。边境地区动荡不安。

此时，在边境地区不顾少数民族地区的生产力发展水平和居住分散、交通不便的实际情况，重办人民公社，再次破坏了农村生产力，"以边疆地区的粮食生产为例，从 1952 年到 1965 年，粮食产量年平均递增 3.9%，但从 1967 年到 1977 年，年平均递增率则下降为 1.4%，人均有粮的数量也从 1965 年的 662 斤减为 1977 年的 554 斤"。①

在党的直接过渡政策与分类指导政策遭到严重破坏，边疆民族地区的特殊性被否定，宗教信仰受到压制，人民群众的生产生活陷入严重困难的背景下，边民再次大量外流，据 1969—1972 年的统计，4 年中边境线外迁群众达 42750 人。

对此，1973 年时，毛泽东提出"政策问题多年不抓了，特别是民族政策。现在地方民族主义少些，不突出了。但大汉族主义比较大，需要再教育"。但是限于当时的政治形式，这个指示并没有得到落实。

二　在否定边疆特殊论背景下陷于停滞的云南民族教育

（一）被严重破坏的民族教育

在大批"边疆特殊论"、"民族落后论"中，民族中小学和扶持民族地区教育的一系列特殊措施被粗暴取消，专州的民族师范、民族中学和耕读学校几乎全部被迫停办，民族语言文字也遭到肆意破坏，少数民族语言被诬蔑为"无用、落后"，民族语文机构为此被撤销，民族文字报刊被停办，许多民族文献资料被烧毁，民族语文专业工作人员被迫改行，从新中国成立逐步发展起来的云南民族语言文字工作被中断。至 1974 年，边疆 27 县的 2082 个生产队没有学校。民族教育与民族文化出现了大倒退。②

1966 年到 1969 年，云南省的高等学校、中等专业学校及部分中、小学中断招生达 4 年之久。在极"左"思想指导下，学校建设采取搬、并、迁、散等办法，砍掉了大批中等专业学校和各种半工（农）半读学校，使中等教育改变为单一的全日制普通中学，破坏了中等教育合理的结构，

---

① 周域主编：《民族工作四十年研究》，云南人民出版社 1991 年版，第 129 页。

② 云南省地方志编纂委员会编：《云南省志·教育志》，云南人民出版社 1995 年版，第 701 页。

破坏了教育事业与经济发展的比例和教育事业内部的比例关系。在1974年、1975年提出的"读小学不出村,读初中不出大队,读高中不出公社"的口号下,云南各地又不顾条件、不顾实际,盲目发展中学,兴办了大量的小学附设初中班,或者是把小学骨干教师提去教初中,初中教师提去教高中,层层拔教师的后果是教育质量下降、中、小学两败俱伤,造成中、小学教育的严重"虚肿"。或者是因为各地的民族师范学校大都被撤销,有些长期从事民族教育工作的教师被调走,严重缺乏教师,例如边疆地区27县1镇,1972年时共有小学教师18919人,平均每校只有教师2人,大量农村小学是1人1校。多数教师的文化水平和教学能力较差,小学文化程度的就有5777人,占教师总数的30.5%,不少民族教师仅初识汉字,教学中的困难很大。外来教师虽然文化业务水平较高,但多是最近几年才从学校分配任教的新教师,不懂民族语言文字,不熟悉党的民族政策和当地民族的风俗习惯,民族教师学习汉语汉话的要求普遍放松,缺乏边疆群众工作经验,也在教学中遇到很多障碍。①

在"文化大革命"期间,全省约有50万平方米校舍被侵占,仪器、设备、图书、资料严重失散。11年中,由于中断招生,云南省少培养大学生1.5万人左右,少培养中专生3万人左右。11年中全省只毕业了18700名大学生和36000名中专生,其中一半以上是1965年以前入学的,造成云南省技术力量青黄不接、后继乏人,后果十分严重。各级学校遗留问题很多,经费、校舍、设备负债累累,中、小学教学质量严重下降,损失无可估量。②

(二)艰难行走的民族教育

1. 培养师资

1971年召开的云南教育工作会上提出了必须认真扎实地解决好两个问题:一是要合理布点,采取多种形式办学,把学校办到群众门口,让"农民子女就近上学方便"。城市也应搞好厂矿企业和街道办学。二是要根据学校发展情况,逐年增加公办教师和民办教师。除各地原有师范学校应迅速开学加强培养师资工作外,还应开办短期师训班,定期轮训教师。

① 云南省档案馆资料:《云南省边疆少数民族教育情况》,全宗号123,目录号23,案卷号41,时间1973年。
② 云南省档案馆资料:《云南省教育事业三十二年发展概况》,全宗号123,目录号32,案卷号11,时间1982年。

要加强对教师的政治教育，提高他们的路线觉悟，也要注意提高他们的政治待遇和适当注意解决他们生活上的困难和工资待遇等问题，使他们都能"忠诚党的教育事业"，充分发挥他们的积极性。

按照国家教育发展规划要求，第四个五年（1970—1975 年）计划期间要在边疆民族地区普及小学五年教育。但是这一要求对于少数民族地区来说，最大的困难依然是师资严重缺乏。以绿春县为例。这是一个以哈尼、彝、瑶、傣、拉祜 5 个民族为主的多民族聚居的边疆县，70 年代时少数民族人口占全县总人口的 96%。因为地处偏远，"文化大革命"前，全县有中、小学教师 188 人，其中三分之二以上是从内地来的汉族教师。当地政府只好自力更生，就地培养少数民族教师，大力从当地贫下中农、复员退伍军人、知识青年中选拔培训少数民族教师。全县 612 名少数民族教师中，小学文化程度的占 54% 以上。能否迅速提高他们的思想文化水平，以适应教学需要，是关系到普及教育能否巩固的大问题。此时的绿春县政府遵照毛泽东关于对干部要"提高他们，就是给予学习的机会，教育他们，使他们在理论上、在工作能力上提高一步"的教导，除了对他们进行思想和政治路线方面的教育外，还采取各种有效措施，帮助他们提高文化水平和工作能力。新任教师任教前，由公社辅导站集中进行培训，帮助他们熟悉教材，教他们怎样上课。1970 年，作为试点的三勐公社选拔了 25 名当地文化程度较高的青年（他们大部分是初小文化程度，少数人没有进过学校，只靠自学初识一些字），公社辅导站从实际出发，首先组织他们学习《为人民服务》，毛主席的教育方针和有关教学方法的教导，学习小学一、二年级教材，上示教课等，培训 45 天后就开始任教。从这些数据中可以想见少数民族地区的师资缺乏到了什么程度。

为了帮助少数民族教师不断解决教学中遇到的困难，绿春县当时建立的公社辅导站开展组织教师学政治，研究教材，总结交流教学经验。骑马坝公社的辅导员在深入教学中，发现一、二年级的教师缺乏识字教学的经验，就组织有经验的老教师上识字教学示范课，介绍识字教学法，并组织专题讨论，1971 年以来，全县各公社举办的定期和不定期学习班共 13 期，培训辅导了少数民族教师 786 人次。大队辅导站则每月利用星期六下午或星期天时间集中教师学习一至两次，帮助解决教学中遇到的问题，同时组织各辅导点的汉族教师和少数民族教师，老教师和新教师开展经常性的互教互学活动。在社、队两级培训辅导机构，除了帮助教师解决教学中的现实问题外，还注意有计划地提高他们学习汉语拼音、查字典、识简谱等基础知识的能力，为教师进一步自学提高创造条件。如其中一位教师，只读过一年半书，刚参加教育工作时困难很大，六年多来，经过县、社 5 次培训，长期坚持刻苦学习，战胜了重重困难，文化水平和教学业务能力都有了很大提高，已能教学小学一至五年级的所有课程。

为了提高师资、培养骨干，绿春县政府还有目的地选送部分少数民族教师离职到县、州、省学习。到 1972 年，共选送了 38 人到省、州师范学校学习，选送 210 人到县中学简师班和轮训班学习。①

针对这种局面，1972 年恢复和新建了 8 所省中等民族师范学校。以期缓解师资压力。

2. 编写乡土教材

该阶段针对农村普及教育要求，云南省委专门发文要求加强对中小学教材编写工作的领导，各县都要组织力量编写适合当地需要的乡土教材，边疆少数民族地区小学教师应认真学习当地民族语言，以便更好地进行教学。②

编写出版了德傣、西傣、景颇、傈僳、拉祜、佤六种民族文字初小一至四册语文课本，编译了算术教材、扫盲课本、通俗读物。③

3. 继续对少数民族学生实行补助

针对云南民族教育的特点一度被忽视，一些行之有效的措施没有继续执行，学校布点不足，办学形式单一，加之经济基础较差，群众送子女上学读书有较大困难，需要国家给予更多的扶持和帮助，少数民族适龄儿童入学率低，流动很大，能读完小学五年的为数甚少的实情，从 1971 年 5 月起，中共云南省委决定，对边境一线的少数民族学生恢复实行免费和包干的制度，以推动完成第四个五年计划期间在边疆民族地区普及小学五年教育的任务。

---

① 云南省档案馆资料：《大力培养少数民族教师迅速发展边疆教育事业》，全宗号 123，目录号 23，案卷号 54，时间 1973 年。
② 云南省档案馆资料：《中共云南省委文件 云发（1971）44 号 云南省教育工作会议报告》，全宗号 23，目录号 21，案卷号 22 。
③ 云南省档案馆资料：《云南省教育厅 普通教育处 云南省教育厅关于民族教育工作情况问题和改进意见（初稿）、民族教育情况调查》，全宗号 123，目录号 18，案卷号 29，时间 1966 年。

　　参照过去的有关规定，各地区按以下办法试行：对边境一线和内地高寒山区少数民族小学生，除免收学杂费外，并供给书籍、文具等学习用品。住校学生中少数确有困难的，生活上给予适当补助。标准按学生总数每人每月 1 元计算，其中，大体上以 7 角用于学生本人，3 角由学校统一掌握，用于困难学生的生活补助。对边境一线的少数民族中学生和边疆地区的苦聪、佤、景颇、瑶、苗、怒、傈僳、独龙等民族生活确有困难的中学生，由国家包干（在小学附设初中班走读的学生不包干，只免收学杂费和供给书籍、文具等）。标准按每人每月 10—15 元计算，其中，大体上以 7—12 元用于学生本人，3 元由学校统一掌握，用于解决困难较大的学生的被服、鞋袜补助。对内地高寒山区的少数民族中学生，采取适当提高人民助学金比例的办法，对生活确有困难的给予适当补助。补助面按学生总数的 30% 计算。①

第四节　1978—1983 年：调整、改革、整顿、提高的发展时期

一　历史背景

　　1978 年 12 月，党中央召开的十一届三中全会，将全国的工作重点转移到社会主义现代化建设上来，标志着一个新的历史时期的到来。以"调整、改革、整顿、提高"为中心的八字方针成为此时期的教育方针，教育工作开始走上正轨，并取得一定的发展。

　　根据新中国成立 30 年来的经验教训，发展民族教育，必须认真贯彻执行党的民族政策，必须从各族的实际出发，不能照搬汉族地区的做法，也不能在各个少数民族之间搞"一刀切"。同时，国家应采取特殊措施，重点扶持民族教育，逐步建立适合少数民族特点的民族教育体系。1980年 10 月，教育部和国家民委提出《关于加强民族教育工作的意见》。《意见》提出了六项具体措施：1. 切实抓好中小学教育；2. 发展少数民族的中等专业教育和高等教育，培养少数民族四化建设所需要的多方面的人才，特别是各类科学技术人才；3. 大力发展民族师范教育，培养一支合格的民族教师队伍；4. 解决民族教育必需的经费；5. 保证自治地方在教

---

　　① 云南省档案馆资料：《关于云南边疆少数民族教育工作的几点意见》，全宗号 123，目录号 23，案卷号 54，时间 1973 年。

育事业上的自主权；6. 恢复民族教育行政机构。

在师资培养与配比上，小学师资队伍的水平有所提高。至 1981 年，全省有本科师范毕业生 401 名，师专毕业生 3822 名，中师毕业生 21200 多名。这些毕业生的大部分充实到中、小学教师队伍中。为了提高中、小学教师的业务水平，全省 17 个地、州、市和 123 个县（区）成立了教学研究室，116 个县成立了教师进修学校，一年以上系统培训的小学教师达 52600 人次。为了加强小学教育，1979 年、1980 年，经过考核将边疆地区 35 个县及内地部分山区两万多名民办教师转为公办教师。1981 年又将内地高寒山区 4000 名民办教师转为公办教师。至此，全省小学民办教师的比重已由 1978 年的 56% 下降为 37%。

在校点布局上，1978 年，全省有 7540 所小学附设的初中班 17318 个，在校初中生 737000 人，经过调整，到 1981 年年底，尚有 2885 所小学附设 7030 个初中班，在校学生 30 万人。与此同时，经过调整，一些地区相应地增加了初级中学的布点，有的则是将完全中学改为初级中学。因此，到 1981 年年底，全省初级中学由 1978 年的 675 所增至 857 所，这对于提高初中的教学质量起到了良好的作用。

在教育经费投入上，虽然在"共产风"、"平调风"、"浮夸风"等狂潮下，云南省的经济积累已被一扫而空。但是各级党委和政府非常重视智力投资，教育经费逐年有所增加。1981 年，全省教育经费总额由 1978 年的 1.00005441 亿元增至 2.00004150 亿元，3 年增加 56.4%，平均每年增加 18.8%。教育经费占全省财政总支出的比例由 1978 年的 8.4% 提高到 15.3%。几年来，在压缩基本建设投资的情况下，教育基建投资仍逐年有所增加。1978 年为 1320 万元，1979 年为 1603 万元，1980 年为 2105 万元，1981 年为 1684 万元。另外，据不完全统计，1979 年以来的 4 年间，省、地、县三级地方财力用于教育的经费达 1.3 亿元。

随着教育经费的增加，各地办学条件逐步有所改善。1979 年至 1981 年的 3 年间，全省教育部门办的中小学实际使用的校舍修建资金共计 1.4212 亿元，修缮校舍面积 2837000 平方米，新建校舍 499800 平方米。另外，还安排了中小学设备费 1350 万元（包括新增课桌椅十万套），加上一些地方社队群众出钱出力、踊跃办学，使云南省中小学校舍的紧张状况有所缓和，设备奇缺的情况得到一定的改善。

1981 年，在校学生与新中国成立前相比，高等学校增长了 8 倍；普通中学增长了 38.7 倍；学龄儿童入学率达到 83%。各级在校生总和，1981 年占全省 3134 万人的 16.5%。全省教育经费由 1950 年的 259 万元，增加到 1981 年的 20410 万元。32 年来，高等学校为国家培养了各项建设人才 56889 人，培养了中等技术毕业生 90100 人；中师毕业生 87000 人；中学毕业生 333 万人（其中高中毕业生 628000 人）；高小毕业生 719 万人。

二 在调整、改革、整顿、提高背景下的云南民族教育

（一）少数民族学生比例上升

云南此时的边疆民族教育事业，通过下列 8 条措施的促进，也得到了发展：

1. 逐步在没有学校的地方开办学校；

2. 从实际出发，根据民族特点，多种形式办学；

3. 放宽入学年龄，优先照顾和大力招收民族学生；

4. 特设民族教育补助费，减轻学生家庭负担；

5. 安排教育经费和基本建设投资，尽量优先照顾边疆民族地区；

6. 根据民族的愿望和要求，开设了部分民族语文课；

7. 全省有 8 个地、州、市新建了民族师范学校，有的边境一线的县在中学附办了民族师范班，专门培养少数民族教师；

8. 号召在边疆和民族地区工作的汉族教师民族化，学会当地民族语言，尊重当地民族的风俗习惯，小学低年级坚持用民族语言教学等。

在此基础上，云南省委、省政府通过一些具体的特殊措施，扶持少数民族教育，诸如：由省直接拨出专款，建立了 40 所食宿包干的民族中、小学。有 7 所高等院校和部分中等专业学校举办了民族班，区别不同地区和民族适当降低录取分数线，为少数民族培养专门人才。此外，新中国成立初期就成立了云南民族学院，到 1981 年时已扩建有本科、预科、干训三个部分，为少数民族培养民族干部和专门人才。① 这些措施有力地促进了边疆民族教育事业的发展。至 1981 年，各民族都有了自己的大学生（见表 10—表 12）。

---

① 云南省档案馆资料：《云南省教育事业三十二年发展概况》，全宗号 123，目录号 32，案卷号 11，时间 1982 年。

表 10   **边疆 27 县中学发展比较**

年份	学校（所）	学生（人）	学校数增长速度	学生人数增长速度
1952	14	2890		
1965	34	9899		
1978	334	145498	比 1952 年增长 272.8 倍 比 1965 年增长 8.8 倍	比 1952 年增长 49.3 倍 比 1965 年增长 13.7 倍

表 11   **边疆 27 县小学发展比较**

年份	学校（所）	学生（人）	学校数增长速度	学生人数增长速度
1952	1481	100249		
1965	9218	370647		
1978	10858	600440	比 1952 年增长 6.3 倍 比 1965 年增长 17%	比 1952 年增长 4.9 倍 比 1965 年增长 62%

表 12   **各级学校少数民族学生数占学生总数的比例**

年份	总数与比例	高等学校	中等技术学校	中等师范学校	普通中学	小学
1952	在校学生总数	3287	3569	3092	47347	1148474
	其中：少数民族		250	1116	6875	270870
	占学生总数的%		7.0	36.1	14.5	23.6
1953	在校学生总数					
	其中：少数民族	356	882	8264	254742	
	占学生总数的%	9.02	21.41	16.25	26.29	
1954	在校学生总数					
	其中：少数民族	476	643	8613	255557	
	占学生总数的%	2.59	17.8	15.4	24.87	
1957	在校学生总数	6996	9814	8529	94015	1494986
	其中：少数民族	356	799	2576	14848	376499
	占学生总数的%	5.1	8.1	30.2	45.8	25.2
1962	在校学生总数	13500	8529	5026	99800	1399760
	其中：少数民族	1432	1219	1008	13622	308518
	占学生总数的%	10.6	14.3	20.1	13.7	22.0

续表

年份	总数与比例	高等学校	中等技术学校	中等师范学校	普通中学	小学
1965	在校学生总数	10126	19930	5993	188830	3167167
	其中：少数民族	1057	1648	1516	33094	882023
	占学生总数的%	10.4	8.3	25.3	17.5	27.9
1975	在校学生总数	10669	9147	13461	873631	4620338
	其中：少数民族	2474	1953	4483	168052	1235146
	占学生总数的%	23.2	21.4	33.3	19.2	26.7
1978	在校学生总数	15915	12598	14043	1289291	4360335
	其中：少数民族	1873	2183	3893	218167	1189770
	占学生总数的%	11.8	17.3	27.7	16.9	27.3
1979	在校学生总数	18602	19783	21773	1084700	4273200
	其中：少数民族	2075	2936	5021	189765	1121676
	占学生总数的%	11.2	14.8	23.1	17.5	26.2
1980	在校学生总数	18136	19600	18110	968700	424390
	其中：少数民族	2185	3663	4986	189209	1114161
	占学生总数的%	12.0	18.7	27.5	19.5	26.3
1981	在校学生总数	21729	18328	14455	865635	4248571
	其中：少数民族	2860	3388	4175	170821	1106994
	占学生总数的%	13.2	18.5	28.9	19.7	26.1

根据云南省档案馆资料整理：1.《云南省教育事业三十二年发展概况》（全宗号123，目录号32，案卷号11，时间1982年）；2.《云南省教育厅五年来教育工作总结报告（草稿）》（全宗号123，目录号7，案卷号2，时间1955年）。

至1978年，27县、镇共有中小学教职工35228人，其中少数民族教职工11879人，占33.7%，全省民族教师队伍不断发展壮大。[1]

到1981年止，边疆教育事业获得了空前的发展，除普遍举办民办小学和职业中学大力开展扫盲工作外，在31县中已有12县基本普及了小学教育，10县（其中包括元阳县、金平县）基本扫除了青壮年中的文盲。

[1]　云南省档案馆资料：《云南省教育局关于边疆民族教育工作的通知、意见、报告》。全宗号123，目录号29，案卷号212，时间1979年。

如佤族聚居的沧源县,1949年前没有一所学校,全县只有1个中学生,找不到10个识字人,到1952年就办了小学4所,学生600多人,1981年时已发展到115所,学生7855人,学生数比1952年增长了12倍,基本普及了小学教育。又如经济条件较好的潞西县,1949年前全县也只有一所20多个学生的汉族小学,1981年时已有小学335所,其中傣族145所、景颇族11所、德昂族6所、傈僳族3所、阿昌族5所,共有学生15102人,全县95%的学龄儿童入了学,基本普及了小学教育。

(二)分类指导思想的延续

1. 在经济上专项扶持

云南省在办学过程中提出普及小学教育的口号一定要坚持,但不要"一刀切",不同的地区可以提出不同的要求,经济条件较差的省,国家补助的经费不少,要拿出部分来办小学教育。少数民族地区的小学教育,要采取特殊措施,在贫困地区,要由国家发下来,实行免费教育。具体表现在经济上给予特殊扶持,1979年以来,根据各地区、各民族经济文化发展的不同情况,实行"三免费"和兴办寄宿制、半寄宿制学校。

一是在边境一线二十公里的少数民族小学设立了专项补助,每个学生每年补助10元;

二是对贫瘠山区、边疆民族地区、特困地区的学生实行"三免费"。(即学费、书费、笔墨纸张费);

三是从教育基建费中调剂了1240万元,重点建设边境一线特别是重要口岸的学校;

四是地、州、县每年从地方财政中拨出10%左右,用于改善办学条件;

五是从支援不发达地区资金中每年拿出10%—15%用于办教育;1980年拿出来办教育的比例增加到25%;

六是1980年,省委、省政府拨出专款兴办了40所寄宿制民族中小学,其中中学19所、小学21所。在省的带动下,各地、州、市从地方财力中专项投资兴办了一批寄宿制民族中小学。据不完全统计,1983年时,全省已有寄宿制民族中学38所、民族小学989所,在校生近10万人。到1984年初,省委、省政府又决定每年从省机动财力和支援不发达地区资金中拨出1500万元,兴办半寄宿制高小3000所。

2. 办学形式与教学内容

"文化大革命"时期，符合云南少数民族地区民族居住条件、交通条件的多种办学形式被取消，直接导致了当时少数民族适龄儿童的入学率和巩固率下滑。在云南省委、省政府出台的8条教育措施支持下，云南民族教育中最具特色的多层次、多规格、多种办学形式办学又得到恢复。

根据中央关于在80年代全国基本实现普及初等教育的部署，云南省结合实际，把全省山区、边疆、民族地区的学校划分为四个类型，分别提出不同的教学质量要求，即：乡以上的全日制完全小学，按全国统一的教学大纲、教学计划和教材进行教学；使用民族语文和汉语文"双语"教学的全日制民族小学，学制延长一年，要求熟练掌握民族语文，并基本上达到教育部颁布的教学大纲要求，使少数民族学生民族文、汉文兼懂；乡以下的小学实行四二分段：山区民族地区80年代末只要求普及达到省编农村四年制小学教材和教学计划要求；使用单一民族语文教学的民族小学，用民族语文达到四年制小学要求，运算方面亦应达到四年制小学的要求。另外，我们还大力提倡多种形式办学，全日制和半日制、早、午、晚班等相结合，从而改变了长期以来"一刀切"、"一个模式"，办学严重脱离山区、民族地区实际的状况。

仍以红河州绿春县为例。绿春县的骑马坝公社的骑马坝村，是一个有近200户人家的傣族村寨，有170多个学龄儿童，骑马坝小学原办有一个午班，一些家庭有实际困难的儿童就在午班读书，入学率达95%以上，后来由于嫌办午班太麻烦，又怕教学质量低，就动员午班学生读全日制，把午班拆掉了，结果入学率下降到83%。这个学校的领导和教师通过总结经验教训，认识到如果不从边疆山区的实际出发，不搞多种形式办学，要搞好普及教育是不可能的。从而进一步端正了思想路线，重新办起了午班，组织了24个上全日制有困难的女孩子入学，入学率上升到98%。在这种实事求是、灵活多样办学以符合民族地区实际情况思想的指导下，骑马坝公社除有50所全日制小学外，还办起了10个早、午、晚班和巡回教学点，共有120多名儿童在这些点读书，占全公社在校学生总数的8.6%。①

①　云南省档案馆资料：《云南省教育厅：省有关部门关于建立民族中、小学，发展民族教育的意见、报告、调查材料之二》，全宗号123，目录号30，案卷号235，时间1980年1月至1981年3月。

在普及学校教育中,骑马坝公社还注意正确贯彻"两条腿走路"的方针,坚持勤俭办学、勤工俭学。学校师生和群众一起,共修理、建盖教室 33 间,制作课桌 70 多套,开辟了球场 18 块,在 50 所小学全部建立了土基墙和土春墙的校舍,改善了学习条件。通过勤工俭学,各校都有了经济收入,国家此时又恢复了边境一线民族学生补助费,做到了让学生免费读书,家庭经济困难的学生还得到衣服、鞋帽补助,减轻了群众的负担,从不同的角度促进了普及教育的巩固和发展。

3. 放宽要求

在学校布点、编制、班额、入学年龄、学籍管理等方面适当放宽要求。

云南省山区、边疆地区,居住高度分散,三户一村,五户一寨,很多区乡方圆百多公里,山高箐深,交通极为不便。为方便儿童入学,近几年来,云南民族教育中注意了适当增加学校布点。仅 1983—1984 学年度,全省就增加了小学 3000 多所,到 1984 时又增加了 2000 多所小学,基本解决了适龄儿童入学难的问题。

由于分散山区适龄儿童人数少、班额不足,便因地制宜,降低班额,采取隔年招生、复式教学等办法。有些教师工作量不够,便采取"一长管两校"、"一师教两班"的办法,即校长既管全日制学校,也管多种形式学校;教师既教全日制班,也教多种形式教学班和扫盲班。

山区、民族地区儿童 7 岁入学有困难,可以延长到 8 岁、9 岁,适龄期顺延。

4. 少数民族教材的编译与扫盲

1973 年,国务院科教组召开了少数民族教材座谈会,在座谈会的基础上起草了《关于改进少数民族教材工作的意见》[①],提出:(1)使用民族语文进行教学的,要求学生在中学毕业时,能掌握本民族语文,并能初步运用汉语文;(2)加强少数民族教材的自编工作,改进编译工作,实行领导、专业人员和工农兵三结合,要开门编书,走群众路线;(3)使用同一种少数民族语文教材的省、区,可以实行必要的协助;(4)各有关省、区都要按少数民族教材编译任务的大小,在省、区教育局的领导

---

① 云南省档案馆资料:《云南省教育局关于少数民族、师范教育教材及科技、体育工作的通知、情况汇报》,全宗号 123,目录号 24,案卷号 100,时间 1973—1974 年。

下，建立少数民族教材的编译机构，编译队伍要实行老、中、青三结合。要选调一些有实践经验的工农兵参加编译工作。（5）建议有关省、区党委指定专厂承担教材的排印任务，或将承印教材的专厂规划教育部门直接领导；新华书店要做好征订、发行工作，交通运输部门要保证教材随运随到；（6）建议各省、区党委加强对少数民族教材工作的领导，党委负责教育工作的同志把这项工作抓紧抓好。国务院科教组当及时组织交流经验，对这项工作给予适当指导。

在这个意见的指导下，云南省的民族文字推行工作得到恢复发展，云南省政府特别指示：要提高认识，把继续推行民族文字、用民族文字扫盲工作列入各级有关部门的重要议事日程；因地制宜地采取多种形式开展民族文字的推行工作，动员小学教师和在农村工作的各级干部，有计划、有步骤地做好培养训练民族文字推行骨干的工作。凡有条件的学校要把民族语文课教学列入教学计划。地、县民干校或党校也要推行民族文字。对于推行民族文字工作有显著成绩的干部、教师，要给予表扬和奖励；民族文字教材，由各地、县教育部门负责组织编写，请省民族出版社负责印刷出版；各级教育部门要在党委的统一领导下，切实加强对民族文字教学工作的领导，并做好群众性的扫盲工作。[①]

从 1980 年开始对傣族、景颇族、傈僳族、佤族开展了文盲统计和开展扫盲工作。据统计，1980 年时傣族有文盲 565380 人，占傣族人口的 75%；景颇族有文盲 56849 人，占景颇族人口的 70%；傈僳族有文盲 411261 人，占傈僳族人口的 90%；佤族有文盲 213266 人，占佤族人口的 80%。[②] 在思茅、临沧行署及澜沧、沧源、西盟、孟连、耿马、双江等拉祜族、佤族分布地区的拉祜文、佤文的推行与扫盲，丽江地区傈僳族乡的傈僳文扫盲等工作，都取得了非常大的成效。

例如丽江纳西族自治县的拉巴支傈僳族乡、兰香傈僳族白族乡从 20 世纪 80 年代初开始采用傈僳文在两个乡开展扫盲，1984 年年底按省教育厅《云南省扫除文盲标准及基本无文盲单位验收办法（试行）》的规定要求，对拉巴支、兰香两个乡进行了严格的考核验收，其结果是：非文盲率分别达到

---

① 云南省档案馆资料：《教育部、云南省政府关于民族教育工作的意见、经验、调查材料》，全宗号 123，目录号 31，案卷号 267，时间 1980—1981 年。

② 云南省档案馆资料：《云南省教育局关于边疆民族教育工作的通知、意见、报告》，全宗号 123，目录号 29，案卷号 212，时间 1979 年。

99.05%和94.44%，实现了无文盲乡。这在云南省民族地区还是首例。

兰香傈僳族白族乡地处偏僻的贫瘠山区，全乡共324户，1779人，其中傈僳族211户，1039人，12—40岁的总人口共421人，其中高中毕业生1人，初中毕业生19人，高小毕业生29人，只读过两三年书的半文盲和文盲372人，占12—40岁总人口的88.36%。散居在方圆近百里的七八座大山、三条河谷和七条山沟之中，村寨之间隔山隔箐，大多相距六至十公里，走遍全乡需要两三天时间，居住分散，交通不便，1949年前是个"只听羊儿叫，不闻读书声"的穷山沟。1983年2月，开始利用傈僳文开展扫盲工作，采用了在乡成立傈僳文扫盲领导小组，乡长担任组长；村设管理小组，村长担任组长，制定了村干部和傈僳文业余教师扫盲承包责任制，凡在1984年年底完成扫盲任务95%以上的村，由乡发给每个村干部、业余教师奖金20元。从1984年10月以后，每脱盲一人，除上级给6元报酬外，乡再给民办教师2元的奖金。凡12—40岁的适龄学员在1984年内领不到脱盲证书的征收一定的扫盲基金；乡村干部带头抓、带头学；采取多种形式，办扫盲夜校；培训业余教师，关心业余教师的困难；平时扫盲与突击扫盲相结合，至1984年12月进行的民族文字扫盲考核中，全乡12—40岁的总人口421人中，考核合格的399人，占适龄学员的94.77%。

5. 创办民族寄宿制中小学

为了尽快改变云南省民族教育的落后状况，加快培养少数民族建设人才的步伐，以适应少数民族地区四化建设的需要，云南省委、省人民政府批转民委、省教育厅《关于认真办好一批寄宿制民族中小学的报告》，于1980年12月14日决定从地方财政拨给民族教育补助费550万元，用于兴办40所寄宿制民族中小学（中学19所、小学21所），同时享受国家正常的教育经费。至1981年，18所中学中已有16所招生，21所民族小学中已有18所招生。

到1985年，40所寄宿制民族中小学在校的中学生有10552人、小学生有4954人。民族教育取得了显著成果。在21所民族小学中，高小毕业生经德、智、体全面考核，升入初中的比例情况是：升学率达到90%—100%的有8所，达到65%—85%的有8所，达到30%—40%的有5所，均高于当地中心完小的升学比例。在19所民族中学中，尽管办学时间不长，学生入学时基础很差，但是到毕业时都取得了较为优异的成绩。昭通地区民族中学 1984 年首届高中毕业生 48 人，升入大学的有 22 人，升入中专的有 24 人，占毕业生总数的 95.8%。思茅地区民族中学 1984 年首届初中毕业生 77 人，6 科总平均分达到 298.6 分，高于思茅城区平均考试成绩。

三　存在的问题

（一）入学率下降，流动率高

这是云南民族教育中长期以来最突出、最难以解决的问题。

云南全省适龄儿童入学率，1978 年为 88.6%；1979 年为 87.2%；1980 年为 84.7%；1981 年为 83%，连续四年下降。而且各地很不平衡，入学率在 90% 以上的县（区）有 40 个，主要是城市及郊区和经济相对比较富裕的县；而边疆和山区则普遍偏低，入学率在 70% 以下的县就有 20 个。巩固率更低，1976 年入学的小学生 103 万人，到 1981 年毕业时，只有 46 万人，占 45%。1981 年，小学生流动达 592000 人，占当年在校小学生总数的 13.9%。[①]

据当时云南省教育厅的一份内部报告记载，相关部门的工作人员在耿马傣族佤族自治县采访时，听到县、社的同志反映：入学率大大下降，有些傣族地区的小学因无学生而停办，有的村寨采取上学评工分的办法，一年级读一天书给一分工分，二年级评给两分，直至四分工分。因为当地的少数民族认为读不读书一个样，学校不教民族文字，群众反映学傣文学几个月就能记账，学汉字学几年也干不成什么。老师则认为新编的教科书难度大，老师不会教，学生学不进，当地的党委对教育也不重视，有的老师说县委开会作报告、写总结都只提农业、工业，不提教育。

从此时全国普及小学教育的情况来看，分别为"三、六、九"，即入学率 90%，毕业率 60%，基本合格率 30%，但云南省只是"二、五、八"，即入学率 80%，毕业率 50%，基本合格率 20%。云南省 1980 年召开的民族教育座谈会上，与会者认为，除个别条件较好的坝区外，绝大部分山区只能是"一、四、七"的水平，在一些特别困难的地区，连这个水平也达不到。如福贡县入学率是 74.8%，墨江县纳哈公社仅为 50%，

---

① 云南省档案馆资料：《云南省教育事业三十二年发展概况》，全宗号 123，目录号 32，案卷号 11，时间 1982 年。

河口县的毕业率是 20%，绿春县只有 17%，合格率更低，绿春县 1979 年有 1679 个小学毕业生参加升学考试，三科考试总平均分只有 32.6 分，及格的只有几人。①

在上述问题的影响下，云南省该时段的文盲率也一直居高不下。例如丽江地区的永胜县，至 1983 年，某公社除在前几年推荐了 3 个小学五年级毕业的学生上大学外，没有一个初中毕业生。全公社学龄儿童 700 多人，1975—1980 年，入学率逐年下降，小学毕业生也逐年减少。1983 年 5 月文盲普查时，全公社 14—25 岁的 1216 个青年中，小学文化的只有 140 人，文盲占 88%，25 岁以上的文盲比例更大。②

再以楚雄大姚县地处海拔 2800 米、山高坡陡、气候寒冷的昙华公社 1983 年的教育质量来看，1983 年、1984 年参加全县统考，小学毕业班无一人及格。1982 年语文、数学两科统考平均只有 20 分。③

在这种基础上，要进行教育普及，其难度可想而知。

（二）宗教教育与学校教育在生源上发生冲突

经历了十年"文化大革命"对宗教的压制，1978 年恢复了宗教信仰自由后，少数民族对宗教的热情得到了前所未有的高涨。分布在滇南、滇西南边境一线的南传佛教地区表现最为突出。这与南传佛教从明朝前后就传入这一地区，并在 1950 年前就已经形成了全民信教、终生必须"赕佛"、男童必须入寺为僧一段时间才能被社会接纳的局面，佛寺教育一直是当地主要的教育形式有关。因此，即使是"文化大革命"期间，即使僧侣都已被迫还俗，佛寺或被拆毁、或被征用作为学校、粮仓，但信众依然在家里悄悄进行小规模的"赕佛"的活动，日常行为仍部分遵从佛教的一些教义。所以，压制之后的开放时间里出现的反弹之高，在有的地方甚至可以用"狂热"一词来形容。

首先是对宗教活动场所——佛寺的大量恢复和重建。

以勐海县为例。勐海县 1958 年以前原有佛寺 268 座，其中相当一部

① 云南省档案馆资料：《民族地区普及小学教育问题急待解决——民族教育座谈会情况反映（一）》，全宗号 123，目录号 30，案卷号 234，时间 1980 年。

② 云南省档案馆资料：《内地山区少数民族工作不可忽视》（永胜县），全宗号 123，目录号 30，案卷号 234，时间 1980 年。

③ 云南省档案馆资料：《群策群力，办寄宿制民族小学》，全宗号 123，目录号 34，案卷号 103，时间 1983 年 9 月至 1984 年 12 月。

分是两寨共用一座缅寺。据勐海县民委的统计，仅 1980 年 11 月至 1981 年 3 月 15 日期间就新建和修复佛寺 157 座，占 50.8%，并且都是一寨一座缅寺，而且信众提出要全部恢复，寨寨有缅寺，尚未修复的也在做准备，将要在 1981 年、1982 年之内全部恢复。

此时，勐海全县有 26 所学校建盖在原缅寺的旧址上，佛寺原属村寨为此提出要这些学校迁离，重建佛寺，有的地方甚至不经学校同意就拆毁学校房屋，强令学校搬迁。

其次是僧侣晋升习俗恢复。

在南传佛教地区，信众认为一个男性一生中如果没有过入寺为僧接受学习教育的经历，则不能成为社会一员，只能被称为"岩哩"，即"生人"，意味没有教化之人。而且在"赕佛"的观念之下，将孩子送入寺庙为僧，是最大的一种布施。

勐海县布朗山公社原有 43 所学校，自 1980 年 10 月以来，在境外佛爷的支持下（"文化大革命"十年强迫僧侣还俗，此时要恢复佛寺，只有到相邻的缅甸邀请僧人进入），佛寺得到大量恢复，信众将在校学生带回送到佛寺剃度。仅 1981 年据勐海县的勐遮、勐混、勐海、布朗山四个公社的初步估计，到傣历新年前后，学生升和尚的数字将达到 1000 人左右。按勐海县 1981 年的估计，全县傣族、布朗族地区的学生已流失 60% 左右，学生流动比历史最高年度的 1960 年的 42% 还高出 18%，之后到来的"泼水节"前后的流动率可能达到 75%—80% 左右。

在学生大量流失后，先后有 33 所学校被迫关闭，到 1981 年初仅剩下 10 所小学，只有拉祜族、哈尼族村寨的小学或公社中心小学（6—7 所）能坚持上课。此时，全公社流失的学生达到 85%。

此时学生流失数量之多，学校被迫闭校、停课的数量之大，已经超过了 1950 年以来学生流动的最高纪录，佛寺代替了学校，佛经取代了课本，对学校教育的干扰和干预十分严重。

再次是在建盖缅寺、摊款派工中恢复了对宗教的"负担"制度。

从勐海县民委当时的汇报材料来看，这种摊款派工无人能免，许多机关职工家在农村的，若不接受摊派，家属就受歧视、打击，甚至以不容许在寨内安居为威胁，使这些职工也不得不缴纳"负担"。勐海县勐遮公社曼恩大队曼岗小队建盖缅寺时，摊派全寨 55 户，334 人每人派砖 60 块，全寨共派砖 2 万余块，寨内老人都必须轮流睡缅寺，规定是不睡缅寺者每户罚砖 1000 块、瓦 1000 片,全寨共有 10 户人未睡缅寺,共罚砖、瓦各 10000 块。建盖缅寺期间,只要有劳动力的都要到缅寺劳动,不参加劳动的每人每天罚款 1 元。曼弄大队曼冷小队建盖缅寺时规定不参加劳动者每人罚款 4 元,请假者每人罚款 2 元,群众怕罚款,只好全部参加。

对此,西双版纳州政府建议不能因为学生流动较大或学校暂时停课,学校就任意撤并,教师应在校坚持做群众工作,待时机、条件成熟时恢复学校的正常秩序;鉴于西双版纳州教师队伍成分多、师资质量低,各县、公社应抓紧目前时机分期分批短期集训教师;要加强对教师的政治思想教育工作,依靠他们去做群众的思想工作。[①]

(三)问题成因

一是一些高寒贫困山区,受限于诸多自然与人文的因素,经济发展本就缓慢,在经历十年“文化大革命”后,甚至出现倒退,群众生活困难,无力供养子女上学,或虽已送子女入学,但到缺粮时,不得不把子女叫回家去,这是这类山区此时入学率低以及流动率高的主要原因之一。云南此时有 400 万至 600 万人口尚处于严重贫困状态,温饱尚且成问题,教育则根本无暇顾及。解决这“400 万至 600 万人口的贫困地区问题”[②] 成为此时的云南省政府的工作目标之一。

二是农村实行生产责任制以后,基层管理体制发生了变化,一些基层干部放松了对教育的领导和管理。在经济发展的急迫性的掩盖下,很多地方并没有同时贯彻落实好中央关于加强教育的思想,或者是还未顾得上抓,或者是在认识上没有到位。特别是在贯彻落实了文件中关于按劳分配和小自由政策后,不少学生被叫回家挣工分、帮助放牛,造成学生流动。

三是原有的教学内容、教育方法和办学形式等不适应新形势发展的需要,教育质量低,影响了农民送子女入学的积极性。

四是学校布点不足,校舍破烂,设备简陋,办学条件很差。

---

① 云南省档案馆资料:《云南省各地州关于民族教育工作的意见,调查汇报材料,情况反映》,全宗号 123,目录号 31,案卷号 249,时间 1981 年。

② 1986 年 1 月,云南省委、省政府遵照中共中央 (1986) 1 号文件“切实帮助贫困地区逐步改变面貌”的指示精神,召开了全省农村工作会议。会议重点讨论了云南省 400 万至 600 万人口的贫困地区问题,这些地区绝大多数是少数民族地区。会后,云南省委、省政府作出了《关于切实加强贫困地区工作,尽快解决温饱问题的决定》(云发 [1986] 11 号),提出了 18 条政策措施,要求各级党委和政府集中力量,在三五年内解决这些地区的温饱问题。

五是中小学的数量虽然在此时得到了快速恢复和发展，但是也造成了此时师资的严重缺乏。一方面是逐级往上调拨教师的情况严重，拔高使用的情况再次出现，一些好的小学教师被拨去教初中，好的初中教师拨去教高中，形成教育质量上的一种恶性循环，既削弱了小学，也大大降低了中学的教学质量。这种情况在民族山区更严重。山区师资力量薄弱，"文化大革命"前从内地去的教师已有相当一部分调走了，留下的也大部分不安心。根据各县当时的统计汇报情况看，麻栗坡县的外地教师基本上都走了，绿春县现有的 300 多名教师中，有 100 多名在申请调动，主要原因是教师地位低，条件艰苦，工作和生活上都存在许多困难。另一方面是教师质量在山区更低。因为留下的本地教师多半是 20 世纪 70 年代初期吸收的回乡或下乡知青，教学水平太低。绿春县 1981 年调资时，对全县公办教师进行了一次测验，内容为小学教材，参加考试的 741 人，及格的只有 223 人，占 29%，有的教师教一年级都吃力。[①] 由于教学水平低，培养不出合格的毕业生（群众称这些学校的小学生是"一年级万岁"），家长对学校丧失信心后，不愿送子女入学。

六是山区居住分散，学校布点也不可能太多，一些过去行之有效的办学形式如早晚班、巡回学校也被取消了，还有重男轻女思想、早婚等陈规陋习，也是影响普及教育的原因。

七是受十年"文化大革命"的影响，反对"民族特殊论"的冲击波尚未退去，此时的招工招生没有少数民族的份儿，在以往历史上形成通过读书跳出农门的途径不存在后，成为此时"读书无用"论流行的原因之一，影响了学生和家长的积极性。

八是民族文字教材的编译和出版工作中，编译人员严重不足。目前，教材翻译和自编任务相当繁重，现有编译人员数量过少，已不能保证教材按期付印。现有的民族文字编译人员多来自大学和中学教师，以及大专学校毕业生。其中不少兼通民族语文和汉语文，业务水平较高，但是政治、经济、生活待遇远远不及大专学校教师，严重影响了队伍的稳定。

另外，在 40 所寄宿制民族中小学中也存在一些问题，不同程度地影响了这些学校的发展。

---

① 云南省档案馆资料：《民族地区普及小学教育问题急待解决——民族教育座谈会情况反映（一）》，全宗号 123，目录号 30，案卷号 234，时间 1980 年。

一是学生口粮没有得到统一解决。各个学校采取了几种临时解决的办法：1. 民族中学按普通中学的办法供给；民族小学没有得到解决。2. 按照省教育厅云教普字（80）345 号文件"民族生在校期间的口粮，第一年向当地粮食局交售基本口粮后，中学生按口粮标准供给，小学生每月按 25 斤供给"。3. 用回销粮暂时解决。4. 有的不给民族中小学生办理转粮手续（如景洪县、文山州），学生不得不每星期六回家背粮，影响了学生的巩固和教学质量的提高。

二是普遍反映基建投资不足。原决定民族中小学基建一次性补助中学 10 万元、小学 3.2 万元，但因为有 6 所中、小学是全部新建，基建补助少，要重新征地新建，无法动工和招生。已招生的，大部分还存在校舍不足，未建盖厨房、食堂、厕所等问题。

三是师资严重不足，特别是乡一级中学教师更缺。需要省从每年大学毕业生中给予充实加强。

四是教学设备缺乏。虽然省教育厅已经连续下拨两年的设备费，中学 1980 年、1981 年每年 41000 元，有 17000 元的仪器设备费，1400 元的图书购置费；小学每年 31000 元中，有 7000 元的仪器设备费，700 元的图书购置费，但是因为包含在中、小学的教育经费内，有的地、州、县教育局没有按照这一规定拨给学校。①

第五节　1984—1989 年:快速发展时期

一　历史背景

在党的十一届三中全会精神指引下，进一步落实了民族政策，民族教育得到迅速恢复和发展。1986 年 7 月，国家开始实施《中华人民共和国义务教育法》，云南省采取了一系列措施，从各个方面保证义务教育工作的推进。

至 1989 年，全省有小学 54145 所，其中一师一校 23993 所，占 44.3%；在校生 4574202 人，与上年相比，学校减少 1009 所，一师一校增加 35 所；适龄儿童减少 14.5 万人，在校学生减少 229750 人，全省适

---

① 云南省档案馆资料:《教育部、云南省教育厅关于各地民族中小学招生、寄宿制、民族教师培养的报告、简报、通知》，全宗号 123，目录号 31，案卷号 258，时间 1981 年。

龄儿童入学率为 94.5%，比上年下降 0.1 个百分点；其中农村儿童入学率为 94%，女童入学率为 91.3%，少数民族儿童入学率为 90.8%，分别比上年下降 0.1 个百分点、提高 0.5 个百分点和下降 0.1 个百分点。在校生巩固率为 91.9%，比上年下降 0.8 个百分点；毕业率为 94.7%，比上年提高 0.2 个百分点。毛入学率为 131.8%，比上年下降 1.1 个百分点。全省小学毕业生升学率为 58.3%，比上年提高 1.6 个百分点。全省小学教职工 190665 人，其中专任教师 173953 人，比上年增加 1883 人；民办教职工 41740 人，占 21.9%，比上年下降了 1.1 个百分点。小学专任教师中，达到中师、高中学历的 109442 人，占 62.9%，比上年提高 3.2 个百分点。[1]

云南省在"六五"（1981—1985 年）期间，从边疆民族地区的实际出发，采取了一些特殊措施，发展民族教育事业，这些基础和成绩成为云南省实施义务教育的有力支撑：[2]

第一，实行多种形式办学，恢复、发展民族语文教学。全省已有 840 所以招收少数民族生为主的小学恢复或开设了傣、傈僳、景颇、佤、拉祜、苗、哈尼等民族文学课程，并采用双语教学。

第二，省和各地拨出专款，兴办寄宿制民族中、小学，1984 年初又决定每年拨出 1500 万元，建立半寄宿制高小 3000 所，两年已招收 30 万名学生，使少数民族适龄儿童的入学率由 1983 年的 81.9% 上升到 1983 年的 88%，增长了 6.1%，高于全省增长 4% 的平均水平。至 1985 年，全省有寄宿制民族中学 38 所，小学 1109 所，在校学生近 10 万人；半寄宿制民族高小班 3218 个，在校学生 25 万多人。此外，对边疆和内地贫困山区的学生还免收学杂费、书费和笔墨纸张费。对边境线 20 公里以内的少数民族学生每年补助 16 元。

此外，1988 年，云南省决定在 32 个贫困县[3]（云南此时有 41 个贫困县，其中 9 个已开办民族中学）县一中设民族部，以解决贫困边远山区

---

① 云南省档案馆资料：《云南省教育委员会 1989 年工作小结和 1990 年工作要点》，全宗号 123，目录号 39，案卷号 76，时间 1989 年。

② 云南省档案馆资料：《我省采取特殊措施发展民族教育，边疆地区教育事业得到发展》，全宗号 123，目录号 36，案卷号 121，时间 1985 年 12 月—1986 年 12 月。

③ 包括：禄劝、会泽、镇雄、寻甸、巧家、马关、元阳、镇源、广南、云龙、西畴、剑川、墨江、双柏、江城、龙陵、武定、云县、南涧、镇康、漾濞、兰坪、贡山、彝良、维西、红河、德钦、绿春、双江、西盟、鲁甸、永善。

少数民族升入中学的困难，每部三个初中班，由省财政专项补助 480 万元作为开办费，民族班的每个学生每年给予 100 元的生活补助费。1990 年，建立教育学院实验中学，招收云南省 12 个文化教育落后、办学困难较大的少数民族学生入学。[①] 同时，国家教委和国家民委已同意减少云南省师大附中"西藏班"的招生名额，从 1990 年即可招收云南省 12 个发展较滞后的民族学生入学，改办成云南省的"民族部"。这些措施为培养民族地区的各级各类人才打下了良好基础。

第三，高等院校开办民族班。从 1980 年以来，除对少数民族考生采取优先录取和降低一至三个分数线段录取的办法外，省内共有 9 所大专院校开办了 24 个民族预科班，招收了 31 个民族的共 1198 名学生。

第四，加强师资队伍的建设。恢复和新建了民族师范学校 10 所，边疆、民族地区有 78 个县办起了小学教师进修学校。在大力培养、提高本地民族教师的同时，还从上海、北京、昆明等地聘请了一批中学教师到边疆民族地区任教。此外，继边疆 35 县和内地 18 县贫困山区 18000 多名民办教师经考核转为公办之后，每年都安排一定指标，将内地民族山区民办教师考核后逐年转为公办。

第五，逐年增加教育经费，改善办学条件。在全省发展资金总数中，每年拿出 10%—15% 用于教育。1978—1983 年，云南省地方财政用于民族教育的经费平均每年递增 18.6%，超过了工农业总产值的增长速度，1985 年增加到了 25%；并从教育基建费中调剂了 240 多万元用于边境一线特别是重要口岸的学校建设。各地也从地方财政中拿出 10% 的经费专门用于改善办学条件。

由于采取了以上措施，使云南省民族、边疆地区的教育事业得到发展，基础教育得到改善和加强，各类学校少数民族在校生的总数增长较大。至 1985 年年底，全省民族自治地方已有大专 5 所，中专 45 所，普通中学 928 所，小学 33235 所，在校学生达到 2992185 人，比 1980 年增加了 16.95%。全省各级各类在校生总数中少数民族学生已达 180 多万人，比 1980 年增加了 38.5%，占全省总数的比重由 1980 年的 26.2% 提高到 29.2%。小学入学率由 1982 的 75.6% 提高到 88.9%，巩固率和毕业合格

---

① 云南省人民政府《关于印发和志强省长在全省第三次民族教育工作会议上讲话的通知》（云政发〔1988〕18 号）。

率都有了提高，特别是寄宿制民族小学的升学率一般都在80%以上。少数民族考生进入大专院校的数量逐年增加，在录取总数中的比重，1980年为15.36%，1985年提高到27.96%。"六五"期间共录取少数民族考生1万余人，已有2000多人毕业走上工作岗位。至1985年，云南省各级各类学校学生总数为6013297人，其中少数民族学生为1708130人，占28.4%，比新中国成立初期增长了29倍。

　　1988年1月29日—2月2日，云南省召开第三次民族教育工作会议。会议制定了"七五"（1986—1990年）计划后三年发展民族教育的规划，决定1988—1990年增拨2500万元经费，采取10项措施发展民族教育：1. 加强基础教育，建立民族地区基础教育奖励基金，重点扶持办得好的半寄宿制高小；2. 发展职业技术教育，由省重点扶持个旧市农业技术中学等15所农职业中学；3. 积极开展技术培训；4. 抓好民族地区的师资建设；5. 高等院校定向为民族地区培养较高层次的专业人才；6. 扩大对口支援，实行开放办学；7. 利用现代化通信教学手段，发展广播、电视、函授等远距离教学；8. 搞好双语教学，提高教学质量；9. 正确处理宗教与学校的关系，发挥民族知名人士和宗教界人士的办学积极性；10. 加强民族教育的领导。会议提出，1988—1990年，要坚持"以条件定发展"的原则，巩固和提高基础教育，大力发展职业技术教育，稳步增加大专院校民族生的人数，逐步建立和完善具有云南省特色的民族教育体系。[①]

二　在分类指导背景下发展的云南民族教育

　　云南省1989年召开的民族工作会议上指出，要把教育摆在民族地区经济发展的战略首位，深化教育改革，针对各民族、各地区的特点，因地制宜，分类指导，采取特殊措施，继续加强基础教育，大力发展职业技术教育，广泛开展扫盲教育和成人技术培训，稳步增加高等院校少数民族学生的比例，努力提高民族素质，促进民族地区社会经济的发展，逐步缩小与先进地区的差距，实现各民族的共同繁荣。会议认为，基础教育是提高民族素质的基础，也是各级各类教育的基础，云南省基础教育的主要任务一是提高少数民族新一代劳动者的素质，二是为培养少数民族的中高级人

---

① 云南省地方志编纂委员会编：《云南省志·教育志》，云南人民出版社1995年版，第712—713页。

才打下坚实基础。必须把国家教育方针的普遍性和民族教育的特殊性结合起来，实行分类要求、分类指导，改变"千校一面，万人一书"的状况，加快基础教育改革的步伐。在此，分类指导思想和民族教育的特殊性再次被应用到民族教育的发展中。

（一）开办半寄宿制高小

针对云南省边疆、山区小学经济文化比较落后，居住分散，就近入学困难，适龄儿童入学率和巩固率都比较低的地区，开办半寄宿制高小是发展特困地区民族教育，加速普及初等义务教育进程的有效措施，是提高山区、半山区、民族地区和边境一线地区入学率、巩固率，促进这些地区普及初等教育的一项特殊措施。

1984 年，云南省决定从支援不发达地区资金中拨出生活经费补助总计 1500 万元，在使用支援不发达地区资金的县和山区面积占绝大部分的山区县，选择师资、校舍、设备条件比较好的 3000 所农村完全小学设立半寄宿制高小。1984 年，云南省政府转发了省教育厅《关于举办半寄宿制高小的报告》（云办发〔1984〕1 号文件）。1984 年秋季，每校招五年级一个班，班额 50 人，全省达到 3000 校 15 万人。至 1986 年，举办五、六年级各一班。班额 50 人，每所 100 人，全省 6000 个班，学生达 30 万人。

主要招收经济、文化比较落后，居住分散，就近入学有困难，有独立生活能力的五、六年级（五年制四、五年级，六年制五、六年级）少数民族学生和这些民族学生杂居的汉族学生，学生入学后，根据学生的家庭经济情况，酌情给予生活补助，原则上每人每月平均 5 元左右。学生自带口粮，学校提供简单的住宿条件。

对这批学校除按照省委和省政府规定实行生活上的特殊照顾之外，各县教育局在这批学校的干部和教学力量的配备上，也给予了特殊照顾，有利于稳定学校和提高教学质量。

从经费支持上来看，半寄宿制高小的经费，由省"发展资金"管理小组、财政厅和教育厅联合下达至各地、州、市教育局，然后再分配给各有关县，专款专用。在执行过程中"发展资金"发生变化，减少的数额由省机动财力中给予补足，以保证半寄宿制高小的持续发展。具体分配情况见表 13：

表 13　　　　　　　　　　　半寄宿制高小经费使用一览表

年度	校数（所）	招生数（人）	生活补贴（万元）	行李、寒衣补助（万元）	炊具补助（万元）	校舍补助（万元）	经费年度总计（万元）
1984	3000	150000	300	225	150	825	1500
1985	3000	150000	1050	225		225	1500
1986	3000	300000	2100				2100

根据云南省档案馆资料整理：1.《关于举办半寄宿制高小的报告》，全宗号 123，目录号 36，案卷号 120，时间 1985—1986 年；2.《对各县半寄宿制高小定点方案的批复》，全宗号 123，目录号 34，案卷号 103，时间 1983 年 9 月—1984 年 12 月；3.《一九八四年半寄宿制高小校数、经费分配计划》，全宗号 123，目录号 34，案卷号 103，时间 1983 年 9 月—1984 年 12 月。

1985 年年底，云南省政府又决定每年增拨 600 万元，共 2100 万元专款开办 3000 所半寄宿制高小，截至 1986 年，半寄宿制高小发展到 3321 所，在校生 255123 人，占全省五、六年级高小生总数的 31.7%。1987 年增至 4148 所，学生人数约占全省在校高小生总数的 34%。

至此，云南全省 3000 多所半寄宿制高小初具规模、初见成效。这些高小多数办在区或乡完全小学，领导班子、师资力量较强，办学条件较好。从各地办学情况汇报来看，这些半寄宿制高小大致可分为三类：

第一类约有 800 所已办成了农村骨干学校，这类学校的特点是领导重视、群众支持、布点合理、学校领导班子同心协力、学校管理水平较高、教师教学能力强。首届毕业生升初中的比例在 70% 左右。

第二类约有 1500 所，学校管理、教学工作均已走上正轨，能完成教学计划，在巩固学额和提高教育质量等方面都取得成绩，但是在领导班子、师资水平、教学管理、生活管理等方面还存在一些问题。

第三类约有 700 所左右，领导不够重视，在学校布点、领导班子和教师配备及财力、物力的管理等方面存在的问题较多，办学效果较差。

总的来说，云南省兴办的 3000 多所半寄宿制高小，为大批高寒贫瘠山区的少数民族学生创造了升入高校学习的条件，促进和加快了山区民族地区普及初等教育的步伐，为初中输送了一批合格的少数民族学生，为今后逐步实施九年制义务教育奠定了基础。也使全省基础教育发生了很大的变化：一是全省中小学民族在校生占全省中小学生总数的比例明显上升，普通中学由 1978 年的 16.9% 提高到 1989 年的 26%，小学由 1978 年的

27.3%增加到 1989 年的 33.2%，巩固率和升学率得到了显著提高。①

以楚雄州武定县为例。该县至 1986 年共有小学 535 所，25 个巡回教学点，基本达到村距不超过两公里，人口在 20 户以上的村子都布有学校或教学点，布点已基本合理。但在山区大多数学校是一人一校，到小学四、五年级，学生必须转入乡完小学习。在实行半寄宿制以前，学生转到完小一是走读不便（距离乡完小少则三公里，多则十多公里），二是家长顾虑孩子无生活自理能力，家庭供给困难，不让孩子上学，形成"秋满堂，春一半"的无奈局面，能读完小学的学生所剩无几。

开办半寄宿制小学以来，随着少数民族生入学率、巩固率、毕业率的发展，武定县的普及小学教育情况发生了显著的变化（见表 14）。1982年，武定县有小学生 29142 人。其中少数民族学生 12613 人，占总数的43.3%。全县适龄儿童入学率为 84.7%，其中少数民族适龄儿童入学率为 79.29%。读完小学五年的全县平均只有 40%左右，山区一般只有 20%至 30%，少数乡年年动员入学，但很少有高小生，高桥区的狮子口办学近 20 年，但没有一个高小生。发窝区的小石桥 1980 年前将近 10 年时间内都是适龄儿童入学的空白村。1986 年，全县有小学生 31160 人，其中少数民族学生 15445 人，占学生总数的 49.5%，比 1982 年增长 6.7%，已超过少数民族人口比例；全县适龄儿童入学率为 96.9%，比 1982 年增长 12.2%，其中少数民族适龄儿童入学率为 94.4%，比 1982 年增长15.1%。巩固率为 95.24%，比 1982 年增长 15.84%。特别突出的是半寄宿制的学生巩固较好，四年共招 1498 人，仅流动了 2 人。由于入学率和巩固率的提高，更加有效地防止 12—15 岁少年新文盲、半文盲的产生。

表 14　　　　　　　　武定县开办半寄宿制小学成效比较

年度	学生			适龄儿童入学率（%）		读完小学五年比例（%）	
	山区	全县	其中少数民族学生	占总数比例（%）	全县	少数民族适龄儿童入学率	全县
1982	29142	12613	43.3	84.7	79.29	40	20—30
1986	31160	15445	49.5	96.9	94.4	—	—

①　云南省地方志编纂委员会编：《云南省志·教育志》，云南人民出版社 1995 年版，第 741 页。

随着少数民族高小生逐年增多，初中招生中少数民族生的比例明显上升，武定全县六个特困山区 1982 年初中生 709 人，其中民族生 407 人，占学生总数的 57.4%。1986 年六个区有初中学生 1230 人，其中民族生 811 人，占学生总数的 65.9%，两年多的时间里民族生比例提高了 8.5%。①

（二）提高一师一校的办学效益

云南少数民族居住分散，特殊的地理环境决定了一师一校在边疆、山区普及初等教育、实施义务教育中的地位和作用，是边疆、山区办学不可缺少的一种重要形式。如何认真办好这类小学，是边疆、山区普及初等教育、实施义务教育和提高教育质量、提高办学效益亟须解决的一个重要课题。1988 年 4 月，绿春县提出了《关于加强一师一校管理的十点意见》。

据 1987 年年底统计，绿春县 449 所小学中，一师一校 251 所，占总数的 56%。在这类学校就读的小学生 4835 人，占全县小学在校生 21502 人的 22.5%，为了加强对一师一校的管理，搞好复式教学，提高教育教学质量，绿春县教育局提出以下几点意见：②

第一，提高认识，加强领导。反复宣传一师一校在边疆山区普及初等教育、实施义务教育中的地位和作用，提高广大干部群众对办好一师一校的认识。根据分类指导的原则，县、乡和行政村都要针对一师一校的特点，加强对这类学校的领导和管理，列入议事日程，定期检查指导，使这类学校越办越好。

第二，实行目标管理。要求一师一校的入学率、巩固率均达 90% 以上，合格率达 70% 以上，并不断提高普及率，学年末以学区为单位进行量化打分，列为奖励的主要依据。

第三，提高一师一校教师的素质。办好一师一校，教师是关键。要不断提高一师一校教师的政治业务素质，特别要增强事业心和责任感。县、乡培训教师，都要把一师一校和复式教学列为一项主要内容。

第四，建立视导检查制度。行政村完小负责人每月至少对所属一师一

---

① 云南省档案馆资料：《我县半寄宿制高小班的办学情况——武定县教育局》，全宗号 123，目录号 37，案卷号 33，时间 1987—1990 年。

② 云南省档案馆资料：《关于转发绿春县〈加强一师一校管理的十点意见〉的通知》，全宗号：123，目录号 38，案卷号 298，时间 1988 年。

校小学巡视指导一次。检查内容包括：教学计划的执行情况；按大纲要求开课及授课情况；教师备课和上课的情况；对学生作业的批改情况；教师的出勤情况等。并将主要情况向学区汇报，以便及时发现并解决问题，对不备课、不批改作业、随意放假、任意停课等失职行为应作严肃处理。

第五，认真抓好复式教学。复式教学是一师一校的主要授课形式，要认真研究，切实抓好，使之不断提高教学质量。每学年学区或村公所完小应作一次统一命题考试评卷，并进行质量分析，认真总结经验。

第六，有计划地实施隔年招生。对一师一校的招生，要有一定的班额要求，一般实行隔年招生，两级复式。班额在 10 人以下的，还可延长招生年限，尽量减少多级复式。

第七，加强教研活动，教研室在小学组中配备一名研究一师一校复式教学的教研员，县、乡、村三级教研组都要把提高一师一校复式教学作为教研的重要课题。行政村完小每学期要集中一师一校教师进行一次教研专题活动。

第八，因地制宜。开展勤俭办学。各校应根据当地实际，组织学生积极开展勤工俭学、勤俭办学、自力更生、努力改善办学条件，使学校越办越好。

第九，加强信息交流。各学区要认真总结一师一校管理和复式教学的经验，同时还可以采取请进来、走出去的办法学习外地经验。县教研通讯注意选登一师一校方面的稿件，传递好有关方面的信息。

第十，建立表彰奖励制度。一年一度的评比奖励先进，县、乡组织安排到内地参观学习，一师一校应有一定的名额。各学区、各村公所完小还可指定一些鼓励措施。

这十点建议，不仅反映了云南此时的一师一校的发展是必需的，对其分类指导、分类要求的必要性，也从另一个层面上反映了一师一校在发展过程中存在的问题，例如领导认识不到位、支持力度弱，教学不到位，教师获得的学习资源少、信息交流少等。

（三）山区教育

云南省是一个山多平坝少的省份，少数民族人口占三分之一，山区面积占 95%，山区居住人口占 67%，山区社队占 76%，经济基础薄弱，教育落后，加之长期以来，在办学形式、学制、教学内容和教学管理等方面，都存在着不适应山区特点的问题。因此，适龄儿童入学率低、流动率大、合格率更低的情况相当严重。如何结合山区特点，认真抓好山区普及初等教育的工作，对于云南省 80 年代末基本完成普及初等教育的任务，具有特别重要的意义。

改革山区教育制度，采取多种形式办学，对不同地区提出不同要求，才能真正把山区教育搞上去。中共中央（1983）一号文件指出："农村教育必须适应而不可脱离广大农民发展生产，劳动致富，渴望人才的要求，必须考虑而不可忽视乡村居民劳动、生活的特点。对于全国不同地区，应有不同要求和部署，以适应当地群众的财力物力状况和学生的接受水平。有关部门应及早制定改革方案，逐步实施。"根据云南省山区的实际情况普及初等教育，1983 年，中共云南省委、省人民政府《批转省教育厅〈关于我厅山区普及初等教育几个问题的报告〉》（云发［1983］42 号）对此提出了不同的要求：

1. 经济文化基础较好，比较富裕，又相对集中的村寨，要按照教育部的教学计划，采用全国统编教材，实现普及六年制的初等教育。

2. 经济条件比较差的分散山区的小学可以实行四、二分段。分散村寨要认真办好只开设语文、算术、常识、思想品德课的四年制小学，执行云南省教育厅拟定的《云南省农村四年制小学教学计划》，使用省编农村四年制小学教材。要求这类地区能在 80 年代末达到普及四年制的初等教育。这类地区公社和有条件的大队要办好中心完小并扩大高小班，使各分散村寨有条件的学生读完四年制小学后还可升入高小，特困山区可以用地方财力给予适当补贴，有计划地办一批寄宿制的高小班。除上述办学形式外，还要开办多种形式的，主要学好语文、算术的简易小学或教学班（组），包括半日制，隔日制，早、午、晚班，巡回教学点等等。这些学校（班）使用省编四年制小学语文、算术课本，教学计划由县教育局参照《云南省农村四年制小学教学计划》，结合多种形式拟定实际上课时数。

3. 使用民族语文教学的地区和村寨，要求小学毕业能熟练掌握本民族语文，能准确拼读，能写应用文和记叙文，在此基础上再掌握汉字 1500 个左右（扫盲标准），达到民族文、汉文兼懂，数学要求与《云南省农村四年制小学教学计划》相同。同时，为了满足群众的升学要求，不论哪类地区，每个公社或有条件的大队，都应认真办好一所全日制的完小或高小。发展山区教育时，不仅要十分重视动员适龄儿童入学，还要尽量组织 12—15 岁的超龄失学儿童入学；每个教学班学生的班额，根据具体情况，不宜限制过死，教师的编制也应适当放宽。这样做既符合中央关于普及初等教育的要求，又比较切合云南省实际。也只有这样做，才能堵住新文盲的产生，并且在 80 年代基本完成云南省普及初等教育的任务，希望各地结合自己的实际，按照上述要求，实事求是地改革山区教育制度，制定普及初等教育的规划，并将规划部署到大队，把办学形式落实到村寨。

该阶段，云南省山区的教育基础设施建设量也极大，仅 1982 年，用于改善办学条件的经费共达 3387000 多元，国家拨款 355000 元（包括地方财力 195000 元），占 9.1％。社队群众投资折合 3052000 多元，占 90.9％，共新建校舍 31729 平方米，修缮危房 19460 平方米，腾让公房 27050 平方米，添置课桌凳 2985 套。1983 年又从省机动财力中拿出 2500 万元，要求地、县两级也从机动财力中相应地拿出 2500 万元左右，再加上发动社队群众集资，用于改善办学条件。各校也坚持“钱多盖楼房，钱少建平房，能让公房的让公房”的原则，动员民众协助“刷刷墙，开开窗，修修补补排危房”。这些举措有效地改善了当时的办学条件。①

（四）实用技术培养

如前所述，1962 年，在“两种教育制度和两种劳动制度”、“积极试办半工（农）半读学校”的教育思想指导下，云南各地兴办的耕读学校和农业学校满足了当地生产劳动的时间与人力资源，培养了大量的中初级人才，所学知识与技术也能与农业生产劳动所需相结合，因此，受到少数民族的欢迎。但是，“文化大革命”后，此类办学形式基本被停止，许多地方办学形式单一，片面追求升学率，造成了基础教育畸形发展，教育结构失调，学校教育脱离实际，不适应经济建设亟须技术发展的需要，使教育不能为生产劳动服务，不能为民族地区发展商品生产和掌握科学技术培养人才，造成了少数民族学生的大量流失，即使在校，也缺乏学习的兴趣。对此，云南省于 1984 年提出“大力发展不同层次的职业技术教育。

---

① 云南省档案馆资料：《云南省委，云南省人民政府，云南省教育厅关于山区普及初等教育的报告，意见，会议文件》，全宗号 123，目录号 34，案卷号 108，时间 1983 年 3 月至 1985 年 9 月。

每个县应集中办好完全中学一、二所，并设置与当地经济发展相适应的技术课。还要开设民族班，给需要补课的特殊加工的民族生提供学习机会。区办的普通初中应更多地办成农业技术中学，把学文化与学当地需要的科技知识结合起来，每个县都应认真办好一个技术培训中心。区里可分别办好一个技术培训中心。区里可分别办专业技术短期培训班，大量培训回乡知青、复员军人、基层干部和各行各业的'两户'人才，使他们在本地农、林、牧、工、商各行各业中，成为懂技术、会管理的初级人才和勤劳致富的带头人，这是最实际和重要的智力投资……特别是科技部门要积极选编通俗易懂的技术课教材，要通过多种渠道安排，如从各有关的技术人员中选派一部分专职或兼职的技术课教师（原编制和科技人员选派一部分专职或兼职的技术课教师，原编制和科技人员的待遇不变）；在现有教师中选派适当对象到有关科技院校委托代培；在教师轮训中安排必要的技术课讲座；还可从社会上聘请能工巧匠和专项技术能手来传授技术等等"。①

自此，云南民族教育中的农职业技术教育重新起步，多层次、多类型的教育结构得到发展。

1986年，云南省政府再次发文，要求少数民族地区要根据当地经济和社会发展需要兴办职业技术学校或短期职业技术培训班，也可在民族干校或普通中学举办以招收少数民族学生为主的职业班，少数民族地区主要以初等职业技术教育和短期职业技术培训为重点，同时推行"6+1"和"3+1"（即小学6年或初中3年后加授1年的职业技术教育）。

文件要求在少数民族地区开展的职业技术教育和培训，教学内容上要求考虑民族特点，课程设置要在提高文化知识的基础上，既要传授先进的科学和管理知识，又要传授能为少数民族群众所接受的实用传统技术。在小学高年级和初中阶段，要求适当增设劳动技术教育课，把学习文化基础知识和学习当地生产、生活所需的科技知识和劳动技能结合起来。对毕业后不能升学的高小、中学毕业生，要进行多层次、多形式的短期职业技术培训，使其成为有文化、有技术的劳动者。由省拟订同意的"6+1"和

① 中共云南省委《批转省委民族工作领导小组〈关于改革和发展我省民族教育的意见〉》（云发［1984］64号）。

"3＋1"的教学大纲，编写教材。①

民族地区的小学也被要求从实际出发，认真上好劳动课，因地制宜，积极开展勤工俭学和科技兴趣小组活动，使劳动课与勤工俭学活动相结合，学习科普知识和掌握实用技术相结合。

普通中学则试行"双轨"制，引进职业教育因素，把基础教育与职业技术教育有机地结合起来，把劳动技术、勤工俭学和科学试验、推广先进农技、优良品种结合起来，既为上一级学校输送合格新生，又为当地培养初中级技术人才。在初高中开办职业班或在初高中的三年级实行分流，根据学生和家长的意愿，对一部分学生进行定项职业技术培训，培养当地所需的初中级技术人才。在此基础上，与实施九年制义务教育相结合，逐步发展一批初级农职业中学。

三　存在的问题

1985 年全国政协六届三次会议期间，不少委员就少数民族地区的教育问题发表了不少意见和建议，并提出提案 20 余件。全国政协民族组组成调查组，于 1985 年 5 月 20 日—6 月 28 日，对云南、贵州两省的民族基础教育情况进行了专题调查。②

（一）民族地区办学经费不足与管理混乱问题

民族教育经费不足，且出现下降的迹象。民族教育由于战线长、问题多，需要大量投资，加上基层不够重视，教育经费严重不足的问题，已经影响了民族地区办学条件的改善。云南省现有属危房的民族校舍为468000 平方米，仅此一项所需维修经费按正常拨付，5 年内也无法解决。特别是自 1984 年年底实行基础教育简政政权，经费由地方财政包干以后，由于少数民族地区经济基础薄弱，财政入不敷出，许多自治地方的支出年

---

① 内容详见云南省人民政府《关于印发全省教育工作会议文件通知》（云政发［1986］40号）；云南省档案馆资料《云南省教育厅民族教育处 云南省 1989 年民族工作会议材料：发展和改革我省民族教育的意见》，全宗号 123，目录号 39，案卷号 132，时间 1989 年 6 月至 1989 年 8月。

② 本次调查涉及对苗、侗、布依、彝、白、景颇等族聚居的 5 个自治州、10 个县和贵阳市、昆明市；召开了各种类型的座谈会 41 次，有 500 余人参加；共调查了 28 所大学、中学、小学及幼儿园民族班；走访了边远山区的少数民族村寨和家庭；接待了一些干部、群众的来访，并就民族教育的改革问题与两省省委、省政府、省政协主要负责同志交换了意见。该时期民族教育中存在的主要问题主要参见这次调研的报告。

年都需要国家财政补贴自治地方财政收入的一倍以上。因此，在这些地方民族教育包干经费不仅保证不了增长，反而出现下降的趋势。如云南省楚雄市 1984 年教育经费为 451 万元，1985 年所得包干经费为 334 万元，比 1984 年减少了 117 万元，下降了 25%。云南省大姚县 1984 年为 302 万元，1985 年为 245 万元，下降了 32%。

又如 1984 年以前，40 所民族中小学的经费实行包干，每所小学每年 4 万元，中学 5 万元，每年合计开支 179 万元，占 550 万元的 32.5%，其余 371 万元，占总数的 67.5%，已被纳入全省教育经费开支。1985 年全省实行财政切块包干后，40 所寄宿制民族中小学并没有专项经费下达，省人民政府从地方财力中拨给 550 万元兴办 40 所寄宿制民族中小学的专项经费亦即随之被取消，只靠所在地教育部门的包干经费调剂维持，造成经费严重不足。①

经费切块包干后，云南省教育厅将"省办民族中小学"改成"省定民族中小学"下放，引起了领导管理上的一些混乱。在领导管理上，40 所寄宿制民族中小学所在地、县认为这些学校是省办的，办学中的主要问题应由省解决；省里又无力为学校解决实际问题，削弱了对学校的领导。多数民族中小学除维持学生生活补助外，与一般学校相同，再无其他特殊照顾，特殊性被弱化。

同时，这些民族中小学招生主要招收经济困难、文化基础较差的少数民族学生，也可招收少量贫瘠山区的汉族学生，在招生上少数民族学生的比例按规定不能少于 90%，但是有的学校在招生工作中主要用于照顾机关干部子女，以至于云南省教育厅专门发出文件，要求从 1988 年起，必须严格按照规定的招生对象招生。

此时，包括寄宿制学校在内的边疆民族地区的学校发展不论从哪一个层面上来看，都依然需要得到省级财政的继续支持。从云南省教育厅 1989 年 8 月上报的一份材料中的数据来看，所需投入也只能是省一级政府财力才有能力。其中仅增设民族地区教学仪器和图书资料补助费，每年就是 500 万元，需要"连续补助 5 年，分批分期为 32 个贫困县县一中的民族部、州县两级举办的民族中学、3000 所半寄宿制高小和一师一校的

①　云南省档案馆资料：《关于全省寄宿制、半寄宿制民族中小学校（班）的情况报告》，全宗号 123，目录号 36，案卷号 120，时间 1985—1986 年。

校点，配备教学仪器和图书资料"。

如果在 41 个贫困县增办初级职中，所需经费就达 1000 多万元，其中包括开办费，每校 30 万元，需 1230 万元；学生生活补助费，每生每年 150 元，需 185 万元。第一年需 1415 元，第二年起，每年需投资 185 元。

如果在贫困县和边疆县试行小学后 "6 + 1" 和初中后 "3 + 1"，每班一次性补助开办费为 5 万元，5 年内每年需要拨给专项补助费 200 万元。

民族乡技术培训中心所需要配备的录放像设备所需经费，822 个民族乡已有三分之一有录放像设备，其余的 590 个民族乡，如果分三年配齐，每套设备 7000 元，每年需 138 万元。

另外还有增设民族地区乡土教材和民族语文教材专项补助费，每年也需要 50 万元。

而这些经费，1989 年云南省财政厅仅安排民族地区乡土教材补助款一项，其余所需各项经费，需要报请省委、省政府逐步给予安排。

（二）少数民族学生的学习兴趣与学习动机不足

针对云南省民族教育中出现的传统教育对学校教育的影响，双语学习中存在的问题，周边环境对学习目的、学习兴趣的影响等问题，云南省教育厅专门组织了对几个民族的调查，例如基诺族的传统教育模式、壮语和汉语的比较、景颇族的社会多语制和教学双语制、永宁摩梭人教育、佤族小学语文的编译等。例如从云南民族学院的张先明、马丽华对《德宏傣族、景颇族自治州少数民族少年学术理想和兴趣的调查研究》分析来看，在各种职业中，民族少年学生选择公安工作作为理想职业的人数最多，男生占 26.1%，女生占 22.3%。与内地学生大多选择知识分子职业相比，有显著的差异。作者认为这与边疆地区公安工作的特殊重要性和民族少年的心理特点有关。而民族学生以工人、农民作为理想职业的比例很小，只占学生总数的 4%，说明多数学生中存在着轻视体力劳动的倾向，再就是选择科技工作作为理想职业的比例也少，占学生总数的 4.6%，这与边疆的工农业生产较为落后、科学技术发展水平尚低有关，使民族少年在职业选择上受到局限。从民族少年学生的学科兴趣调查来看，在不喜爱的学科中，外语占的比例较大，这与民族学生的原有基础有关，他们对学习汉语文课尚存在一定困难，学习外语的困难就更大。男女生在学科兴趣上也表现出差异，男生对数、理、化、汉语文的兴趣大于女生，而女生对音乐、生物、地理等科的兴趣大于男生。

对此，需要教师在授课过程中加以不同的关注和引导，才能使少数民族学生在学习科目上平衡发展，培养学生建设家乡的学习目的。但是此时的师资力量是否能担当此重任，就是一个值得考虑的问题。

（三）民族教育缺师资，水平低

该时期云南中学教师的学历和岗位合格率为54.9%，小学教师的学历和岗位合格率是83.9%。

受教学条件、教师待遇等影响，近年来出现骨干教师大量向内地流动的严重现象。云南省小学教师中具有初中文化水平的占13%，只有小学文化水平的占9%。1985年以前，经过4次教材过关考核，[①] 全省小学教师的合格率只有54.5%，初中教师为59%。与此对应的是，到1986年，8个民族自治州（楚雄、大理、西双版纳、红河、文山、德宏、怒江、迪庆）的小学教师的合格率为56.85%，初中教师仅为28.34%。特别值得注意的是，随着人才流动的提倡，水平较高的骨干教师在边疆民族地区稳不住，开始大量向内地流动。1984年，云南省4个民族自治州，共被挖走中、小学教师903人，致使不少学校无人上课，许多课程停开。

另一方面，民族地区普遍存在"凤凰飞去，不飞回"（考上大中专学校的不少，毕业生回来的却不多）的现象。云南省近4年被外省录取的大学生仅回来40%。

为此，中央出台的教育对口支援在一定程度上帮助了云南边疆民族地区的教育发展。例如，为了进一步推动民族地区开放办学，促进民族地区教育事业发展，实现各民族团结进步、共同繁荣，云南省组织了"昆明市及五华区、盘龙区对口支援迪庆、怒江、西双版纳、临沧、思茅等地州的民族中小学；昆明师范学校、省少数民族教师培训中心对口支援迪庆、怒江、西双版纳和澜沧民族师范学校；要求省内其它经济发达地区、大中专学校、科研单位、大型工矿企业等，都要以各种形式支援边疆民族地区发展教育。"[②] 例如，昆明的春城小学与思茅地区的澜沧民族小学、红河州屏边县民族小学签订了教育对口支援合同。春城小学为两校举办教师培

---

① 主要指云南省1980年提出的，在1985年以前，每年安排一定的劳动指标，经考核合格，将内地高寒山区的2万名民办教师转为公办教师的措施。1987年后，云南省政府又安排了500多名指标将民办教师转为公办教师，重点照顾山区、民族地区。

② 云南省人民政府《关于印发和志强省长在全省第三次民族教育工作会议上讲话的通知》（云政发［1988］18号）。

训班，第一期两校各选派 6 名教师到春城小学进行为期半个月的培训，采用对口分配到年级参加年级活动（教研活动、班队活动）、跟班听课、进行教学实践等方式；派出支教小分队到澜沧民族小学进行辅导，进行专题讲座、教材分析、上示范课等。但是这种支援毕竟是临时的、短期的，而且是不长久的。如何培养合格的本地少数民族师资，加大投入改善办学条件，出台鼓励政策吸引和留住优秀的师资才是最亟待解决的问题和唯一能治本的方法。

（四）小学质量差，初中生数量少

云南省从 1986 年实施《中华人民共和国义务教育法》要求多数县于 1990 年左右普及初等教育，其余县于 1995 年基本普及初等教育。根据经济文化发达的不同程度，分别在 1990 年、1995 年和 2000 年基本普及初级中等教育。少数民族经济特别困难、居住分散的山区，年限可以适当推迟。一些地、州、县又根据自己的实际情况提出具体规划。如西双版纳分四类地区分期分批实现九年制义务教育。第一类是州、县政府所在的城镇，1990 年实现；第二类是国有农场和部分条件较好的村镇，1995 年实现；第三类是一般坝区农村和部分条件较好的山区，2000 年实现；第四类是边远山区，2000 年以后实现。

但是云南民族教育中存在的这个问题，已经在很大程度上影响和决定了义务教育的普及目标。例如，经过几年的发展，少数民族适龄儿童的入学率已大大提高，但是在校生的流动率太高，毕业率更低，合格率极低。1984 年，云南省小学在校生年流动率为 8.1%，民族县则为 10%，最高的达 13%。连续读满 6 年的人数全省平均为 45%，少数民族为 27%。1983 年以县为单位统考，及格率为 50%，少数民族县中最低的只有 10%。一年级至五年级少数民族学生的淘汰率平均在 75% 以上。"一、二年级满堂座，三、四年级空位多，五、六年级没几个"的现象普遍存在，小学生的质量太低，严重影响了初中生的数量。造成这种现象的原因是多方面的，诸如师资差、经费缺、教育结构不太合理、群众生活贫困以及交通不便等等。

1989 年，云南省教育厅对半寄宿制高小毕业班进行统考测试，全省 3100 多个校点的 12.6 万人参加，语文平均分为 56.1 分，及格率为 49.5%；数学平均分为 55.1 分，及格率为 48.1%；劳动课平均分为 34.1

分，及格率为 12.1%。① 在师资资源相对集中、办学条件相对完善的半寄宿制高小尚且如此，一般农村小学的情况可想而知。

1985 年对孟连、西盟、沧源、耿马等县进行的一份调查报告显示，农村小学入学率虽有 60%—70%，但能读到毕业的很少，这些地区的五年巩固率在 1984 年时，孟连为 13%，西盟为 15%，沧源稍好，也只有 40%。孟连 1985 年的毕业班一年级招生时共有 3000 多人，到 1985 年 4 月就只剩下 368 人，其中县小的占一半以上，小学毕业时语文、算术双课及格率也很低。西盟 1982 年 200 多名小学毕业生及格的只有 9 人，1983 年 300 多名毕业生及格的只有 41 人，其中县小占了 40 人，农村 7 个区 200 多名毕业生只有 1 人及格。1984 年孟连县有 448 人参加小升初考试，双课及格的只有 17 人，仅占总人数的 3.8%，其中县小占 16 人，农村 7 所完小只有 1 人，而且还是当地机关干部的子女。以阴山小学为例，1954—1985 年，在 31 年的办学中，没有一个合格的高小毕业生，1984 年参加小升初考试的 12 人，总共只得了 16 分，而当地当年初中的录取分数线两课总分才 45 分，初中升高中 7 门总分才 132 分。② 而这种情况的出现，自然与师资差有极大的关系，例如澜沧县 1982 年 1200 名小学教师参加业务考试，双课及格的只有 24 人，占 2%。③ 学生和家长难免滋生在学校是"混日子"的想法，这种想法严重影响了学生继续升学的态度。

（五）教学脱离民族地区语言文字的实际

按全国政协民族组 1985 年 5—6 月在云南、贵州两省的调查，在黔、滇两省少数民族聚居区内约有 70% 以上的群众还不懂汉语，有的地方甚至高达 90%，但是在这些地区，绝大部分还没有普遍推行民族语文教学或双语教学。有的地方即使开设了一门民族语文课，也因师资、教材问题或思想认识上不一致而收获不大。民族教育还主要依靠生硬地套用全国统编汉文教材④，学生很难学懂，读了书也很难巩固，既严重影响了少数民

---

① 马曜主编：《云南民族工作四十年》（上），云南民族出版社 1994 年版，第 611 页。

② 张殿光、马泽民：《民族教育要注重质量讲求效果》，《民族工作》1985 年第 7 期。

③ 周庚鑫：《必须加快少数民族地区教育改革的步伐——滇西南四县初等教育情况调查》，《民族研究》1985 年第 3 期。

④ 即直接翻译全日制学校的汉语教材，缺乏根据少数民族语言表达习惯和结合少数民族生活环境，由本土专业人士参与编写的双语教材，由此带来理解上的困难。

族儿童的智力开发，又限制了他们受教育的机会，以致如傣、苗、彝、布朗、傈僳等民族中的不少人，宁可把自己的孩子送到寺庙去当小和尚或到教堂念经来学习本民族文字，也不愿意把他们送到学校读书。

云南省1988年初召开的第三次民族教育工作会议上为此专门把"正确处理宗教与学校的关系，发挥民族知名人士和宗教界人士办学的积极性"列为发展民族教育的10项措施之一。由统战部门定期邀请民族知名人士和宗教界人士学习、座谈《义务教育法》和国家的方针、政策，听取他们对民族教育工作的意见和建议；吸收民族知名人士和有名望的宗教界人士参加乡、村教育管理委员会（小组），动员信教群众送子女入学，发动社会捐资助学，筹集办学资金，协助解决办学中的具体问题；聘请他们担任民族语文课教师或民文扫盲教师，按政府审定的教材进行教学；对办教育取得显著成绩的民族知名人士和宗教界知名人士，政府给予表彰和奖励。

第六节　1990—2000年:急剧变革发展时期

一　历史背景

1993年，中共中央、国务院颁布了《中国教育改革发展纲要》，《纲要》明确地提出到2000年全国基本普及九年制义务教育，基本扫除青壮年文盲（简称"两基"）。

1990年，国家教委、民委、财政部恢复了民族教育专项补助经费2000万元，每年拨给云南省200万元左右。省级民族机动金至2000年达到5000万元，尚未设立民族机动金的地（州、市）、县（市、区）要尽快恢复设立。省级民族机动金、省级少数民族地区补助费、省级民族事业费、省级匹配的边境建设事业补助费、边境学校免费教育资金、民族上层人士专项经费等民族专项经费要随民族事业发展需要和财政收入的增长逐年有所增加。云南省此时把民族特困县和民族扶贫攻坚乡作为扶贫工作的重中之重，进一步加大力度，从而也在一定程度上为民族教育的发展增加了力量。

1993年，云南省政府第57次常务委员会议决定，将教育学院实验中学改建为云南民族中学，并于1995年拨出300万元专款进行校舍建设。

1999年，云南省《关于进一步做好新形势下民族工作的决定》，制定了若干民族教育政策，以推动民族教育发展，包括:

对长期从事民办教师工作，在边远地区、贫困山区任教多年，担任学校教学领导工作，以及教学成绩突出等的民族教师制定一定的免试政策。

按照国家和省有关政策，适当放宽条件，解决好边远少数民族山村民办、代课教师的转正问题。

从 2000 年起，云南对全省所有边境县（市）的村委会以下小学实行"三免费"（免学费、免杂费、免课本费）教育。

寄宿制、半寄宿制学生生活补助标准分别由每月 15 元、7 元提高到 25 元和 12 元。

从 2000 年到 2005 年，在原有投入不变的基础上，省从科技费和农业经费中每年再安排 300 万元专款，专项用于"边疆民族县（市）农业技术改造工程"。

每年安排 1000 万元专项资金，用于扶持散杂居民族地区经济开发，重点用于贫困乡村。

对人口规模小，居住集中，经济社会发展严重滞后，贫困程度深的少数民族，要给予特别重视，采取更特殊的措施解决其经济社会发展问题。

实施国家贫困地区义务教育工程。1998 年全面铺开，国家和省对 73 个贫困县投入了大量资金，用于加强小学的基本建设和教学仪器、图书资料的配置以及校长与教师培训，促进民族贫困地区"普六"、"普九"的实现。云南省重点建设好 506 个扶贫乡的中心完小，将其建设成辐射全乡村小、办学点多功能的教育基地。

为救助边疆贫困地区失学中小学生，云南省教委拨出专款，在 31 个贫困乡建立了救助失学中小学生助学金。

1997 年开始启动，用银行贷款扶持贫困县义务教育第 4 个项目，扶持 21 个贫困县和 7 所中等师范学校。改造 1200 所小学简易校舍，使之达到较好的办学条件。

新建自然村校点 1200 个，解决小学生就近入学问题。

开展"双语"和"多语"教学，加强民族文字教材和读物的出版发行工作；从 20 世纪 80 年代末开始，云南省开展"双语"教学的学校，一直稳定在 1000 所左右，学生 15 万余人，累计有 180 万名小学生学习使用民族文字教材。从 1976 年以来，云南用汉文和民族文字出版教材 136 种，共计 200 多万册，为民族地区的中小学学生提供了大批急需的民族文字教科书。

转变教育思想,深化基础教育改革,发展小学后、初中后、高中后职业教育,在中小学推行"一生一技"实用技术,加大对中小学生实用技术和劳动技能的培训,使每一名中小学生在校期间至少掌握一门实用技术或劳动技能;

公务员招考,同等条件下要优先录用少数民族考生。学校和就业指导部门要在同等条件下优先推荐、安排少数民族学生就业。

1950年,全省在校少数民族小学生只有2万人,1996年达到170多万人,增长了8512倍;1950年全省在校少数民族中学生只有600多人,1996年达到40多万人,增长了600多倍。40多年来,云南教育事业,特别是民族教育事业有了长足的发展和进步。到1996年年底,全省已有高等学校26所,中等专业学校143所,中等技术学校115所,中等师范学校28所,职业中学5474所,普通中学2242所,在校生133143万人;小学24078所,小学教学点27864个,小学在校生473112万人;还有特殊教育学校和幼儿教育学校。到1996年年底,全省已有24个县实现"普九",覆盖人口占全省总人口的18.5%;有74个县市实现了"普六",覆盖全省总人口的59.1%,已有30个县市扫除了青壮年文盲,覆盖全省人口的23.6%。1996年全省适龄儿童入学率为97.184%,其中少数民族适龄儿童入学率为96.69%。①

二　在经济建设急速发展背景下的云南民族教育

20世纪90年代是传统计划经济体制向市场经济体制逐渐转变与建立的时期。此时,以经济发展为中心的民族工作继续被提到重要位置。该阶段,云南的民族教育工作也和促使经济发展的扶贫工作紧密联系在一起。

以西双版纳州勐海县布朗山乡为例。布朗山乡辖7个村委会,共53个自然村寨,总人口1.6万,其中布朗族1.1万人,其余为哈尼族、拉祜族、汉族。人口密度每平方公里16人,是滇南最为地广人稀的边境民族乡。1956—1999年,布朗山乡共培养了26个大专生、91个中专生、248个初中生,其中女性93人;3422个小学生,其中女性1156人。布朗山乡被云南省列为扶贫攻坚乡和被国家列为全国少数民族乡以后,国家和省、州、县各级党委、政府及各有关部门对布朗山乡教育事业的发展,给

---

①　赵松涛:《不断发展的中国云南民族教育》,《民族教育研究》1997年第4期。

予了极大的关心、支持和帮助，投入了大量的人力、物力和财力，加强了学校硬件设施建设，不断改善教学环境和教学条件，合理设置校点和配备教师，完善教学制度，"九五"（1996—2000 年）期间，积极争取资金，进行了学校硬件设施建设。1997 年 8 月，总投资 51 万元（其中由省交通银行资助 33 万元、县有关部门资助 10 万元、乡出资 8 万元）的布朗山乡中心小学希望教学楼竣工并投入使用，大大改善了乡中心小学师生的教学条件和学习环境。2000—2002 年，共争取资金 342.8 万元，修建校舍 1360 平方米，草棚学校由 2002 年的 13 所减少到 8 所，修建学生宿舍 908 平方米，解决了 200 多名学生的住宿问题，修建学校（校点）篮球场 8 块，使各村委会小学学校建设有了很大的改变。

为重点培养布朗族人才，省民委拨出 20 万元专款，对布朗族的困难学生进行补助，这充分体现了党的关怀和政府的关心，为边疆少数民族贫困户解决了一些实际问题，让布朗族困难学生能够安心学习，完成学业。1999 年年底，省委、省政府发出了《关于进一步做好新形势下民族工作的决定》的文件通知，从 2000 年起，对全省所有边境县（市）的村委会以下小学实行"三免费"（免学费、免杂费、免课本费）教育。布朗山乡边境沿线的章家、新竜、勐昂、曼桑 4 个村委会以下小学及乡中心小学共 18 所学校实行了"三免费"教育。2002 年 9 月，开始在全乡范围内实行"三免费"教育。由于多方的共同努力，进一步加强了学校硬件设施建设，不断改善教学环境和教学条件，促进了布朗山乡教育事业的发展。

到 1993 年，西双版纳傣族自治州共有小学 1147 所，近半数学校以招收少数民族学生为主；在校生 95060 人，少数民族学生达 76060 人，占80％。其中，由省级核定的勐海县民族小学和景洪县基诺乡中心小学为全寄宿制小学，共有 19 个班，在校学生 1022 人；半寄宿制小学发展到88 所，在校学生 9733 人，使适龄儿童入学率提高到 90.6％。[①]

1990—1993 年间，累计有 15039 名半寄宿制小学毕业生，升入初中的有 11057 名，其中傣族学生 3385 名，哈尼族学生 2978 名，拉祜族学生976 名，基诺族学生 378 名，占进入初中学生总数的 69.79％。

在小学教育不断发展的同时，西双版纳傣族自治州的中学教育也有较

---

① 西双版纳傣族自治州教育委员会编：《西双版纳傣族自治州教育志》，云南民族出版社 1998 年版，第 222、231 页。

大发展,至 1993 年,州内共有普通中学 72 所(完中 17 所),在校学生 24345 人(少数民族学生 14577 人)。其中,有专门民族中学 4 所,计 36 班,学生 1875 人,占当年全州少数民族学生数(14577 人)的 12.86 %;[①] 还有相当一部分的普通中学以招收少数民族学生为主,如勐海县哈尼族聚居区的格朗和中学、景洪县基诺族聚居区的基诺乡中学、大勐龙中学等,在招生对象、教育教学管理等方面也具有一定程度的民族中学性质。在澜沧拉祜族自治县,到 1997 年,全县各级各类学校已发展到 937 所,小学适龄儿童入学率大大 提 高,从 1992 年 的 84.12 % 提高到 了 93.15 %。[②]

在西盟佤族自治县,2001 年,全县各级各类学校达到 149 所,小学适龄儿童入学率达 99.15 %,初中适龄少年入学率达 35.142 %。[③]

1988 年初召开的第三次民族教育工作会议提出了在"七五"规划的后三年(1988—1990 年),要坚持"以条件定发展"的原则,民族教育得以继续坚持一切从州、市、县、乡、族情出发,切忌搞"一刀切"、脱离本地实际的东西。红河州此时提出在发展民族教育指导思想上:

> 应做到"五个要":一要承认各少数民族文化教育的差别和特点,实行"分级办学,分级管理",分类规划,分类指导,切忌照搬照套外地经验,没有地方特色和民族特色;二要处理好"四个关系",即需要与可能,普及与提高,数量与质量,统一性与多样性的关系,加强民族基础教育;三要适应民族地区和民族特点,实行走读、寄宿制、半寄宿制、全日制、半日制、隔日制、中午晚班、复式班、女子班、巡回教学等不同层次、不同规格、不同形式办学,尽量方便各少数民族群众送孩子上学读书,学制上允许有五、六年制完小,也允许举办三、四年制的简易小学。根据战略指导思想,发展民族经济和民族教育的基本任务是:1. 民族经济的主要任务,要以发展商品经济为目的,大力开发自然资源。2. 民族教育的主要任务要

① 西双版纳傣族自治州教育委员会编:《西双版纳傣族自治州教育志》,云南民族出版社 1998 年版,第 103、223 页。

② 中共澜沧县委、县人民政府:《五十年之辉煌—— 发展中的澜沧》(内部铅印本),1999 年版,第 27 页。

③ 西盟佤族自治县科技教育局:《西盟佤族自治县教育发展现状及对策 》(打印本),2002 年版,第 2 页。

以发展民族普通教育、职业教育、成人教育为重点，切实做到"三教统筹"，农科教协调，在提高人的素质的同时，努力培养发展生产、经济需要的各类初、中级技术人才、经营管理人才和熟练劳动者。鉴于此，各类小学要在实行普及初等教育的过程中注重抓好"四率"，使学生真正"进得来、留得住、学得好、用得上"，切实杜绝"一、二年级满堂坐，三、四年级空位多，五、六年级没几个"的流动现象。在边疆、山区、农村，要积极创造条件，开办学前幼儿教育，为提高教育质量，实现普及初等教育，逐步普及九年制义务教育奠定良好的基础。各普通中学、各职业中学、各技工学校、各中专学校、各中师、蒙自师专招收新生时，少数民族学生的比例应分别达到一半以上，并在同等条件下，优先录取女孩子入学。

在职业教育上，立足当前急需，兼顾长远发展，长短结合，举办职业技术教育培训中心。现阶段要以发展初中后职业技术教育为重点，对已务农的中、青年，普遍进行职业培训；对不能升入初中的高小毕业生，积极开展实用技术培训；对不能升入高中、技校、中专、大学的初、高中毕业生，实行较高层次的职业技术培训。在扫盲教育上，坚决杜绝新文盲的产生，力争到2000年左右基本扫除青壮年中的文盲。

实行普教与职教相结合，县以下民族地区农村初中，建议实行"三加一"四年制，以三年时间完成全国统编教学大纲教学任务，一年时间进行职业技术教育，县以下普中应普遍增设职业技术教育课，使毕业生既能学完普中课程，又能具备就业的基本知识和实用技能，以成为边疆民族地区的新型农民和发展商品经济的带头人。①

三　存在的问题

（一）民族教育政策的特殊性在市场经济体制下弱化

随着改革的深入、开放的扩大，传统计划经济体制向社会主义市场经济体制的转变，我国社会主义市场经济体制的逐步建立，新旧体制转换过程中市场经济体制中的公平、竞争、效益、自主、独立等有利于社会发展

---

① 云南省档案馆资料：《在改革中探索民族经济与民族教育发展战略——红河州哈尼族彝族自治州教育局》，全宗号123，目录号39，案卷号130，时间1989年。

的元素和经济规律对于云南这个受历史、自然、社会等诸多因素影响很深的多民族省份而言，获得的不是更多的发展机会。首先是云南省很多地区在 1949 年后虽然在政治上从不同的社会发展阶段直接过渡到了社会主义，完成了制度上的跨越，从 1949 年至今采取的民族教育政策从数量、范围和力度上也都在帮助少数民族培养人才、提高少数民族的文化素质方面起到了作用，但是影响意识形态的文化、影响社会发展的经济能力、需要花费很长时间才能完成的人才培育并无法随同体制完成这样的跨越，而是会遵循其原来的社会发展规律前进，只是会在各项特殊政策措施的推动下，加快发展速度，但其底蕴和规律已经决定了这是无法实现跨越行为的。先天不足导致了少数民族在经济体制转轨时，参与市场的竞争能力弱，发现和抓住机遇的能力差，经济投资独立能力低，不公平和不均衡现象加大，使云南省少数民族和民族地区与内地和沿海发达地区的差距扩大速度加快，成为云南省民族工作此时面临的最大问题。其次是由于民族地区基础设施脆弱、教育科技落后、经济结构和城乡结构失衡、财政困难等问题仍然相当突出；再次是随着国内外形势的变化，境外在政治、经济、文化、宗教等方面的渗透，尤其是境外敌对势力和极少数民族分裂主义分子的破坏日益加剧，走私、贩毒等犯罪活动等非传统安全领域的问题在一些地方仍比较突出，直接危害着边境民族地区的经济发展和社会稳定。

但是，在市场经济体制以竞争为核心的发展理念下，民族地区的发展面临一边是困难较多，一边是民族政策的优惠、照顾等特殊性呈现减少趋势，市场和机遇面前的劣势更为突出。

1995 年 7 月，云南省人大办公厅、云南省政府办公厅根据云南省人大常委会主任会议第 37 次会议的要求，组织省级有关各委、办、厅、局，用了一年时间对云南省少数民族地区特殊政策的事实和变化情况进行了调查和研究。从调查结果来看，1950—1995 年，国家和云南省出台的少数民族特殊政策约 144 项，至 1995 年和"九五"期间仍执行的约 78 项，占特殊政策总数的 54%；到期自然终止和明文规定停止执行的约 48 项，占 33.5%；未明文规定停止但执行中已淡化和消失的约 18 项，占 12.5%。归结起来，国家和省给予少数民族的特殊政策，到 1995 年，能继续执行的只有 50% 多一点，还有近 50% 已经停止执行和难以执行。这种变化说明：对于少数民族地区的发展问题，在新形势下强调共性问题多，注意个性情况少，强调效益原则多，讲公平竞争少，因此出现了在新形势下没有新的特殊政策出台衔接，使党和国家一贯坚持的扶持帮助少数民族的特殊政策出现断层，取而代之的是"一刀切"政策。这对少数民族众多、社会发育程度低、基础设施薄弱、地处边疆、交通制约过大、教育投资成本高、一些遗留问题尚无自我解决能力的云南各少数民族地区深化改革、推进民族教育的快速发展带来了不利影响，特别是应得利益减少、地区差距进一步扩大，为一些深层次的矛盾埋下了伏笔。

其中，从教育方面的13条特殊政策措施演变情况来看，有的政策措施还在继续执行：

（1）对部分少数民族学生给予降低高校录取分数线照顾；

（2）实行民族教育专项补助费，于1952年设立，1965年停止执行，1990年又恢复执行；

（3）增拨民族教育经费，办好民族教育；

（4）对民族学校经费列支做了规定，除其中"干部训练事业经费"未被列入"高等教育费"外，其余内容均在执行中；

（5）举办贫困县民族班和开办云南民族中学；

（6）对杂居、散居少数民族给予照顾。

有的政策措施也停止执行：

（1）边境线民办教师转公办教师，属于一次性办理的措施；

（2）减免民族中小学学生的费用，已被1957年开始实行的助学金制度取代；

（3）边境一线中小学学生生活补助费，于1983年停止执行；

（4）建立民族师范学校和给予经费补助，于1991年停止执行；

（5）设置民族语文教学机构及专项经费，于1964年停止执行。

（二）教育投资大与教育成效低的矛盾长期存在

民族教育起点低、基础差、底子薄、面广、线长、欠债多、缺口大，不少学校校舍简陋，设备奇缺，理化仪器、图书资料、体育器材等办学条件差，师资量少质低，一直是云南民族教育发展中存在的诸多阻碍因素，在计划经济与市场经济两种新旧体制转换、市场经济发展规律与民族地区的民族教育发展规律还未建立良好衔接的状况下，这些因素对云南民族教育的发展和民族地区建设的进程影响显得更加直接、程度更深。在某种意义上，民族教育存在的特殊性被弱化、需要扶持的力度减少等局面都将可能在没有很好衔接的市场经济背景下出现。

　　从 2000 年的统计数据来看（见表 15），云南的人均受教育年限为
6.32 年，低于全国 1.24 年，文盲半文盲人口占总人口比重达 11.39%，
而全国仅为 6.72%，高出 4.67 个百分点，也即文盲半文盲率是全国平均
水平的 1.695 倍。这种背景下产生的教育环境与教育价值认同无疑也会受
到影响。

表 15　　　　　2000 年云南人均受教育年限与文盲半文盲人口比重

人均受教育年限	排序		文盲半文盲人口占总人口比重	排序	
全国	云南		全国	云南	
7.56 年	6.32 年	第 27 位	6.72%	11.39%	第 6 位

　　　数据来源：2000 年全国第五次人口普查。

　　从 2000 年"普九"情况来看（见表 16），云南的"普九"覆盖比例
与全国相比尚低 9%，这也使得云南在之后 10 年的"普九"工作中，压
力不小，而即使是 2010 年通过了"两基"验收，但是基础的薄弱性仍使
"两基"工作在今后的巩固和提升中存在一定的难度。

表 16　　　　　　　　2000 年云南"普九"人口覆盖率

"普九"人口覆盖率		初中毛入学率	
云南	与全国平均水平相比	云南	与全国平均水平相比
86%	低 9%	95.35%	略高

　　　数据来源：云南省教育厅民族教育处提供。

　　这种局面的改变所需要的时间长度与投入力度都极大，也决定了对民
族教育的扶持是一项长期、持久的工作。从 1949 年以来，国家和云南省
对教育的投资从纵向上来看不可谓不大，但是云南地理交通不便所带来的
硬件投资成本往往又远远高出内地交通条件较好地区，而自然地理条件下
的居住分散的限制也使投资不得不随之分散，所起到的效果也就可想而
知。相对应带来的是教师的生活条件艰苦，人心思变，不安心留在原地，
更不用说吸引优秀师资，教学质量低成为必然；而学生学习条件差，特别
是寄宿制学校因为经费不足，生活费用低、宿舍拥挤简陋、学习效果不理
想，所学知识无法与更高一级的学校要求对接，学习兴趣丧失后，巩固率

和升学率难以保证，成为边远山区民族教育中的"老大难"问题。例如前面所述的孟连、西盟、澜沧、沧源，1982 年国家拨给 4 县的初等教育经费达 500 万元，有教师 3159 人，培养出的数学和语文成绩合格的学生只有 217 人。平均投入 23000 元和 15 个教师才培养出 1 个合格学生，比全国培养 1 个大学生的投入水平高出 3—4 倍。[①] 而云南民族学院预科部到 1987 年时培养 1 个高中生的费用每年仅为 450 元，仅为其 2%。这种在长期历史中形成的问题的解决，就绝对不是短时期内可以改变的。

（三）边远山区的少数民族中学生流失率高

山区少数民族学生，特别是中学生的流失率高，一直是云南民族教育中难于解决的问题。在 90 年代初期，主要是贫困所致，虽然有领导不停地强调"山区的粮食产量，200 斤靠地力，500 斤靠肥力，800 斤靠智力"，少数民族群众也深知这个道理，但是在贫困面前，这个道理显得有些苍白。例如在孟连拉祜族傣族自治县，学生的流失率几乎年年出现。据调查，[②] 1993 年全县 4 所中学，年初在校生有 2139 人，到学年末（5 月时）在校生就只有 1847 人了，流失 292 人，流失率达 13.6%。此时流失原因与 90 年代以前相比无出左右：主要是贫困导致的失学。地处边疆的孟连县 98% 属于山区，山区的经济基础较薄弱，还有相当部分农户温饱问题尚未解决，如公信乡 1991 年人均总收入 235 元，人均纯收入 153 元，1992 年人均总收入 245 元，人均纯收入 155 元，缺粮户占全乡总户数的35%。而孟连二中，1993 年收取的杂费最低，低于县物价局批准的最低线：书费初一 25.5 元，初二 27 元，初三 16 元；杂费，住校生每学期为 22 元，非住校生 16 元；预交下学期书费，初一 25 元，初二 35 元。累计起来，一个初中生一个学期至少要支付 70 多元的书费和杂费，如果再加上生活费和其他一些费用，一个学期需开支 200 元，一个学年近 400 元，这对于一个人均年均纯收入只有 100 多元的家庭而言，无疑是一笔不小的开支与负担。

随着政府加大扶贫工作力度，到 20 世纪 90 年代末期，边疆民族地区经济的发展已经有了非常大的变化，当贫困已经不再是学生流失的主要原

---

① 周庚鑫：《必须加快少数民族地区教育改革的步伐——滇西南四县初等教育情况调查》，《民族研究》1985 年第 3 期。

② 屈华曦、魏婧：《边疆民族地区中学生流失的原因及对策》，《民族工作》1994 年第 1 期。

因时，师资分布与教育资源分布不均衡带来的学习质量提升问题、"升学教育"思想指导下的教学内容与社会需求日渐脱节等问题又成为新的影响因素。这笔开支是否值得投入，在因为学校办学条件得不到改善，无法提供良好的学习环境，师资力量薄弱，无法更好地授业解惑，学生学习成绩不理想、学习态度消极、目的不明确的状态下，就极大地影响了家长是让孩子继续留在学校还是回家承担劳动的选择。

第七节　21 世纪西部大开发发展时期

一　历史背景

进入 21 世纪以后，经济的快速发展，人民生活的日益改善，使民族教育政策也在这种发展的大背景下出现调整。

1999 年 12 月底，《国务院关于实施西部大开发若干政策措施》正式出台，并从 21 世纪的第一天开始实施。

2002 年，教育部部长陈至立在第五次全国民族教育工作会议上的讲话中指出，民族地区存在着教育整体水平偏低，教育观念、教育思想相对滞后等问题，强调民族教育工作要以邓小平理论和"三个代表"重要思想为指导，坚持民族教育的社会主义办学方向；民族教育的发展规划、改革步骤、办学形式、教学用语、课程设置、学制安排等，都要从民族地区的实际出发，因地制宜，统筹兼顾，突出重点；民族教育的改革发展，要坚持分类指导、分区规划、分步实施、积极推进的方针。并采取大力推进民族中小学"双语"教学工作、大力推进民族教育手段现代化、加大对民族教育的投入等措施。

此时，对民族教育影响最大的文件是《国家西部地区"两基"攻坚计划（2004—2007 年)》，这是为贯彻《国务院进一步加强农村教育工作的决定》，实现西部地区基本普及九年义务教育、基本扫除青壮年文盲（以下简称"两基"）目标而特别制定的一个重要文件。该《计划》中的数字也反映出云南民族教育面临的问题：

> 西部地区人均受教育年限仅有 6.7 年，比全国平均水平低 1.3 年；"两基"人口覆盖率仅 77%，低于全国 14 个百分点；15 岁以上文盲、半文盲人口占总人口的比重为 9.02%，高于全国 2.3 个百分点。

西部地区经济社会发展落后，地方财政困难，教育投入严重不足，教育基础薄弱，义务教育远远落后于全国平均水平。到 2002 年，西部地区未实现"两基"的 372 个县（市、区）中有国家扶贫开发工作重点县 215 个，占 58%；农村中小学的办学条件普遍简陋，必备的学生寄宿条件严重不足；现有教师不适应及合格师资短缺的矛盾日益凸显；在少数地区还保留着较为原始的生产和生活方式，教育得不到应有的重视。

人民群众贫困面大、贫困程度深，适龄少年儿童就学面临困难，普及义务教育任务艰巨。全国尚未脱贫的 3000 万人中，绝大部分生活在西部，农村人均纯收入约为全国平均水平的 70% 左右。一些地区刚刚解决温饱问题，相当一部分地区尚未完全脱贫，加之西部农村家庭大多都有两个或更多的子女，人民群众难以承担基本的教育支出。据 2002 年统计，西部地区小学适龄儿童入学率、小学五年保留率、小学毕业生升学率等指标，大都低于全国平均水平。即使是已通过"两基"验收的县，其普及程度也是低水平、不稳定的，一些地方初中辍学率高达 10% 以上。

西部大部分地区为少数民族聚居地，少数民族教育成为"两基"攻坚的难点。截至 2002 年，西部 372 个未实现"两基"的县（市、区）中少数民族聚居县占 83%。西部农村地区一些习俗和宗教观念在一定程度上影响了学生家长送子女上学的积极性；双语教学的环境对教师的数量和质量提出了更高的要求。加快少数民族义务教育的普及已经成为各民族共同发展的紧迫要求。

西部地区特殊的地理环境和办学形式使教育成本居高不下，低水平的教育投入难以保证基本的办学条件和教育质量。西部地区地广人稀，有一师一校点约 9 万个，占全国校点的 80% 以上；人口分布极不均衡，在一些高山、高原、高寒及牧区、半农半牧区和荒漠地区，80% 左右的初中生、50% 左右的小学生需要寄宿；特殊的办学形式使得学校布局分散、校舍建设成本普遍较高，原本短缺的教育经费难以满足基本的教育需求，适龄少年儿童"进不来、留不住"成为"两基"攻坚的难点。此外，全国 127 个边境县中，有 106 个在西部，这些边境地区的学校建设代表着国家的形象。

2007 年 10 月 15—21 日召开的中共十七大明确了实现全面建设小康社会奋斗目标的新要求，明确提出了"教育公平"、"坚持教育公益性质"、"扶持贫困地区、民族地区教育"等有利于民族教育发展的思想。

以上这些政策成为 21 世纪云南民族教育发展的指针。

云南省于 1993 年开始开展以县为单位的"两基"评估验收工作，到 2000 年年底，全省有 89 个县（市、区）普及了九年义务教育，人口覆盖率为 71.6%；106 个县（市、区）扫除了青壮年文盲，人口覆盖率为 81.8%；全省所有县（市、区）全部普及六年义务教育。

2002 年，以"两基"攻坚为重点，全面实施《云南省基础教育振兴行动计划》。

2004 年，实施《国家西部地区"两基"攻坚计划（2004—2007 年）》，云南省 2002 年年底未普及九年义务教育的 35 个县被列入了西部地区"两基"攻坚计划。

2006 年末，云南省所有县（市、区）实现基本扫除青壮年文盲目标。2007 年末，云南省超额 1 个县完成国家西部地区"两基"攻坚计划，全省实现"两基"的县（市、区）累计达到 121 个，人口覆盖率达到 91.5%。

2009 年末，云南省所有县（市、区）实现"两基"，人口覆盖率达到 100%。

2010 年 7 月 29 日，《国家中长期教育改革和发展规划纲要（2010—2020 年）》提出："公共教育资源要向民族地区倾斜；中央和地方政府要进一步加大对民族教育支持力度。"《纲要》指出：加快民族教育事业发展，对于推动少数民族和民族地区经济社会发展，促进各民族共同团结奋斗、共同繁荣发展，具有重大而深远的意义。纲要要求：促进民族地区各级各类教育协调发展。巩固民族地区义务教育普及成果，确保适龄儿童少年义务教育普及教育，全面提高普及水平，全面提高教育教学质量，支持边境县和民族自治地方贫困县义务教育学校标准化建设……加大对人口较少民族教育事业的扶持力度。云南民族教育面临新的机遇。

二　西部开发背景下的云南民族教育

（一）实施"三免费"教育工程，保障少数民族的受教育机会

《国家西部地区"两基"攻坚计划（2004—2007 年）》文件出台之前，西

部地区只有 75% 的人口普及了九年义务教育，西部地区成为全国"两基"工作的重点和难点。经济贫困是导致民族地区基础教育严重滞后的主要原因。有学者指出教育增加了低收入阶层群众的负担，导致贫困者更加贫困；贫困对基础设施建设、师资力量等产生了重要的影响；西部民族贫困地区校舍危房大面积存在，教师工资拖欠严重，师资水平较差。[①] 中央财政每年安排给云南的民族教育经费（省里无配套资金），只能用于补助中小学的修缮、改造危险校舍，购置教学仪器设备、图书资料等，远远不能满足此时云南民族教育中各方面所需，结果只能在使用上采取"撒胡椒面"的做法，仅是课本费就让经济贫困的少数民族家庭无力承担。

这也是云南省委、省人民政府 2000 年开创性地在边境一线实施了"三免费"（免课本费、文具费、杂费）措施的原因之一，以从经费上保证和促进自治地方民族教育的发展。据不完全统计，云南省民族事务委员会投入民族教育资金由 1996 年的 895.5 万元增加到 2001 年的 3136 万元，6 年投入民族教育专项资金累计达 1.26 亿元。资金投向主要是省、地（州）、县、乡、村的各级各类学校的校舍建设、学生生活费补助及购置教学设备等方面。

2002 年实施的《云南省基础教育振兴行动计划》中对民族地区的教育投入措施采取了分类、分步骤实施的办法，享受"三免费"教育的范围从边境一线 13 万名小学生扩大到约 40 万名中小学生，资金投入从 1800 万元扩大到近 7000 万元。这个在调研的基础上出台的政策，群众反映非常好，"前不久，我们国家民委的同志到云南边境地区调研，问当地群众：你们认为民族政策中哪一项最好。群众回答说，教育'三免费'政策最好。好政策使群众得到实惠。群众盼望有好政策。"[②]

实施"三免费"教育以前，为了巩固入学率，边境一线 90% 以上的老师，都要为学生垫付书杂费。德宏傣族景颇族自治州边境沿线学校的老师每年要为学生垫付少则几百元、多则近千元的书费，给老师们带来了物质困境和精神压力，一部分学生也因交不起书费产生自卑厌学情绪。盈江县芒允小学的刘校长说："边境'三免费'教育的实施，不仅为边境地区

①　滕星：《应在贫困地区实施免费义务教育》，《求是》2003 年第 19 期。
②　李德洙：《第五次全国民族教育工作会议上的讲话》，《中国民族教育》2002 年第 5 期。

各民族群众解决了子女上学难的问题，而且使老师工作有了更大信心。"[①]

2003 年，从国家层面上开始陆续推行的"两免一补"政策，[②] 使云南的民族教育获得了更多的外部力量。

2005 年年底，云南各级各类少数民族在校生 247.3 万人，占全省学生总数的 32.81%，少数民族学龄儿童入学率达 96.4%。2007 年，云南省 8 个少数民族自治州中，已经有 7 个州整体实现"两基"，其中红河、文山、西双版纳、迪庆 4 个州是在过去 5 年中先后整体实现"两基"目标的，怒江州除福贡县外，其余 3 县都已按规划实现"两基"，云南省 29 个少数民族自治县中，除西盟、澜沧、沧源 3 个县规划在 2008 年、2009 年实现"普九"外，其余 26 个县已经在 2006 年以前实现了"两基"，云南省民族自治地方的"两基"人口覆盖率已经高于全省 91% 的水平。[③]

（二）扩大"两免一补"范围，继续办好寄宿制学校

继续办好寄宿制、半寄宿制中小学校，是云南民族教育实现"两基"的重要保证之一。至 2007 年，云南省共有 41 所寄宿制民族中小学和 4950 所半寄宿制高小。"三免费"和"两免一补"政策实施以来，2005 年惠及 124 万多名农村中小学生。至 2007 年，农村寄宿制学校建设工程投入计 10 亿元，改扩建 587 所中小学，新建校舍 128 万平方米。寄宿制学校环境的改变，使这些学校的控辍保学工作日趋完善。例如玉溪的新平县，全县共有寄宿制小学 118 所，占全县小学总数的 95%，14 所初中和 1 所高中全为寄宿制学校，2004 年，寄宿制学校的辍学率仅为 0.8%，比非寄宿制学校低 1 个百分点，其巩固率也高达 99.2%。由于寄宿制学校相应集中了人力、物力，学生的成绩提升也很快，对文山县中小学生的调查显示，寄宿制学校中小学生认为自己的学习成绩提高的分别占到了 71.1%

---

① 李秋雯、王先勇：《边陲学校故事——德宏"三免费"教育纪实》，《今日民族》2002 年第 11 期。

② 2003 年，《国务院关于进一步加强农村教育工作的决定》（国发［2003］19 号）提出，要建立健全资助家庭经济困难学生就学制度，争取到 2007 年全国农村义务教育阶段家庭经济困难学生都能享受到"两免一补"（免杂费、免书本费、补助寄宿生生活费），努力做到不让学生因家庭经济困难而失学。国家从 2004 年秋季新学期开始，再次大幅度增加中央财政专项资金，将免费教科书发放范围扩大到中西部农村义务教育阶段全部的家庭经济困难学生，同时推动地方政府逐步落实免杂费和补助寄宿生生活费的责任，争取 2005 年基本对中西部农村 400 万名义务教育阶段贫困学生实行免杂费、免书本费、补助寄宿生生活费的"两免一补"目标。

③ 李云芳、徐忠祥主编：《云南民族教育改革与发展研究之二》，云南民族出版社 2007 年版，第 5 页。

和 79.39%，非寄宿制学校学生认为自己学习成绩提高的只占 46.94%。与此成正比的是，家长认为寄宿制学校学生成绩提高了的比例占 75.61%，比非寄宿制学校学生的家长多出 14.17%。[①]

2007 年春季，云南省共免除 610.25 万名农村和县镇学校及城市学校农村户口义务教育阶段学生的学杂费，比 2006 年增加享受政策人数 97366 人，占全省义务教育阶段在校学生的 94.48%。享受免费教科书的为 261.52 万人，7 个人口较少民族和迪庆州义务教育阶段学生全部享受。2007 年起，云南省增加财政投入，扩大农村义务教育阶段贫困家庭寄宿学生生活补助范围，提高补助标准，对全省 129 个县、市（区）的 201 万名贫困学生给予生活费补助，生活费补助范围扩大到农村学校义务教育阶段贫困家庭寄宿学生和城市学校义务教育阶段农村户口贫困家庭寄宿学生，补助标准由原小学每生每年 150 元、初中每生每年 250 元分别提高到 250 元、350 元。对藏区、7 个人口较少民族、边境县农村义务教育阶段贫困家庭寄宿学生及 41 所省定民族中小学和贫困县一中民族部学生给予重点保障，补助标准为：对人口较少民族寄宿学生按照小学每生每年 350 元、特殊教育学校寄宿学生按照每生每年 350 元标准补助；对 3 个藏区县的学生，按照每生每年 1000 元标准给予补助，共涉及资金 6.22 亿元。[②]

从 2007 年起，云南省委、省政府开始执行的在全省 25 个边境县和 3 个藏区县全面实施的破解看病难、看书难、看电视听广播难、看戏难、学科技难等边疆“五难”的惠民工程，也为民族教育的发展铺垫了有利的社会环境。

三　存在的问题

（一）民族教育结构与实际发展需要脱节

2000 年 7 月，《国家民委、教育部关于加快少数民族和民族地区职业教育改革和发展的意见》明确指出：“发展职业教育是少数民族和民族地区实现两个根本性转变、提高劳动者素质的必要而有效的手段。”职业教育在民族地区经济发展中所培养的初中级人才至此仍是民族发展的主要人

---

① 陶天麟等：《云南省寄宿制中小学教育的现状与对策研究》，李云芳、徐忠祥主编：《云南民族教育改革与发展研究之二》，云南民族出版社 2007 年版，第 74、76 页。

② 李云芳、徐忠祥主编：《云南民族教育改革与发展研究之二》，云南民族出版社 2007 年版，第 8 页。

力资源。但是，这种理论上的认可并没有在实施中得到强化和很好地执行。2002 年，有关学者对德宏州某个乡的景颇族农民进行的随机调查中，被调查的 50 人在最近几年中没有一人获得过一次培训，对景颇族聚居的户育乡中心学校进行的问卷调查中，有 30% 的小学生表示"对知识改变命运"持否定态度。[①]

（二）义务教育总体水平不高，义务教育的影响源依然存在

2009 年，云南实现"两基"。但是义务教育水平的提高和控辍保学的任务依然很重，从云南与全国及西部的"两基"指标比较表（见表 17）可以反映出。

表 17   2008 年云南省与全国及西部"两基"指标比较表

项 目	全国	西部	云南
小学净入学率（%）	99.54	98.92	98.29
小学毕业升学率（%）	99.71	99.31	96.52
初中毕业升学率（%）	83.4	80.01	62.35
小学生均预算内事业费（元）	2758		2077
初中生均预算内事业费（元）	3543		2894
小学危房率（%）	4.35	8.7	20.79
初中危房率（%）	3.27	6.85	12.57
小学生均宿舍面积（平方米）	2.3	1.95	1.83
初中生均宿舍面积（平方米）	2.7	2.24	2.13
小学生均仪器设备值（元）	319	212	137
初中生均仪器设备值（元）	484	311	192
小学建网学校比例（%）	15.54	6.57	0.33
初中建网学校比例（%）	39.27	26.77	6.14
小学百名学生拥有计算机（台）	4.28	2.83	1.56
初中百名学生拥有计算机（台）	6.53	4.97	3.94
小学寄宿生占当地在校生比例（%）	8.87	12.9	25.61
初中寄宿生占当地在校生比例（%）	42.03	52.31	70.43

数据来源：云南省教育厅、云南省人民政府教育督导团《云南省"两基"国检工作情况通报》，2010 年 4 月，云南教育网，http://www.ynjy.cn/Article/201006/Article_ 20100601154010 _ 20449. shtml。

---

① 张子建：《云南德宏民族"直过区"教育发展的调查与思考》，甄朝党主编：《民族理论与民族发展》，云南民族出版社 2006 年版，第 109 页。

其中的中小学教师数量不足、整体素质不高的情况需要花很长时间才能得到改观。例如2004年时，文山州初中教师合格率仅达80.6%，小学教师合格率为93.3%；澜沧县还有代课教师769名，其中大部分是因为山区生活条件局限招不到或留不住老师……这些问题的影响源头在于各种因素导致的教师数量不足。

贫困问题严峻。少数民族地区贫困面大、贫困程度深、脱贫难度大，至2004年尚有有国家重点扶持的贫困县73个，其中民族自治地方51个县，占69.8%；全省农村低收入人口515.5万，绝对贫困人口262.3万，其中，民族自治地方低收入人口和绝对贫困人口分别为387.5万、163.3万，分别占全省的75.18%、62.25%。贫困发生率居高不下，一般都在30%左右，2004年仍有22.03%。如此贫困的局面成为义务教育中的不稳定因子。

由于贫困面大，寄宿制学校所增加的生活成本成为贫困家庭的负担。例如玉溪市新平县2004年寄宿制学校学生年度教育直接成本平均为：一年级1030元，二年级1050元，三年级1140元，四年级1160元，五年级1190元，六年级1200元，七年级1517元，八年级1351元，九年级1288元。[1] 这笔费用对于贫困家庭而言是一笔很大的开支。

第八节　云南民族教育在不同地区的状态与特性

在多民族、多宗教、多文化的云南省，从横向上来看，云南民族教育因为其所处位置的特殊性，不同于其他地区——多民族、多宗教、民族社会发展程度不一、汉语交流能力受约束等人文地理与山区面积大、交通极不便利、信息交流不通畅等空间地理互为制约，呈现多民族性、多地理性、多社会性的发展状态。使得云南民族教育的发展在政策倾斜、资金扶持等方面也都需要多维度的考虑，而不是一个政策执行到底。因此，云南民族教育在不同地区、不同时期的教育政策、措施、资金投入等都呈现出多元化，民族教育的发展在不同地区和不同时期也呈现了不同的特性和状态。

20世纪50年代初期，云南省委根据各地少数民族和地区的不同情

---

[1]　陶天麟等：《云南省寄宿制中小学教育的现状与对策研究》，李云芳、徐忠祥主编：《云南民族教育改革与发展研究之二》，云南民族出版社2007年版，第81页。

况,将全省区分为内地民族杂居区、边疆民族聚居区两类不同地区,实行分类指导,采取不同的具体政策措施。此后,一直沿用该划分及其称呼。

一　云南边境地区民族教育状态

(一) 地理与人文界定

20世纪50年代初,全省执行边疆政策的地方为34个县,少数民族人口占全省少数民族总人口的35%。边疆地区又包括了"直接过渡"地区,对景颇、傈僳、独龙、佤、怒、布朗、基诺、德昂8个民族和部分拉祜、苗、瑶等族,采取不划阶级、不分土地、不把土地改革作为一个运动来进行、通过互助合作的道路,直接过渡到社会主义的"直接过渡"地区,根据1956年的行政区划统计,主要分布在边疆23个县的458个山区乡,农业人口约55万;[①] "和平土改区":即阶级分化不明显的民族地区,以协商、和平的方式进行土地改革。

云南边疆地区系指沿国防线一带聚居或杂居的民族地区,"沿边一线"是对这一带的习惯称谓。作为一个特殊的地区,主要表现为社会发展滞后,至20世纪中期时仍为原始社会、氏族社会,或原始社会末期,或封建领主下的公社末期,在政治、经济政策上可以说是我国最早的"特区"。包括德宏、西双版纳、红河、怒江4个自治州(地区)及澜沧、江城、宁浪、中甸、维西、德钦、耿马、镇康、双江、沧源、孟连、麻栗坡、河口等县和屏边瑶山区、大雪山区、西盟山区、凉山办事处等地。有人口253万,其中少数民族人口187万,占该区人口的73.9%,占全省民族人口的33.2%,包括傣、哈尼、卡瓦、景颇、拉祜、傈僳等20多个民族,其中傣、景颇、佤、苗等族跨国界居住。"这类地区政治、经济落后,目前绝大多数地区已进行或正在进行和平协商土改,其中约70万人口的地区不实行土改,采取直接过渡的形式。"[②] 例如德宏自治州边疆6县当时包括潞西、陇川、瑞丽、梁河、盈江、莲山等县,紧接缅甸,国防线长达880公里。人口共计388245人,包括9个民族,242863人,占总人口的62.5%,"因生产落后及民族风俗习惯的影响,群众生活一般较贫

---

① 马曜主编:《云南民族工作40年》(下),云南民族出版社1994年版,第364、367页。

② 云南省档案馆资料:《云南省教育厅普通教育处 中央、本厅关于召开民族教育会议,了解民族教育工作教学问题,学生处理,事业发展规划,调查提纲等的通知、草稿、会议简报(中央会议)、批复》,全宗号123,目录号20,案卷号62,时间1953年至1959年。

困，其中有 12 万人口的景颇、傈僳族地区，因生产落后，阶级分化不明显，可以采取直接过渡到社会主义社会。"[1] 此时，直接过渡地区占边疆地区的 27.6% 。

至 2009 年，云南省有 25 个边境县（市），包括：

怒江州：泸水、福贡、贡山；

德宏州：潞西、盈江、陇川、瑞丽；

保山市：腾冲、龙陵；

临沧市：镇康、耿马、沧源；

普洱市：孟连、澜沧、西盟、江城；

西双版纳州：景洪、勐海、勐腊；

红河州：金平、绿春、河口；

文山州：马关、富宁、麻栗坡。

这些地区山区面积大，多山岭和湍急的江河，少数民族人口多，作为"直过民族"的主要聚居地区，新中国成立初期，无舟车之利，丛林密布，人口分散，居民点往往处于孤立状态，缺少发育成型的市场和城镇，经济社会发展水平低，发展不足、发展不充分、发展不平衡的矛盾十分突出。特别是生活在边境沿线的莽人和克木人，处于整体贫困状态。

（二）教育发展

"沿边一线"的现代教育始于民国，其主要措施是颁布发展民族教育的法令、奖励教师和少数民族学生。云南各级政府都有自己的教育计划，其目的是"启发民智"、"发展建设事业"。这期间，教育对"沿边一线"发展生产、巩固国防以及加强与内地政治、经济、文化的联系均起到了积极的作用。

新中国成立后，云南边境民族地区发展教育的方针是针对本地的社会实情采取灵活的教育模式。1956—1966 年间，试行了特殊的教育方式，核心是"知行合一"，做法是：地、州一级教育行政部门自编教材，以适应本地少数民族学生的文化知识结构并降低难度。教育改革的内容主要是：在普通学校中增设技术培训课程，新建"工读学校、耕读学校"。这些学校入学简单、学制灵活，招收学生几乎没有什么限制，学习内容与本

---

[1] 云南省档案馆资料：《德宏傣族景颇族自治州边疆六县教育情况和意见》，全宗号 123，目录号 3，案卷号 22，时间 1951 年 3 月至 1960 年 1 月。

地生产实际、生活实际相关联，甚至学习腌制食品。至 1966 年，云南边境民族地区已经办起了 22 所半耕半读、半工半读的学校，主要招收少数民族中的青少年，培养他们成为当地急需的各类人才，这些人才包括会计、出纳、泥水匠、篾匠、铁匠、机修工、木匠、乡村医护等。当时，云南边境地区教育工作曾得到了国家副主席刘少奇的肯定。1966—1977 年，这一教育试验被打断。

1977 年至今，"沿边一线"的教育事业以正规化和标准化为基准，建成了完整的国民普通教育、职业教育、成人教育、特殊教育、教育行政管理体系。

（三）目前的教育状态

边境地区双方通过教育投入树立国家形象、争夺生源是有史可溯的。20 世纪 60 年代，缅甸就在新中国敌对势力的支持下，在边境一线建立过"橱窗学校"，以吸引对新中国持疑虑态度、人心不稳的边境少数民族逃离国土。随着时间的推移，至 20 世纪末，边境地区少数民族教育中存在的主要问题除了学龄儿童失学率、辍学率居高不下，学生升学率低以外，还有相当数量的学生跨境上学。学生外流现象在思茅、临沧、保山等边境地区尤其突出。据云南省思茅行署教育局统计，至 2002 年，已有 583 名学生因为贫困和家庭搬迁而到缅甸佤邦求学，他们中间很多是跨境而居的佤族和拉祜族。

"沿边一线"的教育情势因此出现了两个变量：一是学生失学或辍学，"贫困"是明显的、公认的因素；二是来自边境另一侧的教育竞争。其大致情势如下：在缅甸与中国相邻地区，近年来十分强调教育对社会经济文化的作用，出台了一系列的支持政策，由于地缘关系，如中国学生进入其地就读，也在受惠之列；越南则在近年来进行了广泛的经济改革，国力渐长，教育投入跟进，在越、中边境一线，实行了系统的教育发展规划，教师、学生待遇高于中国，形成对中国教育界的对比性影响；老挝虽然教育投入不足，但教育准入制度灵活多样，吸引了许多国际非政府组织兴办义学，这些学校颇具华夏古风，倡行"有教无类"，对边民也有相当大的吸引力。

作为应对措施，2000 年，云南省委和省政府作出对边境沿线乡、村学校学生实行"三免费"教育的决定，每年安排 1800 万元专项资金，对全省 25 个边境县市的边境沿线行政村小学 12 万名在校学生实行"免教科书费、免杂费、免文具费"的免费教育。之后，将逐年扩大到边境沿线所有乡镇及7个人口较少民族和藏族聚居区的40多万名农村户籍初中、小学学生。至2004年，"三免费"教育累计投入经费21043亿元，受益学生达124186万人次。从2005年春季起，"三免费"教育调整为"两免一补"，范围不断扩大，义务教育资金达5亿元，至2008年，投入经费逐年增加。2009年，边境民族地区因为教育负担过重而失学、学生向国外流失的现象已经大大减少，并发生逆转：在德宏州瑞丽市，国外（缅甸）学生开始到我国学校上学。说明"三免费"与"两免一补"政策已经收到了明显的效果。至此，"沿边一线"的教育事业面临新一轮较量。下一步，国家将持续提高教育投入，而相邻三国断不会置身事外。

这样就产生了一个现实问题："沿边一线"的教育态势承载了深层次的社会信息，它引起社会的广泛关注是必然的，今后我们还能投入多少和如何保证这些投入的实施成为社会关注的焦点。不妨再深入地思考一下，"沿边一线"的教育事业在这样的情形之下，除了增加资金的投入外，还有没有其他的改革领域？

二　内地散居、杂居民族教育状态

（一）地理与人文界定

"聚居"、"杂居"、"散居"是根据少数民族人口分布状况加以划分确定的。"聚居"，是与党和国家的民族区域自治政策密切相连的，《中华人民共和国宪法》规定："各少数民族聚居的地方实行区域自治"，"自治区、自治州、自治县都是民族自治地区"。也即民族区域自治政策只适用于行政区域相当于县和县以上的少数民族聚居地，县以下行政区域则不实行民族区域自治，不建立民族自治地方。因此，民族自治地方以外和县以下小块聚居的少数民族，一般称为杂居和散居少数民族。"杂居"，是指两个或两个以上的民族共同居住在一个地方。"散居"，是指少数民族分散居住在汉族人口较集中的城镇和农村。杂居、散居少数民族人口在当地总人口中所占比例较小，不具备建立县以上民族自治地方的条件，有些地方则按照有关规定建立民族乡。1952年，政务院颁布了《关于保障一切散居的少数民族成分享有民族平等权利的决定》，成为之后一直到1978年期间指导散居、杂居少数民族地区工作的政策。1979年10月，中共中央、国务院批转了国家民委党组《关于做好杂居、散居少数民族工作的报告》，这一地区的民族工作又获得了一系列优惠政策和特殊措施。

　　根据云南20世纪50年代土地改革区域的划分，内地散居、杂居分类分批进行土地改革的有106个县市，其中少数民族约400万人，占云南总人口的38%。至今，全省有8个自治州，127个县（市、区）民族自治地方共79个县（市），其余48个县（市、区）都是少数民族杂居或散居地区，同时，在民族自治地方也有杂居、散居的少数民族。如同当时的一份报告所指，"玉溪、楚雄、蒙自、曲靖、大理等五区，多在内地，虽有少数民族所居，但比较上已与汉族同化……"① 因此，在内地散居、杂居地区的工作方针、政策和改革步骤上采取了分类指导政策。从1962年对云南小学在校人数的统计来看，这种基于土地改革的分类贯穿了整个教育体系（见表18）。

表18　　　　　　　　　　1962年小学分各类地区的在学人数

总计	根据66个内地县、23个边境县统计			推算全省数字		
	现有高小生	（1961年招收）五年级学生	1962年初小毕业	现有高小生	五年级学生	1962年初小毕业
一、内地	153008	78994				
县镇	26173	12112	12100	16000	18000—20000
坝区	67670	34667	65221	50000—55000	90000—110000
半山区	59165	22215	54476	30500—31000	75000—90000
高山区						
二、边疆	12120	69150	17400	12300	7000	17600
三、城市	41892	23000	30000	41892	23000	30000
总计	207020	116909	132000	260000	131500—132000	260000—280000

　　云南省档案馆资料：《1962年小学分各类地区的在学人数》，全宗号123，目录号1，案卷号126，时间1962年3月至12月。

（二）教育发展

　　1949年以来，云南民族教育的发展与建设重心更多的是倾斜在边境地区的民族教育上，而这些地方历史上就是民族聚居区。因此，散杂居地

_____

　　① 云南省档案馆资料：《云南省第一次全省教育会议讨论提案》，全宗号123，目录号2，案卷号28，时间1950年8月。

区的民族教育发展在一定程度上存在被弱视的情况。首先是这些地区没有民族文字，小学大多数是用民族语言进行辅助教学，在双语教师的培养支持力度上明显弱于边疆聚居区，在办学条件与教学质量上难以提升。其次是小学师资水平低下问题长期难以解决。2009 年对昭通 3 县的调查[1]数据显示（见表 19），少数民族教师数量少，教师学历总体偏低。

表 19　　　　　　　　　　　　　小学教师分民族数

县	地域	学校数（所）	教师总计（人）	少数民族教师（人）				代课教师（人）	特岗教师（人）
				小计	回	苗	彝		
永善	黑甲村	2	8	2	0	0	2	4	3
	伍寨乡	21	89	2	2			20	25
	水竹乡	16	76	5	0	3	2	11	18
彝良	柳溪乡	21	98	4		4		27	
	洛旺乡	33	193	13				37	
威信	双河乡	28	269	39		37	2	40	
合计	—	121	733	65	2	44	3	139	46

具体而言，小学教师的来源和学历是：

黑甲村有 3 名特岗教师，分别来自于昭通、曲靖和昆明。在 4 个公办教师中，本科学历 1 人，来自昆明，是汉族；中专学历 3 人，都是汉族。4 个代课教师中，有 2 个彝族，分别为一男一女，另外 2 个为汉族，男性。代课教师中，年龄最大的 45 岁，最小的 40 岁。

伍寨乡小学有 21 个校点，71 个教学班，89 个教师，其中 20 个代课教师中，有 1/3 是小学文化，如老蒙子小学代课老师是小学文化，长海小学（完小）2007 年以来代课教师只读过几天初中一年级。公办教师中有 17 人是民办教师转正（早期代课教师），不能教一、二年级的拼音和五、六年级的数学。所有村级完小均有代课教师。一位校长说，对代课老师难管理，不上课，若是批评，他走了不教，还要去请。完小出现复式班，如中寨村完小 7 个班级，只有 5 个教师。水竹乡小学教师中，大专 40 人、中专 24 人、高中以下 4 人。

①　李晓莉等：《关于昭通市民族教育非均衡状态的探索性调查报告》，内部资料。本节中所涉及的昭通部分材料均来自此调查报告，文中不再一一注明。

　　目前，所有村级完小均有代课教师，小学教师总体学历偏低。

　　同时，中小学教师被借调的现象很频繁，影响了正常的办学与教学。例如永善县水竹乡全乡在职在编小学教师 76 人，其中被县城学校、县直机关部门、乡政府等借用借调 14 人，实际在岗 62 人；在编、在册中学教师 23 人，其中被其他学校、县直机关部门、乡政府等借用借调 4 人，实际在岗 19 人。致使教师看似满编，但是教学岗位却没有那么多的教师上课。

　　在散居、杂居地区，少数民族的适龄儿童入学率、适龄少年入学率总体上看是高寒山区低、坝区高。例如昭通市黑甲村有适龄儿童（7—12 周岁）240 人，实际在校生 150 人，其中超龄儿童 8 人，适龄儿童入学率是59%，有近一半的适龄儿童未上学。240 个适龄儿童中近 100 个是彝族，150 名在校生中只有 48 个是彝族。另外，在彝、苗、回三大少数民族之间存在教育差距，苗族内部支系间又有差距。据昭通市民委于 2007 年组织的散居、杂居民族地区经济社会的调查，人均受教育时间为回族 7.5 年、彝族 5.2 年、苗族 3.4 年。苗族不仅是人均受教育时间最短，而且白苗与花苗两个支系的教育也有差距。这种差距直接影响了家长对义务教育的支持态度。据反映，威信县双河乡的苗族是白苗，家长送子女读书比彝良的花苗积极，昭通市的苗族干部、大学生多数人是威信县的白苗。

　　少数民族中小学生的辍学情况与学生总体辍学情况则是无论哪个民族都是小学少、初中多，少数民族中小学生辍学率又高于学生总体辍学率（见表 20、表 21）。

表 20　　　　　　　　小学辍学生与少数民族生就学情况比较

县	地域	学校总数（所）	入学数（人）		辍学数（人）		辍学率（%）	
			总体	少数民族	总体	少数民族	总体	少数民族
永善	黑甲村	1	150	48	3	2	2	4.2
	伍寨乡	21	1336	293				
	水竹乡	16	898	377	22	18	2.4	4.8
彝良	柳溪乡	21	3234	723	43	33	1.33	4.6
威信	洛旺乡	33	4600	907				
	双河乡	28	3983	1086	50		1.3	
鲁甸	茨院乡	127						
合计	—	247	14201	3434	118	53	0.83	1.54

　　备注：黑甲是村委会，属于码口乡，因无该乡的资料，用村的。其中黑甲村委会车则教学点五年级班入学时有学生 30 名，到五年级期末时只剩 19 名。

表 21　　　　　　　　　中学辍学生与少数民族生就学情况比较

县	地域	学校总数	入学数（人）		辍学数（人）		辍学率（％）	
			总体	少数民族	总体	少数民族	总体	少数民族
永善	伍寨乡	1	269	236				
	水竹乡	1	235	28	8	4	3.4	14
彝良	柳溪乡	1	1090	167	98	18	9.6	11
威信	洛旺乡	1	1762					
	双河乡	1	1344	261				
鲁甸	茨院乡	1	1713	614	55	21	3.2	3.4
合计	—	6	6413	1306	161	43	2.5	4.02

学生辍学的原因有学生成绩差，家长和学生都不愿意再读书而外出打工；贫穷、读书无用、学校设施差、教学质量差、学生入学年龄偏大，到小学毕业时年龄较大不愿意读书等。另外就是校点过于分散，与现行政策撤并相矛盾，一些地方收缩办学点后，学生家离学校远而辍学。

（三）目前的教育状态

由于内地散居、杂居民族多分布于山区，居住分散，乡村之间距离远的二三十里，近的也有五六里，存在学校数量少、布局不够合理、大多数学生不能就近上学的情况。而省定的寄宿制学校基本上又多集中在边境一线，散居、杂居地区的寄宿制学校多靠地方财政支持建设才能得到发展。

目前，散居、杂居地区的乡镇政府所在地都有九年一贯制学校，有中心小学和独立的初中学校，或在中心小学附设有附设初中。村委会所在地或个别自然村设完小；山区自然村中基本都设单小或一师一校，高寒山区地广人稀，一师一校最多。靠近县域附近的乡镇一级的中心学校特别是寄宿制学校在整合教育资源、有效地扩大优质教育资源方面获得发展，办学条件有了很大的改善，办学吸引力增强，办学的优越性逐渐显现，在一定程度上促进了农村中小学教育的均衡发展。民族寄宿制学校面向农村、边远山区、民族聚居地区招收少数民族学生，解决了广大农村贫困学生上学难的实际困难，学生在校吃、住满意，安心学习，真正发挥了其办学优势，在坚持"合理规划和调整学校布局，有计划地收缩中小学校点"的原则下，这些学校能够在师资、生源上占有优势。

但是，距离县域中心越远的普通学校危房面积就越大、办学条件就越差仍是这些地区民族教育中面临的较为突出的问题，特别是村小，教学设施与生活设施都不配套或奇缺，如宿舍、食堂、厕所等配套设施皆存在严重的不可比性，无法与中心及其附近的小学相比。例如昭通市的山区村小，不但不能像一贯制学校那样能达到人手一套课桌椅，反而还存在简易课桌椅，一师一校的课桌椅更是为村民出工献料制作，或部分由村民提供，图书资料的人均拥有则无法提及。在水竹乡，中心完小于2005年10月投入使用，仅有教学楼、食堂，无学生宿舍，至2009年尚且只能暂时用教学楼一楼的教室作为男生宿舍，旧平房作为女生宿舍。此外，全乡的17所小学均无学生宿舍；小学图书人均拥有5册，乡初中人均拥有8册，而且均为20世纪90年代末的书籍。一些教学点至今还只能租用民房。

由于危房面积大，"普九"时基础设施欠账多，即使县一级财政每年都有拨款，但是缺口仍然很大。例如永善县民族小学的教学楼陈旧且顶层是危房，学生宿舍破烂，每间4张高低床住了16人，校园狭窄；水竹乡全乡中小学公用经费为28万元，其中45%用于校舍修缮。

另外，"合理规划和调整学校布局，有计划地收缩中小学校点"的原则在这些边远山区的执行，导致乡、镇中心学校的学生人数快速增加，远远超过了学校原有的办学标准，教室和宿舍的容纳量都超员，而相应的财政支持又没有及时跟上，导致历史上就遗留的桌凳不配套，教学设备或陈旧、或缺乏，教师宿舍与学生宿舍多为土木结构，宿舍拥挤不安全，生活设施不全等情况变得更为严重，极大地影响了师生的生活环境。

教育资源的不均衡状态在办学条件上体现得非常明显。

同时，这些地区的山区群众中普遍存在重男轻女的旧传统观念，早婚习俗一直没有得到根本改变，在一定程度上影响了女童的就学和升学。

为了保证散居、杂居地区的民族教育，昭通市政府实施了一系列措施。在昭通市，一是将国家的"两免一补"政策中的生活补助金向少数民族学生倾斜；二是各调查乡政府在实施农村低保政策时，将困难的学生家庭列入，发放低保费；三是有的县对初中升中专、五年制大专实行了照顾分；四是在县一中专设民族高中部（班）。例如彝良县对少数民族的政策倾斜具体表现在：一是在小学加大对少数民族学龄儿童动员入学力度，认真落实"两免一补"政策，继续将半寄宿制学生生活补助向少数民族学生倾斜。二是在初中升中专、五年制大专实行了照顾分，如苗族、彝族、回族等照顾 10 分。三是县一中每年招收 2 个民族高中班；在奎香彝族苗族乡中学增设高中部负责树林、奎香、龙街 3 个少数民族乡初中毕业生继续进入高中学习，从 2010 年起招收 2 班 120 人；在县民族中学增设高中班，重点面向全县招收少数民族初中生，2010 年计划招收 2 班 100人，并逐年增加班数和招生人数。

三 人口较少民族的民族教育状态

（一）地理与人文界定

由于历史、自然条件等多方面原因，我国部分人口较少民族的经济和社会发展水平还比较落后，20 世纪 90 年代末，国家对 56 个民族中，人口在 10 万以下的 22 个民族（称为人口较少民族，分布于 10 个省区的 86个县 640 个行政村，共 43 万人）开始进行专门的经济扶持工作。

2001 年 2 月 7 日，国家民委起草并向国务院报送了《关于建议把22 个人口较少民族发展问题列入国家"十一五"计划的意见》，提出在西部大开发中要适当集中财力、物力、人力，重点扶持 22 个人口较少民族的发展。2001 年 8 月，国务院办公厅在《关于扶持人口较少民族发展问题的复函》中指出：同意国家民委扶持人口较少民族的具体意见。自此，22 个人口较少民族发展问题被列入国家"十一五"计划,[①]扶持人口较少民族工作由国家民委的部门倡导变成国家行动。根据国务院要求，国家民委、国家发改委、财政部、中国人民银行、国务院扶贫办 5 部门联合编制的《扶持人口较少民族发展规划（2005—2010 年）》规定，教育部在"中小学危房改造工程"中央专款的分配上，对人口较少民族聚居区予以重点倾斜，并安排经费培训 22 个人口较少民族教师，为中小学生免费提供课本，兴建了一批寄宿制学校……扶持人口较少民族的发展，在执行统一政策的前提下，在实际工作中得到了更多的支持和照顾。例如文件中关于解决基本的人口素质教育问题，要求教育部、财政部、国家计委在分配"中小学危房改造工程"中央专款时，对人口较少民族地区予以重点倾斜；在实施第二期"国家贫困地区义务

---

① 国务院办公厅《关于扶持人口较少民族发展问题的复函》（国办函［2001］44 号）。

教育工程"中，对人口较少民族地区予以特殊照顾，重点解决"普九"、兴建寄宿制学校、免费提供中小学生课本和中小学校骨干教师的培训问题；在安排贫困学生助学金专款时，应拿出一部分用于资助人口较少民族家庭困难的学生。

人口较少民族云南省占了7个：独龙、德昂、基诺、怒、阿昌、普米、布朗7个民族，皆分布在边境一线，总人口22.6万，占全国人口较少民族总数的52.5%，是全国扶持较少民族任务最重的省份。1999年，云南省委、省政府制定了《关于进一步做好新形势下民族工作的决定》，提出"对人口规模小、居住集中、经济社会发展严重滞后、贫困程度深的少数民族，要给予特别重视，采取更加特殊的措施解决其经济社会发展问题。"就在这一年，国家民委和国务院扶贫办在西双版纳傣族自治州的布朗山乡和基诺山乡开展"两山"综合扶贫开发试点。以此为契机，云南省拉开了扶持人口较少民族发展工作的序幕。据统计，2008年，云南省在人口较少民族聚居区实施了470个贫困自然村的整村推进，其中省民委实施370个村，省扶贫办实施100个村。

（二）教育发展

2001年末，云南省民族事务委员会的一份关于布朗、普米、阿昌、怒、基诺、德昂、独龙7个人口较少民族的调查报告显示：

> 据2000年统计，全省七个人口较少民族共有22.6万人，占全省少数民族1415.3万人的1.57%，主要分布在滇西北和滇西南的怒江、丽江、德宏、保山、临沧、西双版纳等地州市，其中独龙、怒两个民族居住在怒江州，基诺族居住在西双版纳州，其他民族都分别在两个以上地州市居住，相对分散，一般处于大杂居、小聚居的状态，居住地域从海拔800米到4000米，呈立体分布，90%以上居住在半山区，七个人口较少民族大多沿边境一线居住，除普米族和基诺族外，都是跨境而居的民族，境外主要分布在缅甸、老挝两个国家。

> 截止到2000年，七个人口较少民族尚有70%左右的人口人均纯收入在625元以下，处于贫困状态，其中，德昂族、阿昌族、布朗族贫困人口均占本民族人口的80%，独龙族贫困人口接近本民族人口的90%。

七个人口较少民族大多居住在边远山区、半山区。自然条件差，生存环境恶劣，水、电、路、通讯等边境地区基础设施建设十分落后。据统计，这些人口较少民族所占耕地，有效灌溉面积仅为20%，而少的只占10%，人均不到0.25亩。交通建设方面，目前这些人口较少民族村寨通路率均为40%，已通路的路况也较差，基本是晴通雨阻，不少村寨农用物资、农副产品的运输仍然靠人背马驮。在这些人口较少民族居住地方，还有的村寨不通电，有的村寨不通广播电视。

七个人口较少民族聚居的地方，目前尚无一个功能较为完备的集镇，大多以路为市，更多的是传统的草皮街。

七个人口较少民族人均受教育年限不到3年，平均文盲率高达50%左右，最高的德昂族达到62%，最低的基诺族也达到35%，布朗、怒、独龙、普米、阿昌5个民族分别为58%、55%、54%、51%、45%，这些民族中至今仍有一部分未完成"普六"任务，学生一般都只能在本村寨读完初小，能出村或到乡上读完高小、初中的极少。

七个人口较少民族居住在我省6个边境地州12个边境县市的与缅甸、老挝接壤地区，大多数跨境而居，近年来境外敌对势力、宗教势力、极端民族主义组织利用这些民族跨境而居、境内外有天然联系的特点，通过多种渠道加大了对我进行渗透和破坏的力度。而我边境民族地区由于经济发展滞后，文化设施薄弱，宣传力度不够，在许多地区听不到或听不懂国内的广播，看不到或看不懂国内的电视，加之少数民族群众生活普遍困难，为境外敌对势力乘虚而入、蒙蔽拉拢提供了可乘之机，部分贫困群众思想因此产生了混乱。与此同时，周边国家的政策变化也给我边境民族地区带来了一定的负面影响。主要是近年来我国对边境民族地区的许多优惠政策措施在对外开放和市场经济的条件下已失去原有的作用，而新的相应的配套政策尚未制定和完善。而周边一些国家制定了一系列旨在加强其边境地区工作的优惠政策措施，促进了其边境地区的较快发展。一些国家或地方政权制定优惠政策，吸引我边民到其境内开发、定居，等等。受以上因素的影响，在边境沿线出现了部分少数民族群众未办理正式手续就出境就医、上学、定居、务工等现象，对我边境民族地区的稳定造成了一定影响。①

（三）目前的状态

如前所述，2000 年，7 个人口较少民族人均受教育年限不到 3 年，平均文盲率高达 50%，最高者德昂族为 62%，最低者基诺族也达到 35%，其他的布朗、怒、独龙、普米、阿昌 5 个民族分别为 58%、55%、54%、51%、45%，一些民族村寨已经几年没有中学毕业生或是没有在校中学生。这种情况的出现与经济困难、办学条件差、校点布局不合理、寄宿制校点太少、教学设备奇缺、师资数量不足和质量低下等问题紧密相关，教育发生了断层，德昂族中等以上教育的状况甚至不如 20 世纪 80 年代，1990—2000 年 10 年间没有人考上大学，上中专的也极少。这些地区的职业技术教育也基本处于空白状态，离校后的青少年与村民都无法得到扫盲和职业培训，复盲率提高后增加了当地的文盲比例。人才贫困与经济贫困成为这些地区的孪生兄弟，加剧了人口较少民族的困境。

根据《云南省农村扶贫开发纲要（2001—2004 年）》的精神，以 7 个人口较少民族地区"四通五有一消除"为目标，即村村通电话、通电、通水、通广播电视，覆盖人口 85% 以上，达到有房住、有衣穿、有饭吃、有钱用、有书读，基本消除农户和学校的茅草房和高危房，提出了实施温饱和农业产业化扶贫工程、基础设施建设扶贫工程、科教扶贫工程、民族文化扶贫工程、人才培养扶贫工程。

2002 年 9 月 4 日，中共云南省委办公厅、云南省人民政府办公厅《关于采取特殊措施加快我省七个人口较少特有民族脱贫发展步伐的通知文件》正式出台，文件通知，要把"两基"教育作为 7 个人口较少特有民族聚居乡镇教育工作的重点，对中小学生实行免费教育，巩固"普六"，加快"普九"步伐；在不通或基本不通汉语的乡村实行双语教学；将小学高年级和中学生全部纳入寄宿制或半寄宿制，地县寄宿制和半寄宿制学校优先招收 7 个人口较少特有民族学生；在尚无条件建立中学的乡、镇，应在县级中学开设民族班；把 7 个人口较少特有民族聚居乡镇中小学的危房改造优先列入义务教育工程和危房改造工程，予以扶持；继续在省

---

① 徐畅江等：《政策措施：一份关乎 22.6 万人发展问题的文件》，《今日民族》2003 年第 4 期。

属有关院校办好特有民族大中专班和高中班；对考入省内高等院校的学生减免学费，并根据困难程度给予生活补助；对乡村中小学 45 岁以下教师由地（州、市）、县（市、区），每年至少培训 1 次。①

　　这些措施的实施，使云南 7 个人口较少民族的教育往快速发展方向迈进。

---

①　徐畅江等：《政策措施：一份关乎 22.6 万人发展问题的文件》，《今日民族》2003 年第 4 期。

第四章 云南民族教育在"两基"巩固提高中面临的特殊问题

从上述云南民族教育的发展变迁来看，云南的民族教育不仅"先天不足"，"后天"亦不足。总体上看，存在着社会发育程度低、少数民族受教育的传统观念淡薄以及办学历史短、教育点多面广、底子薄、经济发展水平滞后、居住分散、交通不便等自然与社会背景，由此形成了云南民族地区教育发展中的一些特殊问题，这些问题严重影响了"教育均衡"在民族地区的实行，从而影响了教育公平、公正的实行。云南省 2009 年后的"两基"工作的巩固、义务教育阶段"进得来，留得住，学得好"的标准在民族地区仍然受这些困扰教育均衡的因素的影响和挑战：

（1）因贫失学和因富辍学的现象并行存在，但前者的情况严重于后者。在经济状况稍好的坝区，受学业失败等现象影响，家长的教育价值观趋向于"读书无用论"，在子女尚未成为家庭劳动力的时期，家长在小学阶段还能够保障其子女入学，初一至初二的少数民族学生辍学比例升高，家长的不支持因素占很大比例，加之至高中教育阶段，因已不属于义务教育阶段，家庭的教育负担更重，少数民族学生家长的支持力度下降，影响学生继续学习的意识，也导致高中升学率低（西部地区 80% 的学生不再继续求学，云南为 50%）。

（2）农村寄宿制中小学问题较多。云南少数民族地区校点收缩后，许多山区小学和中学，即使有"两免一补"中的生活补贴，因为交通制约，食品运输成本高，加之山区经济社会发展滞后因素，导致寄宿制学校的食堂因学生无法承担更高的伙食费而无法开办，或者即使开办，营养也无法保证；农村地区寄宿制中小学或因校舍有限，人满为患；或因危房面积大，安全隐患突出；或因家境贫寒，生活条件极为简陋。

（3）教育资源不均衡导致少数民族学生学习质量不高。市场竞争机制的引入导致人才的向上流动，边远地区、贫困地区的师资进入恶性循环，教学质量难以保证，九年义务教育之后继续就学者减少，导致大学升学率在某些民族中呈现下降趋势，重点大学中少数民族农村生源比例下降。

（4）结合地方实际和学生未来生计所需的校本课程*（乡土教育教材）的开发普遍不受重视，很少得到财政支持。学而无用的实际导致家长监督不力，学生厌学情绪严重。

（5）留守儿童（父母外出劳动者子女）的抚养与亲情链接问题。

（6）边境地区艾滋病致孤儿童数量上升。他们隔代教养，基本上是"老家庭"占多数，存在家庭经济乏力、学习监护不力的情况。

第一节　限制云南民族教育发展的特殊背景

一　贫困面大，教育投入严重不足，支持力度弱

云南特殊的历史、地理与社会发展形态等客观限制因素的存在，使其经济发展呈现出明显的低谷倾斜状态，也即从国家的经济中心到边境线，形成了一个经济斜坡。因此，尽管新中国成立 60 年来的各种扶持发展政策都覆盖了云南大部分少数民族地区，但斜坡下的低谷经济与中东部地区相比较，差距越来越大。例如，2006 年，全国农村居民人均纯收入为 3687 元，西部为 2577 元，而云南为 2250.5 元，在西部 12 个省区中位居第 10 位，仅高于甘肃和贵州。① 而经济发展的严重滞后则一直影响着云南少数民族自治地方和家庭的教育投入以及教育价值观念的改变，教育取向在 2000 年后更是由于学业成就低的上升趋势而备受影响。即使是"两免一补"政策得到全面实施，截止到 2007 年，当西部地区的九年义务教育普及率高达 98% 时，云南少数民族地区农村家庭的总体普及率还不到 80%。②

从以下几个发展阶段的扶持政策与发展状况可以看到云南民族地区贫

---

① 《西部各省区 2006 年农民人均纯收入排名表》，资料来源：十一届全国人大二次会议（2008 年 3 月 5 日）国务院总理温家宝《政府工作报告》，http：//www.sndrc.gov.cn（2007—03—13　08：44：10）。

② 李桐、盛永红：《云南省少数民族地区农村家庭受教育水平现状及对策——对云南省少数民族地区教育负担率的抽样调查分析报告》，《经济研究导刊》2008 年第 11 期。

困面之大:

20世纪50年代,国家专门为云南部分少数民族地区所处的原始社会末期、阶级分化不明显这一社会形态而采取的逐步过渡的政策中划分的直过民族地区,[①] 涉及景颇、傈僳、独龙、怒、德昂、佤、布朗、基诺和部分拉祜、哈尼、瑶等民族。但是,"直过区"绝大部分地处高寒贫瘠山区、深山区、半山区,自然条件极差,交通、信息闭塞,教育、卫生、科技落后,人口素质较低。截至2003年,"直过区"农民人均年纯收入为698元,分别是同时期全国、全省农民人均收入2622元、1697元的26.62%、41.13%,是云南民族自治地方1470元的47.48%。至2003年,"直过区"内基本解决温饱,人均年纯收入在882元以上的农民占34.46%;处于相对贫困、人均年纯收入在882—637元的占52.03%;处于绝对贫困、人均年纯收入在637元以下的占13.51%。"直过区"共有贫困人口82.39万,占"直过区"总人口的65.54%,而同期云南省贫困人口比例为15.70%,全国贫困人口比例为6.99%,可见"直过区"是云南省也是全国最贫困的地区。[②]

扶持人口较少民族工作从2000年开始,国家专门扶持的22个人口较少民族中,云南就有7个(包括布朗族、阿昌族、怒族、普米族、基诺族、德昂族、独龙族);2008年,国家民委认定的6个特殊贫困民族中,云南就有4个,包括傈僳族、景颇族、佤族和拉祜族,这些民族都分布于山区,这也从不同层面说明了云南少数民族贫困面之大。

以景颇族为例。这一民族聚居于德宏州海拔1000—2500米左右的山区,自然条件恶劣,居住村落分散,生产不便,生活困难。截至2007年,农民人均年纯收入为994元,比全州人均年纯收入1504元低510元,贫

---

① 20世纪50年代初期,中国共产党对云南还处在原始社会末期或已经进入阶级社会,但阶级分化不明显、土地占有不集中、生产力水平低下的景颇、傈僳、独龙、怒、德昂、佤、布朗、基诺和部分拉祜、哈尼、瑶等民族居住地约66万人,涉及现在的怒江、德宏、西双版纳、思茅、临沧、红河、丽江、保山8个州(市)、25个县(市)的161个乡镇(74个为整乡直过)、715个行政村(居)和42个散居寨(社),采取特殊的"直接过渡"方式,即不进行土地改革,以"团结、生产、进步"为长期的工作方针,使其直接地但却是逐步地过渡到社会主义社会,实现了历史性的跨越。成功地解决了处于不同社会发展阶段的民族如何共同进入社会主义的问题。经过50多年的发展,"直过区"人口已从50年代的66万人发展到2003年的125.7万人。

② 资料来源:云南省委党史研究室、云南省民族委员会、云南省扶贫办《"十一五"期间云南民族"直过区"经济社会发展研究》课题报告,内部资料。

困人口 94749 人，占景颇族总人口的 73%。至 2005 年，景颇族聚居的 638 个村民小组中仍有 87 个不通公路，即使通公路的也是晴通雨阻、崎岖难行，一年中的多半时间车辆无法通行。

总体来说，云南山区面积占 95% 以上，分布于山区的少数民族的生产生活状况与非山区大相径庭。在漫长的历史岁月中，由于民族分布的特殊性，他们大多生活于深山老林中，环境艰险，生产力发展困难，过去又很少与外界接触，因而直到 20 世纪 50 年代初期，许多民族仍处在较为原始的社会形态中，狩猎经济和刀耕火种农业使他们对自然环境的依赖相当严重。新中国成立后，党和政府给予了山区少数民族很大的帮助，扶贫开发的力度不断加强，当地的经济和社会发展也有了很大的进步，但贫困落后的状况依然没有得到彻底改变。

学校是实施教育的社会组织，组织的教育功能要以一定的物质为基础。即使是在经济发达的昆明市所辖县，这种与当地经济发展相关联、需要国家财政全力支持的教育投入也存在停滞不前或与财政收入增长不相适应的现状。教育经费总量不足的问题在云南民族教育中成为教育发展最大的一个阻碍因素。

以石林县为例。作为一个旅游大县，拥有首批国家 5A 级旅游景区。据初步核算：

2007 年，全县实现地区生产总值 22 亿元，同比增长 11%，年均增长 9.6%；农业增加值 6.5 亿元，同比增长 6.7%，年均增长 4.1%；工业增加值 4.7 亿元，同比增长 11.7%，年均增长 9.4%；旅游直接收入 3 亿元，同比分别增长 8.3% 和 15.4%，年均分别增长 11.4% 和 21.6%，全县接待游客突破 300 万人次，综合收入 10 亿元，同比增长 53.8%。

但是，不管是县级教育经费还是镇级教育经费，教育事业费拨款未能得到过多增长，城市教育费附加反而呈现负增长，整体教育经费投入增长幅度不大。预算内教育经费占财政支出的比例从 2006 年的 33.37% 降低到 2007 年的 27.43%，降低了 5.94 个百分点；预算内教育拨款增长 5.02%，远不及财政经常性收入增长的 12.72%（见表 22）。这说明财政经常性收入的增长，过多地用于其他事业支出，教育费预算并没有得到更多提高。另外，预算内生均公用经费与生均公用经费实际支出差距相当大，虽然石林县财政对教育的拨款增长范围大大超过财政经常性收入的增长比例，但尚不能满足公用经费实际支出。

表 22   **石林县教育经费 2006—2007 年增长情况**   单位：千元

	生均预算内教育事业费支出增长情况			生均预算内公用经费增长情况			长湖生均预算内教育事业费支出增长情况	长湖生均预算内公用经费增长情况
	2006	2007	增%	2006	2007	增%	2007	2007
普小	2053	1585	-22.77	200	416.09	100.05	1322.5	94.93
中学	2147	1948.26	-9.26	56	366.17	553.88	1461.24	104.65

　　而在云南的 129 个县市中，财政收入能与石林县相媲美的不过十分之一，可见，在县级财政收入远不如石林县这样的地方，教育投入的不足性会更高，一旦投入不足，而且教育支出又高于教育投入的话（见图2），学校的整个运转就陷入捉襟见肘的尴尬境地。例如景洪市勐罕镇，仅生均公用经费的实际支出就远远高于预算内经费（见表23），超支部分逐年累积，学校行政管理人员只有望洋兴叹的力气。在此种情形下，要提及民族教育的创新、发展则无异于滴水入海，不见涟漪。

　　因此，综观云南省的财政，其预算内基础教育投入也存在着教育投入缺口大的问题。仅以 2000—2003 年为例，四年里，云南省财政预算内基础教育投入分别为 51.6 亿元、62.3 亿元、71.6 亿元、78.4 亿元，分别占当年生产总值的 2.64%、3%、3.21%、3.18%，均未达标。不达标意味着四年间云南省基础教育经费财政少投入了 85.19 亿元。"直过区"总人口占全省人口的 2.87%，仅对"直过区"的教育经费投入至少就少了 2.45 亿元。以云南陇川、沧源、景洪、易门四县市的投入为例（见图2），陇川县教育经费总支出 9230.3 万元，财政对教育的拨款数为 9049.7 万元，占总支出的 98.0%；沧源县教育经费总支出 10836.2 万元，财政对教育的拨款数为 9613.1 万元，占总支出的 88.7%；景洪市教育经费总支出 21890.1 万元，财政对教育的拨款数为 19774 万元，占总支出的 90.3%；易门县教育经费总支出 12335.3 万元，财政对教育的拨款数为 10947 万元，占总支出的 88.8%。可见，教育经费的来源主要是依靠财政拨款，一旦财政拨款与教育经费所需不成正比，逐年累积的超支导致的缺口就会越来越大。

　　其中，以景洪市勐罕镇的教育经费为例，仅生均公用经费的超支总体上就呈现出一个较大的增长幅度（见表23）。

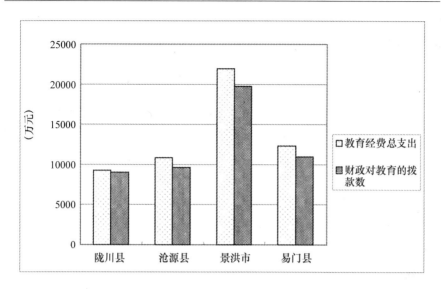

图 2　云南四县市 2008 年教育经费比较图

表 23　　　　　　　　　　**勐罕镇教育经费情况之一**　　　　　　　　　　单位：元

年份	预算内生均公用经费		生均公用经费实际支出		生均超支	
	小学	初中	小学	初中	小学	初中
2002	84.84	127.7	211.79	371.03	126.95	243.33
2003	141.23	137.75	207.17	207.17	65.94	69.42
2004	145.94	178.37	288.91	287.8	142.97	109.43
2005	92.37	97.47	233.76	243.67	141.39	146.2
2006	194	334	196.08	733.02	20.8	399.02
2007	194	334	309.41	743.82	115.41	409.82

　　至今，云南省的这种"教育欠账"累计已过百亿元，如何补缺成为一个严重的问题，这一需要补偿行为的长期存在也就成为了民族教育发展的羁绊；何时才能在经费充裕的情况下安心办教育，成为民族教育工作者的期盼。

二　民族教育基础底子薄，起步晚，积淀不深

　　回顾云南教育发展史，民族教育在本就薄弱的教育框架内基本上经历了从无到有的建设过程，至 20 世纪 30 年代，以《云南省政府实施边地教育办法纲要》的出台为标志，现代意义上的学校教育才开始在云南省边疆民族地区推行。[①] 至新中国成立初期，全省仅有 45 所民族小学、5 所民族中学、1 所初级师范、75 所教会学校和 2 所私立民族中学。[②]

　　以绿春为例。从清嘉庆二十三年（1818 年）骑马坎村民范庭碧首创第一所私塾始，至 1949 年绿春地区共计办过 32 所私塾。但因民族聚居区的大多数学生不懂汉语，更不懂汉文，学习古文就更加吃力，不少学生读一年半载后就停学，能按时结业的学生很少，一般只是初识汉字。富家子弟在本地私塾读一两年最多三年后就到外地就读。据不完全统计，1952年以前，绿春地区有小学生 24 人、初中生 4 人、中专生 1 人、大学生 1人。清代、民国两个时期，绿春地区受过初等教育的学生不到 100 人。故全境文盲充斥，有的地方仍处于刻木记事阶段。1952 年，管辖绿春大部分地区的红河县和墨江县，贯彻党的民族政策和《中国人民政治协商会议共同纲领》关于文化教育的规定，曾批派 7 位老师到绿春地区创办了 6所小学，共有学生 246 人。云南省人民政府批准其中的卧马和扭直两所小学为省立小学分校。此后学校又逐年兴办。至 1957 年，有公办小学 26所，在校学生 2032 人，培养出高小毕业生 40 名。1958 年绿春建县，同年创办了绿春县第一所初级中学——绿春中学。至此，绿春的基础教育才正式起步。

　　再来看西双版纳地区的民族教育。在新中国成立以前，佛寺教育居于西双版纳地区民族教育的主导地位。清代至民国时期，西双版纳境内的学校教育因从事茶叶生意的汉人的迁移进入开始萌生，但至清宣统二年（1910 年），境内也只有 6 所学校，学生以汉族为主，少数民族子弟甚少。1912 年，车里（今景洪市）城区开办了第一所学堂，招收了 30 余名傣族学童，1913 年在佛海（今勐海县）城区开设汉文小学 1 所。之后，在汉族和傣族聚居的城镇才开始有了初级小学、省立小学和短期小学，第一所县立初级中学至 1931 年后才得以开办。[③] 虽有为数不多的傣族子女入学

---

　　① 苍铭：《民国云南边地民族教育概说》，《民族教育研究》1998 年第 1 期。
　　② 赵松涛：《云南民族教育 50 年》，《云南教育》1999 年第 17 期。
　　③ 刀瑞廷主编：《透视：站在历史与现实的交汇点上——西双版纳傣族教育发展战略研究报告》，云南美术出版社 2006 年版，第 53 页。

就读,但多属土司头人子女或部分"学差"。[①]

新中国成立 60 年来,云南民族基础教育从学校建设到受教育人数虽有长足发展,但是诸多限制性因素使薄弱的民族教育在纵向发展上无法与东部地区相比,在横向上也出现严重的落差,例如云南民族"直过区"的许多地方老文盲未扫除,新文盲又不断产生,人均受教育年限仅为 3.95 年,文盲率比全省高 20.71%。[②]

三　社会现实问题复杂,影响边境地区民族教育的发展

云南有长达 4061 公里的边境线,其中:中缅段 1997 公里,中老段 710 公里,中越段 1353 公里,云南省与泰国、柬埔寨、孟加拉、印度等国也相距不远。云南自古就是中国连接东南亚各国的陆路通道,有出境公路 20 多条,15 个民族与境外相同民族在国境线两侧居住,"民族共宗,文化同源","一只鸡两边下蛋,一根瓜藤两边结果,一条鱼儿两边游泳,一调民歌两边唱"的相连关系绵延不断。也是基于这些背景,近年来与境外渗透、贩毒、疾病、人口拐卖、偷渡出境外流打工等相关的严峻的社会现实问题也从各个层面影响到了边地民族教育的发展。

一是境外各种势力的渗透问题。这一直是边境地区安全与稳定的不利影响因素。例如云南"直过区"民族大多数属于跨境民族,世居边境,境外敌对势力利用广播电视、音像制品、民族文字书刊对边境"直过区"进行的政治文化渗透从来没有终止过,边疆的开放使这种渗透更为突出。例如在西双版纳边境地带,一些布朗族村寨的人口流动基本都是外向型的,当地儿童的义务教育阶段一结束,甚至小学毕业便辍学向境外流动,借道缅甸偷偷进入泰国打工,有些是夫妇双双外出到境外打工,孩子交给父母,隔代教养。所以,在云南边境地区留守儿童的形成背景还与内地农村地区的留守儿童大不一样,在这些孩子的父母和抚养他们的老人的意识里,孩子年龄到了 10 岁左右就要跨境流动出去打工,学校教育并不是他们内心需要的选择。在这些村寨里随时可见到泰国的文化产品,从曼谷带

---

① 西双版纳历史上傣族、基诺族的土司或富裕家庭认为到学校上学是去"受苦",舍不得送自己的孩子去学校,就认贫困人家的孩子或长工的孩子为义子或养子,让他们代替自己的孩子上学或伴读,出现了"学差"的现象。

② 资料来源:云南省委党史研究室、云南省民族委员会、云南省扶贫办《"十一五"期间云南民族"直过区"经济社会发展研究》课题报告,内部资料。

回来的电影电视 VCD（DVD）或泰国歌星演唱的磁带基本上每户人家都有。在调查走访中，这些村寨的儿童和成人不乏提及曼谷比勐海县城好、在泰国打工比在西双版纳打工容易、挣钱多的比较句。当地民宗局的一位干部直言说："他们就从来没有跨过澜沧江到国内哪怕是昆明，但是却沿江而下到了泰国的曼谷打工，国家的概念对他们而言已经被有意或无意地淡化了。"这一问题的延续，不仅影响了边地民族基础教育工作，还危及了我国边境的安全。

又如盈江县盏西镇普关村有 12 个自然村民小组，其中 9 个村民小组均属景颇族载瓦语支系，3 个村民小组为傈僳族。载瓦语支系自然村寨共 375 户，人口 1654 人，傈僳族自然村寨 64 户，人口 324 人。该村建有一所半寄宿制小学，即普关小学。该小学三年级才有"双语教学"课程，有配套的"双语双文"教材，五年级由于没有教材，只上一点识字课。现在景颇文的"双语双文"教材只有两种，远远不能满足正常的教学需要。该校教载瓦文的教师是从附近村寨中请来的，没有正式编制，月薪 500 元。由于境内学校"双语教学"资源匮乏，给境外宗教势力以可乘之机，形成了宗教组织培训教育的强势力量，影响并侵占了我国的部分教育资源。近几年来，该村的宗教活动兴盛，12 个自然村民小组中有 11 个村民小组建有基督教堂，通过开办载瓦文培训班的方式招收教徒，学员年龄从 15 岁到 60 岁，每年开班两次，均在学生放假期间，培训时间约为一个月，每天 6 节课，学员人数约为 40—100 人次，主要来自新城、芒章、盏西、支那的载瓦语支系。一年级学员主要学习载瓦文，二年级开始教授《圣经》（已经翻译成载瓦文）。学员如在中国境内学习，要缴纳教材费 2 元/人，每天生活费 2 元/人，其余免费提供；学员如果想到境外学习，他们愿意提供方便，一切全免费（包括路费）。在该村教学的 4 名传教人员中，有 1 位曾到缅甸学习过。目前，该村的信教群众占整村的 50%，约 800 人左右。缅甸载瓦语支系在 2003 年利用原载瓦文和景颇文，新创了一套载瓦文字，并于 2006 年 5 月在我国境内景颇族载瓦语地区的教堂中学习使用，该文字有声调，可以拼写景颇族在缅甸的 7 个支系和在中国的 5 个支系的语言，在某种意义上做到了景颇族语言文字的统一。普关村信教群众中男性居多，一些人因忙于教会活动而疏于家庭的生产活动，给家庭经济收入带来不利影响。境外宗教组织的渗透活动不仅干扰了当地的正常生产生活，而且也危及边境地区的稳定，更给学校的正常教学带来负面影响。

二是毒品泛滥问题。云南紧邻国际毒品主要集散地"金三角",为毒品贩运的重要通道,致使地处一线的"直过区"因此成为全国毒品犯罪和艾滋病流行最严重、受害最深的地区。云南受艾滋病影响致孤儿童的数量急剧上升,截至 2008 年,云南省民政厅登记在册的救助安置的艾滋病致孤儿童就达到了 2000 余人,这些孤儿目前基本上是交由家庭老人进行隔代抚养,社会歧视、家庭经济发展能力衰退、家庭教育缺位、亲情链接断裂、心理承受能力弱等问题都严重影响了这些孤儿的教育质量。毒品和艾滋病泛滥以及由此带来的种种问题,正在成为边境民族地区经济社会和民族教育发展的严重障碍。

三是边民子女外流受教育问题。在边民的跨境交往中,强烈的民族意识、亲缘意识和地缘意识一直起着主导作用,也在一定程度上消解着双方边民的国家意识,相应的,通过教育投资吸引生源背离国家就成为境外一些敌对势力常用的方法。例如 20 世纪 60 年代中期,缅甸政府就有意在中缅国境线附近搞过一些"橱窗"学校,相比之下,我国有些小学设备较差,无法与之相比。① 一旦境外的政策优惠性加大,如越南边境地区的教育政策相比国内更为优惠,再加上一些境外势力的渗透和颠覆行为,就会吸引一些少数民族群众送孩子到境外上学,或举家迁到国外。

以越南为例。云南省红河哈尼族彝族自治州、文山壮族苗族自治州与越南接壤。越南从 1986 年在"革新开放"后提出了新的山区民族政策,其纲领性文件《关于山区社会经济大发展的几点政策主张的决议》对边疆少数民族地区实施一系列特殊的扶持政策,一是对边疆少数民族地区实行休养生息政策;二是对边境地区的社会保障事业实施优惠政策,其中包括免费就医入学,政府每年用于支付边境的医疗费用就高达 5500 万美元;三是加强边境文化建设;四是提高边境地区干部和教师的待遇,教师的工资每月比内地同等老师高出 100—150 元;五是提供系列优惠条件支持边境口岸的经济发展。② 从 20 世纪 90 年代中期起,越南政府开始全面普及其边境教育政策。为切实解决孩子们就近入学的问题,越南在边境一线的

---

① 云南省档案馆资料:《云南省教育厅 普通教育处 关于民族教育工作情况问题和改进意见（初稿）、民族教育情况调查》,全宗号 123,目录号 18,案卷号 291,时间 1966 年。

② 张鹤光等:《中越边界（文山段）跨境民族调查报告》,《文山师范高等专科学校学报》2002 年第 2 期。

每一个村子都设有小学，每个乡均设有1—2所初中学校，每所小学都设有幼儿园，实现全面普及政策。为加大边境教育投入，改善办学条件，越南每年对边境教育实行专项经费投入，真正做到边境农村最好的房子是学校。

资料链接：越南对边境地区和少数民族地区的教育实行的优惠政策：①

1. 小学三年级以下的学生，书费、学习用具费等一律由国家负责，要求造册登记，按月发给；

2. 小学四年级以上直至大学，学生的衣食住行均由国家负责，即学生每年由国家免费发给春、秋、冬装各一套，食宿由国家免费供给，考取内地高一级学校的学生，其往返车船费、途中住宿费等统一由国家支付；

3. 民族教育又称"民族普通基础学校"，学制为九年制，即从小学到初中。只招收少数民族或是民族干部、革命功臣、烈士、伤残军人及民兵家庭的子女，在校学习期间，享受政府给予的全免费"特殊待遇"；每个学生每学期享受国家助学金12万越盾，月均生活补助折合人民币50元；学业完成后照顾2分选拔到省办的"民族高中学校"学习，享受全免费教育。高中毕业后经过选拔到更高一级的全免费"民族预科学校"学习，然后直升大学，大学期间享受减免费教育，可享受100%的助学金（是正规生的1.5倍）。

4. 对不送适龄儿童入学或者中途辍学的学生家长，每人每学期处以折合人民币80元的罚款；

5. 中越边境范围内各级各类学校的学生，全部实行免费就医和免费看电影等特殊待遇；

6. 给予边境一线学生参加高考照顾分3分（满分为30分）。

此外，越南政府还对其边境地区采取了免征公粮及有关税费，按人头免费供应食盐、煤油和化肥，对缺粮户无偿救济，帮助边民改善

①　黄伟生：《越南促进边境地区经济社会发展的政策及其对我国的启示》，《学术论坛》2008年第11期；周健、刘东燕：《越南的民族政策及其对我国边境民族地区的影响》，《东南亚纵横》2004第11期。

住房条件；对边民贷款不计利息；对6岁以下儿童实行免费就医；无偿资助边民发展生产，保证边境适龄儿童均能上学。

从2001年开始，越南政府对边境一线5公里以内的边民又采取了多项政策照顾：一是对初中以下学龄儿童免交学费，边民子女考上大学的政府给予资助，教师工资与中央国家机关公务员同等；二是边民看病给予免医药费70%等。

以上这些优惠政策，具有以下特点：国家投入大；措施具体实在，看得见、摸得着，很容易吸引中国边民的注意；政治导向强，有的政策从长远来看，也许是缺乏经济效益的或是尚未起到明显的经济效果，但是政治效果却很明显，对于我国边民特别是跨境民族产生了很大的影响。相比之下，我国政府尽管也制定了一系列的维护民族团结、保持边疆稳定、发展民族经济和文化的措施，但由于国家的投入是以项目申报或"拼盘"的方式进行，许多战争遗留下来的问题一时难以得到很好的解决，部分边民产生了不平衡心理和不满情绪。部分生活贫困的边民还把子女送到越南去读书、就医，这些问题在曾经作为主战区的文山（50年代援越抗法、60年代援越抗美、1979—1984年的中越自卫还击战的主战场）极为突出。直接影响着国家的形象、边防的巩固、经济的发展和社会的稳定。

近年来，在国家"两免一补"政策的大力支持下，以及云南"两基"教育的投入力度加大后，基础教育中的基础设施大为改观，边民外流读书现象基本消除，但是如前所述，"'沿边一线'的教育态势承载了深层次的社会信息，它引起社会的广泛关注是必然的，今后我们还能投入多少和如何保证这些投入的实施成为社会关注的焦点。不妨再深入地思考一下，'沿边一线'的教育事业在这样的情形之下，除了增加资金的投入外，还有没有其他的改革领域？"邻近国家与我国在新的教育领域的较量又会呈现什么样的态势，是云南民族教育中需要持续关注的重要领域。

四是宗教问题。近年来，国外宗教组织在包括"直过区"在内的边境贫困地区开展"播种计划"等宗教渗透活动，大量发展信徒，与我国争夺边疆地区少数民族群众的斗争尖锐复杂。境外宗教渗透势力已经开始进入学校这一以往未被关注的领域，学生群体成为宗教渗透的对象。在滇西的傈僳族、怒族、普米族中，因为基督教、天主教在当地已有一定的历史积淀，家庭对宗教信仰的取向很容易影响学生群体对境外宗教势力的认知和取舍。而滇南边境地区的傣族从南传佛教改信他教的人数也呈上升趋势。各种各样的宗教活动使学生脱离课堂的现象屡有发生。据统计，在傣族聚居的一些乡村学校，每学期学生参加各种宗教活动和民俗节庆活动耽误的课时达 92 节。①

四　教育价值评判较低与家庭教育缺位

教育价值观是人们对教育价值的看法，即对教育价值的认识、态度、评价等的总称。它反映的不是教育本身的属性，而是教育这个属性与人的需要之间的关系，所以它因人的总体需要不同而不同。云南少数民族由于历史上的原因，除白族、纳西族、壮族等少数民族中由于儒学思想的发展和渗透形成了比较牢固的对学校教育的推崇和"学而优则仕"的价值观念外，其余多数民族特别是云南的人口较少民族、直过民族地区的民族都没有形成系统的教育价值观念，对学校教育的认可比较薄弱，教育价值评判较低。

20 世纪 50—80 年代中期，通过教育跳出农村，多学习科学文化知识，为家乡作贡献的思想观念是民族地区教育发展的一大支撑，"读书"总是与"脱离农村"、"参加工作"、"当国家干部"、"做城里人"联系在一起的。从长远来说，在这种背景之下建立起来的民族教育价值观实际上是不稳固的，其脆弱性可以从 20 世纪 90 年代中期以后由于国家就业政策的变化，教育成本猛增，大中专毕业生就业率低等事实而直接引发了"读书无用论"这一教育价值评判的变化看出。一方面是市场经济使得人才成长机制更加灵活和富于挑战性，经济发展途径增加；另一方面是教育投入的长期性和收益的不稳定性，少数民族地区学校传授的知识与实际生活脱节、与地方经济发展需求脱轨。新的"读书无用论"思想使一些经济发展较快地区的少数民族对学校教育失去了起码的信任，在这种发展浪潮中更是容易被边缘化、被漠视，据一些调查资料和我们的实地调研显示，"孩子不想上学"的选择甚至高于"家庭收入少"、"学费高"等选项，这也是滇南、滇西南一线的傣族，包括近年经济发展步伐加快的布朗族、基诺族、哈尼族学生流失比例增量的主要原因之一。

---

① 刀瑞廷主编：《透视：站在历史与现实的交汇点上——西双版纳傣族教育发展战略研究报告》，云南美术出版社 2006 年版，第 93 页。

云南民族众多，这些少数民族习惯了简单的生活，对教育的认同和追求不高，对学生的家庭教育不重视，家庭教育很少，基本上是以老师在学校里的教育为主，知识的巩固为此成为教学上的一个难题。以傣族教育为例，在西双版纳，作为主体民族的傣族分布于自然条件比较优越的坝区，加之南传佛教宣扬的追求个人积德修行的影响，性情温和、乐天知命、与世无争、随遇而安成为傣族文化特质中的重要组成部分，因而傣族家长对子女的教育要求不高，而且傣族、布朗族家庭极少有打骂子女的行为。在调查期间，民宗局一位傣族女干部举例说："有一次，我妈妈从寨子里来看我时，因为孩子读书的事我动手打了孩子一下，我妈妈立马就不高兴了，说我怎么像电视上的那些人一样心硬，会打娃娃，我们傣族连骂娃娃的时候都少，更不兴打娃娃。"

务实、跟风与攀比也是傣族外显的文化特质之一，社区的团结较其他民族强。例如，在傣族的习俗里，一个村的佛寺建得好，表明这个村子的人团结。因为修寺是村里的事，要集全村之力，靠大家来"赕"才建得起来，佛寺外墙上的壁画更是直接体现了这一点——由于壁画是画于横长形的墙壁上，因此常常是以带状构图来叙述故事的，其中又被分成了大小不等的小格子，以表现故事的不同情节。画师也正是根据格子的多少和其中要画的人物、动物、植物的数字来计算工钱和成本的，所需费用仔细到了每一格。作为一种积功德的行为，个人或几个人可以根据自己对佛经故事的喜好和愿望，在此时"赕"出画某一个故事或是这个故事中的某一格所需的钱，那么画师就会在这幅画的下角，写上他/她或他们/她们的名字和所"赕"的钱的数目。自然，"赕"的人越多，壁画里出现的内容例如各式人物、人物的着装及色彩就越多越复杂，只有人心齐、实力雄厚的村寨才可能做到这一点，这样，壁画本身的价值就超出了画它时所花费的钱，无形中被赋予了一种精神。又例如，傣族社区西双版纳傣族女子外出参加节日庆典时，常以村寨、年龄为标准穿着相同的服饰表示其集体性或群体性，特别是在傣历新年的澜沧江边最为突出，三五成群，一样的服饰，一样的油纸伞、一样的"通巴"（俗称筒包、筒帕），东一簇、西一群地在宽阔热闹的沙滩上移动，如一朵朵盛开在沙滩上的鲜花。而勐养一带的花腰傣，一个村寨的刺绣图案的排列也绝对不同于别的村寨，便专门有"姑娘头"检查告知，熟悉的人只要一看服饰上的花纹图案便知道穿着者是何村何寨的姑娘，集体性也极为强烈。

　　但是这种团结性带来的另一结果就是跟风和攀比意识，体现在教育上就是一旦傣族家长认为送孩子到学校读书不但不能带来什么实际利益，反而还耽搁了作为一个劳动力帮助家里发展经济的时间，那么，初中阶段的孩子如果不愿意再上学，家里人是不会反对的。西双版纳州原教委主任刀瑞廷举例说，勐海县勐遮镇曼比村是全国文明村，每个傣族家庭的存款都在 10 万元以上，但是却没有家庭愿意孩子小学毕业后继续接受教育。有的家长还阻止孩子到学校读书，说如果要去读书就不买摩托车给他，结果一个村里基本没有孩子上初中。

　　有的傣族群众认为：明摆着在学校学的文化知识不能为我所用，为什么要含辛茹苦供孩子读书呢？孩子到学校读书几年，反而什么活都不会做了，丧失了基本的生产生活技能。正如一些傣族群众所说，这些读书回来的孩子貌似清高，然而，在学校里所受过的教育无法解决其在本土社会的生存，当地人曾这样来描述这个尴尬现象：初中毕业后，学生"做饭不如嫂子，干活不如老子，当顶门杠嫌长，做烧火棍嫌短"，"他们正事不会做，倒学会了游手好闲、好吃懒做"。而某些同龄不读书的人，不仅能够盖起房子，买了摩托车，而且很快结婚生子，成家立业。事实就摆在眼前，读书毕业找不到工作，什么目标都实现不了，朴素的傣族群众就自然得出"读书无用论"的看法。

　　由于傣族对子女在物质上的要求一般都尽量给予满足，而且在传统意识里总是要让子女生活得比别人家的好才有面子，所以不上学的傣族同龄者享受到的物质生活和休闲生活极大地刺激了在校生。一旦被校外的同龄者嘲笑，读书无用和受苦受累的思想就在一部分傣族学生中蔓延开来，逃学就成为群体性行为。只要有一个学生逃学，其后就可能会有一群学生跟上。勐罕镇中学的一些老师在访谈中表示，他们在教学的余暇就是盯着有逃学可能的学生，无暇再去兼顾其他学生的思想和成绩，这不仅加重了教师的负担，也极大地影响了教学工作。

五　初中阶段学生流失率高

　　由于没有建立起系统稳固的现代民族教育价值认同观念，加之云南省教育资源分配不均衡，少数民族学生对汉语的掌握不充分，小学阶段基础知识掌握不牢固等因素，使升入初中阶段的少数民族学生对难度有了很大增加的中学知识产生了危难思想，学习成绩难以上升，逐渐失去了学习的兴趣。因此，云南省少数民族地区初中阶段的辍学率居高不下。以位处边境的沧源、景洪两县市和地处内地的开远、散杂居地区的易门两县市为例（见图3），2008年初中辍学率沧源县为1.48%，景洪市为2.67%，开远市为0.75%，易门县为2.85%。

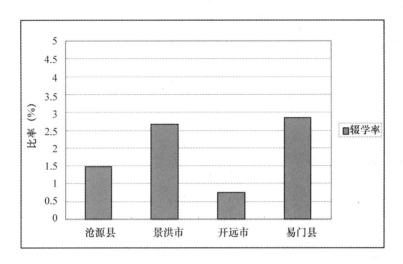

图3　云南四县市初中2008年辍学率比较图

从图中可以看到，散杂居地区的流失率高于边境地区，边境地区又高于内地；而在边境地区之间相比，经济发展条件较好的景洪流失率高于经济发展相对滞后的沧源。从这几个县市的人均GDP和农民人均纯收入（见图4）比较来看，一方面是农民的经济收入仍较低；另一方面是边境经济发展较快的景洪与内地的开远、散杂居地区的易门的农民人均纯收入不相上下，这些数据中反映的是现代云南民族教育发展的几个特征：

第一，随着近年来国家和省级政府对边境民族地区经济、教育、文化发展的关注，各类政策包括特困民族、少小民族的扶持政策大量倾斜，边境地区的民族教育发展已经有了较大的改观，但是与内地相比仍有差距，内地传统文化中对教育价值的认同远远高于边境地区和散杂居地区。

第二，边境民族地区一方面是产业结构调整下经济的快速发展，如热区、坝区的橡胶经济和果蔬经济，半山区的茶叶经济、中草药经济，但另一方面是教育过程的呆板性与教育内容和现实生产生活的脱节性，使教育的效果大打折扣，使教育投入与产出呈现严重的不对称性，加之各类产业发展所需要的人力,家长对孩子的学习呈现不支持心态,"读书无用论"思想在经济发展更快的边境地区就更普遍。

　　第三,经济发展滞后的边境民族地区因贫辍学的现象依然存在。随着校点的收缩,学生上学半径扩大,进入寄宿制学校后产生的各种费用等成为新的制约因素。从云南省开始实行"三免费"到全国统一实行"两免一补"的教育政策,并不能从根本上解决因为贫困带来的对教育投入的影响,贫困家庭在教育投入与教育效果上的权衡,使此类地区的教育价值观再次面临考验。

　　第四,散杂居民族地区的民族教育在一定程度上出现了关注不够、支持力度更弱的局面,教育,所谓"高灯远照"而出现的"灯下黑"现象不能不引起重视。由于散杂居地区汉语的掌握程度与沟通交流能力高于边境聚居的少数民族,自然资源有限,依靠本土条件实现自我发展的动力不足,外出流动打工增加经济收入的观念便远远高于边境地区,孩子一旦在学习上缺乏兴趣,便很容易进入离校打工的队伍。据调查,在此类散杂居地区,经济收入结构的很大一部分就是来源于打工收入。昆明市民族事务委员会在 2010 年启动的昆明市所辖三个民族自治县的经济发展、文化保护、和谐团结示范区建设,其中不乏解决这种现象的目的。

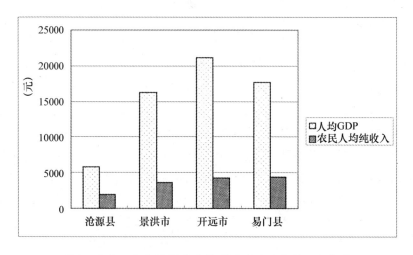

图 4　云南四县市 2008 年人均 GDP 和农民纯收入比较图

　　另一份田野调查资料也显示,在边境线上的陇川 2006—2007 年全县的小学辍学率不到 1%,但初中辍学率达到了 2.49% ;在沧源县经济条件较差、佤族集中的单甲中学，2008 学年初共有学生 298 名，至 2008 年 7 月，就只有 278 名在校生，年度内在校学生辍学率达到了 6.7%，辍学的学生主要集中在初二下学期和初三上学期。对这些学生的访谈显示，学生认为自己还是很喜欢读书，认为读书很有用，他们认为读书可以使自己开阔眼界，找到体面的工作，让父母满意并且能挣钱养家，受到别人的尊重，他们对自己的期望值也很高，但是对自己的学习方法、学习成绩、学习劲头很不满意，在学习的过程中也觉得有困难，而产生困难的主要原因是觉得自己基础差。据调查，学生中上过幼儿园的人很少，缺乏学前教育，大部分学生在没上学之前都是用自己本民族的语言进行交流的，不会讲汉语，小学的双语教育则到四年级以后就基本上没有了，对课本知识的理解比较困难。而家长对自己孩子的学习期望更多的是希望自己的孩子能学一门技术，有一技之长，学生最想学的"橡胶、茶叶、水果种植技术"等当下农村产业结构发展中最需要的技术，但是目前向大一统标准靠近的以升学为主要办学目的的学校教育并不能满足这种要求。

这种情况导致了能进入和愿意进入高中继续就学的学生比例降低，近五年内每万人口中的高中阶段学生数量增加极为缓慢（见图 5、图 6、图 7、图 8，表 24）。

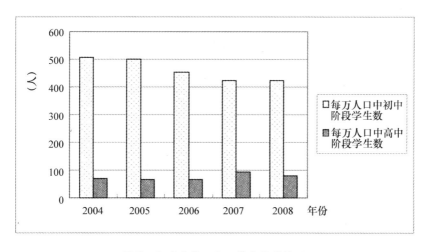

图 5　陇川县每万人口学生数量情况

2004—2008 年，陇川县每万人口中初中阶段学生数分别为 506 人、

500 人、455 人、423 人、422 人，呈现出逐年减少趋势；每万人口中高中阶段学生数分别为 72 人、68 人、69 人、92 人、81 人，以逐年极为缓慢的速度增加。

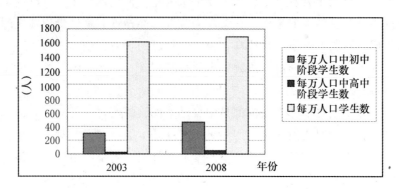

图 6　沧源县每万人口中学生数量情况

沧源县每万人口中初中阶段人数 2003 年为 299 人，2008 年为 456 人，五年间增长了 52.5%；每万人口中高中阶段学生 2003 年仅有 25 人，2008 年也只有 45 人；每万人口中学生数量 2003 年为 1613 人，2008 年为 1686 人，增长比较缓慢。

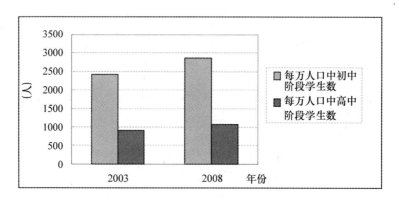

图 7　景洪市每万人口中学生数量情况

景洪市每万人口中初中阶段学生数 2003 年为 2435 人，2008 年为 2865 人，五年间增长了 17.7%；每万人口中高中阶段学生数 2003 年为 911 人，2008 年为 1075 人，五年间增长了 18.0%。

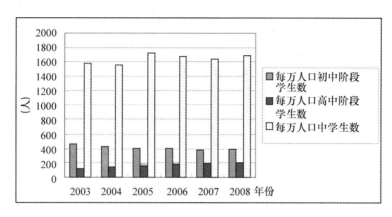

图 8　易门县每万人口中学生数量情况

　　2003—2008 年，易门县每万人口中初中阶段学生数分别为 462 人、434 人、406 人、407 人、375 人、395 人，呈现下降趋势；每万人口中高中阶段学生数分别为 122 人、139 人、162 人、176 人、186 人、201 人，呈现上升趋势；每万人口学生数分别为 1578 人、1554 人、1731 人、1675 人、1640 人、1693 人，增长缓慢。

表 24　陇川、沧源、景洪边境三县市与易门县每万人口中学生数比较

		2003 年	2004 年	2008 年	五年间增长了
陇川县	每万人口中初中阶段学生数		500 人	422 人	?
	每万人口中高中阶段学生数		72 人	81 人	?
沧源县	每万人口中初中阶段学生数	299 人		456 人	52.5%
	每万人口中高中阶段学生数	25 人		45 人	?
景洪市	每万人口中初中阶段学生数	2435 人		911 人	17.7%
	每万人口中高中阶段学生数	2865 人		1075 人	18.0%
易门县	每万人口中初中阶段学生数	462 人	434 人	395 人	
	每万人口中高中阶段学生数	122 人	139 人	201 人	

　　以上这些数据一方面显现了义务教育在这些地区的发展成效，但是高中阶段学生数与初中毕业生的基数相比，却出现了较大的差异，这其中就

出现了一个值得考究的疑问:在没有了《义务教育法》作为保障的前提下,我国的民族教育如何才能得到更大的提升?如何才能保证少数民族中、高级层次人才的培养,在素质均衡的前提下顺利完成少数民族地区现代化的转型,达到共同繁荣、共同进步?

六　教育资源严重不均衡

我国地区间的差距是包括经济、教育等在内的全面的差距。由袁振国承担的《我国转型期重大教育政策问题案例研究》通过详细的数据分析表明:教育经费指标的地区差距、城乡差距与经济指标的差距一样,仍然在加大。同时,城乡间预算内的教育经费差距也在拉大。

教育差距不仅是地区间的差距,还包括城乡之间与学校之间的差距。这些差距产生的原因是教育资源不合理的流动、积聚和配置。"优质学校、优质教育资源主要集中在城市地区,各级各类教育尤其是学前教育、义务教育、职业教育在城乡间发展很不平衡,教育二元结构现象突出。导致城乡教育发展不均衡的主要原因是,城乡教育资源配置不均衡,教育机会不平衡,师资力量不平衡等。"[1]

云南民族教育中存在城乡之间、区域之间、民族之间的巨大差别,教育的非均衡状态严重影响了《义务教育法》中的均等性原则的实现。如前所述,县城和靠近县城附近、公路沿线的学校,受到的关注和支持要多于交通不便、经济发展滞后的地方,在发展机会上本就不均等,教学设施设备配置和教师资源配置都存在不均等。以校舍建设为例,县城和靠近县城附近、公路沿线的学校,校舍建设基本满足学校教育教学的需要。但边疆民族贫困地区学校的校舍就极为紧张和简陋。如"临沧市双江县勐勐镇解放完小,地处县城中心地段县一中旁,按学生规模应有校舍面积为338.4平方米,而该校校舍实际拥有492平方米,超配45%。该县大文乡帮驮村完小地处澜沧江边,远离县城100多公里,应有校舍1309.6平方米,但实际上只有1074平方米,缺235平方米,造成校舍极为紧张。再如,沧源县单甲乡永武小学,远离县城和交通主干道,该校所拥有的851

---

[1]　褚宏启:《城乡教育一体化:体系重构与制度创新——中国教育二元结构及其破解》,《教育研究》2009年第11期。

平方米校舍，全部是 D 级危房，并且学前班还在简易教室里上课。耿马自治县孟定镇芒丙完小是孟定远郊的一所农村完小，全校有 885 平方米校舍，全部是 D 级危房"。①

另外一个重要的不均衡就是师资的问题。这本是少数民族地区民族教育中长久以来一直存在的现象，但是这一现象在 2005 年试点、2006 年启动的农村教育综合改革中被加剧。

为全面贯彻《国务院关于进一步加强农村教育工作的决定》（国发〔2003〕19 号），落实云南省委、省政府加快教育改革发展的指示精神，根据《云南省事业单位聘用制试行办法》，云南省部分地区于 2005 年 6 月启动了综合教育改革试点工作，部分地方通过试点于 2006 年开始全面推行教育改革措施。这次改革主要以人事改革为主，教师实行以县为单位的全员聘任制。在操作上，教育行政部门把学校分为几类，教师在几个类别之间从高到低地实行滚动聘任。以双江为例，该县将中学分为三类，所有教师可以从一类开始竞聘，优胜者留下，余下的教师开始参与二类学校的岗位竞聘，以此类推，落选者再去竞聘三类学校。如此下来，本来在各方面就已经很有优势的一类学校更是集中了全县最好的师资，而已经在各方面都落后于人的三类学校此时的师资就成为了"三流"师资的集中地，而且本来就缺乏师资的山区中学在这种人才流动的机制下，教师数量更是严重不足，不得已而只好聘请代课教师，而这些代课教师的资格就无法保证了。这种人才竞争机制在市场经济下，对优秀教师而言，是一次难得的机遇，成为鼓励教师努力教学、努力提升自己的一种良好机制。但是，这种良好的人才竞争机制对于教育发展起步晚、教学设施不好、生活条件差、本就难以吸引优秀师资的民族地区而言，却无异于雪上加霜。

据一份调查报告显示，② 至 2006 年，双江自治县共有 1972 个教师岗位，实有 1668 名正式教师在岗，共计缺少 304 名教师，占教师总岗位的 15%。而山区本来师资就不够，需要请代课教师才能正常开课，

---

① 胡明学、安树昆：《论〈义务教育法〉均等性原则在边疆民族贫困地区的贯彻落实》，《今日民族》2009 年第 5 期。

② 张晓琼：《关于双江县少数民族山区农村综合教育改革的调查与思考》，研究报告，内部资料，2006 年。

在像大文乡这样的贫困山区乡，教师缺口占到了 34%。除了缺乏正式教师以外，在贫困、地处偏僻、交通闭塞的山区民族乡，实施教育改革后，教师队伍状况发生了逆向变化，学历较高、素质较好、教学经验丰富、教学效果较好的教师，通过学校人事制度的改革，许多都应聘到了条件较好的城区和坝区乡镇，落聘者也要趁此机会转到条件相比之下稍好一点的三类学校。而经过一、二次应聘被淘汰留下的教师（包括校长），大多只有走向集山区、贫困、民族等多位一体、条件相对恶劣的乡、村学校任职。这就出现了越是贫困、地处偏僻、交通闭塞的山区民族乡，越是难以配置到学历高、素质好、教学经验丰富的好老师，甚至正式老师在这样的山区乡、村也是越来越少，如大文乡的邦驮完小，在12 名教师中，就有 8 名是代课老师，且中专和高中以下学历的占到了10 人；南矮完小的 8 名教师中有 5 名是代课教师，中专和高中以下学历的占到了 7 人；大忙蚌小学的 5 名教师中有 3 人是代课老师，其中没有一名教师的学历达到大专以上。

　　而现实的情况是，在这样的山区民族乡，往往是最需要加强教师队伍、提高教学质量、增强教育普及力度、提高民族人口素质的地方。但是现实是这些山区的经济发展一直没有太大起色。例如大忙蚌村委会辖 2 个自然村、4 个村民小组，共有 137 户 1054 人，其中布朗族、拉祜族等少数民族 989 人，占全村总人口的 94%，布朗族人口占 71%。由于地处山区，山高坡陡、干旱缺水、交通不便，大忙蚌村至今仍然处于极度贫困状态，富裕户人均收入也只有 800—900 元，全村 90% 以上的农户生活困难。教育、卫生事业的严重滞后所导致的村民的人口文化素质十分低下是一个重要原因。1998 年实施"两基"教育，经过多方努力，入学率升至96%，但巩固率相当低，成年人中的文盲率则仍然居高不下。在这种贫困的状态下，要想在教育工作上有一番起色，难度之大可想而知。同样，在布朗族聚居的送归村完小，共计有学生 107 人，6 个班 5 个年级还有 1 个学前班，只有 9 名老师，其中 2 名还是代课老师。新聘任的校长由于来自外地，得住在学校，而学校并不具备老师的专门宿舍，新来的校长只好把与学生宿舍同在一排土坯房最顶头的一间作为自己的办公室兼宿舍，床是用纸箱垫起来的，因为没有桌子，所有的东西都堆在地上，房间的中间拉起一块塑料布，将房间一分为二，而其他新应聘的老师们则只好早出晚归。如此设施要想留住优秀教师也是难上加难。

　　可以说，这样的改革意愿是良好的，但是对于边疆少数民族经济、文化发展的实际情况来说，却又是不公平的。教育改革所实施的三级淘汰聘用制，对落聘的教师采用三向流动的办法，即：城区学校→乡（镇）中心学校→村中心学校→村教学点流动；高中部→初中部→小学部流动；甲乡（镇）→乙乡（镇）流动，这样，处于条件最恶劣、发展最滞后、人口素质相对最差的乙乡（镇）即山区乡（镇）的村中心校或村小学校点所配置的教师资源显然是最缺少实力的，而这样的教师资源配置无形中使这些地方的受教育者处于不能公平享受相对公平、均衡的受教育机会，或者说这些地方的基础教育一开始就被置于不公平的境地，山区少数民族农民群体的合法受教育权益也因此受到了不应有的损害。缺乏保护原则和统一协调的改革，加剧了山区学校教育资源配置的不公平，为两基成果的巩固和提高埋下了不利的伏笔。

第二节　失学、辍学、厌学并行的民族教育

　　在"两基"工作努力下，民族地区的入学率基本达标，但是各种原因导致的学生离开学校的现象没有得到根本解决。云南具有多民族共存、文化多元、社会经济发展不平衡、贫困面大等特殊背景，以往主要存在因贫困而失学的问题。近年来，部分地区的经济发展有了长足进步，因富辍学和厌学、失学的现象也悄然出现，而且在边疆民族地区的比例要高于内地（见表25）。

表25　　　　　云南省四县市2008年小学教育发展水平情况

县市	教育发展水平	
	小学入学率（%）	小学辍学率（%）
沧源县	98.69	0.77
景洪市	99.59	0.25
开远市	99.96	0.25
易门县	99.84	0.56

一　在校生活费用高成本下的因贫失学

从云南省 2000 年 5 月开始实施的 "三免费"① 到国家开始实施的 "两免一补" 政策，虽然在很大程度上解决了贫困家庭的教育投入问题，但是由于贫困面大、经济来源单一和收入较低等现状，云南民族地区中仍有部分学生特别是中学阶段学生因家庭无力支付其在学校的生活费而辍学或失学，因贫失学的问题仍未能得到有效解决。

以昆明市石林县长湖镇中心学校为例。该校平均每年都会有 10 余个初中生辍学（占 1%），主要是经济困难的学生。困难学生情况各有不同：有的是因为家中劳动力缺乏；有的是父母残疾，包括身残和智残；有的是因为家中大人懒惰或其他天灾人祸。这些学生上学每人每年都需要上百斤米、几千元钱作为补助。据调查，当地农民收入为年人均 1000 元左右（与县财政报表的 3708 元差距很大），家庭收入主要来源是靠烤烟。每个家庭最少的都有两个孩子，每个在校学生的日常生活开支大约在每月 200元左右，所以即使是国家 "两免一补" 政策确实落实到位，也有部分家庭因支付不起学生的生活费而导致退学。

在德宏州，2006 年该州对中小学生的生活补助为人口较少民族小学生活补助标准为 250 元/生·年，初中为 250 元/生·年；2007 年提高为小学 300 元/生·年，初中 350 元/生·年。补助范围为人口在 10 万以下的布朗族、普米族、阿昌族、怒族、基诺族、德昂族、独龙族的农村义务教育阶段寄宿制学生。寄宿制小学生活补助标准为 30 元/生·年，初中为40 元/生·年；半寄宿制高小生活补助标准为 120 元/生·年；初中为 300元/生·年，当前，仍有众多少数民族家庭根本无力提供更多的小孩在学校的生活费用，仅仅靠政府的补助维持生活。

在西双版纳州，由于贫困面大，少数民族的群体意识和均衡意识很强，虽然国家规定生活补助的对象是贫困家庭学生，但学校在执行过程中遇到很大的阻碍，许多村都有自己村落的贫困标准，这些家庭都认为自己的孩子应该享受这一补助，经常来找学校提要求。学校为此将补助费用平

---

① 2000 年 5 月，为贯彻落实云南省委、省政府《关于进一步做好新形势下民族工作的决定》中关于 "对边境沿线行政村学校实施免费教育" 的规定，云南省民委、省财政厅拨发边境建设事业补助费 1800 万元，用于免除边境 129 个乡镇 12 万名小学生的教科书费、杂费、文具费（生均每年 150 元）。

均到每一个学生身上，以致一些特困家庭的学生的生活费用更为紧张。

二 经济发展冲击下的因富辍学

随着中国 30 多年来改革开放政策的继续深化和成果的推广与共享，以及国家对西部经济发展的推动与关注力量的加大，特别是云南在东盟自由贸易区内文化和经济交流扩大，云南的民族经济发展的多样化选择途径将会加强，经济发展步伐将会越来越快，富裕面的扩大是可期的，加之现代教育成本的增加、就业难度大等暂时无法缓解因素的存在。在西双版纳、德宏等因旅游经济发达，橡胶、茶叶和蔗糖等经济作物因市场需求加大而刺激的农业经济发展较快地区，因富辍学现象在傣族、哈尼族、基诺族、布朗族等民族的基础教育中已经成为一个新的问题，形成发展个人素质的长远利益和短期金钱收益之间的矛盾。

例如德宏州的陇川县是云南省重要的商品粮和蔗糖基地县，具有土地开发成本低、适宜发展绿色产业经济的最大优势和发展对外贸易经济的口岸区位优势。山苍子、魔芋、茶叶、板栗、核桃、柠檬、草果、竹子及优质用材林——西南桦等绿色产业发展已初具规模，基本形成"区域化布局，基地化建设，产业化开发"的新格局。坝区人均拥有 4 亩左右的土地，经济作物的种植就能使一个家庭步入小康。薄弱的教育价值认同、快速发展的经济收入使坝区少数民族学生特别是傣族学生因富辍学现象近年来维持在 1%—2% 之间。

在西双版纳，20 世纪 80 年代以来，市场取向和改革开放推动了产业结构调整，以橡胶种植业为代表的多种新产业迅速崛起，90 年代后，民营种植面积大幅增加，至 2005 年年底，西双版纳州两县一市 26 个乡镇，1037 个村民小组，97366 户，约 27.7 万人植胶 145 万亩。据 2000 年统计，在景洪市的 13 个乡镇中，除海拔较高且偏北的勐旺乡外，其他 12 个乡镇均不同程度地种植规模不等的橡胶，总计达 52 万亩，在全市农村人口人均收入中，来自橡胶的收入就占了 52.19%，其中景哈乡（种植橡胶面积 15.37 万亩）则占了 84.96%。每斤胶水的价格高达 25—35 元，形成"种粮为吃饱肚子，种胶为挣回票子"的新型经济结构，给拥有橡胶树的傣族、哈尼族等民族带来了丰厚的经济收入。

但是橡胶收入的变化情况也几乎成为拥有橡胶的民族社区的初中学生入学率高低的晴雨表。随着橡胶种植面积的扩大，胶水价格的逐年上涨，从事橡胶种植业就成为一份稳定可靠、收益颇高的工作。当地民众不用担心必须要通过好好读书才能找到一份好工作。割胶季节（橡胶开割时间从 3 月到 10 月，长达 7 个月）所需人力也成倍加大，初中甚至六年级的学生就已经成为割胶的劳动力。在学校教育需求与家庭人力需要之间的矛盾中，更多的家长愿意让孩子从学校回来帮助割胶，学生的逃学也因此缺少了监督者，无形中助长了其逃学乃至辍学的行为。民众的教育价值观此时已发生了改变，"读书无用论"在这里找到了最好的支撑，并借此机会在傣族教育价值观里占据了重要的一席之地。据调查，"在景洪市嘎洒镇，如果胶水价格不好，傣族儿童的入学率就可以稳定，如果胶水价格涨价，傣族儿童的入学率就一定会下降，因为儿童要留在家里帮家长收胶水了"。①

　　从数据比较来看，这些地区的小学基础教育完成情况良好，景洪市小学入学率 2003 年为 99.4%，2008 年为 99.6%；小学在校生辍学率 2003 年为 0.21%，2008 年为 0.25%；小学毕业率 2003 年为 99.2%，2008 年为 99.8%。但是初中阶段出现的问题使升入高中的比例自然受到了影响。景洪市初中入学率 2003 年为 104.2%，2008 年为 101.2%；初中在校辍学率 2003 年为 1.45%，2008 年为 2.67%；初中毕业率 2003 年为 49.1%，2008 年为 60.8%（见图 9、图 10）。

　　此外，从 2005 年开始兴盛的茶产业，无疑加强了这种冲击，波及面扩大到分布于山区的布朗族、哈尼族、基诺族、拉祜族等民族中。西双版纳州景洪市勐罕镇中学一位被访教师忧心忡忡而又无可奈何地称之为"雪上加霜"。作者在勐罕镇中学调研时正巧遇上 4 个哈尼族学生的家长，他们因为孩子连续逃课被通知到学校协助处理。当家长听说是因为孩子逃课而被请来时，立即就说："这种事情你们自己按照规定处理就行了，又不是什么大事，还耽误了我们割胶，一早上就少挣 400 块钱呢！"

　　与橡胶经济带来的冲击一样，以民族风情展演为主的旅游经济发展也使民族基础教育发展受到一定影响。例如，勐罕镇傣族园"天天泼水节"活动的开发（每天 100 人的傣家小卜哨参与迎宾活动，给游客跳迎宾舞、唱祝词、洒水祝福；100—200 人参与的大型泼水活动等）、小家庭旅馆经

---

① 刀瑞廷主编：《透视：站在历史与现实的交汇点上——西双版纳傣族教育发展战略研究报告》，云南美术出版社 2006 年版，第 77 页。

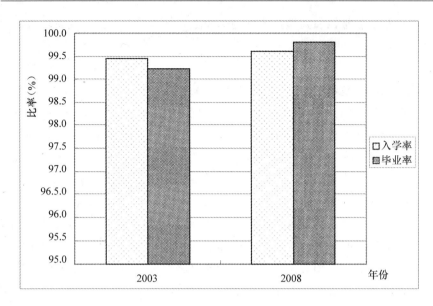

图9　景洪市小学教育发展水平情况

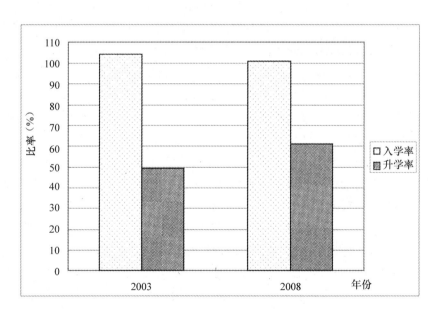

图10　景洪市初中教育发展水平情况

济的强化等，都使尚在学校的学生在旅游经济发展红火的时期也成为了需要被借用的人力，教育的位置被放置到边缘地带，一些家庭甚至"在子女从事旅游业赚钱和到学校读书的选择上,与学校及教师产生了较大的对立"。①

三　厌学情绪下沿边一线学生的流失

通过对"沿边一线"的红河、西双版纳、思茅、临沧、德宏近百名傣族、哈尼族、佤族、德昂族、瑶族、阿昌族、布朗族等少数民族在校初中和小学学生学习态度和行为特征的调查,发现这些学生的学习积极性普遍不高,行为特征是缺少主动性,在学习的交互过程中被动、沉闷,对学习的价值评价含糊,缺少恒久的、有效的心理驱动力。

例如,在对学习的价值判断中,对"学习与生活"、"学习与人生"之间的关系没有显现出我们所期望的正向相关。当问及一位学生对生物课的态度时,学生的回答是:"书上的没有实际的好玩儿。"原来这位学生家附近皆为原始森林,常在林中生活、种植、采集,甚至狩猎,对生物的认识新鲜活泼,与书本对照,自然会产生这样的看法。当问及一位学生读书与生活的关系时,学生回答:"读书影响了生活(对生活有损害)。"原因是读书多了身体不好,眼睛不好使,耽搁了农活。当问及多位学生哪些知识对生活有帮助时,学生的回答是:橡胶、水果、农机、兽医。

在调查中,老师对少数民族学生的评价主要是"听不懂、学得慢"。老师一般的解释是进入初中后,学习的难度和科目增加,学习节奏加快,使不习惯受约束的少数民族学生无法承受,从初一下学期开始出现逃学现象,流失率到初二下学期达到高峰。一位在布朗山从事教育工作近20年的教师说,他很惭愧,因为他教的学生的成绩分数最低的是个位数。而学生当中,学得最好的是音乐和体育,一名被访女生说,她最好的成绩是音乐(100分)和体育(98分),但是语文只有48分,数学只有29分,历史最差,只有18分,因为不太听得懂老师讲的,也不知道学了这些知识后有什么用。她说她的同学们的成绩情况和她差不多。

据2003年对布朗山乡中心小学学生流失情况的统计,学年初有五年级学生81人,至次年6月流失22人,流失率为27%;六年级有49人,

---

① 刀瑞廷主编:《透视:站在历史与现实的交汇点上——西双版纳傣族教育发展战略研究报告》,云南美术出版社2006年版,第75页。

至次年 6 月初只余 38 人，流失 11 人，流失率为 22%。① 2002 年乡九年一贯制初中第一届招生 120 人，至 2005 年毕业时只余 87 人，流失率为 27.5%，其中没有一人进入普通高中继续学习。②

因此在"沿边一线"较为突出的民族教育问题中，与少数民族学生失学、辍学相伴的就是厌学。

一方面，是国家与省级层面扶贫政策下对边疆民族地区包括 7 个人口较少民族、4 个特困民族的扶持力度的加大，对特少民族的教育投入与优惠政策越来越好，教学条件日渐改善；另一方面，当贫困不再成为上学的主要障碍时，辍学的孩子却越来越多。这种矛盾现象不由得发人深省。

第三节　办学成本高与财政投入严重不足导致学校建设滞后

一　基础设施落后

受限于云南 95% 都是高山峡谷的特有地理环境，云南办学的教育成本是全国 30 多个省市里最高的一个省份。虽然云南省各州、市、县的"普六"、"普九"已经通过省政府的验收。但是基础设施建设的验收更多的是落实在数据表上一个简单的"有"或"没有"的选择上，而"有"的基础设施的质量如何却是数据表上没有也无法显示的。从实际质量、质地上看，分布于坝区乡镇中学的基础设施勉强达标，但山区乡镇中学是无法达标的，小学就更差。例如西双版纳勐罕镇中心小学的运动场为泥土夯成，学生运动、课间操的开展受天气、泥地积水影响大，雨天根本无法使用；除篮球场外唯一的一个乒乓球桌是一张破旧的木桌，学生手上的球拍是自己用木板做成的。而我们走访的勐罕镇勐宽无极限海联小学、曼波小学等，则根本没有运动场地和运动设施。对当地出现的"佛寺金碧辉煌，学校破破烂烂。佛门热热闹闹，学校冷冷清清"现象，虽然有教育者认为这是由于傣族、布朗族群众对教育的认识不到位，但义务教育中的"义务"二字，除了指家长有义务送孩子入学、监督孩子的学习外，还有一个义务执行者就是政府。办学首先是政府的责任，投入不足首先也是政

---

① 中共勐海县委员会、勐海县人民政府编：《中共勐海县党史资料》第四辑，《中国唯一的布朗族乡——布朗山》（内部资料），第 233 页。

② 本资料由布朗山乡教育办公室提供。

府的问题,如果政府没有发挥好带头作用,无法让群众对教育的作用产生信任感,则无法责备群众的思想意识不到位。

　　从目前教学设施和生活设施的比较来看,后者存在的问题远远高于前者,校舍"一缺、二危、三破烂"的状况尚未得到根本性的改观,其中小学的危房面积高于初中(见图11、图12、图13),各县的危房面积比例也存在不同,但是乡村学校的危房面积逐年加大,特别是寄宿制学校的宿舍危房面积减少速度慢却是共同的。

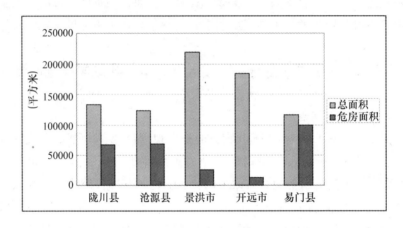

图 11　云南五县市小学校舍 2008 年建筑面积比较

　　图 11 显示:2008 年小学校舍建筑总面积陇川县为 133601 平方米,沧源县为 123151 平方米,景洪市为 219983 平方米,开远市为 184102 平方米,易门县为 115388 平方米;小学校舍危房总面积陇川县为 67031 平方米,占总面积的 50.2%,沧源县为 68153 平方米,占总面积的 55.3%,景洪市为 26430 平方米,占总面积的 12.0%,开远市为 12581 平方米,占总面积的 6.8%,易门县为 98814 平方米,占总面积的 85.6%。

　　图 11 显示:2008 年小学校舍建筑总面积陇川县为 81150 平方米,沧源县为 53734 平方米,景洪市为 203334 平方米,开远市为 137980 平方米,易门县为 75743 平方米;小学校舍危房总面积陇川县为 38444 平方米,占总面积的 47.4%,沧源县为 21949 平方米,占总面积的 40.9%,景洪市为 7649 平方米,占总面积的 3.8%,开远市为 8077 平方米,占总面积的 5.9%,易门县为 64794 平方米,占总面积的 85.5%。

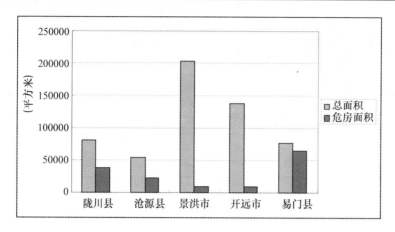

图 12　云南五县市初中校舍2008年建筑面积比较

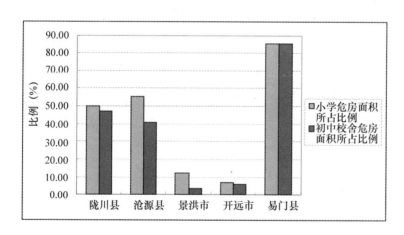

图 13　云南五县市2008年小学和初中危房面积比较

　　从这几个图中可以看出，易门县、沧源县、陇川县小学和初中校舍的危房面积所占比例相对比较高，易门县尤为突出，也从一个侧面反映出前面所提到的散杂居地区的教育支持力度存在"高灯远照，灯下黑"的情况。

　　云南山区面积大，运输交通成本远远高于平原地区，例如校舍建设国家投资教学楼800元/平方米，生活用房750元/平方米，其他200元/平方米，实际上云南山区需要为1400元/平方米，一般为1200元/平方米，每平方米的差价为400—500元，如此高的成本和低财政投入使乡村一级学校的危房欠债逐年增加，城乡学校办学条件的差距也越来越大，其中，城区学校危房面积比低于乡村学校危房面积比,中学危房率低于小学危房率。即使在乡镇一级也存在很大的差距,例如石林县长湖中心学校,镇中心学校建筑完好,无论是小学部还是初中部,都无危房面积。但是在其下属的 10 个小学部,土木结构就有 172 平方米,全部为危房面积。其中反映出的是小学分布地点更为偏远,运输成本更高,受到的支持和关注力度更弱;而接近城市和乡镇边缘的初中,一方面是交通运输成本低一些,另一方面是受到的关注和支持更高一些。

以国家级贫困县绿春县 2000 年与 2006 年的危房面积变化为例(见表26)。

表 26　　　　　绿春县 2000 年、2006 年学校危房面积变化与比较表

年份	面积	校舍总建筑面积（平方米）	总危房面积（平方米）	危房率（%）	初中危房面积（平方米）	初中危房率%	小学危房面积（平方米）	小学危房率（%）
2000	总面积	147438	9672	6.56	3219	33.28	6453	66.72
	城区		1654	17.1	791	8.18	863	8.92
	乡镇		8018	82.89	2428	25.1	5590	57.8
2006	总面积	218370	19248	8.81	884	4.6	15081	78.35
	城区		3283	17.06				
	乡镇		15965	82.94	884	4.6	15081	78.4

二　寄宿制学校食宿条件恶劣,安全隐患大

寄宿制学校与一般走读学校相比,在人员编制、校舍、设备等方面花费的人力、物力、财力都较多。办一所寄宿制学校比农村、城镇办一所走读学校的经费开支要高三四倍。在 20 世纪 50 年代国家教育经费不充裕的情况下,各地共同的经验是,采用“国家投资一点,社队集体支持一点,学生家长自筹一点,学校勤工俭学解决一点”的办法来解决经费问题。当时除寄宿制和半寄宿制外,还根据气候变化建立过季节性寄宿制。

目前,云南少数民族教育的基础建设多倾斜在修路、通水、通电和教室建设方面,少数民族地区众多寄宿制学校的食宿设施配备难以到位。或者简陋,或者阴暗潮湿,或者狭窄拥挤,或者是由危房改造而成。特别是2003 年开始的撤并学校运动,使按原有招生规模建设的学校已经无法按

原来的标准班容纳学生人数。云南山区面积大，居住点分散，交通不便。校点收缩后，学生必须住校才能保证正常的教学秩序，例如红河州绿春县埃倮小学，最近的村寨虾巴寨离学校都有 6 公里的山路。学校的寄宿压力因此陡增，虽然寄宿制学校的寄宿生人数增加，但寄宿制学生的指标却未有大的变动，导致宿舍人满为患，卫生、安全等条件无暇顾及；伙食标准偏低，营养状况普遍不容乐观。

极度膨胀的人数使寄宿制小学的学生是 2—3 人睡一张床，一些寄宿制学校实际上是"五无"学校："无食堂、无餐厅、无浴室、无锅炉提供开水和洗澡热水、山区高寒地带学校冬天无烤火设施。"

除此以外，寄宿制学生的生活补助费用根本就无法满足交通的高成本导致的高伙食费。

西双版纳的"两免一补"政策从 2005 年开始执行，按国家规定的寄宿学生生活补助费，初中生为每年 350 元/人，小学生为每年 250 元/人。实际上，学校还有很多不在补助范围内的贫困生，由于傣族传统观念中平均主义思想重，经常有家长来质问补助谁而不补助谁的理由，勐罕镇一带的中小学校便采取了将补助费用平摊到每一个住宿生头上的做法，寄宿制小学则另收取每生每年 30 元的生活费，[①] 学生自己带米。即使如此，学生的生活费也极低，勐宽小学住校生每天的生活费仅能维持在 1.5—2 元。如此低的生活水平不用说吸引学生，就连其正常发育所需的营养都无法满足。

在德宏州，因为校点收缩后，学校住宿和食堂的压力也随之加大，不仅是学生的饮食条件变差了，而且也给学校带来新的办学困难。在潞西市三台山九年制学校，该校 2006 年实际享受生活补助的学生是小学 490 人（生均 30 元/年），初中 217 人（生均 40 元/年），而学校的宿舍建筑面积只有 842 平方米，床位 360 个，实际住宿生有 440 人，最多的一间宿舍住有 17 人。在普关寄小，由于办学条件困难，缺乏必要的教学设施，该校只有 3 个房间供学生住宿，每间约 12 平方米。女生宿舍 1 间，住 16 个人，只有棉絮 10 床，由于没有床，学生全部睡在铺有草席的水泥地上，3

---

① 由于对学校教育的不信任和对教育价值不认可，在当地即使家庭经济已经发生了很大的变化，但是，面对学生如此低的生活费实情，家长仍不同意增加学生的生活费，也不愿意集资维修破旧不堪遮风雨的宿舍，反而是给学生身上带着大量的零钱到校门口的小卖部买零食。

间房共住 34 人，其余寄宿在群众家中。在普关寄小，享受寄宿生生活补助的有 90 人，补助总金额为 1.08 万元，生均 120 元/年。由于缺乏资金，学校没有食堂，学生只能在下课后自己生火做饭，蔬菜主要是学生课余采集的野菜。烧饭的地方学生有两个，教师有一个，全部为篱笆编制的棚子，存在安全隐患。在陇川腊撒小学，该校有汉族学生 32 人、白族 1 人、傣族 6 人、傈僳族 30 人、阿昌族 72 人，其中 69 人未能享受人口较少民族待遇。学校食堂请当地一个妇女煮饭，支付工资为 300 元/月，该资金从学生的生活补助费中出，无疑加大了贫困学生的费用压力。

这种情况即使是在经济条件相对较好的石林县乡镇寄宿制学校中也屡见不鲜：两人同睡一张小床；多人混用一条毛巾；数十人共住一个房间。

除此以外，相当一部分寄宿制学校也无法提供学生的生活之需。勐腊县一所乡镇中学的傣族学生流失现象十分严重，其中相当一部分学生的流失就是因为学校缺水，无法满足傣族喜欢洗浴的生活习惯所致。

少数民族中小学生正处于身体和智力发育的关键时期，拥挤的住宿环境、简陋的卫生条件、粗劣的菜品质量都极大地影响和限制着青少年的健康成长。而限于学生年龄普遍较小，自我管理能力较弱，多人共住又将会使得学生的睡眠质量直接受到影响，不利于其身体及智力发育。此外，一旦宿舍中的一名学生患上流感，其他宿舍成员便极易患病，严重影响正常的学习和生活。设想如果出现更为严重的疾病，其后果将不可小觑。

三　寄宿制学校教师编制不足，无法满足管理需求

按 1956 年 9 月颁发的《中华人民共和国国务院关于少数民族教育事业经费问题的指示》，"民族小学的编制定额应予适当照顾。学生每班人数最高以 45 人为限，最低 15 人左右即可开班。学校极端分散的地区，得设专职辅导员巡回辅导教师的在职学习。有寄宿生的学校得根据需要设炊事员和保育员。"[①]

但是小学收缩校点后给寄宿制学校带来的最大问题就是编制问题，缺乏工勤和管理人员的编制，在后勤管理和服务人员的编制上存在不足、替代和缺位的现象。按国家规定，城里小学和中学的编制比例为 1:13.5，农村小学和中学的比例为 1:19。但由于经费不足，勐罕镇中学只能按

---

① 资料来源：国家民委网站，http://www.seac.gov.cn/。

1：15进行师资编制，而且还需要安排专人管理食堂和宿舍等，编制远远不够。按勐罕中学住宿学生占全校的90%计算，专职就应配4个老师，至少要再增加2个编制才能满足管理需要，山区中学就更缺乏。由于校点收缩，为了提高少数民族学生的汉语交流与接受能力等原因，中心小学或稍有条件的小学都办起了学前班，景洪市勐罕镇中心小学学前班100多个学生中就有30多个寄宿，最小的孩子才5岁半，但也必须学会照顾自己，但生活能力较差。为此，有近30个老人来伴读，给学校的管理造成了不便。对此，教师兼职或轮流负责学生伙食、安全的现象是此类寄宿制学校常采用的方法，加重了教师的工作量，影响了正常的教学工作。有的学校以代课教师的方式聘用，费用等同正式教师（300—500元不等）。但这不能根本解决问题，随着取消代课教师，寄宿制将难以为继。

第四节　师资不均衡，学生学习基础差，中学阶段流失比例高

一　双语发展与使用背景

云南省边疆地区民族众多，支系纷繁，语言情况比较复杂，方言、土语之间存在不同程度的差异。民族文字是拼音文字，是按照本民族人口较多、语言代表性较大的某一方言区作为基础方言设计的。从20世纪50年代后云南少数民族语文的使用情况汇报来看：[1]

> 在文字使用上出现了四种不同的情况：第一种情况是，基础方言地区也是本民族主要聚居地区，使用本民族文字比较方便。这种类型地区约有88万余人，占边疆少数民族人口总数的61%。（其中还有18万人口地区，其土语与民族标准音比较，还存在某些语音和词汇上的差别，但是基本上能互相通话。如沧沅县的班洪、永和地区的卡瓦话与岩帅标准音有差别；红河边4县的元阳、红河、金平部分地区的哈尼话与绿春哈尼标准音有差别，初学本民族文字还有一定困难。经过我们研究，出版物仍按标准音拼写，群众在使用上可用本民族文字拼写本地话。）第二种情况是，某些民族支系，因方言差别太大，

---

① 云南省档案馆资料：《少数民族语文工作几年来的总结报告》，全宗号123，目录号1，案卷号126，时间1962年3月至12月。

彼此不能通话,学习本民族文字困难很大。而且多数人不懂汉话,直接学汉文也有实际困难。例如景颇族的载瓦支方言,卡瓦支的阿瓦方言(西盟地区)。这种类型的有 16 万余人,占边疆少数民族人口总数的 11%。几年来,我们企图解决这个问题,曾采取过两种尝试:一种是除本民族文字以外,另外设计一种方言文字。1957 年曾用拉丁字母设计过一种载瓦文,后因考虑到一个民族创制两种以上文字对本民族内部团结不利,便停止推行。另一种是给西盟卡瓦族设计一套拉丁字母的拼音符号,可拼写自己的方言,用以记账、记事,代替刻木记事,又可作为主因符号学习汉文,这种符号不出印刷品,不作文字看待。但是,迄今我们对以上两种办法从理论上、政策上还不能作出比较完整的结论,解决问题的把握不大,还需要再作些调查研究,和群众商量解决。第三种情况是,采用选择文字的办法的民族约有十万人,占边疆少数民族人口的 7%。第四种情况是,边疆少数民族中,已经懂汉语可以直接学习汉文的,或者是没有适当民族文字学习,可以直接学习汉文的,约有 28 万余人,占边疆少数民族人口总数的 20%。

当然,对少数民族文字的作用也应有个正确的估计,一方面,民族文字本身在发展中带有局限性,目前,民族文字只能在基础方言地区使用,不能全民使用,这是使用区域的局限性;同时,由于社会发展水平的限制,民族语言的词汇比较匮乏,语法比较简单,某些逻辑性较强的思想概念就无法表达。另一方面,民族文字的优点,是在于语言和文字的一致,容易学习掌握,适合于边疆各民族的社会发展水平和群众的觉悟水平,便于用以记账、记事,编译通俗读物,迅速普及文化教育。随着少数民族社会的不断发展,少数民族的语言也必将日益丰富,民族文字的局限性也是能够逐渐消除,而逐渐充实发展起来的。

早在 50 年代政务院批准的《关于第一次全国民族教育会议的报告》就曾指出:"少数民族学校应使用本民族语文教学。""在各种教学中应根据实际情况,尽量使用本民族语言。"1983 年,党中央、国务院又重申了"在有民族文字的少数民族中,尽快恢复民族语文教学,使学生首先学好本民族语文。并根据需要同时学好汉语文。要积极培训民族师资,加强民族文字教材建设"的指示。全国人大六届二次会议通过的《中华人民共和国区域自治法》中明确规定："招收少数民族学生为主的学校,有条件的应采用少数民族文字的课本,并用少数民族语言讲课;小学高年级或中学设汉文课程,推广全国普通话。"

在总结历史经验的基础上,中共云南省委云发〔1984〕64号文件规定:"在不通汉语的民族地区,大力推行民族语文教学。"通过各级部门和基层教师的努力,民族语文教学在20世纪80年代后得到了较快的恢复和发展,在提高教学质量、加速民族教育改革方面起到了积极作用。在傣、景颇、佤、傈僳等民族地区结合实际、因地制宜地采取了多种特殊形式的双语教学,小学语文的教学质量得到提高。其主要经验是:

第一,开办学前班,实行民族语言教学,学习民族语言和民族文字。升入一年级后逐步过渡为以汉语文为主、民族文为辅的教学。

第二,采取民族语文、民汉语文、汉语文"三段制"双语教学,具体做法是:学制为七年,一、二年级为民族语文教学阶段,用民族语言授课,采用民族语文课本;三、四年级为民、汉语文教学阶段,用民、汉两种语言授课,采取民汉对照课本;五、六、七年级为汉语授课,采用全国统编教材。云南省临沧地区沧源县广大农村进行这种形式的"双语"教学都取得了很好的效果。

第三,民、汉语文"双语"教学交错成"正宝塔"和"倒宝塔"形。具体做法是从一年级开设民族语文课直至中、高年级。民族语文课时和教材分量逐年递减,汉语文课时和教材分量逐年递增。每学年都必须完成教学计划,云南省德宏傣族自治州大部分使用这种形式。

第四,在几种少数民族杂居的地区,人数较少采取混合编班学习民族语文,遇有不能编为单一民族的班级,各年级同一民族编组的方法。每周1—2课时进行民族语文教学。

第五,拼音学话、注音识字,提前读写的"双语"教学是20世纪80年代中期以来在少数民族地区的又一尝试。

第六,采取"识字篇"进行双语教学。具体步骤是:先学习一年级民族语文后,开始学习汉语拼音。用于给汉字注音。同时用民族语言释义。二年级开始用自制"识字篇"进行双语教学。"识字篇"里词和句的编排是从统编教材课本中摘出的。①学习汉语拼音;②看拼音学汉字(读准字音,用民族语言释义);③认字读词读句(学习笔顺笔画、偏旁部首、字形结构、独体字，用民族语言进一步释义）；④在田字格里看拼音写汉字或看汉字写拼音复习巩固。

但是这种经验因为没有上升到法规的地步，缺乏保障，在片面追求统一性和升学率的办学思想下，被逐渐淡化，不再持续。

二　双语教学减少，双语师资缺乏

少数民族地区文盲多、教育落后的原因是多方面的，既有历史的，也有现实的；既有客观的，也有主观的。从教育内部分析，最根本的原因之一是民族教育脱离了民族地区的语言使用实际，搞语言直接过渡，硬性地搬用内地汉语文教学模式。云南省民族地区的语言使用情况到 1960 年后尚可大致归纳为三类：第一类，实行民族区域自治和少数民族聚居的各民族内部，一般都使用本民族语言，不懂或基本不懂汉语的约有 700 万人；第二类，杂居区的各民族之间，如果汉族人口多，往往兼通汉语，如果某一少数民族人口较多，则仅有部分人初通汉语；第三类，无本民族语言（包括已消灭了本民族语言的），或虽有本民族语言，但已习惯用汉语或其他少数民族语言。

在保持本民族语言的少数民族聚居村寨，一般不以汉语为公共交际语言，当地的适龄儿童在入学时都不懂汉语。因此，在当地小学配备一定数量的可进行汉语言文字和该民族语言文字教学的教师，有利于教学顺利开展。双语教育可以激发少数民族学生的学习兴趣，有效开发少数民族学生的智力，还可以为双语教材建设与民族地区的扫盲教育、成人教育开辟道路，[①] 已经成为学术界和教育界的共识。云南省双语教学的指导思想是，把少数民族语言文字作为学生学习汉语言文字的"拐棍"或工具，一旦学生掌握了汉语言文字，就不再进行少数民族语言文字的教学。但是目前云南的双语教育面临双语教师队伍缺乏、分布不平衡以及双语教学还未形成体系的问题。

而且，即使是在民族内部，也对使用双语教学的方法存在不一致的意见，这种争论从 20 世纪 60 年代中期开始，断断续续地在 20 世纪 80 年

---

① 霍云云：《民文教材建设与民族地区基础教育》，《中国民族》2004 年第 7 期。

代、90 年代出现过。以 1960 年的一次讨论为例：①

西双版纳州的代表们认为群众对傣文是热切要求的，对学习汉文也有同样要求。因此小学应当学傣文和汉文，而且要先学傣文，再学汉文；

德宏州的代表认为过去不学民族文字，群众有意见，说我们办的学校不像民族学校，影响了学生的巩固，所以今后必须学习民族文字；

怒江州的代表有两种意见，一种认为小学教育中应从低年级使用民族语文教学，彻底改编教材，另一种认为全日制小学不应先学民族文字，教材可适当减少，但不应影响升学；

临沧区的代表说：我县有傣、佤两种文字，可是现在没有一所学校学它们，这是不从实际出发的；

红河州主要是哈尼文的问题，大家一致的意见是不能学。绿春县瓦那小学校长说："群众不愿学哈尼文，原因有三：（1）使用范围不广，学了用处不大；（2）难学、难用，认时还得拼音，不方便；（3）哈尼族方言复杂，各寨不一，不适用于各个寨子；"

丽江、迪庆的代表对于学习藏文有两种意见：主张不学藏文，理由：（1）没有师资；（2）没有群众基础，只在宗教上使用；（3）日常生产、生活都用汉文，群众要求学汉文。另一种意见是：主张学藏文，理由：（1）藏文比汉文好学；（2）藏族杂居地区可以学汉文，藏族聚居地区，扫盲可以考虑学，但小学是否学藏文，还要做调查研究。

这种争论的存在一定程度上影响了双语教学的开展。

但是从总体上看来，新中国成立 60 年来，除城镇小学外，双语教学仍是云南大部分少数民族在小学四年级前必须使用的教学方法，按照有关规定，从学前班到三年级，使用本民族语言进行教学的内容一般是从 70% 到 50% 再到 30% 依次递减。即使在要求用普通话授课的民族乡镇学

---

① 云南省档案馆资料：《在讨论办学方针过程中关于其他有关问题的反映》，全宗号 123，目录号 20，案卷号 441，时间 1963 年。

校，实际上民族语文依然在授课中被使用，例如石林县长湖镇中心学校，按照上级教育部门要求用普通话上课，但是学生在家里都是说彝话，没有普通话基础，教师们只好私下里采用汉话讲一遍、再用彝话讲一遍的方法。

又如在少数民族人口占全县总人口98.6%的绿春县，"以民促汉"、"民汉兼用"，实行双语文教学是提高当地教育质量的举措之一，但是能开展双语文教学的却很少，目前也只有兴镇广吗小学和牛孔乡纳卡小学是绿春县的双语文教学试点。广吗小学是哈尼族大聚居地的学校之一，实行哈尼文与汉文的双语文教学。学校有5个教学班级（含学前班）75人，教师5人，其中哈尼文兼职教师1人，学历为中师，有哈尼文师资培训合格证书。哈尼文课时为每周每班1节。纳卡小学是彝族聚居地的学校之一，实行彝文与汉文双语教学，有7个教学班级（含学前班）223人，有教师9人，其中彝文兼职教师的职称均为小学高级教师，学历为中师，具有彝文师资培训合格证书。课时按照"先彝后汉，彝汉并重，以彝促汉，彝汉兼通"的方针，坚持彝语教学为汉语教学服务。按照循序渐进的原则，合理科学地安排两种语言的学时比例，即从低年级到高年级先是彝语多、汉语少，后逐渐变化为汉语多、彝语少，甚至全汉语化。从学前班到六年级彝文课时每周分别是4、3、3、2、2、1、1节。

然而，2000年以后，随着校点、编制的收缩，以及办学过程中对教师学历的看重，云南各民族地区能使用双语进行教学的教师数量远不如校点分散时期。部分学校直接使用普通话授课，学生们在社区中以本族语言为母语，没有一定的普通话基础，所以直接用普通话上课在教学中存在相当大的难度，孩子们听不懂，老师也得不到应有的互动，教学质量不高，学生听不懂、学不会的现象反而加重了。例如在德宏州陇川县三中（原来的陇川农场中学），初中一年级学生入学时的汉语基础普遍都不高，在刚入学时还需要先打基础才能进行初中课程的教学。

少数民族学生在学习基础低与学习习惯差、听不懂、学不会的情况下进入初中，学习效果可想而知。繁重的学习压力和快节奏的学校生活使生性散漫的少数民族学生特别是傣族等民族学生无法承受，导致厌学情绪蔓延，从初一下学期开始出现逃学现象，流失率到初二下学期达到高峰，这种情况在2000年左右最为普遍。据勐罕镇中学统计，当时从初一下学期到初三五个学期的流失率基本上为60%→40%→50%→20%→10%。一位被访教师说，2004年时，他带的一个初一年级班有53人，到2006年（初三）时就只剩下三十几人。

在初中升高中的过程中，有5%—6%的少数民族学生考取了高中也不读。2006年中考时，在参加考试的50%学生中，考不上高中的占50%。例如，在勐罕中学的400名初中毕业生中有60%的人不愿参加中考，40%愿考的学生中也只有不到20%能考上，但考取了高中又不愿读的傣族学生占多数，除了教育价值观影响外，还与傣族成家早、当家早的生活习惯有关。为此，中考的录取分数线不得不进行大幅下调，2007年，景洪市中考分数线是400分，乡镇的只需350分。

三　师资分布不均衡，教师编制不足，学科设置不全，学习资源匮乏

城乡二元结构的现状使师资分布上出现了较大的城乡差异。

一是高寒山区和半高山区的教学条件比坝区差，教学资源分散，未形成标准化、规模化的教学优势。从教师学历结构上来看，山区、边境地区、贫困地区的师资学历总体偏低的局面暂时难以改观，如前所述，昭通一个村完小三分之一的代课教师是小学文化，其他的正式教师是早期代课教师转正，出现不会教一、二、三年级拼音或者不会教四、五、六年级数学，完小出现复式班，7个班级5个教师（村级中心小学）的情况之下，要想让这些地区的教学成绩在短期内有所提升，几乎是不可能的事。一些教师虽多是从师范学校毕业，然后通过各种途径取得大专文凭。实际上，有些大专生的文凭含有"水分"，专科学历占据了主要比例（见图14）。师资水平不高，直接影响了乡镇初中部的教学质量。使优秀的小学毕业生千方百计考到其他中学读书，这样又降低了当地初中生的生源质量。限于财政的核算，上级没有过多的经费用于师资培训。据昆明市石林县长湖镇中心学校张主任介绍，中学部专科以上学历达80%，小学部专科以上学历占41.84%；许多教师因为经费问题无法去继续深造，一些老师即使考上在职研究生也因为学校拿不出钱，自己又无能力支付高额的学费而放弃。多数老师认为，继续深造只有建立在"铁饭碗"和经费充足的条件下才能进行。这就严重限制了师资水平的整体提高，必然影响到学生学业水平的提高。如昆明市石林县民族小学本科及以上学历29人，占总人数的60.4%，小学高级职称26人，占总人数的54.17%。大部分老师的文凭都集中在本科，但是大部分本科老师的文凭又是通过函授、自考等途径

取得的,这部分老师需要一边工作一边学习,其中大部分还要照顾家庭,虽然他们最终也取得了本科文凭,但是他们的知识含量和个人素养与全日制毕业的教师相比仍有一定的差距。

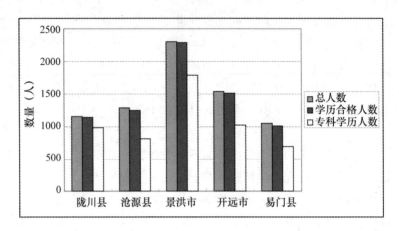

图 14　云南五县市 2008 年小学教师数量情况比较

可见,专科学历在这些县市的小学教师中所占的比重非常大(见表 27)。

表 27　　　　　　　　云南五县市 2008 年小学教师学历比　　　　　　单位:人

比例 县市	小学教师			专科学历	
	总数	其中学历 合格人数	占总人数的 百分比(%)	人数	占总人数的 百分比(%)
陇川县	1156	1142	98.8	982	85.0
沧源县	1281	1241	96.9	812	63.4
景洪市	2308	2292	99.3	1791	77.6
开远市	1531	1513	98.8	1029	67.2
易门县	1055	1015	96.2	698	66.2

而初中教师里本科学历的比例相对高一些(见表 28、图 15)。

表 28 云南五县市 2008 年初中教师学历比 单位：人

比例\n县市	中学教师			本科学历	
	总数	其中学历\n合格人数	占总人数的\n百分比（%）	人数	占总人数的\n百分比（%）
陇川县	505	442	97.6	239	47.3
沧源县	450	1241	98.2	167	37.1
景洪市	1010	1002	99.2	684	67.2
开远市	693	682	98.4	463	66.8
易门县	487	458	94.0	267	54.8

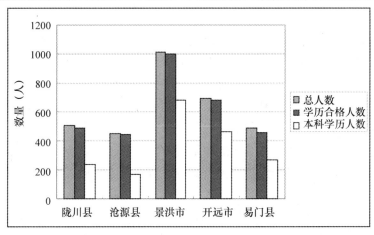

图 15　云南五县市 2008 年初中教师数量情况比较

　　二是由于缺乏师资，多数乡镇小学的课程无法按国家标准开齐，特别是乡镇小学的外语课程开设较晚。例如石林县长湖镇全部小学部只有两名英语教师，其中一人还是支教教师，初中外语教师也很缺乏，全日制外语本科生师资甚至没有。边远县城山区的小学则根本就没有英语教师。小学的现专任教师中，能够开展素质教育的老师也比较少，如长湖镇小学部，全校语文教师有 42 人，数学教师有 34 人，而自然、社会、音乐、美术等教师全校各只安排 1 人。

　　云南城乡教师水平较大的差距，致使村镇中小学对本科毕业生的吸引力不强，在目前大学生就业的双向选择中，极少有毕业生会主动到乡村学校任教。例如石林市民族小学教师的职称人数主要集中在小学高级，占教师总数的 54.17%，比长湖镇中心学校小学部高 16.9 个百分点（见表29）。

表 29　　　　　　　　　　　石林县两所小学教师职称结构表

	总数	计	小学高级百分比（%）	计	小学一级百分比（%）	计	小学二级百分比（%）	计	小学三级百分比（%）	计	未评职称（%）
民族小学	48	26	54.17	17	35.42	3	6.25	0	0	2	4.17
长湖小学	98	38	38.8	42	42.9	9	9.2	1	1.0	8	8.2

与此同时出现的问题是，云南省民族自治地方现在都严格按云南省义务教育的课程设置及教育部颁发的课程标准开齐课程、开足课时，但是由于师资问题，在乡镇一级的中学和完小基本上很难顺利地完成课程设置所安排的教学计划和教学任务，如英语、音乐、美术、体育、信息技术等，专业教师数量远远不足；信息技术、劳动技术、研究性学习、社区服务与实践课受经费、教学设施及场地的限制。即便是能正常开设的课程，也因为师资力量薄弱，教师工作量太大，特别是在山区（见表30），而难以取得预期的效果。特别是在贫困山区，例如绿春县的山区小学，每个教师几乎就是"全能教学冠军"，个人的教学能力的深化发展受到限制，教育管理上也因此显得相对松散。

表 30　　　　　　　　　　　绿春县埃倮小学课时表

2007/2008 年埃倮小学一年级课时安排表

	早操、早读 6:30－7:20	第一节 7:30－8:00	第二节 8:20－9:00	第三节 9:15－9:55		第四节 12:30－13:10	第五节 13:20－14:00	第六节 14:15－14:55	晚自习 18:30－19:15
星期一	教二由	石山额	石山额	石山额	上午	石山额	石山额		
星期二	早师节	石山额	石山额	石山额		劳动			
星期三	第读监	石山额	石山额	石山额		施春林	李阳鲁	大扫除	
星期四	任一时	石山额	石山额	石山额		石山额	少队		
星期五	督课、间	石山额	石山额	石山额		许阳山（品）	大扫除	校会	

2007/2008 年埃俣小学二年级课时安排表

	早操、早读	第一节	第二节	第三节		第四节	第五节	第六节	晚自习
	6：30－7：20	7：30－8：00	8：20－9：00	9：15－9：55		12：30－13：10	13：20－14：00	14：15－14：55	18：30－19：15
星期一	教二由	李阳鲁	李阳鲁	李阳鲁	上午	李阳鲁	李阳鲁		
星期二	早师节	李阳鲁	李阳鲁	李阳鲁		劳动			
星期三	第读监	李阳鲁	李阳鲁	李阳鲁		李阳鲁	许阳山	大扫除	
星期四	任一时	李阳鲁	李阳鲁	李阳鲁		石山额	少 队		
星期五	督课、间	李阳鲁	李阳鲁	李阳鲁		许阳山（品）	大扫除	校会	

2007/2008 年埃俣小学三年级课时安排表

	早操、早读	第一节	第二节	第三节		第四节	第五节	第六节	晚自习
	6：30－7：20	7：30－8：00	8：20－9：00	9：15－9：55		12：30－13：10	13：20－14：00	14：15－14：55	18：30－19：15
星期一	教二由	施春林	施春林	施春林	上午	施春林	施春林	李阳鲁	施春林
星期二	早师节	施春林	施春林	施春林		劳动			施春林
星期三	第读监	施春林	施春林	施春林		许阳山	施春林	大扫除	施春林
星期四	任一时	施春林	施春林	施春林		许阳山	少队		施春林
星期五	督课、间	施春林	施春林	施春林		施春林	大扫除	校会	星期日 施春林

2007/2008 年埃俣小学四年级课时安排表

	早操、早读	第一节	第二节	第三节		第四节	第五节	第六节	晚自习
	6：30－7：20	7：30－8：00	8：20－9：00	9：15－9：55		12：30－13：10	13：20－14：00	14：15－14：55	18：30－19：15
星期一	教二由	陈来然	陈来然	李泽处	上午	陈来然	陈来然	周山燕	李泽处
星期二	早师节	李泽处	李泽处	陈来然		劳动			陈来然
星期三	第读监	陈来然	陈来然	李泽处		杨玉生	陈来然	大扫除	李泽处
星期四	任一时	李泽处	李泽处	陈来然		陈来然	少队		陈来然
星期五	督课、间	陈来然	陈来然	李泽处		李泽处	大扫除	校会	星期日 陈来然

2007/2008 年埃俣小学五（1）年级课时安排表

	早操、早读 6：30－7：20	第一节 7：30－8：00	第二节 8：20－9：00	第三节 9：15－9：55		第四节 12：30－13：10	第五节 13：20－14：00	第六节 14：15－14：55	晚自习 18：30－19：15
星期一	教二由	杨玉生	杨玉生	周山燕	上午	陈来然	陈来然	周山燕	李泽处
星期二	早师节	周山燕	周山燕	杨玉生		劳动			陈来然
星期三	第读监	杨玉生	杨玉生	周山燕		陈来然	周山燕	大扫除	周山燕
星期四	任一时	周山燕	周山燕	杨玉生		陈来然	少队		陈来然
星期五	督课、间	杨玉生	杨玉生	周山燕		许阳山（品）	大扫除	校会	星期日 杨玉生

2007/2008 年埃俣小学五（2）年级课时安排表

	早操、早读 6：30－7：20	第一节 7：30－8：00	第二节 8：20－9：00	第三节 9：15－9：55		第四节 12：30－13：10	第五节 13：20－14：00	第六节 14：15－14：55	晚自习 18：30－19：15
星期一	教二由	周山燕	周山燕	杨玉生	上午	杨玉生	杨玉生	陈来然	杨玉生
星期二	早师节	杨玉生	杨玉生	周山燕		劳动			周山燕
星期三	第读监	周山燕	周山燕	杨玉生		周山燕	杨玉生	大扫除	杨玉生
星期四	任一时	杨玉生	杨玉生	周山燕		李泽处	少队		周山燕
星期五	督课、间	周山燕	周山燕	杨玉生		周山燕	大扫除	校会	星期日 周山然

　　在这种大背景下，乡镇小学的基础教育水平无法与城市小学相比。这些问题都是导致目前农村大学生比例下降、重点院校农村学生比例下降、少数民族大学生比例下降等现象出现的直接或间接因素之一。总体上来说，云南省民族自治地方如果要按课程设置所提出的要求正常开展教学工作，燃眉之急是尽早补充当地中小学的师资力量。

四　城乡学生成绩差距大，高中升学率低

　　在前述各类原因的影响下，云南少数民族学生的成绩不理想是可以理解的。这可以从 1963 年云南省初中毕业升学考试成绩中看到一二（见表 31）。[①]

---

　　① 云南省档案馆资料：《本厅关于初、高中、高等学校考试质量分析》，全宗号 123，目录号 20，案卷号 449，时间 1963 年。

2007/2008 年埃俣小学二年级课时安排表

	早操、早读 6:30-7:20	第一节 7:30-8:00	第二节 8:20-9:00	第三节 9:15-9:55		第四节 12:30-13:10	第五节 13:20-14:00	第六节 14:15-14:55	晚自习 18:30-19:15
星期一	教二由	李阳鲁	李阳鲁	李阳鲁	上午	李阳鲁	李阳鲁		
星期二	早师节	李阳鲁	李阳鲁	李阳鲁		劳动			
星期三	第读监	李阳鲁	李阳鲁	李阳鲁		李阳鲁	许阳山	大扫除	
星期四	任一时	李阳鲁	李阳鲁	李阳鲁		石山额	少队		
星期五	督课、间	李阳鲁	李阳鲁	李阳鲁		许阳山（品）	大扫除	校会	

2007/2008 年埃俣小学三年级课时安排表

	早操、早读 6:30-7:20	第一节 7:30-8:00	第二节 8:20-9:00	第三节 9:15-9:55		第四节 12:30-13:10	第五节 13:20-14:00	第六节 14:15-14:55	晚自习 18:30-19:15
星期一	教二由	施春林	施春林	施春林	上午	施春林	施春林	李阳鲁	施春林
星期二	早师节	施春林	施春林	施春林		劳动			施春林
星期三	第读监	施春林	施春林	施春林		许阳山	施春林	大扫除	施春林
星期四	任一时	施春林	施春林	施春林		许阳山	少队		施春林
星期五	督课、间	施春林	施春林	施春林		施春林	大扫除	校会	星期日 施春林

2007/2008 年埃俣小学四年级课时安排表

	早操、早读 6:30-7:20	第一节 7:30-8:00	第二节 8:20-9:00	第三节 9:15-9:55		第四节 12:30-13:10	第五节 13:20-14:00	第六节 14:15-14:55	晚自习 18:30-19:15
星期一	教二由	陈来然	陈来然	李泽处	上午	陈来然	陈来然	周山燕	李泽处
星期二	早师节	李泽处	李泽处	陈来然		劳动			陈来然
星期三	第读监	陈来然	陈来然	李泽处		杨玉生	陈来然	大扫除	李泽处
星期四	任一时	李泽处	李泽处	陈来然		陈来然	少队		陈来然
星期五	督课、间	陈来然	陈来然	李泽处		李泽处	大扫除	校会	星期日 陈来然

2007/2008 年埃俳小学五（1）年级课时安排表

	早操、早读 6：30－7：20	第一节 7：30－8：00	第二节 8：20－9：00	第三节 9：15－9：55		第四节 12：30－13：10	第五节 13：20－14：00	第六节 14：15－14：55	晚自习 18：30－19：15
星期一	教二由	杨玉生	杨玉生	周山燕	上午	陈来然	陈来然	周山燕	李泽处
星期二	早师节	周山燕	周山燕	杨玉生		劳动		陈来然
星期三	第读监	杨玉生	杨玉生	周山燕		陈来然	周山燕	大扫除	周山燕
星期四	任一时	周山燕	周山燕	杨玉生		陈来然	少队		陈来然
星期五	督课、间	杨玉生	杨玉生	周山燕		许阳山（品）	大扫除	校会	星期日 杨玉生

2007/2008 年埃俳小学五（2）年级课时安排表

	早操、早读 6：30－7：20	第一节 7：30－8：00	第二节 8：20－9：00	第三节 9：15－9：55		第四节 12：30－13：10	第五节 13：20－14：00	第六节 14：15－14：55	晚自习 18：30－19：15
星期一	教二由	周山燕	周山燕	杨玉生	上午	杨玉生	杨玉生	陈来然	杨玉生
星期二	早师节	杨玉生	杨玉生	周山燕		劳动		周山燕
星期三	第读监	周山燕	周山燕	杨玉生		周山燕	杨玉生	大扫除	杨玉生
星期四	任一时	杨玉生	杨玉生	周山燕		李泽处	少队		周山燕
星期五	督课、间	周山燕	周山燕	杨玉生		周山燕	大扫除	校会	星期日 周山然

在这种大背景下，乡镇小学的基础教育水平无法与城市小学相比。这些问题都是导致目前农村大学生比例下降、重点院校农村学生比例下降、少数民族大学生比例下降等现象出现的直接或间接因素之一。总体上来说，云南省民族自治地方如果要按课程设置所提出的要求正常开展教学工作，燃眉之急是尽早补充当地中小学的师资力量。

四 城乡学生成绩差距大，高中升学率低

在前述各类原因的影响下，云南少数民族学生的成绩不理想是可以理解的。这可以从1963年云南省初中毕业升学考试成绩中看到一二（见表31）。[①]

---

① 云南省档案馆资料：《本厅关于初、高中、高等学校考试质量分析》，全宗号123，目录号20，案卷号449，时间1963年。

表 31 1963 年初中毕业生升学考试成绩统计

地区	考试人数	各科平均分			
		政治	语文	数学	理化
昆明市	5386	72.97	53.00	34.40	56.86
东川市	423	67.16	39.74	32.24	54.35
玉溪市	642	72.06	52.27	36.54	58.89
曲靖区	2352	70.07	50.90	30.14	50.00
昭通区	1393	66.02	42.51	25.39	44.28
文山州	1111	62.84	46.74	22.28	37.61
红河州	1985	67.51	45.95	29.96	50.99
思茅区	900	72.07	48.00	26.84	51.19
临沧区	578	68.90	54.70	29.10	49.60
楚雄州	1087	74.40	53.40	24.80	51.70
丽江区	1029	65.50	43.20	22.17	42.30
大理州	1983	62.60	47.60	33.00	33.19
德宏州	938	68.41	48.57	29.45	53.80
全省合计	19807	70.30	49.26	30.12	49.43

在这种师资分布不均衡的背景下，城乡学生的成绩也出现了明显差异，例如在石林县，仅以两个调查点 2007—2008 年上学期期末成绩的及格率为例，城市小学生的平均成绩比乡村小学生的平均成绩高出了 8 个百分点之多（见表 32）。

表 32 石林县两所小学 2007—2008 年上学期期末成绩对比

		四年级		五年级		六年级	
		语文	数学	语文	数学	语文	数学
及格率 （%）	民族小学	100	98.6	99.53	99.53	100	98.22
	长湖镇中心小学	95	81.55	98.12	83.37	94.67	94.67
平均分	民族小学	93.47	91.27	90.32	93.82	95.18	88.45
	长湖镇中心小学	83.36	78.07	77.88	78.07	79.68	85.35

　　而在位处边境地区的绿春县，这种差距就更大（见表33、表34），其中，数学、语文的差距最大，特别是在一年级时期，这也从一个侧面说明了少数民族学生对教学语言汉语的接受能力影响了他们对所学知识的理解和接受。

表33　　绿春县属大兴小学与八乡一镇乡村学校 2006—2007 学年度下学期期末各学科统考成绩比较表

	一年级			二年级			三年级					四年级						五年级						六年级	
	语文	数学	品生	语文	数学	品生	语文	数学	品生	自然	劳动	语文	数学	品生	自然	社会	劳动	语文	数学	品生	自然	社会	劳动	语文	数学
大兴小学	75	85	44	71	79	74.2	77	86	65.9	44.2	45.2	74	53	70.2	46.6	57.3	54.9	80	63	79.4	66.6	77.4	77.3	79	78
八乡一镇	42	55	59	53	57	63.8	58	67	65.9	64.4	63.9	47	34	62.3	57.3	59.2	57.7	59	47	62.5	56.1	60.4	64.3	60	50
均分差距	33	27	-15	18	22	10.4	19	19	0	-20.2	-18.7	27	19	7.9	-10.7	-1.9	-2.8	21	16	16.9	10.5	17	13	19	28

表34　　绿春县二中与八所乡级中学 2006—2007 学年度下学期期末各学科统考成绩比较表

	七年级							八年级								九年级					
	语文	数学	英语	政治	历史	地理	生物	语文	数学	英语	政治	历史	地理	生物	物理	语文	数学	英语	政治	物理	化学
绿春二中	65.3	47.1	61.3	59.2	24.7	31.5	23.5	63.6	47.2	57.0	67.3	21.5	30.0	31.1	34.1	68.7	57.9	54.0	72.0	46.4	42.5
八乡中学	52.9	33.1	48.1	47.2	25.4	25.3	21.7	54.5	30.2	42.9	53.7	28.8	28.4	26.6	32.5	65.7	53.0	49.0	70.2	51.3	41.8
均分差距	12.4	14	13.2	12	-0.7	6.2	1.8	9.1	17	14.1	13.6	-7.3	1.6	4.5	1.6	3	4.9	5	1.8	-4.9	0.7

　　对云南四县城区和农村 2008 年初中毕业班的单科及格率比较来看，也从不同侧面反映了其中存在的差异（见图16、图17、表35）。

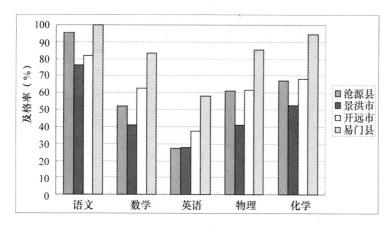

图 16 云南四县市城区初中毕业班 2008 年单科及格率对比图

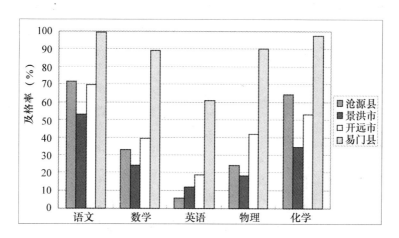

图 17 云南四县市农村初中毕业班 2008 年单科及格率对比图

表 35 2008 年四县市城区与初中毕业班语文、数学、英语、物理和化学成绩

县市	城乡单科及格率与均差	语文	数学	英语	物理	化学
沧源县	城区（%）	95.1	51.9	27.3	61.2	67.2
	农村（%）	71.6	33.1	5.7	23.9	64.4
	均差（百分点）	23.5	18.8	21.6	37.3	2.8
景洪市	城区（%）	76.3	40.7	27.7	40.9	52.4
	农村（%）	52.9	24.0	11.9	18.3	34.4
	均差（百分点）	23.4	16.7	15.8	22.6	18

续表

县市	城乡单科及格率与均差	语文	数学	英语	物理	化学
开远市	城区（%）	82.0	62.7	37.1	61.6	67.9
	农村（%）	69.8	39.5	19.1	41.7	52.9
	均差（百分点）	12.2	23.2	18	19.9	15
易门县	城区（%）	100.0	83.3	58.1	85.3	94.2
	农村（%）	99.7	89.2	60.9	89.7	97.7
	均差（百分点）	0.3	-5.9	-2.8	-4.4	-3.5

从图16、图17、表35中可以明显看出，在初中阶段的五门学科中，城区和农村的语文及格率最高，英语的及格率最低；除易门县外，农村初中的教学质量与城区初中的教学质量相比差距很大。

小学阶段城区与农村相比，从全科与单科的成绩比较来看，也存在类似的学习状况（见图18、图19、表36），特别是在边境地区的县，这种情况就更明显，以陇川县为例，2003—2008年，陇川县城区小学六年级全科平均分要比农村小学高出10—20分（见图20）。

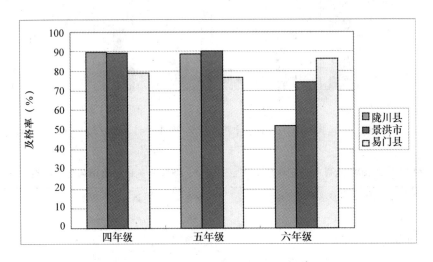

图18　云南三县市城区小学2008年全科及格率比较图

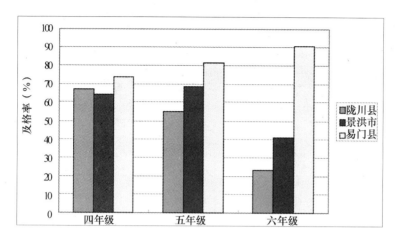

图 19　云南三县市农村小学 2008 年全科及格率比较图

表 36　　　　　　2008 年云南三县市城乡小学全科及格率与均差比较表

县市	城乡小学全科及格率与均差	四年级	五年级	六年级
陇川县	城区（%）	89.6	89.0	52.0
	农村（%）	66.9	55.0	23.4
	均差（百分点）	22.7	34	28.6
景洪市	城区（%）	89.3	90.2	74.5
	农村（%）	63.9	68.5	41.0
	均差（百分点）	25.4	21.7	33.5
易门县	城区（%）	78.8	76.7	86.5
	农村（%）	74.1	81.7	90.8
	均差（百分点）	4.7	−5	−4.3

　　而从城乡小学的单科成绩比较来看，数学成绩的城乡差距明显大于语文成绩，在农村小学内部，数学成绩与语文成绩的差异更加明显。而且越到高年级，这种差距就越明显（见图 21、图 22、表 37）。

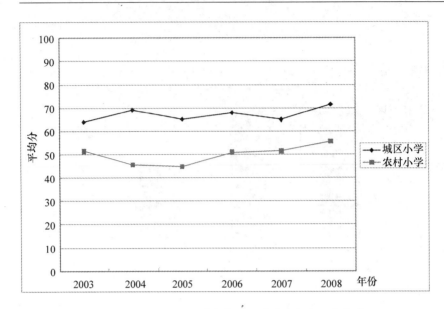

图20　陇川县小学六年级全科平均分变化趋势图

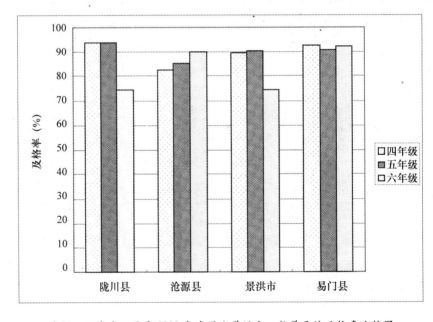

图21　云南省四县市2008年城区小学语文、数学平均及格率比较图

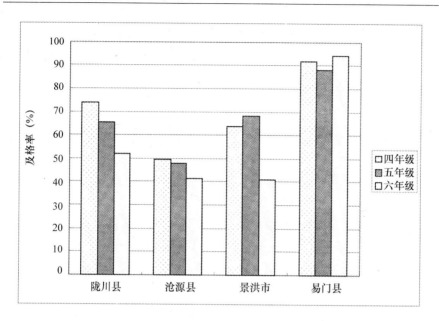

图22 云南省四县市2008年农村小学语文、数学平均及格率比较图

表37 2008年云南省四县市城乡小学单科及格率情况表

县市		及格率（%）					
		四年级		五年级		六年级	
		语文	数学	语文	数学	语文	数学
陇川县	城市	97.26	89.65	98.62	88.98	96.32	52.03
	农村	81.13	66.89	76.21	54.97	80.00	23.56
沧源县	城市	83.1	82.3	87.7	82.7	99.4	80.5
	农村	43.9	54.7	51.7	44.4	63.3	19.5
景洪市	城市	95.76	82.73	94.4	85.96	85.38	63.58
	农村	67.1	60.65	73.5	63.39	48.97	33.11
易门县	城市	96.87	88.70	97.31	83.74	97.20	87.03
	农村	96.48	87.53	92.40	83.73	96.94	91.49

　　从2003—2008年的数据变化趋势来看，这种情况并没有多大改观。以陇川县农村小学单科及格率为例，可以看到这种变化：2003—2008年，陇川县农村小学四年级语文、四年级数学、五年级语文及格率处在较低水平，在2007年、2008年有一定改观，而六年级数学的及格率仍然在20%

上下徘徊（见图23）。

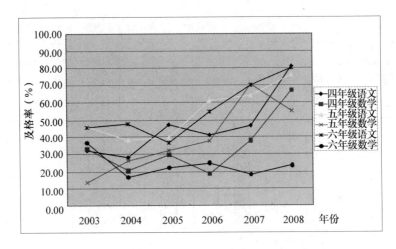

图 23　陇川县农村小学单科及格率变化趋势图

这种情况延续到中学后，就是理科成绩远远低于文科成绩（数理化成绩仅比英语成绩稍好），以教学质量相对较好的易门县为例，这种情况在这一类地区持续存在，同时便可想见边境地区的陇川、沧源、景洪的问题更为严重（见图24、图25、图26、图27）。

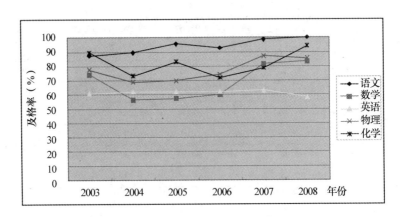

图 24　易门县城区初中毕业班单科及格率变化趋势图

从图24中可以看出，2003—2008年，易门县城区初中毕业班英语的及格率一直徘徊在 60% 上下，语文的及格率维持在 90% 以上，数学、物理和化学的及格率在 2007 年、2008 年有所提升。

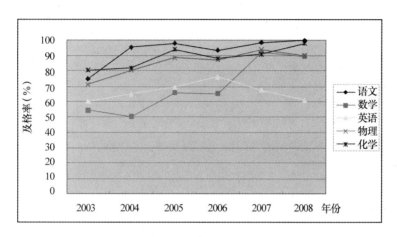

图 25　易门县农村初中毕业班单科及格率变化趋势图

从图 25 中可以看出，2003—2008 年，语文的及格率在 2004—2008 年也维持在 90% 以上，物理和化学的及格率在 2006 年、2007 年、2008 年有所增加，数学的及格率在 2006 年之前比英语更低，2007 年、2008 年迅速提高。

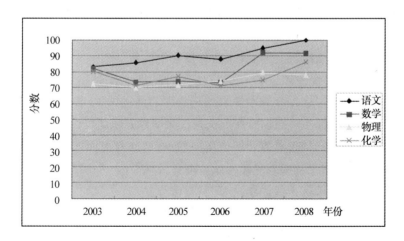

图 26　易门县城区初中毕业班单科平均分变化趋势图

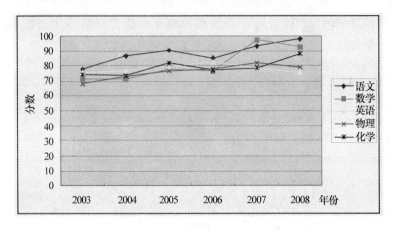

图 27   易门县农村初中毕业班单科平均分变化趋势图

从图 26、图 27 中可以明显看出,易门县城、乡初中毕业班语文的教学质量相对较高,而物理、化学两科学生的平均成绩较差。

也正是在这种学习背景下,初中升学率只能停留在一个极低的数字上。例如西双版纳景洪市勐罕镇中学,从 2003 年到 2008 年,其中考平均成绩仅为 55.47 分,其初中升学率平均仅为 17.15% 。而相关主管领导所说的投入大、回报少,实际上就还与这种成绩中体现的不均衡有着直接的联系。

第五节   缺乏与少数民族地区发展需求相结合的乡土教材

一   校本课程的定义①与乡土教材概念的使用

1996 年国家教委颁发的《全日制普通高级中学课程计划(试验)》规定,学校应该"合理设置本学校的任选课和活动课"。按照这一计划制定必修课的课程标准,把选修课的决策权交给地方和学校,并颁发了与之相配套的《地方和学校课程开发指南》,旨在建立自上而下和自下而上相结合的管理政策。《基础教育课程改革纲要(试行)》明确提出:"实行国家、地方、学校三级课程管理。"按照新课程计划,学校和地方课程占总课时数的 10%—12% 。这就意味着课程将由国家课程、地方课程和学校

---

① 资料来源:互动百科,http://www.hudong.com/wiki/% E6% A0% A1% E6% 9C% AC
E8% AF% BE% E7% A8% 8B。

课程三部分组成。这一决策的实施，将会改变"校校同课程、师师同教案、生生同书本"的局面。

校本课程是基于我国幅员辽阔，各地的自然条件、风土人情、教育环境等存在很大差异，而我国这种统一管理又往往不能关照各地的差异性，在一定程度上削减了学校的教育效果，在此基础上作出的一项课程政策。主要分为两类：一是使国家课程和地方课程校本化、个性化，即学校和教师通过选择、改编、整合、补充、拓展等方式，对国家课程和地方课程进行再加工、再创造，使之更符合学生、学校的特点和需要；二是学校设计开发新的课程，即学校在对本校学生的需求进行科学的评估，并充分考虑当地社区和学校课程资源的基础上，以学校和教师为主体，开发旨在发展学生个性特长的、多样的、可供学生选择的课程。

1999年6月13日颁布的《中共中央国务院关于深化教育改革全面推进素质教育的决定》就明确提出："试行国家课程、地方课程与学校课程。"2001年6月8日颁布的《基础教育课程改革纲要（试行）》中更明确规定："改变课程管理过于集中的状况，实行国家、地方、学校三级课程管理，增强课程对地方、学校及学生的适应性。"这两个文件中有关课程方面的规定，无疑为这种新生的顺应国际课程改革和课程决策民主化潮流的校本课程提供了课程政策上的合法性。

2001年7月，教育部印发了《基础教育课程改革纲要（试行）》，提出了"改革课程管理过于集中的状况"。学校在执行国家课程和地方课程的同时，应视当地社会、经济发展的具体情况，结合本校的传统和优势、学生的兴趣和需要，开发或选用适合本校的课程。

但目前我国教材本身是一个政策性很强的概念，特别是按照教育部颁布的《中小学教材编写审定管理暂行办法》规定要求的"编写教材事先须经教材审定结构审定后才能在中小学使用"，"教材的编写、审定实行国务院教育行政部门和省级教育行政部门两级管理"。但目前学校编制的校本教材都不具备上述的审定条件，因为校本教材的出现，主要依附于校本课程的开发与实施，而校本课程自身的时效性、变化性和动态生成性等特点，使校本教材的编写必要、使用范围、使用周期、使用效率等方面都极其有限，所以目前出现的校本教材很少要经过教育行政部门的审批。从这个意义上讲，校本教材是不具备教材政策的合法性的。所以，校本课程与校本教材在政策的合法性上是有根本不同的。

从上述可以看到,在校本课程建设与校本教材开发中存在着一个国家要求的合法性与校本教材编制中必须经相关部门审定而导致的不通畅、从编写到使用都比较烦琐的问题。加之编写教材所需要的人力、物力、技术等不到位,能够具备符合本地本民族文化、经济社会发展所需的校本教材在民族教育体系中显得单薄。

一方面是国家对课程管理开发的多元政策空间存在,另一方面则是课程设置依然单一,缺乏地方特色,与地方发展需求脱轨成为民族教育中面临的一个主要挑战。这其中,不乏从字面意义上来理解的校本课程与校本教材出现的误差,特别是与"乡土知识"结合的指导思想在其中无法显示出其重要性,在缺乏民族文化敏感视角的时候,如果从字面上给予强调,则能从某种意义上给予教育工作者提示。结合云南多民族、多文化、多宗教的实际情况,以及新中国成立 60 年来,云南民族教育中对这一概念的使用及经验来看,本书更愿意从"乡土教材"这一字面的使用上进行研究,它包含了以往的"传统知识"、"民间知识"等概念和内容。

二　历史上的"校本课程开发"与人才培养效果

"乡土教材"在云南民族教育中较多见于 20 世纪 80 年代的工作总结和报告中。例如 1989 年云南省教育厅民族教育处提交给云南省民族工作会议的一份材料中提到"……增设民族地区乡土教材和民族语文教材专项补助费,每年各 50 万元。以上所需经费,今年财政厅仅安排民族地区乡土教材补助款一项……"① 从中可知"乡土教材"的编写、使用在云南民族教育中早已出现。在一份丽江关于民族语文教学实验小学的试行细则里也提到:②

丽江县以全国统编和省简编的教材内容为主,适当增加一些乡土教材。
一、语文课以全国统编和省简编教材为内容,联系民族山区的生

---

① 云南省档案馆资料:《云南省教育厅民族教育处 云南省 1989 年民族工作会议材料》,全宗号 123 ,目录号39,案卷号 132,时间 1989 年 6 月至 1989 年 8 月。
② 云南省档案馆资料:《丽江纳西族自治县民族语文教学实验小学试行细则》,全宗号 123,目录号 37,案卷号 130,时间 1986—1987 年。

产、生活实际，民族生的心理特点和接受能力，翻译为民族文字的语文课本。同时也要注意吸收有民族地方特色的乡土内容，多采用民族地方的优秀传统文化遗产。如民族团结、互助友爱、反帝爱国、民族英雄人物等历史故事教材。

二、自然常识要以当地种植、养殖、卫生等急需应用知识内容为主，逐年增加现代科学知识。

三、数学课本，按全国统编教材翻译，不另重编。

四、体育、音乐课除按全国统编教材外，增加一些民族文娱、体育方面的内容。

五、其他学科，按统编教材内容。

六、根据《区域自治法》第三十七条："招收少数民族学生为主的学校，有条件的应当采用民族文字的课本，并用少数民族语言讲课，小学高年级或者中学设汉文课程，推广全国通用的普通话。"在教材中民族语言文字的比重和汉语文的衔接关系，在预备班（学前班）一年100%进行民族语文教学；一年级上学期80%民族语文，汉语会话20%，下学期90%民族语文，10%汉语会话；二年级40%民族语文，60%的汉文，三年级20%民族语文，80%的汉文。四年级和五、六年级按全国统编教材，以民族语言文字为辅，逐步过渡和推行全国普通话教学。

七、实行免费教育，对进入实验小学实验班的学生，免收学杂费和课本、文具费用；对生活特别困难的学生，酌量发给助学金，离校较远不便走读的学生，可参照寄宿制民族小学的规定，给予安排住宿条件和酌情发给伙食补贴；品学兼优的优秀学生，可发给奖学金。

教育部1982年10月召开的全国牧区、山区寄宿制民族中小学经验交流会上对课程内容的改革也提到："寄宿制民族学校教学中要进行一些改革的试点工作。目前，在牧区、山区寄宿制中小学毕业生中，升入高一级学校的只是少数，绝大多数毕业后参加生产或当干部领导生产。因此，在寄宿制学校中除利用小农场、小牧场、林场、茶园等，使学生参加一定劳动，学习一些生产知识和技能外，教学中还应设有有关牧业、农业生产的基础知识和操作能力的内容，使学生毕业后能解决一般性的农业、牧业等方面的技术性问题。"①

原国家教委 1986 年《关于发布〈全日制民族中小学汉语教学大纲〉的通知》是国家层面上较早对教材编写要考虑"民族实际"的一个政策，通知讲到：

> 为了加强民族中小学汉语文教学工作，原教育部于 1982 年制定了《全日制学校民族中小学汉语文教学大纲》（试行草案）。经过几年的教学实践，在总结教学经验的基础上，对《全日制学校民族中小学汉语文教学大纲》（试行草案）进行了修订。并送黑龙江、吉林、辽宁、青海、四川、内蒙古等省、自治区教学研究部门、教材出版部门以及人民教育出版社等单位征求了意见。大家认为，这个教学大纲是适合我国少数民族中小学学生学习汉语文要求的。现正式发布《全日制民族中小学汉语文教学大纲》，请有关省、自治区教材出版部门，尽快根据这个大纲的要求，编写民族中小学汉语文教材。
>
> 1982 年制定《全日制学校民族中小学汉语文教学大纲》（试行草案），是根据当时民族中小学十年制学制制定的，这次结合目前各地民族中小学普遍延长了学制以及普及九年制义务教育的要求进行了修订。为了使教材更加体现地区特点和民族特点，这次修订的《全日制民族中小学汉语文教学大纲》，对小学阶段没有规定统一篇目，初中及高中阶段的统一篇目，比修订前的教学大纲相应减少，初中阶段四十篇统一篇目，约占讲读课文的百分之三十至四十，高中阶段六十篇统一篇目，占讲读课文的百分之六十左右，其目的在于各地在编写汉语文教材时，充分考虑当地和民族的实际情况。②

20 世纪 60 年代中期，普及教育与职业教育已在西双版纳地区开展，俗称"两条腿走路"，这在当时被认为是一种特殊的人才培养模式，有力地促进了西双版纳学校教育的恢复、巩固和发展。20 世纪 90 年代初期，景洪市嘎洒中学就开始探索了"2＋1"学制或"2.5 分"流学制，即前

---

① 国家教委《关于发布〈全日制民族中小学汉语文教学大纲〉的通知》，[87] 教民字 023 号（1987 年 12 月 7 日）。

② 云南省档案馆资料：《关于发布〈全日制民族中小学汉语教学大纲〉的通知》，全宗号 123，目录号 37，案卷号 131，时间 1986 年 5 月—1987 年 12 月。

两年或两年半学习文化基础课，后一年或半年学习农村实用技术，聘请当地农业科技推广的工作人员为教师，整合了当地资源，降低了管理成本，走农、科、校三结合的教学模式，受到群众的大力欢迎。2002 年，勐罕镇中学也进行了"2.5＋0.5"教学分流实验，把一些职业教育课程融入初中教学当中，使一部分不能升学的学生学有所得，具备一技之长。

2001 年，教育部颁布《基础课程改革纲要（试行）》，地方课程、校本课程的开发获得了来自国家层面的政策支持空间，但由于教育系统内单一的教学成绩考核体系，以及财政支持力量的微弱，使类似于西双版纳地区民族教育历史上的这些成功经验都未能进行系统性的总结并上升到政策层面进行推广。实际上，学生对这种多元化教学模式的需求是一直存在的。例如勐罕镇中学 2005 年 9 月入学的 500 名新生中，语文、数学两科总分不足 50 分的竟然将近 200 余人，甚至一部分学生仅有相当于小学二、三年级的文化程度。这部分学生如果原封不动地按国家要求的教材向他们进行教学，很显然是非常不现实的。在过去也同样存在这样的学生，他们上课注意力不集中、自我约束力差、自卑，常常是"破罐子破摔"，给学校的教育教学带来很多困难，而在一个普通班里教师要兼顾的工作很多，往往这些学生最终处于被"遗忘"的状态。

另一个由此产生的问题是，如果没有在适当的时候介入与将来生活生产地区所需要技能相关的教育或培训，当他们初中毕业未考取高中，或是高中毕业未考上大学，回到社区后的这些人将会在一段时间内处于无所适从的状态，即使外出打工，也将因缺乏一定的技能而停留在低报酬、重体力、技术含量低的行业，学校教育的功效将会在这种状态下被无效抵消，为"读书无用论"增加依据。

三　传承乡土知识与经验的校本课程开发基本停滞

从调查来看，许多教师对校本课程开发的满意度不高。90％以上的学生表示，如能在教学过程中加入地方性知识将更有利于其理解和掌握。我国现行的民族教育课程体系，虽然突破了原来课程体系的统一性，关注教材的多样化、地方化，但由于深受精英教育和应试教育观念的影响，又缺乏多样性的师资条件，因此课程改革范围、力度和速度远远没有满足民族教育发展的实际需求，各少数民族地区的教育还远未能打破教材的单一性和教材的统一性。课程内容主要满足少数人的升学需要，而很少考虑到学生多样化发展的需要。另外，国家"两免一补"政策实行后，对义务教育阶段的教科书费有严格的下拨标准，这也严重局限了教材的选择性。今天大多数的教育者还并未意识到民族传统文化的重要含义，这一方面是由于他们自身对于民族传统文化认识的不足；另一方面是由于其趋利性价值观促使的对主流文化或者现代文化的认同。当我们对一种文化以市场情境中的标准作为衡量其"有用"或者"无用"时，我们其实忽略了每一种文化的独特价值，忽略了其除创造经济价值之表象背后的深刻含义。

少数民族学生一般生性活泼，家庭的教育观念淡薄，长辈又比较溺爱孩子，因此学校千篇一律的管理无法满足学生的需要。随着教育形式的一统化，边疆、民族、文化等因素在民族教育中的位置逐渐隐退甚至不再被考虑。在统一的以教学成绩为主要考核指标的局势下，学校的教学压力日趋加重，而教师本身因为生活和工作环境的影响（如住房条件差、待遇低，学校基础设施薄弱等），也无力无心安排丰富多彩的课余生活来吸引学生。在沧源单甲中学，课间活动十分枯燥，学校几乎没有什么可以运动的体育器械，课间时间学生大多都是一群一群地站在一起，也不参加任何活动，这使原本就枯燥的学校生活显得更加没有活力和吸引力。

大一统的教育形式下，少数民族地区的课程设置也缺乏自主性，即使校本课程的政策空间也因为地方财政的困难而得不到有效支持。教育内容与地方发展、经济发展的需求缺乏关联性，"学而无用"的怀疑成为学校留不住学生的主要原因之一。

以布朗山乡为例。1956 年 8 月办起了第一所公费寄宿制小学，布朗山乡现代少数民族基础教育由此发端。1962 年，布朗族有了自己的第一批高小毕业生共 17 人，1965 年，布朗族有了第一代初中、初师毕业生。同年，布朗山乡小学发展到 17 所，在校生 650 人。2002 年，在布朗山扶贫综合开发项目中，建成了布朗山乡九年一贯制学校一所。截至 2005 年末，布朗山乡有九年一贯制学校一所，包括 41 个教学点，其中一师一校的校点 22 个；共有 90 个教学班（其中含初中 5 个班），在校生 2149 人，有教职工 125 人。尽管教学条件在不断改善，教育投资在不断增加，学生的入学率也有所提高，但学生的流失率却十分严重。

究其缘由，还在于原始的生产方式使布朗山乡的布朗族社会整体发育水平的局限，生产生活中的需求仍主要由传统的生存手段和技能来解决，学校教育所教授的现代知识在村寨的生产生活中缺少用武之地，现代科技在生产中的运用比例不高，制约着布朗族社会的发展可能性向现实性转变，从而导致现代教育未能成为布朗族生产生活的切实需要，因此当地布朗族人民对现代教育的重要性认识不高、意识不强。随着市场经济体制的竞争规律与就业分工制度的变革，也使"学而优则仕"的可能性消失，山区少数民族基础教育又进入了应试教育的行列等多重原因的存在，使山区少数民族基础教育的诸多特殊性得不到应有的重视，更谈不上深入的研究和因地制宜的发展设计了，由此导致学校教育内容与当地生产生活的现实距离太大，学时不考虑与当地民族原有文化传统和教育模式的衔接，学校教育不能与当地民情乡情结合；不学时由于没有学习的相应环境与氛围，学生所学知识不用多久就被逐渐淡忘了。

在课程改革方面，据受访教师反映，目前的教改新课程，虽然比以前简单了一些，但对于少数民族儿童来说，还是比较难懂，而且对活动的要求加大了。有教师认为，这种教材应该更适合城市儿童，不适合山区和半山区少数民族儿童。当然，一些教师也缺乏对教材的灵活运用，特别是一些村小学教师对教学法的实践大多还只能停留在书本知识的层面，往往照本宣科，缺乏与当地乡情民情的有机结合与灵活运用，如一位教师给小学三年级学生讲授数学应用题时的情形就比较典型。题目是以一个幼儿园为题材来编写的，老师照书念题，念完后让学生根据学过的运算原理解题，反复三四遍学生都无法解出。学生一脸的困惑在于对于城市和内地儿童早已十分熟悉和了解的幼儿园，山区的孩子却没有什么概念，没有概念就没有理解。长此以往，也就缺乏了学习的兴趣。

目前对少数民族儿童教学，还没有充分照顾到他们的身心特点。比如，有教师反映，撒尼族儿童能歌善舞，对绘画有比较大的兴趣和天分，这些在教学中体现不出来。有的教师就在教学过程中，自己加进一些此类活动。比如，用一部分时间教课程规定内容，其余时间就和孩子们一起唱歌跳舞。当然，这都是在村完小里或村级小学里才能进行，而中心学校的教学纪律不允许出现这些教学方式。

在地方校本课程开发方面，我们专门对西双版纳州景洪市勐罕镇中学开展的"中国西部少数民族地区经济文化类型与初中地方性校本课程建构"项目进行了调查。该项目为勐罕镇中学开发了一套三册的校本课程教材，分别为《认识家乡》、《保护家乡》、《建设家乡》，供初中一年级至三年级学生使用。在课程内容的选择上，项目组要求课程开发人员从当地的实际出发，最大限度地选取与学生的现实需要、生活经验与文化背景相契合的知识经验，如把当地的生产活动、各民族的风俗习惯、农作物栽培、风土人情、特色旅游的生产开发等本土知识作为课程资源，使课程内容充分体现民族特色和地方特色。通过对本土性知识的发掘，可以让不同文化背景的学生更好地了解各个民族的历史和文化，在自己熟悉的环境中获得相应的知识技能，形成对民族文化和社区文化的认同、接纳和归属感，逐步形成跨文化的认知、沟通和理解能力。但是由于这种调查主要由学校教师承担，教师面对着应试教育压力、缺乏教材的编写经验、对乡土教材的人数模糊、没有来自政府部门经费支持影响了推广等因素，都使这个项目的执行过程坎坷不平。

第五章　云南民族教育发展的对策与建议

按杨圣敏先生的研究，近30年来，中国的少数民族地区由于自身和国家政策的原因，呈现出两个阶段性变化，即前20年与内地差距拉大时期和近10年的快速发展时期。政府的发展战略是按照东、中、西的顺序展开的，这是前20年的特点。这一时期，西部地区与东部和中部地区的现代化差距拉大了。中国出现了东、中、西三个明显的梯次，即发达地区、次发达地区和落后地区，也分别对应着汉族地区、各民族杂居地区和少数民族聚居区。最近10年，是西部少数民族地区的加速发展时期，它开始于20世纪90年代末中国政府启动的西部大开发计划。这10年中，新疆、内蒙古、广西等少数民族地区，在全国GDP发展速度8%—9%的情况下，有几个民族地区已经连续几年保持在两位数的发展速度。这说明少数民族地区的发展速度已经赶上甚至超过内地汉族地区。有人因此预测，在不久的将来，中国西部少数民族地区的经济社会发展水平，即现代化水平将赶上内地汉族地区，中国的各少数民族将实现与汉族在政治、经济和社会等各方面的共同发展和共同繁荣。但事情并不是这么简单，分析中国西部，特别是少数民族地区近年来的发展，就会发现，这一种资源开发型的发展，是一种主要靠外部拉动的发展。其中的人力资源是大量依靠内地的技术人员、内地移民的涌入；资金和技术大多是中央政府、内地企业投入的。少数民族中的一部分人显然并没有改行所应具备的技术、知识和资金能力。于是社会差距在这些少数民族地区拉大了。也就是说，这种开发形式使得一些少数民族成员搭不上车，获益很少。①

中国发展不均衡已经成为中国可持续发展的最大瓶颈。

---

① 杨圣敏：《中国边疆和少数民族地区开发的成本问题》，《中国社会科学报》2010年4月6日，第11版。

2006 年《中共中央关于构建社会主义和谐社会若干重大问题的决定》中提出：社会公平正义是社会和谐的基本条件。但是普遍贫穷的低层次"和谐"如何向普遍富裕的高层次"和谐"发展？

随着改革开放的逐步深入，以市场为导向的农村改革进一步深化，边疆少数民族地区也开始面临着新的机遇与挑战。由于边疆少数民族原有社会经济形态大多处于前资本主义诸社会形态，其中"直接过渡"者更大多脱胎于具有原始共产主义色彩的社会经济形态，比较容易适应计划经济体制下生产活动、收入分配由合作社统一计划、统一安排的方式，分配上也更多地习惯于公平均等的分配方式。随着市场经济体制的建立，市场经济独立自主、自力更生、讲求效率、按劳分配等原则，则使得边疆少数民族尤其是"直过民族"难以适应，加之环境、交通、受教育程度等条件的限制，面对市场经济大潮和现代化进程的加快，更加无所适从。①

民族地区对发展教育的经济承受能力较弱，国家仍需继续给予大力支持。民族教育是民族团结进步事业和教育事业的交汇点、结合部。实践表明，民族教育事业的发展，离不开教育部门和民族工作部门的密切配合。各级民族工作部门有责任、有义务支持与配合各地教育部门的工作。要通过加强调查研究，积极提出政策建议，切实做好服务工作，当好参谋助手。长期以来，国家民委的工作得到了教育部门的大力支持，各地民委的工作也都得到了教育部门的大力支持。双方的合作是有基础、有成绩的。在加快发展民族教育上，双方有着共同的目标、共同的责任。

要使云南民族基础教育的发展既能与国家教育宏观体制一致，又能适应云南民族地方基础发展的特殊需求，就必须在坚持民族教育的特殊性的理念下，制定相应的与其特殊性相应的特殊政策。只有这样，才能使现代科学文化知识的教育与少数民族优秀的传统文化的传承并行齐进，在教育实施目的更好地被教育对象所理解和接受的工作上，少数民族优秀的传统文化的利用是可以助一臂之力的。正如有的学者提出的"现代意义上的民族教育，正是为着使弱势族群能较好地适应不断改变的环境条件而创造的。然而，现代民族教育并不是为了、也不可能做到向弱势族群提供一整套全新的文化体系，以替代其原有的文化，并不是以否认民族传统文化的

---

① 张晓琼：《建国初期党在西南边疆少数民族地区实施分类发展指导政策的探索与实践》，《云南民族大学学报》2010 年第 4 期。

价值为前提，而是以尊重各民族传统文化资源及包含其中的民族智慧为前提的。提供现代教育的真正目的乃是为了使弱小族群摆脱文化适应的被动状态，找到在新的历史条件下独立自主地丰富和发展民族文化的途径。因此，实施现代民族教育的结果，是产生一种既顺应时代要求又不失地方特点和民族个性的文化"。[①]

因此，在云南民族基础教育中应充分利用和发挥云南民族政策中一直行之有效的分类指导原则，认清和坚持民族教育的特殊性，针对云南少数民族在社会、经济、文化发展进程中所处的不一样的背景，特事特办，形成与当地经济文化类型相吻合的、与民族发展需求相结合的特殊的民族教育支持政策。只有这样，才能从根本上避免民族教育政策成为"一刀切"似的、"大一统"的工作，从而行之有效地推进云南民族自治地方基础教育的稳步发展。

第一节　倾斜政策与资金，支持民族教育

一　建立非均衡投资体制，以特殊投入体现公平教育

云南民族自治地方全面的、综合的、整体的欠发达，导致了民族教育的欠发达，而民族教育的欠发达，反过来又约束了整体的发展。目前，云南少数民族地区的贫困已经从普遍贫困向深度贫困转移，其存在状态也呈插花式、散点式，决定了民族政策的特殊性也从普遍照顾转为以个性为主，分类指导政策具有更具体的指向。从实际出发、因地因民族制宜的思想在云南的民族工作中发展出了"因族举措"，即将全省民族地区划分为民族自治地方、贫困少数民族地区、散居民族地区、边疆民族地区、人口较少地区、未识别民族聚居区，对这6类地区进行更为详尽的分类指导，有针对性地采取对策措施，探索总结了"一族一策"、"一山一策"、"一族多策"等成功经验，克服"一刀切"、一个样的做法。

那么，与此相关的是民族教育的公平性也需要因地制宜地采取"不公平"、"特殊的"、"专门的"的政策、资金支持，通过非均衡投资体制来达到全国基础教育均衡发展的目的，以立法的形式确定对贫困地区和发

---

① 贾仲益：《从云南人口较少民族的调查看民族教育的几个问题》，《民族教育研究》2003年第3期。

达地区基础教育的经常性投资比例，将对贫困地区基础教育的投资列入教育财政经常性投资规划和计划，并以专款形式直接下达到县。这笔专款应包括贫困地区基础教育经常性补助专款；贫困地区扫盲教育专款；贫困地区民办基础教育补偿专款等，使基础教育的非均衡投资体制走上法制化轨道，① 才能使民族教育得到大的发展，因此只有全面地、整体地提高少数民族和民族地区人口的综合素质，才能从根本上创新发展理念、转变发展方式，最终促使少数民族地区的社会和经济进入良性发展。

应该看到，随着国家"普九"义务教育法的实施力度的加大，加之各地政策的出台，例如制定教育方面的村规民约，交纳教育保证金，作为土地承包的保证和延包的优惠，领取结婚证，进入旅游公司的条件等，云南省民族教育当中少数民族学生的"进得来"的入学需求已得到基本保证，但是也要看到这种保证的前提更多的是被动性的而非内生性的需求，因此要让少数民族学生在学校里"留得住、学得好"，就还需要根据各地的实际情况制定或倾斜相关政策、资金，支持边境地区民族教育的发展。新中国成立初期，西双版纳的民族教育就已经总结出了"根据民族特点与当地实际"情况建校办学的九条经验：

①坚定不移地团结民族领袖任务，通过头人发动学生；

②团结佛爷搞好缅寺关系；

③与家长建立感情；

④帮助家长及群众做好事，解决困难；

⑤以学生串联学生；

⑥采取重点巩固、逐步推动的办法；

⑦关心学生生活，照顾学生困难；

⑧学会民族语言，体会民族感情，采用民族形式；

⑨采用先进教学经验，采用直观教学。

反观这九条过去的经验，其中要解决的很多问题，到现在也依然存在，例如佛教文化对学校教育的影响，学生的厌学弃学的跟风，寄宿制小学生和中学生的困难，教学方式的单一，民族语言在教学中的使用减少等。因此，在推动民族自治地方民族教育的发展过程中，应立足于对历史上办学经验的研究、吸取和发扬，也要针对新出现的问题探索解决方法，

---

① 刘尧、姜峰：《中国西部教育发展观》，《教育理论与研究》1998 年第 5 期。

倾斜足够的政策与资金，促使问题的逐步解决。

目前，云南民族地区的教育经费缺口巨大，即使一些地区的教育支出占当地财政总收入的比例已经很高（见表38）。例如沧源县2003年的教育经费缺口就高达1亿多元，和同期汉族地区国家级贫困县——重庆城口县的5760万元相比，高出一倍多。致使当地政府连续三年未给学校划拨任何办公经费。有的学校连基本的水电费都没有，只能回到煤油灯时代，一位被访校长无奈地说"我有时真想叫学生回家算了"。如此教育状况，无疑使"留得住"的办学目标雪上加霜。

表38　　沧源、双江两个少数民族自治县2003年财政支持情况　　（单位：万元）

县名	教育事业费	教育总支出	经费缺口	教育支出占财政收入百分比（%）
沧源	3785	14545	10805	92.4
双江	3373	13104	8660	75.9

资料来源：根据沧源、双江两县《教育志》和两县2003年统计资料整理。

因此，在教育投资上应随着经济的增长而增长，随着经济发展水平的提高而提高。对促进民族教育发展的办学形式、教学形式、方法、师资，以及基础设施建设等软件和硬件所需费用进行分门别类的登记和核算，以便能够争取国家财政的全额拨款，改变"拼盘"、"项目"形式的拨款方式，以"不公平"、"特殊的"、"专门的"的政策、资金支持体现教育的公平性。

同时，不定期对相关部门和领导进行民族教育的内涵与发展需求内容的培训，从本质上认识民族教育的特殊性和特殊扶持的重要性。

二　将校本课程建设纳入财政预算

西部少数民族地区基础教育存在的最大弊端是过度重视普适性知识的传授，使学校教育与当地儿童的发展和地方经济社会等方面的发展相脱离，学校课程内容对当地儿童和地方经济社会等方面的具体情况的适切性极差，不能满足其发展的现实需求，也没有尊重当地人民在教育方面的文化选择权。基础教育，特别是义务教育不仅要解决"进得来、留得住、学得好"，关键是要尊重当地人民的文化主体地位和文化选择权，解决学校课程，特别是课程内容的适切性问题，因此，在尊重少数民族地区经济文化类型的基础上建构地方性校本课程,以弥补民族教育中的缺陷是当务之急。

云南少数民族中,有相当一部分的学生仍习惯于自己民族的表达方式、思维习惯、沟通技巧,教者应以学者为重,因材施教,力争以最有效的方式将知识教授给学习者。校本课程的开设正好能适应这一需要,以正规合理的编排和教授使得学生能形成完整的知识体系,更易于将所学所知运用到学习和生活中。

2006年,由福特基金会支持的《中国西部少数民族地区经济文化类型与初中地方性校本课程建构》的子项目之一落脚西双版纳州景洪市勐罕镇中学,通过培训教师编写地方性实用教材的能力建设,由勐罕镇中学教师参与编写了《认识我们的家乡》、《保护我们的家乡》、《建设我们的家乡》三方面的教材(见表39),包含了橡胶种植技术和民族文化认知等内容,2008年9月开始正式试用以橡胶种植和民族文化知识为主要内容的校本课程作为教材上课,主要是在平行班试用。由于每年学校期末都有成绩评估,所以校本课程暂时没有在实验班试用。

表39　勐罕镇中学校本课程的内容结构

	第一篇	第二篇	第三篇	第四篇	第五篇
初一	我的家乡——美丽的勐罕	民俗风情篇	文化艺术篇	宗教篇	社会环境篇
初二	气候资源篇	水资源篇	土地资源篇	植物王国篇	动物王国篇
初三	橡胶产业篇	生态农业篇	旅游产业篇	养殖篇	创业篇

担任初一校本课程教学的李艳华老师认为:初一的校本课程内容偏多,作为一名数学老师,同时她也担任校本课程的教学,因此她担心自身的知识背景可能会影响校本课程教学的表达。担任初二校本课程教学的宋银辉老师认为:学生对校本课程的内容很感兴趣,但主题活动部分难以实际考察。担任初三校本课程教学的王琼美老师认为:初三教材的内容对即将毕业的学生来说很实用,学生很感兴趣,掌握的知识也很扎实。从整体上来看,勐罕镇中学通过结合网络上的视频和信息使学生能更生动形象地掌握知识,并能从校本课程里的生态农业篇学到了保护环境的重要性。另外,有关橡胶产业教学内容能引导学生发展旅游业和养殖业,并意识到长远发展的重要性。总体说来,校本课程在勐罕镇中学的试用情况较好。

可以看出,通过调整课程、教学内容,开展各种兴趣活动,进行职业技能训练，加强思想品德教育，发掘学生的潜能，使他们感受到成功的喜悦，激发成长的自信心，这是符合少数民族学生的现实需求与未来发展的。

同样，如果在校本课程建设中能具体分析不同民族地区的经济、文化类型，根据这些经济发展类型的需要，利用其传统文化元素编写乡土教材，例如从少数民族学生喜好和擅长的歌舞、民族体育、竞技的角度去理解和使用民族文化，那么，地方性校本课程的建设将更能吸引学生的兴趣。

然而，此类校本课程和教材的建设目前只是由高校科研机构（中央民族大学中国少数民族地区基础教育研究中心）和 NGO 组织（美国福特基金会）共同进行试点实施，云南省民族自治地方政府由于经费困难，教育部门和各级财政都没有对此进行预算，因而暂时还没有把民族地区校本课程开发的宝贵经验进行大面积推广。

三　增加财政预算，加大投入，改善寄宿制学校环境

云南民族自治地方山区面积大，少数民族分布分散，集中办学、建立寄宿制学校有利于就学，是民族教育发展的重要举措。从 1980 年到 1990 年，仅西双版纳开办的寄宿制学校就有 1 万余名寄宿制小学生升入初中。随着我国综合国力的增强，国家在民族教育的支持力度上应该加大，以体现 30 年改革开放成果的共享，不仅应加快学生宿舍的建设，为学生提供良好的生活环境，同时，也要在管理及编制上给予支持。建议改进学校食堂的经营管理政策，从财政上给予配套支持，改善学生的伙食，讲究科学的配餐，保证学生营养的摄入量，不能以营利为目的，要以真正服务学生为目的。以全寄宿制的长湖中心学校为例，其学生每顿饭仅是一荤一素，且一段时间内菜品变化较小，这对于正处于生长发育期的中小学生来说营养配比和供给是相当不足的。究其原因，一方面是由于当地的经济水平与发达地区相比仍存在较大差距，另一方面是由于学校将学生用餐承包给个人，承包者主要以营利为目的，校方监督的失利致使菜品质量不高，也就更谈不上营养问题了。

而在一些寄宿制学校，由于云南民族自治地方山区面积大，校点收缩后，许多山区小学和中学即使有"两免一补"的生活补贴，但因为交通制约，导致食品运输成本高，加之山区经济社会发展滞后因素，贫困家庭

数量大,一些少数民族学生家长无力负担增加了成本的食堂伙食费,学生只好自己生火做饭,家里一个星期送一次粮、菜。导致寄宿制学校的食堂因学生无法承担更高的伙食费而无法开办,或者即使开办,营养也无法保证。例如大理州云龙县的天灯小学就存在这样的情况。

> 个案资料链接:天灯小学的学生是居住在 160 余平方公里的天灯村的孩子,校点收缩后,他们的小学生涯只能在天灯小学度过了,离学校最远的学生住在 20 多公里外的山里,山路很窄很险,即使是天气好的日子,没有一两天的时间也是赶不到学校的。开学报名注册时,家长就赶着驮着柴火和粮食的骡子或马匹来了,新生只有五六岁,家长只有来陪读。新生入学一年后,家长的陪读就暂时结束,以后每周送一次粮食和蔬菜过来,让学生自己做饭。学校曾经想过多种办法打算在学校开食堂,也专门请过厨师,但是食堂最长时间也只开了不到半个月。原因很简单,天灯小学地处天子山巅,到县城要走近 50 公里的山路,仅这一段山路,几年前路难走时开车都需要 5 个小时,现在路平整了,也得花 3 个小时,而天子山上没有蔬菜和鲜肉,除了水之外,几乎所有的饮食原料都得去城里买。城里的菜也很贵,加上运输费用,最后摊在学生身上的伙食费远比学生平时自己做饭的费用高,学校里几乎没有一个学生能负担得起一星期 10 元钱的伙食费。而学生的家大都在大山深处,非常偏僻,整个天子山的农户,每年的主要农作物主要是玉米,没有小麦与水稻,平时想吃上几口米饭,还得先卖了牲畜或玉米才能换回些大米,根本无力支付伙食费。

对此建议,第一,改进学校食堂的经营管理政策,从财政上给予配套支持,从根本上改善学生的伙食,讲究科学的配餐,保证学生营养的摄入量。第二,增加寄宿制学生的生活补助,并将其范围扩大到高中住校生。扩大到高中阶段后,可以鼓励更多学生接受高中教育。第三,增加寄宿制学校的管理编制。按国家规定,城市小学和中学的编制比例为 1:13.5,农村小学和中学的比例为 1:19。由于经费不足,大多数学校最多只能按 1:15 进行师资编制,而且还需要安排专人管理食堂和宿舍等。第四,按照分类指导原则,对山区学校建设运输成本进行核算,在国家投资的基础上，从省级财政中补足差价。第五，对基础设施建设中累计的"欠债"进行统计，根据实情增加寄宿生指标，借助目前国家正在推进的危房改造工程，申请中央财政的一次性解决。第六，在"普九"验收标准和指标之外单独发文进行实情统计和上报，将其与"普九"和考核分开，以真正了解和掌握民族教育的实际需求，在国家财政中争取支持，从根本上改变边疆民族地区民族教育基础建设的被动性。

四　制定适合边疆民族教育发展的评估体系

随着教育教学和课程的改革，对学生的考试评估和教师的教学评估也应该随之改革。但实际上，与民族教育相接轨的教学与课程建设方面与实际评价机制存在差异，被访教师认为，目前，教育教学中的评价过于注重考试成绩，这是导致课程设置不够合理的主要原因之一。例如双语教学在民族教育中的特殊性和贡献并没有在教师的教学评估中得到体现。而在历史上，双语教学能力在民族教育、教师业绩评估中一直占据重要位置。例如在西双版纳，从 20 世纪 50 年代起，双语教学一直是当地考核评价教师工作的一个重要项目。20 世纪 80 年代，西双版纳教育部门甚至直接规定持双语合格证并从事该项专业工作的教师可享受规定的浮动工资待遇。可以说，这是鼓励"汉语教师民族化"、"民族教师专业化"的重要策略。但是，随着教育方向、教育理念、民族教育特殊性为民族地区教育的概念所掩盖，双语教学和教师的考评从评估体系中被淡化，这种倾向从校点收编、裁减编制时以学历为重这一政策中可以看出。

教师绩效考核制度的建立也应针对民族教育的特殊性做适度把握。被访教师认为，如果标准太高会打消教师努力的积极性，如果标准太低又会造成起不到激励教师努力工作的作用。同时要从多角度进行考核，使每名老师都能挖掘出自己的长处，使教师们取长补短，共同进步。对教师的考核不应该仅仅局限在其对学生学业成绩的提高上，更应该注重其对学生综合素质提高上的贡献。完善的考核机制不仅应从学生的客观成绩出发，更应从教师的主观能动性上进行考查，重点要注意对教师的教学态度、出勤率、师生关系、对学生的了解程度等方方面面进行深入细致的考查，并对考查结果给予相应的奖励或者惩罚措施，确保教师考核落实到位。

同时，应尽快实现教师"专业化"的发展。部分被访教师建议省教育厅考虑到边疆地区民族教育的滞后，能每年派省级教育专家、优秀教师到边疆民族地区开展基础教育"城乡互动"，并形成固定机制，以提高云南民族自治地方基础教育的发展水平。这些教师认为，边疆民族地区的教师也怀揣着对教育事业的热爱，但客观因素也在制约着教师"专业化"的发展，边疆教育更需要"专业引领"。

在云南民族自治地方中小学的教育教学中，教师应给学生提供展示自己各种能力的平台，促进学生综合素质的全面提高，尤其要重视学生的思想品德教育。建议在初中教育教学中应更加注重基础的学习习惯的培养，加强学生的心理适应教育，在政策上允许对乡村来的学生加强小学基础知识的巩固教学，因为很大一部分学生的学习基础和学习习惯都很差，初中学习的困难加大，导致其厌学甚至辍学。同时，提高中高级教师聘用比例，增强教师的成就感、事业心。由于受县市执行的专业技术职务结构比例的限制，未被聘用的教师数量在山区更高。该比例提高后所发生的费用应被列入省级财政预算。为鼓励教师到边远山区任教，在边远偏僻教学点设立岗位津贴，定岗不定人，标准拟为每月200元，此项经费应被纳入县级财政预算；定期培训山区低学历教师，培训经费应被纳入省级财政预算。

五 顺应城镇发展与人口迁移趋势，改变传统学校布局

随着小城镇发展的速度和人口从农村向城镇迁移的趋势加大，其中，由于云南、广西两省的民族、边疆、贫困、受教育年限少等综合因素积累，导致云南、广西两省外出务工者中未满18周岁的青少年占相当比例；18周岁以下的流动人口达1928万。女性、儿童、受教育程度低、少数民族、贫困、社会资本匮乏等多重边缘身份交叉，社会又没有必要的保障体系支持、必要的技能培训，结果大多数人只能成为廉价劳动力。他们仍处于较低的地位和应有权利被忽视的社会现实中，更容易成为受伤害人群和弱势群体，而且极有可能被拐骗、拐卖。例如云南城乡结合部的"城中村"屡次发生儿童被拐卖的现象，2000—2004年以来，被拐儿童数量达352名，99%都来源于"城中村"，其中仅有2名是常住人口子女。昆明市公安局在三个月的时间里，共派出警力1000多人次，足迹遍布贵州、广西、浙江、安徽、福建等地，行程5万多公里，摧毁了4个拐卖儿童犯罪团伙，抓获47名涉案犯罪嫌疑人，成功找回、解救出63名失踪儿童，

这些孩子大多都是在昆明打工的农民工子女。[①] 无论是流出地还是流入地，流动人口中的大量青少年，有的是自身作为流动者，有的是流动成人带领的流动儿童，都普遍具有较低的受教育程度，普遍缺乏社会资本，普遍缺少对"现代"社会人际关系的基本认识，缺乏学习、交流和成长的安全环境，更难有发出声音的场合和渠道。

之所以出现这样的情况，究其根本性原因，还在于学校的教育与社会所需知识的脱节。首先是云南山区面积大、交通不便的地理环境决定了山区的校点布局经历了 20 世纪 50—90 年代的以村落为主的学校建设，辅助以一师一校的校点，到 20 世纪 90 年代以后的为集中人力、物力、财力，有利于管理，有利于教育教学质量的提升，提高办学效益的集中办学、收缩校点的发展过程。但是，集中办学的形式主要还是将分散在村一级的师资和生源集中到乡镇一级，并没有考虑到山区乡镇本身存在的交通不便、信息闭塞、办学条件包括教学仪器配备、音体美器材配备、信息技术教育、教师工作条件和生活条件简陋等限制性因素，无法吸收更为优质的师资到校任教，或是有质量的教师派不上山，使师资的不均衡直接影响了城乡学生成绩的差距，也即导致了学业成就低、教育回报太差的局面。在德宏州瑞丽市三台山乡，国家为修通到达乡中学的公路和建盖教学大楼，至 2007 年前后花费近 5 千万元，但是如此巨额的投资并没有引得"凤凰"来，学校已经连续几年没有出过一个大学生，如此高投入和低回报的差距及其中原因应该足以引起重视和讨论：如此投入和布局是否合理？再以绿春县 2000 年、2006 年的初中升学率来看（见表 40），已呈现明显的下降趋势。

表 40　　　　绿春县 2000 年、2006 年初中阶段入学机会的差距

2000 年		2006 年	
入学率（%）	升学率（%）	入学率（%）	升学率（%）
43.88	33.28	98.02	23.12

---

① 《打工子女成人贩子目标 昆明 4 年 352 名儿童失踪》，资料来源：人民网，http://www.people.

com.cn/GB/shehui/1061/2766762.html, 2001 年 7 月 7 日。

　　而这些在山区勉强完成了九年义务教育的学生在寻求经济收入、向往城市生活的推力下开始向外流动,但他们对近在咫尺的城镇都存在陌生和距离感,缺乏基本的城市生活技能,更不用说前往更远的大中城市,一旦流入城市,面临的自然是重体力、低技术含量、低收入的工作,以及其他风险。

　　因此,相关部门应该考虑支持改变传统的学校布局理念,重新论证"集中办学"这一策略,讨论应该如何集中、集中在什么地方才能使少数民族学生享受优质教育,确实有利于民族教育的发展。例如未来20年我国的农民、云南的农民还会减少多少? 如果现在就把乡村教育转移到城镇沿线,就意味着把农民子女提前移动到了城市周边,那么是否会对他们将来融入城市有利? 考虑将一些不利于学生和教师发展的山区中学进一步下移至城镇交通主干道边沿,或是将这些不利于发展的山区中学学生和师资转移进城镇学校,将高成本的交通建设、学校基础设施建设的经费转移到这些城镇学校;增加寄宿制学校的师资编制,包括双语教师;扩大寄宿制学校的规模,提供良好的寄宿条件。针对多民族学生集中在一校的情况,将从来都设在高等学府的民语教育模式下移到中学。

第二节　改革教学方法,根据民族特点与当地实际情况办学

一　继续鼓励双语教育,使学生能听得懂、学得会

　　双语教育是少数民族教育的重要组成部分。一些民族语言甚至是地区性的通用语种,具有区域性的实际应用功能,例如傣语是西双版纳地区傣族、布朗族、阿昌族、部分基诺族和哈尼族通用的"普通话",傈僳语是怒江地区傈僳族、怒族、独龙族之间的通用语。

　　正因为如此,绝大部分西双版纳地区的汉族教师在20世纪50年代时都精通一种或几种少数民族语言。1985年7月通过的《关于民族语言教学考核的决定》强调:"进行民族语言教学考核,是提高民族地区教学质量、增强教学效果的一项措施,它对于鼓励在我州民族地区小学工作的小学教师安心工作、密切联系群众,提高入学率、巩固率和合格率,调动学生学习的积极性,培养边疆民族的'四化'建设人才等方面都有重要的意义",该文件还就"考核对象和条件"、"考核内容"及"工作机构"等做出安排,决定"考核合格者发给合格证书,持'合格证'并从事该

项专业工作的教师可享受规定的浮动工资待遇"。这一政策的出台极大地鼓励了双语教育的发展。但是进入 2000 年以后，这一政策的执行力度被打了折扣。随着校点的收缩，各民族从不同的校点集中到中心校，不仅在教育教学中需要双语教师，在学生的生活照顾中也需要大量的双语教师辅助，双语师资培养显得更为重要。而初中阶段的老师能说少数民族语言的极少，在解决少数民族初中学生遇到的问题时，从语言人类学的角度来看，不能使用民族语的教师和少数民族学生之间往往缺乏语言沟通上带来的亲切感和信任感。

因此，在云南民族自治地方的基础教育政策中，应该继续大力发展双语教育，将西双版纳等地区经过数十年努力探索出的双语教育经验加以发扬，在政策和培养资金上给予倾斜。

二　推广参与性教学方法，丰富学生课余生活

党的十六届三中全会提出的坚持以人为本的科学发展观对教育发展理念更新也起到了促进作用。2004 年 3 月 20 日，中英合作云南少数民族基础教育项目在云南省洱源县实施，这次培训突出"以学习者为中心"这一教学模式，着重于教师教学理念的更新（王世秀，2004）。教师教学理念的更新对于推进西部基础教育发展具有极大的推动作用，同时对学生进行更人性化的教育。

参与性理念和方法的基础是强调平等和倾听。参与性教学方法在云南省教育厅与英国救助儿童会合作的"云南少数民族基础教育项目"中得到了尝试。该教学方式是"以学习者为中心"，培训当地教师用小组工作、学习游戏、实物教学和开放式提问等参与式为主的教育理念和教学方法，帮助教师从过去"我说你听"的教学主导者转变为师生互动、共同参与教学的引导者，积极探索调动学生主动学习的有效方式；同时，培养学生在学习过程中的独立学习能力、解决问题能力和创新能力，让学生在参与式教学中激发起学习兴趣、变被动学习为主动学习，在参与学校和班级的管理中锻炼自身将来适应社会的综合素质。该项目的目标是使师生在参与的互动和兴趣中教与学，从而提高边疆地区少数民族基础教育质量。由于这一经验涉及人力资源、培训费用、教师精力花费等因素，目前并没有能够在云南的民族教育中得到推广。

在调查访谈中，部分教师也看到了云南少数民族学生的特性，希望能

针对"初中后进生、民族生，在学习能力比较差的情况下，在体育、音乐等方面给予他们培训，让他们觉得在校学习还有自己的位置，从而能更安心地学习和遵守校纪校规"。这些长期耕耘在边疆民族地区的教育工作者认为，在目前的教学评估体制下，学校的发展是"教学抓得紧，但忽略了劳逸结合，希望给同学们平等的各种机会，增强劳动观点，加强体育锻炼"。

但是现在的寄宿制学校在时间安排上还存在很大的问题，以长湖中心学校为例，学校把每天晚上三四个小时全部都用在自习（几乎都是在上课）上，学生根本无法承受如此长的授课时间，最后只能使学生疲惫不堪，教学的效果事倍功半。为此，建议制定出科学合理、积极有效的日常管理制度，如晚自习的时间可以定期组织学生看一些有意义的电影，像教育性的纪录片，或开展一些有意义的活动等，以此丰富少数民族学生的知识，使他们的思想道德、自身素质和知识的广度在轻松的观看和活动过程中得到合理的提高，从而也可以激发学生的学习积极性，提高其学习的效率，使学生们感到学校生活并不是枯燥无味的，促使他们爱上学校这个大集体。

三　因陋就简，因地制宜，合理利用民族文化资源

限于地方财政困难的实情，学校基础设施落后的现状在一定时期内暂时无法解决。但是学校仍然可以结合少数民族学生的特长与民族特点，因陋就简、因地制宜地开展与少数民族传统文化、体育相结合的活动，例如课外活动、体育运动的设计都可以交给学生来组织和设计。

另外，针对宗教节庆多的现象，学校可以换位思考，通过积极配合少数民族的节庆活动，组织学生在聚会地点表演节目，既尊重了民族习惯，为节日增加了喜庆气氛，也借机在节目中宣传学校教育，与家长、社区搞好关系。学校获得家长、社区的理解和支持后，可以与学生家长、学生、社区协商什么活动一定去参加，什么节庆可以放弃，并制定为村规民约，通过社区协助管理学生离校参加节庆活动的行为。一些被访老师认为："这儿是多民族地区，少数民族活动较多，如傣族的泼水节、景颇族的目瑙纵歌，以及阿昌族的阿露窝罗节、傈僳族的刀杆节，让学生通过参与民俗文化活动，了解民族知识，了解家乡，有利于各民族之间的相互尊重、了解和团结。从而培养学生热爱祖国的思想意识。其实这些'活动'也

是实施素质教育的途径之一"、"当地的节日文化活动不仅能给少数民族提供一个展示本民族特点交流的平台，还有利于宣传边疆文化生活并吸引中外游客来参加，这有助于丰富学生的知识联系，使学生充分了解家乡的民俗活动。"因此，建议学校在课外活动中，充分开发与民族文化相结合的民族体育竞技、歌舞表演等活动，将其纳入民族素质教育，并尝试建立民族素质教育体系。

同时，也要合理利用民族文化资源，宣扬民族教育的重要性。例如南传佛教在西双版纳地区的传播和发展已有一千多年的历史，拥有云南最大的信众团体，在傣族、布朗族的宗教信仰中占有绝对位置。佛教僧侣的权威性决定了他们也是促进社会发展的人力资本。而且南传佛教的入世性强于其他宗教和教派，其积极参与云南省边境地区的艾滋病宣传与关怀的行为就是证明。因此，应争取佛寺僧侣的支持，利用佛寺和僧侣宣讲民族教育在民族发展、边境安全、国际交流中的位置，辨析民族教育的重要性。

第三节　开发乡土教材，合理利用乡土资源

乡土教材，是相对国家统编教材而言。它关注的重点是乡土的历史和文化。2003 年，教育部颁布条例，允许各地自己开发本土教材，俗称"乡土教材"，许多教育界人士和民间机构迅速进入这个领域。

21 世纪教育研究院院长、北京理工大学高教研究所著名的教育专家杨东平教授认为："当前的教育改革到了这么一个阶段，要追求更好的品质，探索好的教育究竟是什么样子，因为我们目前面对的应试教育模式，把教育真正的活力和生命力全都抹杀了，学生成了分数和考试的奴隶，这引起了上下高度的重视。应试教育从 20 世纪 80 年代到现在，愈演愈烈，已经到了难以收拾的地步。另一方面，近几年随着现代化的价值取向成为主导，教育的价值观也越来越城市化、国际化、西方化。在这个过程中，教育的内涵变质了，也就是说，作为一个中国人的独特的教育越来越模糊了。中国是一个幅员辽阔的大国，有着丰富多彩的地方文化和不同民族传统的历史文化，但这些都在慢慢消失。最典型的是少数民族的语言教育。这种民族文化越来越消失退化。地方化、个性化、基层化的东西越来越少，代之以城市化、国际化、西方化，这是当今乡土教育中最基本的一个矛盾。"

　　事实上，乡土教育在民族文化传承、环境保护、致富农民增收方面承担的重要作用正在被越来越多的教育工作者所接受。乡土教育课程逐步从局部的试点项目向普通学校铺开。对于多民族聚居、自然环境千差万别的西部地区，教学方法更是因各地民族生活习俗的不同和需求各异而呈现出多样化。"中国文化是多元的，我们应当通过具有地域情感的乡土教材，把中国文化的传承落实到自己生长的土地上来"，一位老教师这样说。

　　因此，应针对少数民族学生学习基础差、学习能力弱，但天生喜欢歌舞、体育的民族性格，推广参与性教学方法，并丰富学生的课余生活；增加校本课程的开发与教师培训的财政预算，整合其他部门的相关培训资源，支持开发与云南少数民族地方经济、文化发展相适应的课程与教学方法；支持学校开发和利用勤工俭学基地，强化职业技术教育，培养为当地经济服务的实用型人才，使巩固基础教育成果与增加学生的实用技能并行；允许地方教育系统建立与校本课程相接轨的教师考核评估体系；传播与推广乡土能人的知识和经验，培养本地农村能人作为教学辅助人员，弥补教材和教学知识针对性不足的问题。

一　当代乡土教材的编写理论与经验回顾

　　长期以来统一的应试教育中存在与民族地区和农村地区实际生产生活相脱节的问题，农村孩子和城市孩子使用完全一样的课本和教学方式，使得与城市需求不同的一些农村生活技能往往无法从学校课堂中获得，缺乏对当地人在当地的生存能力训练。在云南省的一些地方，"学用脱节"已经成为导致学生辍学的因素之一。红河哈尼族彝族自治州的一位初中毕业生说，学校里劳动技术课上按照大纲教学生编篮子和摄影，可是当地不产竹子，学校里也没有摄像机。"老师随便讲讲而已，没有用的，只要考试背出来就行了。"这些学生念完了初中，可是还和他们的父母一样，用撒秧、割谷子这样的简单词语来描述农活儿，而对根系发育、抽穗等专业术语、水稻的病虫害症状一概不懂，"学会了数理化，但是回家种田仍不如爹"，干农活儿仍得从头学起。

　　作为较早的乡土教材《贵州读本》的主编、北京大学中文系钱理群教授认为，编写乡土教材，有一个更深刻的文化背景——我们生活在全球化的时代，全球化是必然的趋势，全球意识和开放意识已经深刻地影响了年青一代的思想和精神面貌，这从总体上来看是积极的，但是也不能不看到随之而来的另外一种文化现象——一种逃离自己生长的土地的倾向，从农村逃到中小城市，从中小城市逃到大城市，从大城市逃到国外，这是年青一代的生命选择和文化选择。"我忧虑的不是大家离开本土，到国外去学习，忧虑的是年青一代对养育自己的土地和这片土地上的文化，以及土地上的人民产生了认识上的陌生感，情感和心理上的疏离感。我觉得这会构成危机的。我经常跟学生说你离开了本土，没有了本土的意识，同时又很难融入新的环境中去，从农村到城市，你很难融入城市，到美国，也很难融入美国，这样一边融不入，一边脱离了，就变成了无根的人，从而形成巨大的生存危机，而且从民族文化上说，对民族文化也构成巨大的危机。所以我编《贵州读本》时就很明确地提出一个口号——'认识你脚下的土地'。在全球化这样一个背景下提出这样的口号，其实就是寻找我们的根，我们民族国家的根。所以乡土教材不仅仅是增加学生对一些乡土的了解，更主要的是建立他和乡土（包括乡土文化及乡村的普通百姓、父老乡亲）的精神血缘联系，我觉得这是乡土教育一个重大的特征。"

同样的，北京天下溪教育研究所所长郝冰在她主持的系列乡土教材总序里写道："在乡里，最容易辨认的就是乡村小学。教室、旗杆、操场、围墙、标语，都是显著的标志。年复一年，学生们从校门中走出来，有的回到土地，有的走向城市。学校教育给了这些乡村少年什么呢？我们想让这些孩子的行囊中多一样东西：对家乡的记忆和理解。无论他们今后走向哪里，他们是有根的人。因此我们决定编一套乡土教材，把天空、大地、飞鸟、湖泊和人的故事写进去。这套教材只是一粒种子、一滴水，希望有一天，这些乡村少年心里装着森林、大海走世界。"天下溪教育研究所作为编写乡土教材的先行者，在国际鹤类基金会的资助下，先后开发了系列乡土教材，包括《草海的故事》、《霍林河流过的地方》、《白鹤小云》、《扎龙》、《与鹤共舞》等。

在云南，天下溪教育研究所支持的丽江市拉市海小学和福特基金会支持的丽江市玉龙县白沙乡白沙完小是目前乡土教材开发和使用经验比较完善的两所学校。而福特基金会支持的校本课程开发则提出了校本教材应"与当地经济文化类型相结合"。在这种背景下，勐罕镇中学教师参与编写了一套地方性校本教材——《认识我们的家乡》、《保护我们的家乡》、《建设我们的家乡》。目前，该套教材处于试用和修改阶段，教学效果良好，试验学校的教师和学生对它的评价很高。

二　云南当代地方校本课程实践与乡土教材编写

如前所述，在云南这个多民族的边疆山区省份，乡土教育对于提高这些地区儿童的入学率、巩固率及基础教育的质量起到了不可忽视的作用，也是民族教育未来发展的必然趋势。一是学校教育经费的缺口和学生家庭的贫困使勤工俭学成为双方的共同需求，国家教育部 2005 年和 2006 年连续两年召开的中西部农村中小学勤工俭学现场会充分肯定了学校勤工俭学工作的重要作用，并要求各地特别是中西部农村中小学要进一步增强做好勤工俭学工作的责任感和使命感，坚定不移地推进勤工俭学的开展。这使得乡土教材的开发有了更多的政策支持；二是家长对现代教育功能的怀疑和学生对现代教育的兴趣，使立足于乡村发展所需的生产技能教育成为提高少数民族地区儿童入学率、巩固率及基础教育质量的切入点。由于云南省情、族情的特殊性，使云南当代乡土课程的实践与相关教材的编写得到了来自政府部门和非政府机构的关注与支持。

除了前面提到过的 2006 年在西双版纳州景洪市勐罕镇中学开展的《中国西部少数民族地区经济文化类型与初中地方性校本课程建构》（福特基金会资助，中央民族大学提供技术支持）以外，最近 10 年，由云南省教育厅和英国救助儿童会云南少数民族基础教育项目在云南省双江县、宁洱县、巍山县、香格里拉县等地联合开展了一系列校本课程的开发和乡村实践活动，① 通过参与式教学培训、学生实践、社区参与教育等，获得了推动校本课程建设的经验：

参与式教学是促使教师在实践中通过寻找适合自己和学生的教学方法、学习方法和思维方法，而校本课程的编写原则是编写内容与学生所生活的乡土实际紧密联系，编写者是教师与学生甚至是当地的乡土知识拥有者，编写过程是一个教师、学生、当地人（乡土知识专家）共同参与的过程。这就要求教师能走下讲台，进入到学生中间，与学生一起充分了解社区的发展需求、学生的兴趣、掌握技能培训知识与方法，向当地的"土专家"求教，认可并尊重乡土知识。这种方法虽然与常规教学方法存

---

① 具体内容和资料来源分别见于《校本课程的乡村实践——云南省双江县、宁洱县、巍山县社区教育项目纪实》，云南人民出版社 2009 年版；《参与式教师培训　培训者手册》，香港文汇出版社 2007 年版；《职业培训手册》、《勤工俭学项目财务管理手册》、《学习做家长》、《宁洱县民主逸夫小学校本课程实践手册》、《双江县千福完小校本课程实践手册》（内部印刷资料）。

在不一致，但是其倡导的"倾听"、"平等"、"参与"的理念在一定程度上改善了教师与学生的关系，拉近了学校与社区的关系。

为此，如何做调查、收集资料、突出地方特色主题就显得非常重要。根据教育部的新课程改革方案中提出的"综合实践课程"概念，来自双江县千福完小、宁洱县民主逸夫小学、云南迪庆自治州教育局政研室和香格里拉县尼西乡汤堆小学合作开发了基于田野调查为目的的《校本课程实践指南》、《综合实践指南》，用于引导学生走出课堂，学习编写田野调查提纲。例如：

千福完小通过师生共同"（讨论）明确主题、分组活动（分组、制订计划、联系专家、调查采访、学习、交流分享、动手操作）、成果产出（个人手册、小组手册、体会、个人作品）"的活动流程，确定和完成了拉祜族服饰、拉祜族歌舞、校园植物认识的主题与调查。

民主逸夫小学根据当地社区情况及学生实际，共同讨论学生感兴趣的调查主题——对于你所在的村子，你知道些什么；你最感兴趣、最想了解什么；制订调查计划——调查什么？向谁调查？什么时候、分几次调查？调查时的注意事项？小组成员的分工、拟定调查提纲等；了解调查工作及注意事项——小组讨论开展调查活动要注意些什么（安全等）？用什么方法和手段进行调查（调查方法的选择与运用等）？最后根据调查计划组织开展调查活动，收集整理资料及分享成果。最终，民主逸夫小学根据当地的地理活动，确定了地震前的预兆、地震中的故事、地震后的故事这种实践过程，是一种让学生关注与他们生活密切相关的学习过程，并在这个过程中建立协作的集体主义精神的过程。而教师在这个过程中的"放"，培养了学生的自信与创新能力。

社区参与教育主要是培训家长对孩子重新进行深刻全面认识的方法，对孩子的教育方法和技巧，可以对孩子进行哪些方面的教育，以期改变传统的教育观念——"教育是学校的事"、"我自己都不识字，没能力教孩子"等陈旧观念，并克服"五加二等于零"的社会思想——学校五天的教育效果，被两天的家庭和社会影响抵消，促使家长明白孩子的行为习惯和思想品格等方面的培养与家庭教育的紧密相关性。

针对云南少数民族地区经济、社会、文化发展所需编制的《职业培训手册》，则从种植、养殖、传统手工产品等方面简单明了地、系统地介绍了农业实用技能。例如认识猪种、仔猪饲养、母猪的繁殖及饲养管理、养鱼技术之草鱼养殖、养蚕等虽然是乡村社会里长大的孩子习以为常的传统的养殖行为，但是系统的技术讲授却是他们的长辈所无法给予的；桑树种植的实用技术、橡胶的栽培及割胶技术、咖啡的种植技术、茶叶的自述、核桃栽种技术、笋材两用竹栽培技术则涵盖了目前云南山地经济发展中最为快速、最有经济发展潜力的几类种植技术的介绍，不仅学生觉得实用，在通过学生向家长传递和交流在校学习到的技术过程中，也赢得了家长的赞许，教育价值得以体现和被认可。在"布朗牛肚被"的制作工序中，布朗族学生了解到了自己民族文化资源的价值，也学习到了用自己栽种的棉花制作"牛肚被"的手艺，一名学生的记录里写道："前段时间我们这边来了些老外，他们非常惊叹我们的传统工艺，还出高价买了两床回去。他们还想多要几床，可是因为没有现货没办法买。真没想到我们的被子老外那么喜欢。他们还说这是纯自然的，是布朗族人民的智慧结晶。我决定认真学习牛肚被的制作工艺，以后我做的被子也可以销售出去甚至出国。想到这里我很开心，我要好好学习制作工序"。

应该看到，这个建设的过程是一个双赢的过程，一个学生说："通过参加学校的基地建设，让我学到了许多有关橡胶的管理技术，我准备用所学到的技术回家管理自己家的橡胶"；一位小学教师说："对学生和家长进行培训，不仅仅是锻炼学生，也让家长对学校工作更支持，在学校遇到困难时也积极地来帮忙。我们一些养鸡的土方法就是村子里的人教我们的。"

此外，围绕对社区生活环境、文化历史开展的参与式调查活动，使家长、学生提高了生态意识、保存和保护当地文化的行为；儿童营养卫生问题的调查使家长意识到农村儿童存在的健康问题与相关的健康知识、预防知识和方法，从一个侧面推动了农村家庭的健康发展。

为了配合勤工俭学工作的开展，提高相关教师对勤工俭学工作的财务管理能力，云南省教育厅联合英国救助儿童会云南少数民族基础教育项目编写了《勤工俭学项目财务管理手册》，内容简易明了：原始凭证→现金/实物日记账→收支平衡表→财务分析四方面的财务处理流程方法，使学校项目的财务管理工作和可持续发展得到了进一步加强。

正如宁洱县一位参与校本课程实践和乡土教材编写的老师所言，它"打破了以往教育价值取向中的升学取向和就业取向"，在一定层次上使学生掌握了基本的生产生存技能，"缓解了普通教育与职业教育的矛盾"。

三　云南乡土教材建设建议

1. 发动当地人参与，合理利用传统民族文化

乡土教材的生命力在于民间的自发成长，在于文化多样性和教育多元化。因此发动当地人的积极参与是乡土教材能够成功的重要因素。

在丽江市玉龙县白沙乡白沙完小，师生们亲自参与编写的乡土教材里将白沙作为丽江木姓土司的发源地的历史、当地众多的历史文化遗迹，比如白沙壁画、白沙细乐、白沙古镇等都纳入了乡土教材。学校老师不无得意地说："我们的乡土教材是老师和学生自己写的！"这本只有几十页的乡土教材，花去了白沙完小近百名师生一年半的时间。老师把学生分成数个小组，有的负责采访，有的负责整理民间传说，有的负责拍照。从一开始，学校就从热心的村民里选拔出 4 位村民辅导员，带着孩子们一起做调查。为了给教材配插图，项目组专门送给学校 4 台相机，让孩子们自己动手拍摄。

丽江东巴文化研究分院的和品正研究员亲历了乡土教材开发的整个过程。"如果让我们三位专家编写，只要两三个月就能写完，为什么要孩子们自己来动手，主要就是为了培养他们的动手能力。孩子们在编写教材的过程中学会了调查，提高了写作能力，孩子们的绘画、摄影作品收入了课本，对他们都是极大的鼓励。"①

"让地域文化进入中小学教学，将学生引向自然、引向社会、引向生活。经过几年摸索，我们认为这是传承民族文化行之有效的手段。"白沙完小乡土教材试验项目主持人、云南省社会科学院副院长杨福泉这样介绍。在过去的几年中，这个项目组在云南藏族、纳西族等边远山区先后开展了多种形式的乡土教学实验，除了常见的书本教学、手工实践方式外，甚至还使用了影像教学的手段，让当地有民间知识的人手持摄像机，拍下他们认为应该教给下一代的生活内容，再拿到课堂上给孩子们播放，受到了学生和家长的欢迎。

西双版纳州景洪市勐罕镇中学则积极选择当地的传统民族文化知识作为课程资源，该校开发的乡土教材《认识我们的家乡》、《保护我们的家

---

① 《乡土教材在中国：质疑和改造大一统教育模式》，资料来源：中青网，http：//www. youth. cn?? 2006—10—18 09；38；00。

乡》、《建设我们的家乡》（供初中一年级至三年级学生使用）在课程内容的选择上，力图从当地的实际出发，最大限度地选取与学生的现实需要、生活经验与文化背景相契合的知识经验，如把当地的生产活动、各民族的风俗习惯、农作物栽培、风土人情、特色旅游的生产开发等本土知识作为课程资源，使课程内容充分体现民族特色和地方特色。通过对本土性知识的发掘，让勐罕镇中学不同文化背景的学生更好地了解各个民族的历史和文化，在自己熟悉的环境中获得相应的知识技能，形成对民族文化和社区文化的认同、接纳和归属感，逐步形成跨文化的认知、沟通和理解能力。

2. 明确乡土教材的培养目标

乡土教材的目标应是培养学生对民族民间知识、生存智慧、乡土知识有了解和掌握，能依靠本土/乡土志愿谋生。只有在明确这一目标之后，才能在学制、课程设置、教材内容、师资配置和培训、教学评估等方面制定相应的政策或规章制度，进行改革。

第一，应大力宣传民族传统文化既有利于少数民族地区儿童智力（如观察力、记忆力、想象力等）的发展也有利于非智力（如动机、情感、性格等）的发展。民族文化的丧失不利于中华民族文化多样性的保持。这种对比给了我们一个启示，民族教育在方向上既要兼顾国家主体文化发展，也要兼顾地方民族文化发展，偏废两者的任何一方都不是民族教育的福音。

第二，教师应具备在特定教学点所需的乡土背景知识，在具体的教学过程中才能对学生的生活知识予以足够的重视，调动学生的积极性，激发学生学习的兴趣。

第三，传播与推广乡土能人的知识和经验，培养本地农村的能人作为教学辅助人员。通过适当的途径把他们的知识整合到教学中来，这不仅可以弥补教材和教学知识针对性不足之缺憾。对于在农村开展素质教育和职业教育也有积极意义。

第四，充分利用学校现有的勤工俭学基地，强化职业技术教育，增加少数民族学生的实用技能，实践乡土教材与教育，培养能为当地经济服务的实用型人才。

按照《国务院关于进一步加强农村教育工作的决定》、云南省《二十一世纪教育振兴行动计划》和教育部《2003—2007年教育振兴行动计划》的通知精神，云南民族教育以"农科教相结合"，立足实际，走农村综合可持续发展的路子，加快农村教育发展，深化学校教育改革，促进农村经济社会发展和城乡协调发展是乡镇学校发展的方向。乡镇中心学校基本上都有自己的"勤工俭学"土地，如果政府、学校、企业、农业服务中心能够分工协作，以农村劳动力实用技术培训和技术推广为纽带，实现资源共享、优势互补，共同为农业和农村经济发展服务，便能逐步形成农业、科技、教育相互促进、协调发展的良性运行机制。例如石林县长湖镇中心学校就拥有科技含量高的集种植和养殖为一体的"科技示范园"，拥有800平方米的连体标准大棚、28亩的学农基地，建有一个占地500平方米的规范养猪场和一个占地1000平方米的养羊场，但是由于多种原因，养殖业目前尚未得到充分发展。

建议针对少数民族地区的教育价值观和教育价值取向的差异性，在民族教育中总结历史上推行的"两条腿"办学的经验，实施将素质教育与实用技能教育相结合的教学模式。如文山壮族苗族自治州教育部门尝试在初中开设实用劳动课。砚山县平远二中从初一年级教孩子们果蔬栽培、烤烟栽培等技术，初三年级的下学期则将部分学生分流到职业班，专门学习养殖、农机修理等职业教育课程，获得职业资格证书，让他们在结束学习生涯之后掌握一两门实用技术，为今后的劳动致富打下基础。初二（59）班的学生楚光配说，劳动课上，她学会了种蔬菜，假期里她在房前屋后种些辣椒、青菜，除了自己家里吃外，还拿到市场上去买。在她的带动下，周围邻居都学着种起了蔬菜新品种。更令孩子们兴奋的是，两个月前初一年级种植的辣椒收获，卖了500元钱，学校将这笔钱作为家庭贫困的学生补助金。看到自己的劳动结出累累硕果，孩子们学习的劲头更高了，家长们也乐意让孩子在学校多学点儿手艺了。"教育更直接地为农业科技推广和农民增收服务，这是我们农村学校巩固基础教育成果最有效的方式。"该校校长如是说。

西双版纳州景洪市勐罕镇中学参与"经济文化类型与初中地方性校本课程建构"实验项目在确立乡土教材的培养目标方面也提供了宝贵的经验。项目组首先要求对当地的经济文化类型进行调查，然后根据经济文化类型的具体内容设计课程目标。在项目初期，研究者主要应用了乡土文献资料收集法、小型座谈会法、典型经济文化类型片区参与观察法、访谈调查法、入户调查法（含参与观察、问卷调查和访谈调查）和影视民族志等多种方法，从生态、生计、社会组织形式和典章制度即意识形态四个方面进行调查。调查结果表明：勐罕镇是一个以橡胶业为主导，以粮食生产和水果栽培为辅，旅游业逐渐兴起，传统稻作逐渐退出主导地位的多元文化社区。通过调查，项目组摸清了田野点的经济文化类型及其变动趋势，了解了田野点各社会群体的教育需求，并对项目实验学校的发展情况进行了整体性研究。在此后的课程目标设计中，项目组以勐罕镇的经济文化类型为基础，确立了以生计教育、环境教育、创新教育为课程开发的切入点，以提高学生在当地的生存能力，满足其回归传统社区所需要的生计知识和技能。

3. 积极面对社会现实问题，开发实用教材

乡土教材的开发应避免就文化讲文化、就传统讲传统、不面对变化中的生活的现象，积极面对复杂的社会现实问题，使学生能从中了解社会发展，学到实用知识，云南省少数民族自治地方基础教育阶段乡土教材的开发应注意做到以下几点，突出其实用性：

首先，为了应对现代人口迁移频繁的社会现象，应对少数民族学生提供现代城市生活技能和外出务工前的教育。从以往的研究来看，缺信息、低学历、对工具性语言文字的使用能力差和缺乏安全感等是流动人口迁移进城市社区后面临的主要问题，需要帮助他们克服心理上的恐惧感和基本技能上的障碍。

其次，面对云南边境地区艾滋病致孤儿童大量出现的事实，应组织有关人员编写艾滋病防治和消除歧视的乡土教材。加强与民政部门合作，对艾滋病致孤儿童开展心理救助与咨询工作。云南作为艾滋病疫情的高流行地区，艾滋病致孤儿童数量大，截至 2008 年，云南省民政厅救助安置的孤儿就达 2000 余名，随着发病高峰的陆续到来，艾滋病致孤儿童的数量也会随之出现高峰。这些儿童基本上都存在隔代教养引发的问题，因此，应在现今教育系统内对艾滋病致孤儿童的教育救助工作经验进行总结和推广，从教育部门的角度关注此类儿童群体的发展。从 2006 年开始，德宏州陇川二小与当地民政部门和有关非政府机构合作，尝试从集中供养的角度关注这类儿童，已取得了一定的经验。

再次，加强边境民族地区的爱国主义教育。云南边境线长，边民流动大，边民对边境两侧国家政策如何非常敏感，境外势力从来就没有放弃过对边境地区的渗透，在边境民族地区教育中加强爱国主义教育十分迫切。

在中缅边境线上，南传佛教覆盖的边境地带就达 2400 多公里，信众

达 120 万人，是云南省最大的宗教群体。境外宗教势力的渗透因其迹象较隐秘、问题未凸显，对它的研究关注和支持力度远远不及基督教、藏传佛教等。但是这并不意味着这一地区的宗教渗透就没有开展或不足视听。进入 21 世纪后，云南边境地区佛教活动变得越来越频繁而复杂，依托或潜藏在文化交流、宗教活动下的宗教渗透形式已发生了变化。目前由于南传佛教发展中出现的一些问题未引起足够重视，如佛学研究浅显、学理教育断层、僧才流失严重、空寺率居高不下、佛学知识修为浅薄、寺院经济短缺等现象，已经无法满足信众的需求；僧俗两众的跨境交流日益频繁，对境内外佛教发展的认识处于不对称状态，僧俗联合"朝拜"的现象也在增多；转而信仰其他宗教的信众数量已呈现逐年上升趋势，无意中降低了境内南传佛教的地位，而近年来基督教渗透研究表明，该领域的渗透已经开始关注和进入学校这一以往不被重视的空白地带。这些现象都使境外宗教势力的渗透有了可乘之机，增加了边境地区统一战线工作的难度，边境安全受到影响。

在 1300 余公里的中越边境线上，由于越南在边境地区的优惠和扶持政策实效性、具体性更大，边民在比较后不满情绪经常溢于言表，直接影响着国家的形象、边防的巩固、经济的发展和社会的稳定。

而相距云南不远的泰国，因其经济条件相对发达，边民文化的同质性与血缘、族缘的认可性高于国内其他地区，因此跨境流动去泰国打工的少数民族特别是布朗族和傣族越来越多，以此获得的经济效益使得这种流动没有停止的可能。

有鉴于此，在民族教育领域和民族工作领域内，打开窗口看世界、看中国就成为二者统一的工作目标和责任，具体的、实在的、有形的爱国主义教育就显得特别急迫。

4. 扩展学校教育功能，向校外儿童提供生计技能教育

云南少数民族地区女童的受教育状况不容乐观，部分失学的大龄女童亟须得到生计技能的培训。学校在开发校本课程的同时，应扩展学校的教育功能，向这些女童包括其他校外青少年提供生计技能培训，为现代民族教育价值观的构建营造支持性环境。其操作可以参考由我国商务部与英国国际发展部签署的女童国际合作项目"中英大龄女童合作伙伴项目"。该项目于 2002 年启动，目标是使中国西部贫困地区的大龄女童能够参与经济和社会发展，并从中受益。该项目免费为部分 15—18 岁辍学在家的女

童提供培训。教材内容包括蔬菜选种、果树嫁接、花卉栽培、农药的安全使用、预计项目、刺绣针法、绒线编织等，对于那些即将外出打工的女孩，还教授其实用生活技能，包括如何使用公共设施、如何自我介绍、如何给家里寄东西、危机防护与自救和预防艾滋病等。执行结束时，项目执行县中 12000 名辍学大龄女童接受了培训。

第四节　构建与现代民族教育发展需求相吻合的价值观

一　整合资源，面对普通民众构建教育价值观

云南少数民族的教育价值取向与价值认同至今仍处于构建阶段。参与这种构建的对象不仅只是学校、教师和学生，还应该包括学生家长在内的普通大众，他们的理念和取向直接影响了学生，也正因为缺乏他们的监督和配合，学生懒散的学习态度和逃避学习的行为才得到了支持。

实际上，这种将普通大众的教育也包含在内的做法，早在 1931 年 4 月颁布的《云南省政府实施边地教育办法纲要》中就已经被提出了。《纲要》规定，边地教育的对象是 6 岁以上 50 岁以下不会说汉话、写汉字的少数民族群众，[①] 而将成人纳入教育范围，除了希望扩大知识的普及面外，还希望这些成人能够对学校教育有认识，从而将孩子送到学校来接受教育，支持办学。时至今日，在各种因素影响下显得脆弱的教育价值观仍然需要得到普通大众的支持和认可。

从上文可以看出，少数民族的教育价值评判较低与家庭教育缺位已成为限制云南民族教育发展的特殊背景之一，究其原因，主要是家长的文化程度整体偏低，对子女的受教育意识不强，形成"他/她愿意读就去，不想读就算了"的顺其自然的放任消极态度。这种教育普及水平不高，与党的十七大提出的学有所教、完善现代国民教育体系、基本形成终身教育体系的新目标相矛盾。据相关调查显示，云南省具有初中或初中以下学历的家长占到少数民族农村家庭的 80% 以上。[②] 而长期的信息闭塞、与外界交流少等因素，使少数民族地区的复盲率依然维持在一定的基数，即使具

---

① 苍铭：《民国云南边地民族教育概说》，《民族教育研究》1998 年第 1 期。

② 李桐、盛永红：《云南省少数民族地区农村家庭受教育水平现状及对策——对云南省少数民族地区教育负担率的抽样调查分析报告》，《经济研究导刊》2008 年第 11 期。

有初中学历的家长能否具备相应的素质仍是一个未知数。因此，应与其他部门的相关培训资源整合，例如农业部门的技术培训、社科联部门的科普培训、司法部门的法律培训等，将教育价值观的重构作为其中的内容之一，强调教育与科学技术、经济发展、责任权利等知识的关联性，从另一个层面上加强普通大众对教育价值的认识，使之成为民族教育发展中应关注的一个重要方向。

二 关注教育发展政策的持续性，应对少数民族教育价值观的脆弱性

从少数民族地区的特殊性政策的发展来看，新中国成立以来，国家和省出台的特殊政策中，由于缺乏系统性、连贯性和权威性，没有形成文件、没有上升到法规的临时措施占很大比例，加上搞特殊政策措施在一些行业多、一些行业少，也有少数行业在新中国成立以后从未制定过正式文件给予少数民族地区特殊政策（如电力、通信等）。在没有形成全面系统的少数民族特殊政策法规体系情况下，许多倾斜、照顾只能是临时行为、权宜之计，结果在一定程度上影响了少数民族教育价值观的形成与稳定。

如前所述，少数民族地区的教育价值观是在新中国成立后随着学校教育的建设和发展而建立起来的，缺少根深蒂固的基础。因此，在诸如橡胶经济、茶叶经济、民族风情旅游经济之类大的经济发展和政策变化的冲击下，便会很快显现出其脆弱性。为此，建议由云南省教育部门组织专家对相关的国家政策与地方社会发展长期趋势进行研究，关注产业发展政策与民族教育发展政策的关联性，建立边境地区民族教育政策的预警研究，以进行有效的政策干预，积极应对少数民族教育价值观的脆弱性。

同时，要针对少数民族发展所需，将职业教育彻底贯穿在教育的各个环节，从新中国成立开始至90年代初期一直在提倡的适应民族地区经济、社会发展需要的、符合当地实际情况的"三教"（基础教育、职业技术教育、成人教育）协调发展战略，到90年代中期以后，基本上是只以基础教育为主，职业技术教育反而被冷落。应该看到，在过去的发展中，注重少数民族贫困地区的智力开发，少数民族贫困地区社会发育程度低，文化教育科技落后，商品经济观念淡薄，各种建设人才缺乏，文盲率高，给扶贫工作带来很大困难。为改变贫困地区的落后面貌，各地通过采取培训、进修、参观学习、易地代职锻炼等方法，重点培训少数民族贫困地区县、乡两级干部，使他们开阔了眼界，提高了思想文化水平和领导能力，增强了扶贫工作的责任感,成为带领群众治穷致富的好带头人。在培训干部的同时,各地还重视职业教育,通过开办职业学校和各类培训班,重点培训复员退伍军人和在乡知识青年,大量培养各种乡土技术人才和能工巧匠,提高劳动力素质,努力使每个贫困户都能掌握一两门生产实用技术,并帮助他们找到生产门路。在扶贫工作中,有的地方十分重视开展科技扶贫,建立科普工作队,深入贫困地区普及推广科学技术,鼓励科技人员进行扶贫技术承包,推广各种投资少、见效快、易为广大少数民族群众接受掌握的生产实用技术,效益非常显著。

"一个民族、一个地区要发展进步,归根结底要靠人的发展与进步,云南少数民族地区由于历史、自然环境等客观因素的影响,基础教育非常滞后,人才的贫困与经济的贫困成为一对孪生兄弟,互相制约。因为贫穷,影响教育发展,导致劳动者素质低;因为劳动者素质低,影响了经济发展。因此,加快少数民族和民族地区发展,实现各民族共同发展繁荣,人才是关键,根本在教育,发展民族教育是实现各民族共同繁荣的重要途径和基础工程。"①

三　发展边境民族地区基础教育的对策

(1)云南"沿边一线"基础教育的发展策略,除持续增加教育投入外,还应该加快对标准化教育进行修正和改革,使教育适应多种需要,适应这一地区民族社会的实情。同时,要放弃将本民族地区教育与内地教育看齐的努力方向,强调特色。"特色"可以用这样的话来表达:"一个民族地区的毕业生应该是这样的人:爱国家,爱民族,遵纪守法,有社会责任感;明了作为一个公民的权利、义务和责任;心胸宽广,善于合作;对人生充满希望并愿意为建立美好的生活而努力,思想活跃,意志坚强;有一种或几种能在本乡本土发挥作用的实用知识和技能;了解社会的实际状况,具有在生产、交易中的交际能力,并善于将设想付诸行动;体格强健,能吃苦耐劳;对本民族的历史、现状、传统文化和艺术有较深的了解;有自学成才、终生学习的素养和愿望。"

因此,边境民族地区的基础教育除了在就读人数、普及比例上有明确

---

① 徐畅江:《按照三个代表要求加快民族教育发展——格桑顿珠谈贯彻第四次民族教育工作会议精神及〈云南省基础教育振兴计划〉》,《今日民族》2002年第1期。

并可检验的标准外，还有一个建立在对国家教育方针的全面贯彻和具体诠释基础上的对教育行动"实效"的检验标准。

（2）改革的目的应该紧盯住"厌学"，应该编写适合本地少数民族学生特点的教材，降低难度，增加地区针对性，以实用、与民族地区的经济生产和文化生活相互参照为基础，分为基础部分与应用部分，将基础知识与实用知识结合起来。

（3）继续20世纪60年代的试验。现在继续进行20世纪60年代的教育试验，条件更趋成熟。目前，云南边境一线的基础教育体系已经完备，几乎不用再进行更多的、以基础设施投入为主的行为。这些试验正如上文所述，包括了"自编教材"、"教学多动手"和"开放式教育"三个方面，前两个内容可在国民普通教育学校中进行，开放式教育可在各职业教育、远程教育、成人教育单位实行。在试验中，如果能够将现在分割为"条、块"的资源进行组合和整理，效果可能更为良好。

特别是边境地区的民族学校或一般学校中的民族分部、民族班，更应该积极地实践这些内容，要鼓励民族学校应该比别的学校更加主动地实行改革，成为边境地区基础教育改革的带头人。

（4）在基础教育实践中弘扬中华文化，即将中华文化的特征融入边境基础教育中，以中华文化推动边境基础教育的影响力。在云南边境地区，中华文化的内核可以很好地与学校基础教育中的思想品德课程相结合，形成素质教育中"人格培养"的核心理念，这样就与边境另一侧的华人学校、华人文化圈一起铸造起一道中华文化的边境长廊，形成竞争优势。它的实施次序应该做以下考虑：编写中华文化的实用性教材；在音乐、体育美术教学中突出中华文化的内容；将这些教材免费发放给边境另一侧的华人学校，或作为其他境外学校汉语教学的通用教材（现在这些学校使用的教材有香港版、台湾版和大陆版三种）。

（5）与边境另一侧的华人学校进行更多的合作。边境另一侧的华人学校是边境中华文化走廊的延伸，与这些学校进行多层次的合作是弘扬中华文化重要的一步。

第一，教师交流。提倡边境两侧的教师进行交流，国家应允许或组织大学毕业生，特别是师范院校毕业生到边境另一侧学校中任教，同时给予这些人以明确的中国公民身份，以便在国外得到应得的权益和保护。国家应该考虑正式地与相邻国家达成协议，以便邀请边境另一侧华人学校的教师到我国进修，或互换教师，或做工作访问。目前，缅甸靠近中国一侧的学校中，大多使用大陆教材且中文教师缺少，其他课程的教师也比较缺乏。现已有中国境内的教师或大学毕业生在缅甸应聘任教。国家目前对这种现象尚无明确的界定，从"开放式竞争"的角度来看，这一现象其实对我国扩大教育影响力有极大的可利用的前景。

第二，共同编写教材。邀请边境两侧的教育知名人士共同编写一部适合这一地区华人学校或华人教育的通用教材，以"中华文化"为核心，成为地区性华人教育的权威教材，使各种类型的华人教育学校形成统一的教学内容。

目前，在这一地区的华人教育领域里，教材处于一种混乱和随意的状态，不同体系的教材中观点分歧大，而且相互抵触，这对中华文化的形象本身是不利的。在教育领域抛弃分歧，寻找华人社会的共同观念，才能在这一复杂的地区内培养中华文化的认同感，形成中华文化的竞争力。

总体说来，随着国力的增强，国家在民族教育的支持力度上应该加大，以体现30年改革开放成果的共享。应当看到，民族教育除了公益属性外，还有政治属性，其解决的好与坏，影响到民族地区的发展与团结稳定。因此，云南边疆民族地区的民族教育环境、办学条件等都应在"普九"的标准和数据之外单独发文进行实情统计和上报，将其与"普九"和考核分开，这样，上级部门才能真正了解和掌握边疆地区民族教育的实际需求，从根本上改变边疆民族地区民族教育行为选择的被动性，从国家财政中争取支持，形成与当地经济文化类型相吻合的、与民族发展需求相结合的特殊的民族教育支持政策。同时，为边疆民族地区培养出合格的人才，抵御外来不良势力借助资助教育的机会进行浸透。

附　件

一　国家有关民族教育重要事件、会议、文件、工作部署简介[①]

1949 年 2 月，中国人民政治协商会议第一届全体会议通过了《中国人民政治协商会议共同纲领》。在第六章"民族政策"中规定："中华人民共和国境内各民族一律平等"，"各少数民族均有发展其语言文字、保持或改革其风俗习惯及宗教信仰的自由。人民政府应帮助各少数民族的人民大众发展其政治、经济、文化、教育的建设事业。"

1949 年 11 月，毛泽东主席就西北少数民族工作发出指示：西北各省委及一切有少数民族存在的地方的地委，都应开办少数民族干部训练班和干部训练学校。并明确指出：要彻底解决民族问题，完全孤立民族反动派，没有大批从少数民族出身的共产主义干部，是不可能的。

1950 年 11 月 24 日，政务院第 60 次政务会议批准《培养少数民族干部试行方案》和《筹办中央民族学院试行方案》。1951 年 2 月 5 日，政务院发布《关于民族事务的几项决定》。指示各大行政区军政委员会（人民政府）须指导各有关省、市、行署人民政府认真并有计划地实行政务院1950 年颁发的《培养少数民族干部试行方案》。责成有关部委筹备召开少数民族的卫生、教育、贸易三个专业会议。

1951 年 2 月 18 日，毛泽东主席在中共中央政治局扩大会议上提出，在各少数民族中进行工作，"推行区域自治和训练少数民族自己的干部是

[①] 资料来源：内蒙古民族教育网，http://www.im—eph.com:8080/wzy.asp? id =182。

两项中心工作。"

1951 年 6 月 11 日，中央民族学院在北京成立。首期招收 262 名学生。其中有来自内蒙古的蒙古族学生若干名。国家领导人朱德、李维汉、马叙伦等人参加了开学典礼。26 日，北京蒙藏学校与中央民族学院部分班级合并，改称中央民族学院附中。

1951 年 9 月 20—28 日，教育部在北京召开了第一次全国民族教育会议。参加会议的有中央各有关部委、各大区、各有关省市教育部门负责人、少数民族教育工作者代表共 126 人。教育部部长马叙伦致开幕词和闭幕词。会议讨论了新中国民族教育工作方针及政策措施。讨论了《培养少数民族师资的试行办法（修正草案）》、《中央人民政府政务院关于建立民族教育行政机构的决定（修正草案）》、《少数民族学生待遇暂行办法（修正草案）》、《中央人民政府政务院关于加强少数民族教育工作的指示（修正草案）》。政务院第 112 次政务会议批准了教育部关于这次会议的报告。

1952 年 8 月 9 日，《中华人民共和国民族区域自治实施纲要》公布。《纲要》第 16 条规定：各民族自治区、自治机关得采用各民族自己的语言文字，以发展各民族的文化教育事业。

1952 年 11 月 9 日，政务院发布《关于少数民族毕业生分配工作的指示》。提出今后除继续有计划地动员必要数量的汉族干部和毕业生做少数民族工作外，应注意分配少数民族毕业生到少数民族地区或有关民族事务的业务部门工作。

1953 年 3 月 21 日，教育部发布《关于少数民族教育补助费使用范围的指示》，要求有关地区纠正少数民族教育补助费使用不当的问题，并强调贯彻专款专用的原则。

1955 年 10 月 26 日至 11 月 3 日，教育部、民族事务委员会在北京联合召开了牧区民族教育汇报会。听取了内蒙古自治区、新疆维吾尔自治区和甘肃省等地关于牧区教育情况的汇报，讨论研究了加强牧区教育的有关问题，明确了牧区教育的方向和任务。

1956 年 6 月 4—17 日，教育部、民族事务委员会在北京联合召开了第二次全国民族教育会议。参加会议的有少数民族教育代表和有关干部共 154 人。教育部副部长董纯才、林砺儒和民委副主任刘春分别做了报告。周恩来总理接见了与会的各族代表。会议总结了新中国成立后的全国民族教育工作，讨论和明确了今后的方针任务，研究了 1956—1957 年全国民族教育事业规划纲要。

1957 年 6 月 28 日，党和国家领导人毛泽东、周恩来、朱德、陈云、邓小平等接见了中央民族学院等院校的应届毕业生。

1963 年 3 月，中共中央颁布了《全日制小学暂行工作条例（草案）》（即"小教 40 条"）和《全日制中学暂行条例（草案）》（即"中教 50 条"）。这两个《条例》连同 1961 年 9 月颁布的《教育部直属高等学校暂行工作条例（草案）》（即"高教 60 条"），对学校工作的方针、任务、管理体制等作了规定。

1980 年 4 月，教育部在北京召开了少数民族文字教材座谈会并印发了《会议纪要》，介绍了新疆、内蒙古等地的经验，提出了今后加强编译民族文字教材的意见。

1980 年 5 月 26 日，卫生部、国家民委、教育部印发了《关于加强少数民族地区医学教育工作的意见》。

1980 年 7 月 2 日，教育部、国家民委联合发文，建议各有关地区从民族补助费中适当安排少数民族教育经费。

1980 年 10 月 9 日，国家民委和教育部向中共中央、国务院上报了《关于加强民族教育工作的意见》。21 日，中共中央、国务院批准了这个报告。

1981 年 2 月 16 日至 25 日，教育部和国家民委在北京联合召开了第三次全国民族教育会议。参加会议的有各省、市、自治区教育厅（局）、民委、民族地区学校和中央有关部门的代表 273 人。会议期间，乌兰夫、杨静仁同志同与会代表见面合影。会议自始至终由教育部、国家民委负责同志亲自主持，教育部部长蒋南翔同志主持了会议的闭幕式，国务院副总理方毅同志就民族教育工作问题作了重要讲话。会议有四个主要报告：教育部副部长张承先同志关于当前形势和教育战线的任务的报告；民委副主任胡嘉宾同志关于民族工作问题和党的民族政策的报告；教育部副部长臧伯平同志关于民族教育工作的报告和会议的总结报告。会议还印发了经中央和国务院批准的教育部和国家民委的两个重要文件：《关于加强民族教育工作的意见》；《关于民族学院工作的基本总结和今后方针任务的报告》。

1981 年 10 月 7 日，全国民族艺术教育工作座谈会在北京举行。会议总结了新中国成立以来发展民族艺术教育事业和培养少数民族艺术人才的经验。同年 12 月，文化部、国家民委、教育部联合印发了《关于加强民族艺术教育工作的意见》。

1982 年 3 月 2 日，教育部制定发布了《全日制民族中小学汉语文教学大纲（试行草案）》。

1982 年 6 月 21 日，劳动人事部、国家民委、教育部、中央统战部向中共中央、国务院上报《关于加强边远地区科技队伍建设的意见》。反映了边远地区科技队伍的现状和存在的问题，并就边远地区科技队伍建设的目标和措施提出了 6 条意见。10 月 3 日，中共中央办公厅、国务院办公厅转发了这个意见。

1983 年 2 月 13 日，中共中央、国务院印发了《中国教育改革和发展纲要》。

1983 年 9 月 24 日，中国教育学会少数民族教育研究会在延边朝鲜族自治州延吉市成立。

1984 年 5 月 31 日，经第六届全国人民代表大会第二次会议通过，《中华人民共和国民族区域自治法》正式颁行。

1984 年 10 月 7 日，全国首次少数民族语言文字信息计算机处理学术讨论会在内蒙古呼和浩特市召开。参加会议的有内蒙古、新疆、广西等 13 个省、市、自治区以及国家有关部委、出版社的专家、教授、工程师 91 人。其中有蒙古、维吾尔、哈萨克、朝鲜等少数民族代表 64 人。会议对 6 个少数民族语言文字信息的计算机处理问题进行了研究讨论。

1985 年 5 月 27 日，《中共中央关于教育体制改革的决定》发布。

1985 年 10 月 16 日，全国第二届少数民族文字信息处理学术讨论会暨中国中文信息研究会少数民族专业委员会成立大会在内蒙古呼和浩特市举行。

1986 年 4 月 12 日，第六届全国人民代表大会第四次会议通过了《中华人民共和国义务教育法》，并以中华人民共和国主席令第 38 号公布，7 月 1 日起施行。

1986 年 9 月 2 日，中国教育学会少数民族教育研究会第三次学术年会在新疆乌鲁木齐市举行。来自全国 22 个省、市、自治区的 15 个民族的 85 位代表向大会提交学术论文 120 余篇。

1987 年 8 月 18 日，国家教委和国家民委在新疆乌鲁木齐市召开了内地与边疆民族地区高等教育支援协作会议，并形成了《关于内地与边远民族地区高等院校支援协作会议纪要》。

1988 年 10 月 5 日，全国少数民族地区电教工作经验交流会在内蒙古伊克昭盟东胜市召开。5 个少数民族自治区、少数民族聚居的边远省、地区（民族自治州、县）的教育行政部门派员参加。国家教委负责同志主持了会议。会议认为，内蒙古发展电化教育的经验是非常适合少数民族地区经济建设、科技发展和社会进步需要的。

1989 年 4 月 20—24 日，国家教委和国家民委在湖北省恩施联合召开了全国民族地区职业技术教育暨电化教育研讨会。来自全国 11 个省、自治区，8 个少数民族地区（州、县）的民族职教、电教代表共 103 人参加了会议。

1992 年 3 月 15—18 日，国家教委和国家民委在北京联合召开了第四次全国民族教育会议。中央有关部委和各省、市、自治区主管教育的负责同志，民委和教委（教育厅、局）主任（厅、局长），民族自治州州长和民族学院院长，以及民族教育先进集体和先进个人代表共 200 多人出席了会议。这次大会的主要任务是：认真学习邓小平同志关于建设有中国特色社会主义的一系列重要论述，贯彻中央民族工作会议精神，总结交流民族教育工作的经验，明确今后改革和发展民族教育的方针和任务。中共中央政治局委员、国务委员兼国家教委主任李铁映同志出席了大会开幕式并作了题为《大力改革和发展民族教育，促进各民族的共同繁荣》的重要讲话；全国政协副主席、国家民委主任司马义·艾买提也在开幕式上讲了话。全国人大常委会及国务院有关部门的负责人赛福鼎、徐志坚、张声作、张承先、伍精华等出席了开幕式，并向受表彰的 109 个民族教育先进集体和 218 名先进个人的代表发了奖。会上，代表们认真听取了各地的经验介绍，还就国家民委、国家教委拟定的《关于加强民族教育工作若干问题的意见》、《全国民族教育发展与改革试行指导纲要》、《关于对少数民族贫困县组织教育对口支援协作的意见》等文件进行了认真讨论，提出了许多建设性意见。3 月 18 日下午，国家教委副主任何东昌同志作了大会总结。

1992 年 4 月 8 日，国家教委印发了《关于加强少数民族地区职业技术教育工作的意见》。

1993 年 10 月 31 日，经第八届全国人民代表大会常务委员会第四次会议通过，《中华人民共和国教师法》颁布，于 1994 年 1 月 1 日起施行。

1997 年 7 月 18 日，国家教委以教民［1997］9 号文件下发了《关于在少数民族学校推行中国汉语水平考试试点的通知》。明确中国汉语水平考试（缩写为HSK）是专门为测试母语非汉语者（包括外国人、华侨和中国少数民族人员）的汉语水平而设计的国家级标准化考试。决定从1998年开始在新疆、内蒙古、吉林、青海、西藏等省、自治区（每个省区设1—2个考试点）进行为期两年的试点。

1999年1月13日，国务院以国发［1999］4号文件批转了教育部于1998年12月24日制定的《面向21世纪教育振兴行动计划》。

1999年6月13日，中共中央、国务院印发了《关于深化改革全面推进素质教育的决定》。

2000年2月29日，教育部以教民［2000］5号文件下发《关于对全国蒙古文、藏文、朝鲜文教材审查委员会换届方案的批复》，并附第五届全国蒙古文、藏文、朝鲜文教材审查委员会组成人员名单。

2000年8月28日，教育部办公厅以教民厅函［2000］4号文件下发了《关于全国大中专（中师）院校蒙古文教材审定委员会换届的批复》，并附第二届全国大中专（中师）院校蒙古文教材审定委员会组成人员名单。

2001年2月28日，经第九届全国人民代表大会常委会第二十次会议通过，中华人民共和国主席江泽民签发第46号主席令，公布施行修改后的《中华人民共和国民族区域自治法》。

2001年6月8日，教育部以教基［2001］17号文件印发了《基础教育课程改革纲要（试行）》。

2001年10月17日，教育部以教基［2001］24号文件印发了《开展基础教育新课程实验推广工作的意见》。

2002年7月26—27日，教育部和国家民委在北京联合召开了第五次全国民族教育工作会议。参加会议的有各省、自治区、直辖市人民政府分管教育工作的主要负责人以及教育、民委、民族高校的负责人，部分国家部委的负责人以及计划单列市政府、少数民族自治州、新疆生产建设兵团的负责人等，共 200 余人。这次会议是经国务院批准，由教育部和国家民委在 21 世纪初联合召开的一次我国民族教育工作的重要会议。党中央、国务院对这次会议非常重视。会前，朱镕基总理专门听取了汇报，并对开好会议作出了重要指示。7 月 7 日，国务院印发了《关于深化改革加快发展民族教育的决定》。国家民委主任李德洙主持开幕式，教育部部长陈至立做了报告。李岚清副总理到会并发表了重要讲话。5 个少数民族自治区、贵州省分管教育的领导在会上发了言，6 个民族杂居多的省市教育厅负责同志介绍了本省市民族教育工作情况。陈至立同志主持大会闭幕式，李德洙同志作了会议总结。

这次会议的主要任务是：以邓小平理论和江泽民同志"三个代表"重要思想为指导，在党的十五届五中、六中全会精神指引下，全面贯彻中央民族工作会议、第三次全国教育工作会议和全国基础教育工作会议精神，贯彻落实《国务院关于深化改革加快发展民族教育的决定》精神。在认真总结第四次全国民族教育会议以来实践经验的基础上，根据我国社会主义市场经济改革进一步深化、对外开放进一步扩大、科教兴国和西部大开发战略的实施向纵深发展的新形势，进一步明确民族教育改革发展的方针任务、政策措施和努力方向，切实加速推进民族教育事业的向前发展。

2002 年 10 月 24 日，教育部以教民函〔2002〕7 号文件印发了《关于在有关省区试行中国少数民族汉语水平等级考试的通知》。11 月 4 日，以教民司〔2002〕45 号文件印发了《中国少数民族汉语水平考试办法》。11 月 25 日，以教民司〔2002〕49 号文件印发了《中国少数民族汉语水平等级考试（MHK）考务管理工作实施细则》。

2003 年 9 月 19—20 日，国务院在北京召开了全国农村教育工作会议。国务院总理温家宝、副总理回良玉、国务委员陈至立等领导同志出席会议并作了重要讲话。各省、区、直辖市主要领导以及教育、计划、财政、农业等部门的负责同志参加了会议。这次会议是新中国成立后第一次全国农村教育工作会议，也是党的十六大后关于教育工作的一次具有里程碑意义的会议。会议召开前的 9 月 17 日，国务院印发了《关于进一步加强农村教育工作的决定》（国发〔2003〕19 号）。这次会议的主要任务是：以"三个代表"重要思想和党的十六大精神为指导，认真学习贯彻《国务院关于进一步加强农村教育工作的决定》精神，统一思想、提高认识、交流经验、落实任务，进一步动员和组织各方面力量，深化改革和加快发展农村教育，努力开创农村教育工作的新局面，推进农村小康建设和城乡协调发展。教育部部长周济同志做了题为《学习〈决定〉、贯彻〈决定〉、落实〈决定〉，努力办好让人民满意的农村教育》的报告。

二　民族教育政策、法规与文件汇总①

【民族教育机构】

【设立民族教育司、处、科】

为了加强对少数民族教育工作的领导，兹决定在中央人民政府以及有关的各级地方人民政府的教育行政部门内设立民族教育行政机构或设专人负责掌管少数民族教育事宜。

一、中央人民政府教育部内设民族教育司。

二、各大行政区人民政府（军政委员会）教育部或文教部（华北行政委员会为文教局）应视工作需要设民族教育处（科）或在有关处（科）内设专职人员。其编制员额，在原有编制人数内调剂。

三、各有关省（行署）、市、专署、县人民政府教育厅（处）、局、科，应根据各地区少数民族人口的多寡，民族教育工作的繁简，依照下列原则，分别设适当的行政机构或专职人员。

1. 在少数民族人口占当地总人口百分之十以上的省（行署）、市或人口虽不及百分之十而民族教育工作繁重的省（行署）、市教育厅（处）局应视其具体工作情况，设专门机构，其编制员额，在原有编制人数内调剂。少数民族人口不到当地总人口百分之十，民族教育工作比较简单的省（行署）、市教育厅（处）、局亦应在有关处、科内指定专人负责。

2. 有关的专署教育科、县人民政府教育科，均应指定专人负责。

3. 民族自治区或少数民族人口占当地总人口半数左右的地区的各级人民政府教育行政部门，其主要任务就是管理少数民族教育工作，不另设

---

① 资料来源：云南省民族事务委员会、云南省民族理论学会编：《民族政策辑要》(1949—2003年)，内部资料。

民族教育行政机构。但在多民族地区应对不同的民族教育工作的领导作适当的分工。

四、各级人民政府教育行政部门的民族教育行政机构与该部门的高等教育、中等教育、初等教育等机构可根据下列原则，实行适当的分工：

1. 关于全国统一的一般的教育行政、经费、师资、学制、课程、教材等事项，仍由各主管司、处、科负责处理。

2. 关于少数民族教育的行政、经费、师资、学制课程、教材等特殊问题，由民族教育司、处、科或所设专人负责处理。

3. 与双方都有关系的问题，由各有关司、处、科和民族教育司、处、科或专设人员会商处理。

五、有关的各级人民政府教育行政部门，应依上述各项规定，积极建立机构，配备干部，并尽可能吸收少数民族干部和热心少数民族教育工作的干部参加工作。

> 中央人民政府政务院《关于建立民族教育行政机构的决定》（1952 年 4 月 16 日）

各级教育部门必须重视民族教育工作，健全机构，加强领导。省教育厅已设立民族教育处，各有关专、州、县也要有专人负责管理这项工作，还没有设区文教助理员的地方，应积极设法配齐。建议地、县委每年对民族教育工作讨论二至三次。

> 中共云南省委 省人委《批转省教育厅、民委党组〈关于全省民族教育工作会议的报告〉》（云发〔1964〕089 号）

1952 年政务院作出建立民族教育行政机构的决定，其后从教育部到各有关省、地、县都设立了机构或专人。1958 年以后，有些地区在取消民族学校的同时，削弱甚至取消了民族教育机构。十年浩劫中，更把民族教育机构一扫而光。我们认为，有必要重申 1952 年政务院的决定，各民族自治地方的教育机构应把发展民族教育作为主要任务；少数民族人口较多的省、地、县，应在教育行政部门内设置民族教育机构，调配热心为少数民族教育事业服务的同志，专司其事。

> 教育部　国家民委《关于加强民族教育工作的意见》（1980 年 10 月 9 日）

省和自治州、县应制定民族教育工作条例。为进一步加强民族教育工作，省、地教育行政部门建立专管民族教育的机构。

云南省人民政府《关于印发全省教育工作会议文件的通知》（云政发〔1986〕40号）

【民族教育经费】

【中央特设民族教育专款】

1951年，中央财政特设"少数民族教育事业补助费"。

1952年至1965年，中央拨给云南省1640万元，不足部分由省自筹，其中1960年至1965年，中央每年拨给120万元，1960年省补足的差额为70万元。

为了保证今后少数民族教育补助费的正确使用，特作如下指示：

少数民族各级各类学校经常费与一般学校一样均包括于一般教育事业费之内，少数民族教育补助费为了帮助少数民族教育事业的发展，在一般教育事业费之外特设的一笔补助费用，用以补助一般教育事业费之不足。因此，不得以有此项"专款"而取消或减少其在一般教育事业费项下应有的份额，更不得以此项补助费代替可以或应该在经常费即一般教育事业项下开支的任何费用之一一或全部，只有在学校教育上因民族特点而产生的必需开支，超过了一般教育事业费的范围或标准时，其超过部分始得由少数民族教育补助费项下开支。其开支范围有下列几个方面：

一、少数民族中、初等学校学生在学习和生活方面必需费用的补助（包括在少数民族学校经上级领导部门批准与少数民族学生享受同等待遇之汉族学生的补助），如书籍、文具、被服、医药卫生及特设的助学金或超过一般规定比例数的人民助学金减免费等；

二、少数民族学校设备的补助，如辅助一般教育事业费解决其不能解决或不能完全解决的教学设备、校舍修建等；

三、教师待遇的补助，如根据需要为了鼓励教师在少数民族地区工作，在原工资外另加的津贴或超过一般待遇标准的超过部分等；

四、少数民族私立或群众自办学校（宗教学校除外）设备和经费补助；

五、少数民族费、牧民业余教育学习费用的补助；

六、其他在学校教育方面，因民族特点而产生的超过一般教育事业费范围或规定的直接有助于教学的必要开支。

望各地根据上述范围,本着专款专用原则和节约的精神,切实掌握,全面而正确地使用。严禁平均分配,应切实地根据需要,有重点地使用,以帮助少数民族教育事业的发展,发挥此项经费之最大作用。

教育部《关于少数民族教育补助费用使用范围的指示》
(1953 年 3 月 21 日)

1956 年起,中央核拨经费采取块块拨款的办法,民族教育补助费不再单列项下达,拨给各地的教育事业费中仍包括民族教育补助费。

1980—1989 年,财政体制改革后民族教育补助专项经费列入地方包干基数,中央财政不再专列。

1990 年,中央恢复设立民族教育专款(即少数民族教育事业补助费)后,每年安排云南省 200 万元左右,省无配套资金。

由于民族地区经济、文化教育基础差,原来起点低,大多数地处边防、居住分散,加上恶劣的自然地理环境和封闭的社会环境,严重制约着民族教育事业的发展。特别是财政体制改革后,原来中央财政专列的每年 7100 万元少数民族教育补助专项经费列入地方包干基数,用以顶替自治地方正常预算收入,省(自治区)地方政府所设的少数民族补助专项经费也照此办理,国家对民族教育的扶持受到了极大的削弱,致使民族地区教育掩盖了民族教育。少数民族教育发展十分缓慢,与内地汉族教育的差距不断扩大,适龄儿童入学率低,老文盲远未扫除,新文盲又大量产生,所需各类建设人才培养不出来,严重制约着民族地区脱贫致富和两个文明建设,影响民族团结和维护祖国统一。全国各地少数民族知名人士对此反应十分强烈,人大代表、政协委员多次提案要求增列少数民族教育补助专项经费。

根据少数民族教育的实际困难以及中央领导同志的讲话精神,应按 1979 年以前的做法,增列各级少数民族教育补助专款,作为推动民族教育事业发展的重要措施。

国家教委　国家民委《关于申请民族教育专项补助经费的请示》(1990 年 2 月 20 日)

为支持少数民族地区的经济建设和各项事业的发展,需要在下一步确定财政新体制时统一考虑。但考虑到当前少数民族地区教育的实际困难，由中央财政每年安排 2000 万元专款，用于支持少数民族地区发展教育的补助专款。

财政部《对〈关于申请民族教育专项补助经费的请示〉的复函》（1990 年 5 月 4 日）

民族教育补助专款主要安排在五个少数民族自治区和云南、贵州、青海省内少数民族聚居地区。用于补助这些地区的中小学（含牧区寄宿制学校）修缮、改造危险校舍，购置教学仪器设备、图书资料等。

财政部 国家教委 国家民委《关于民族教育补助专款使用管理等有关问题的通知》（1991 年 7 月 15 日）

国家设立的"少数民族教育补助专款"，实行专款专用，保证直接用于少数民族教育事业。"八五"计划期间，随着经济的发展和财政状况的改善，这项专款可适当增加。

国务院《关于进一步贯彻实施〈中华人民共和国民族区域自治法〉若干问题的通知》（1991 年 12 月 8 日）

【地方政府另拨民教专款】①
各地人民政府除按一般开支标准拨给教育经费外，并应按各民族地区的经济情况及教育工作另拨专款，帮助解决民族学校的设备、教师待遇、学生生活等方面的特殊困难。

关于少数民族地区的教育经费，各级人民政府除按一般开支标准拨给教育经费外，并应按各民族地区的经济情况及教育工作，另拨专款。

《关于第一次全国民族教育会议的报告》（1951 年 11 月 23 日）

各地每年必须保证一定数额的少数民族教育补助费，根据当地经济及教育事业发展情况，以 1955 年指标数为基础，一般应逐年适当增加，只

---

① 1951 年 9 月，中央人民政府政务院《关于加强少数民族教育工作的指示》决定：各大行政区、省、市人民政府增补少数民族教育费，专门用于补助解决少数民族学校设备、教师待遇、学生生活等方面的特殊要求和困难。

有经济条件较好、少数民族学生数增加不大的地区，才可以保持原数，从而解决少数民族教育事业的特殊需要。

国务院《关于少数民族教育事业经费问题的指示》（1956
年 9 月）

要设立民族教育补助基金和奖学金，从经费上支持和保证民族教育事业的发展。凡属全省性、共同性的正常教育经费开支，应由教育部门本着适当照顾的原则安排；凡属正常经费解决不了的一些特殊问题，从民族教育补助基金中安排解决。民族教育补助基金的来源有三：（1）国家安排民族教育的专项补助费，要重点用于边疆地区和内地贫困山区。（2）各地州市县也应尽力拿出一部分财力，用于民族教育。（3）从支援不发达地区资金和边境建设事业补助费中，各划出一定数额，用于民族教育。为鼓励更多的优秀民族学生报考大专院校，对报考并被录取到重点院校、师范院校和农、林、牧、财贸院校的民族生，可分等级地设立专门的奖学金。这种奖学金应由有关单位、集体企业和各地方筹集。

中共云南省委《批转省委民族工作领导小组〈关于改革和
发展我省民族教育的意见〉》（云发［1984］64 号）

建议省、自治区、直辖市人民政府根据地方实际情况，每年酌情安排民族教育补助费。具体数额由省、自治区、直辖市确定。

财政部对《关于申请民族教育专项补助经费的请示》的复
函（1990 年 5 月 4 日）

【从各项补助费中安排民族教育经费】

根据新的财政体制，恢复和发展少数民族教育所需资金，主要靠地方在财政包干数内统筹安排解决。国家为加速少数民族地区的经济文化建设，逐步消除历史上遗留下来的落后状态，今年 2 月 1 日国务院批准的关于实行"划分收支，分级包干"财政体制的暂行规定中，对少数民族地区的特殊需要，在财政上给予一定照顾。从五个民族自治区（西藏、广西、内蒙古、宁夏、新疆）和青海、贵州、云南三个视同少数民族地区待遇的省来看：第一，除原来有的特殊照顾仍保留外（包括行政事业费补助 5% 的机动金，预备费比一般地区多 2%，八省、区一年可得到 3.48 亿元），允许地方收入增长部分全部留给地方，中央补助的数额每年递增 10%（八省、区每年可得 4 亿多元）。第二，为了帮助经济落后地区加快发展，中央财政设立了"支援经济不发达地区的发展资金"1980 年八个省、区共分配 1.68 亿元。第三，对边境少数民族地区，1980 年还有一笔边境建设补助费，其中给八个省、区的事业补助费为 6100 万元，基建补助费为 1.87 亿元。根据新的财政体制，已将这笔补助费纳入地方财政包干范围内。以上三项共计 12 亿元，说明国家对少数民族地区在财政上已经给了一定的支持和照顾。根据这一情况，希望你们积极主动向本省（自治区）人民政府（革委会）建议，除正常教育经费照拨外，能够从国家对少数民族地区的各项补助费中安排一定比例的款额，用于解决少数民族教育的特殊需要，以加速培养少数民族干部和各种专业技术人才。

　　　　　　　　　　教育部 国家民委《关于从民族地区补助费中适当安排少数
　　　　　　　　　　民族教育经费的建议》（1980 年 7 月 2 日）

　　建议从支援经济不发达地区发展资金、边境地区事业补助费、边境地区基建补助费中划出适当比例，作为发展民族教育之用。

　　　　　　　　　　教育部 国家民委《关于加强民族教育工作的意见》（1980
　　　　　　　　　　年 10 月 9 日）

　　中央财政中所列的有关少数民族、边疆建设的几项补助费，地方都应规定一定比例用于教育事业。

　　　　　　　　　　中共中央 国务院《关于加强和改革农村学校教育若干问题
　　　　　　　　　　的通知》（1983 年 5 月 6 日）

　　省及各自治地方的民族机动金、支援经济不发达地区的发展资金、边境建设事业补助费、城市建设维护费等，都要有一定比例用于发展民族地区教育。

　　　　　　　　　　云南省人民政府《关于印发全省教育工作会议文件的通
　　　　　　　　　　知》（云政发〔1986〕40 号）

　　国家每年拨给少数民族地区的少数民族地区补助费、边境建设事业补助费、支援不发达地区发展资金以及其他扶贫资金，各地要安排一部分用于发展少数民族教育事业。

> 财政部对《关于申请民族教育专项补助经费的请示》的复
> 函（1990 年 5 月 4 日）

在国家安排的少数民族地区各项补助及其他扶贫资金中，要划出一定比例的经费用于发展民族教育。

> 中共中央 国务院《关于印发〈中国教育改革和发展纲要〉
> 的通知》（1993 年 2 月 13 日）

国家安排的少数民族地区补助经费、边境建设事业补助费、扶贫资金、民族机动金、支持不发达地区发展资金等专款，要划出一定比例用于教育。

> 中共云南省委 省人民政府《贯彻实施〈中国教育改革和发
> 展纲要〉的意见》（云发［1995］33 号）

【教育事业费优先安排】

从经费上支持和保证民族教育事业的发展。凡属全省性、共同性的正常教育开支，应由教育部门本着适当照顾的原则安排。

> 中共云南省委《批转省委民族工作领导小组〈关于改革和
> 发展我省民族教育的意见〉》（云发［1984］64 号）

各地、州、市、县在分配教育经费时，对贫困的少数民族地区要给予照顾。

> 云南省人民政府《关于印发全省教育工作会议文件的通
> 知》（云政发［1986］40 号）

国家每年补助用于发展教育的专项资金要优先照顾民族自治州县办学条件差的贫困地方。

> 《云南省贯彻〈中华人民共和国民族区域自治法〉的若干
> 规定》（1988 年 4 月 7 日云南省人民政府发布）

【拓宽民族教育资金渠道】

中央和地方政府在教育经费和师资培训以及世界银行贷款等方面要对

少数民族教育采取特殊的倾斜政策。

设立用于贫困地区、民族地区、师范教育的专项补助资金；建立用于补助贫困地区、少数民族地区的专项资金，对县级财政教育事业费用困难的地区给予补助等。

国务院关于《中国教育改革和发展纲要》的实施意见（1994 年 7 月 30 日）

继续争取世行贷款和其他外资，帮助边疆、民族、贫困地区发展教育。

中共云南省委 省人民政府《贯彻实施〈中国教育改革和发展纲要〉的意见》（云发〔1995〕33 号）

"十五"期间及至 2010 年，"国家贫困地区义务教育工程"、"西部职业教育开发工程"、"高等职业技术教育工程"、"教育信息化工程"、"全国中小学危房改造工程"、中小学贫困学生助学金专款、青少年校外活动场所建设项目等要向少数民族和西部地区倾斜。

少数民族和西部地区地方各级财政教育经费的支出要切实做到"三个增长"。

国际组织教育贷款、海外和港澳台教育捐款的分配，重点向少数民族和西部地区倾斜。

鼓励社会力量办学，支持和调动社会力量参与教育"帮困济贫"行动，对纳税人向少数民族和西部地区农牧区义务教育的捐赠，在应纳税所得额中全额扣除。

少数民族和西部地区新建、扩建学校包括民办公益性学校，以划拨方式提供土地，并减免城乡建设等相关税费。

对勤工俭学、校办产业以及为学校提供生活服务的相关产业，继续实行税收优惠政策。

同时，适度运用财政、金融等手段支持少数民族和西部地区教育事业的发展。

国务院《关于深化改革加快发展民族教育的决定》（国发〔2002〕14 号）

【师资建设】

【大力培养民族师资】①

当前民族教师应注意提高他们的汉语水平;对汉族教师应帮助他们积极学习当地民族语言文字,认真执行党的民族政策,尊重少数民族的风俗习惯,鼓励并帮助他们在民族地区安家落户。

教师要力求稳定,不要轻易调动。

为了进一步加强培养提高民族教师,省拟于1964年秋季恢复昆明民族师范学校,并要求各地办好现有的示范学校,边疆地区的师范学校,可根据需要,开设民族师范班。同时,还必须采取函授教育、假期集中学习、业务进修、离职轮训、组织参观访问等办法,尽快地为民族教育培养一支又红又专的教师队伍。

中共云南省委 省人委《批转省教育厅、民委党组〈关于全省民族教育工作会议的报告〉》(云发〔1964〕89号)

办好民族师范学校,是培养民族小学教师,发展少数民族地区小学教育事业,提高少数民族科学文化水平,加强边疆少数民族地区现代化建设的一项重要措施。目前,大多数少数民族地区的师资数量缺乏,质量偏低。这对巩固边疆和建设边疆极其不利。有关省、自治区应根据实际需要和可能条件,研究制定发展和办好民族师范学校的规划。在人口较多的州、盟和地区要办好一两所民族师范学校(含幼师)。已经办起来的民族师范学校要认真做好整顿、巩固工作,努力提高教育质量。逐步做到少数民族小学,由合格的民族教师任教。民族师范学校应以招收少数民族学生为主.并注意优先照顾边远的牧区、山区子弟入学。民族师范学校应开设民族语文课,注意培养民族语文和汉语文兼通的教师。

内地重点高等院校要积极办民族班,为少数民族地区培养师资。

教育部《关于办好中等师范教育的意见》(1980年8月22日)

---

① 1951年《第一次全国民族教育会议报告》提出,努力解决少数民族各级学校的师资问题。

力争到 1985 年，使现有文化业务水平较低的小学教师大多达到中师毕业程度，初中教师在所教学科方面多数达到师专毕业程度，高中教师在所教学科方面多数达到师范学院毕业程度。

凡文化水平未达到初中毕业程度的小学教师和文化程度未达到高中毕业程度的中学教师，都要用一定的时间补课，使他们分别达到初中、高中毕业程度后，再系统的学习中师、大专的课程。文化较低的边疆少数民族地区，具有小学毕业程度的小学教师，可从现有文化水平出发，组织他们参加初级师范进修。

> 教育部《关于进一步加强中小学在职教师培训工作的意见》（1980 年 8 月 22 日）

师范教育是教育的工作母机。现在民族教育中最薄弱的环节就是缺少一支比较合格的民族教师队伍。所以大力加强和发展民族师范教育已成为当务之急。各自治区和各少数民族较多的省，一定要建立并办好一批民族师范院校。这些民族师范院校均应主要招收少数民族学生和少数有志为少数民族教育服务的汉族学生。民族师范院校的招生和毕业生的分配，都要注意照顾教育基础差的广大农牧区和山区，招生条件要放宽，学制、课程设置、教学内容等，都要从实际出发，切不可生搬汉族地区一般师范院校的经验和做法。一般的师范学院和师范学校也应设民族师范班，招收少数民族学生入学。

在发展民族师范教育的同时，必须采取多种形式大力培训，提高在职的民族教师。内地有关省、市和高等学校要积极支援，并采取派专家、教授定期讲学、接受在职教师进修、代培等办法，为少数民族地区培养提高大专和中专师资。

> 教育部 国家民委《关于加强民族教育工作的意见》（1980 年 10 月 9 日）

努力办好民族师范学校，是培养民族小学需求量，发展少数民族地区小学教育事业，提高少数民族科学文化水平，加速边疆少数民族地区经济文化建设的一项重要措施。目前，应努力把全省 8 所民族师范学校办好，要扭转民族学生数量下降的趋势，做到 80% 以上招收民族生。内地各地州的中师也应积极举办民族班。民族班学制一般为三年。有的

也可以实行四年制，按教育部颁发的四年制的教学计划组织教学，也可以第一年实习初中课程，从第二年起按中师三年制教学计划组织教学。在生活上要给予适当照顾。总之，要使民族学生进得来、留得住、学得好。

云南省人民政府《批转省教育厅〈关于全省教育工作会议纪要〉》（云政发〔1981〕1号）

　　教育学院工作人员的编制，由省、自治区、直辖市人民政府根据教学学院实际承担的任务确定，直辖市、边疆和少数民族地区可适当放宽。提倡教育学院开展区域性的协作。内地的教育学院要支持边疆和少数民族地区的教育学院，帮助做好师资培训工作。

教育部《关于加强教育学院建设若干问题的暂行规定》（1982年10月21日国务院批转）

　　为使教师能在牧区、山区教授有关生产的基本知识，师范学校应当加授有关山区、牧区生产的基本知识。

　　为更好地解决牧区、山区教师缺少的问题，今后师范院校的招生应采取择优录取和地区照顾相结合的办法，"定向招生"，即注意招收牧区、山区的学生，毕业后仍回山区、牧区工作，逐步使教师地方化。

《全国牧区、山区寄宿制民族中小学经验交流会纪要》（1982年12月20日教育部印发）

　　省地州市的师范大学、教育学院、师专、师范学校，也要实行分地区、分民族的定向招生和定向分配。现有的民族师范要作为重点学校认真办好。同时要有计划地加速轮训现职教师，使小学教师确实达到中师水平，并承认其相应学历。县的教师进修学校要优先轮训民族山区的小学教师。

中共云南省委《批转省委民族工作领导小组〈关于改革和发展我省民族教育的意见〉》（云发〔1984〕64号）

　　要依照中央组织讲师团的办法，组织省级单位及昆明地区高校的力量，定点挂钩帮助边远地区培训师资。

　　云南师大和省、地、州教育学院、师专，要为民族自治州、县培训中学教师，收费应给予减免的优惠。

> 云南省人民政府《关于印发全省教育工作会议文件的通知》（云政发〔1986〕40 号）

　　尽快建立一支数量足够、质量合格的民族师资队伍，是发展我省民族教育的当务之急。一是要重点建设好 10 所民族师范。建设所需经费由省、地两级共同承担。三年内，省拨基建款 600 万元，设备补助费 150 万元，不足部分由地、州补齐，包干使用，确保建成。同时，要进一步办好 16 所中师的民族师范班。二是要扩大师专民族班。将原来对民族地区实行定向招生的 3 所师专扩大到 8 所。三是要办好昆明地区各大专院校的职业师资班。放宽招生条件、实行当地职业学校推荐保送、从在职的高中和中专生中选拔等多种办法，加快职业学校师资的培养。四是云南大学、云南民族学院面向 41 个贫困县和边疆民族地区招收少数民族教师专科培训班，所需代培费由省教育厅开支。

> 云南省人民政府《关于印发和志强省长在全省第三次民族教育工作会议上讲话的通知》（云政发〔1988〕18 号）

　　第二十一条　各级人民政府应当采取措施，为少数民族地区和边远贫困地区培养、培训教师。
　　第二十七条　地方各级人民政府对教师以及具有中专以上学历的毕业生到少数民族地区和边远贫困地区从事教育教学工作的，应当予以补贴。

> 《中华人民共和国教师法》（1993 年 10 月 31 日第八届全国人民代表大会常务委员会第四次会议通过）

　　第十五条　对少数民族地区和边远贫困地区参加进修、培训的中小学教师，进修、培训院校对其学费应当给予适当减免。

> 《云南中小学教师继续教育规定》（1996 年 4 月 30 日云南省人民政府令第 35 号发布）

　　开展民族贫困地区中小学教师综合素质培训工作，主要靠地方各级教育行政部门的组织和领导，各地在周密部署和精心组织的同时，要在时间、条件、经费、制度上予以保证，把教师参加培训的成绩与教师的考核、职务胜任、评优奖励等挂钩。

教育部办公厅《关于在民族贫困地区开展"中小学教师综
合素质培训"工作的通知》（1999 年 10 月 15 日）

　　要把教师队伍建设作为民族教育发展的重点，教育投入要保证教师队伍建设的需要。少数民族和西部地区教师队伍建设要把培养"双语"教师作为重点，建设一支合格的"双语型"教师队伍。进一步深化教师教育制度改革，提高师范院校教师队伍的教学和科研水平，加强县级教师培训基地的建设。同时，采用远程教育等现代化手段，提高继续教育的质量和效益。加强校长培训，提高民族地区学校的管理水平。拓宽教师来源渠道，鼓励非师范院校毕业生和东、中部地区高校毕业生到少数民族和西部地区任教。采取定向招生等特殊措施，加强培养在农牧区、高寒地区、山区和边疆地区能"下得去、留得住"的各级各类学校教师。加强教师培训，鼓励教师参加各类业务学习，提高教师学历学位层次。要在全社会营造尊师重教的良好风尚，切实保证和不断提高教师的待遇。

国务院《关于深化改革加快发展民族教育的决定》（国发
〔2002〕14 号）

【建设民族师资培训中心】

　　财政部拨出一笔专款，为少数民族和边境地区建设一两所师资培训中心。

中共中央 国务院《关于加强和改进农村学校教育若干问题
的通知》（1983 年 5 月 6 日）

　　根据国家关于开发建设大西北的战略设想和中共中央中发〔1983〕16 号文件精神，为了大力发展西北地区的教育事业，尽快培养出更多合格的中学师资。经研究，决定在西北师范学院内建立西北少数民族师资培训中心（以下简称"培训中心"），并于 1985 年开始招生。

　　二、"培训中心"面向新疆、甘肃、青海、宁夏、陕西 5 省、自治区招生，从上述 5 省、区今年参加高考的少数民族学生中择优录取。根据西北少数民族教育比较落后，考生水平较低的实际情况，录取新生总分可以适当降低。但相关科目必须达到及格水平。

三、新生录取后。可先用一年时间办民族预科班。加强基础知识、汉语文的教学和基本技能的训练。预科学习期满后，政治表现好，经考核具备上大学本科学习条件的，即可入"培训中心"本科有关专业学习，不再参加统考。

学生毕业后，根据定向招生、定向培养、定向分配的原则，一律回本省（自治区），按照国家有关规定的精神和学用一致的原则分配工作。

国家教委《关于 1985 年西北少数民族师资培训中心招生的通知》（1985 年 7 月 13 日）

"七五"期间，恢复建立云南省民族师范学校，学制四年，每年招生两个班，在校生达到 400 人，并逐步将与联合国儿童基金会合作举办的"云南省少数民族小学教师培训中心"，纳入云南省民族师范学校，充分发挥现代化教学设备的作用，有计划地开展两年制或短期的在职培训。每期一至二班，在校学员 200 人。云南省民族师范学校直属省教育委员会领导，使之成为我省培养少数民族小学骨干教师的中心、民族教育科学研究中心和资料信息中心。

云南省人民政府《关于印发全省教育工作会议文件的通知》（云政发〔1986〕40 号）

要加快建设西北少数民族师资培训中心。积极创造条件筹建西南少数民族师资培训中心，并采取依托基础较好的几所内地高等院校，建立边远民族地区师资、科技人才培训点等特殊措施，大力帮助边远地区高校培养、培训有较高政治和业务素质的师资和科技人才。

国家教委 国家民委《印发〈关于内地与边远民族地区等院校支援协作会议纪要〉的通知》（1987 年 11 月 3 日）

【师资引进和交流】

一、关于小学师资问题。

1. 边疆小学发展所缺师资，今后除各边疆省、自治区大力发展师范教育培养师资外，需要内地支援的主要由内地调配部分初中学生和失业知识分子加以短训解决。边疆有关省、自治区教育（文教）厅（处）将每年需要内地支援的初中学生、失业知识分子，报送省、自治区劳动部门转中央劳动部根据具体情况进行必要的调剂。

2. 今后内地向边疆移民，也将增加边疆小学师资的需要。经与中央有关部门商量，今后在计划安排移民时，对整村、整乡迁移的，可在移民地区，动员当地小学教师随同移民迁移，到边疆开办小学为移民服务。另外，边疆各省、自治区还可在分散的移民中，吸收具有初中文化程度的知识分子，加以短期训练，分配做小学教师。

3. 临近边疆的四川、陕西等省，对于接邻的边疆省、自治区需要外地支援的师资要有较多的支持。今后几年内，可适当扩大一些中等师范学校的招生比例，每年培养小学师资应包括一部分支援边疆省、自治区需要的师资，上述边疆省、自治区可各与川、陕等省直接协商办理。

> 教育部《关于内地支援边疆地区小学师资问题的通知》
> （1956 年 11 月 1 日）

山区教师不足而又一时难以派进的地方，可以由县教育局在先进地区招聘一部分合格的教师，实行合同制，其报酬（可高于当地一般教师水平）由教育事业费中开支。受聘教师如系农村户口，其口粮和副食品由聘请社队负责解决。

> 中共云南省委 省人民政府《批转省教育厅〈关于我省山区
> 普及初等教育几个问题的报告〉》（云发［1983］42 号）

各地应选派和招聘一批优秀的教师，到条件艰苦的贫困落后的民族山区工作。

> 中共云南省委《批转省委民族工作领导小组关于改革和发
> 展我省民族教育的意见》（云发［1984］64 号）

采取优惠政策，吸引和鼓励教师到经济不发达地区、边远地区和少数民族地区任教。经济发达地区和城市也要采取多种形式，帮助少数民族地区和农村提高教师队伍水平。

> 中共中央 国务院《关于深化教育改革全面推进素质教育的
> 决定》（中发［1999］9 号）

鼓励和支持各类内地大中专毕业生到民族特困县、边境县和散杂居民族地区从事教育工作。

中共云南省委 省人民政府《关于进一步做好新形势下民族
工作的决定》（云发［1999］47 号）

【 "老少边穷" 地区教师待遇 】

对各级教师职称的外语要求，一般按《暂行规定》掌握。对某些学
科和有特殊原因的教师，以及对于少数民族地区和民族院校，已掌握民族
语文和汉语文的少数民族教师，外语水平可适当放宽要求或暂不列为必备
的条件。

教育部《关于当前执行〈国务院关于高等学校教师职务职
称及其确定与提升办法的暂行规定〉的实施意见》（1982
年 2 月 18 日）

要继续落实知识分子政策，提高他们的社会地位，在可能范围内解决
他们工作、生活中应解决的问题，特别是对于牧区、山区的民族教师和外
地教师的困难，要尽力帮助解决，使他们安心牧区、边远山区工作。

《全国牧区、山区寄宿制民族中小学经验交流会纪要》
（1982 年 12 月 20 日教育部印发）

为鼓励教师到农村，特别是到老、少、山、边、穷地区任教，除荣誉
鼓励外，要适当增加生活补贴，还可保留城市户口，定期轮换。

中共中央 国务院《关于加强和改革农村学校教育若干问题
的通知》（1983 年 5 月 6 日）

贫困地区农村教师增加工资，可从国家拨给的教育事业费的增加部分
中予以补助。

国务院《关于筹措农村学校办学经费的通知》（1984 年 12
月 13 日）

在工资改革中，建议边远民族山区教师的工资构成，应包含一部分较
优厚的边远山区补贴，并注意改善其工作条件和福利待遇。

中共云南省委《批转省委民族工作领导小组〈关于改革发
展我省民族教育的意见〉》（云发［1984］64 号）

对在民族地区工作 25 年以上的教职工给予荣誉称号，生活待遇从优。

云南省人民政府《关于印发全省教育工作会议文件的通知》（云政发［1986］40 号）

第三十六条　对在少数民族地区、边远山区工作的教师，在工作条件和生活待遇上应给予特殊照顾，具体办法由当地人民政府参照国家和省的有关规定制定。

《云南省实施〈中华人民共和国义务教育法〉的若干规定》（1986 年 10 月 29 日云南省第六届人民代表大会常务委员会第二十四次会议通过 1992 年 11 月 25 日云南省第七届人民代表大会常务委员会第二十七会议修正）

第十三条　在省认定的贫困乡工作的教师，按有关规定享受浮动工资，同时享受农村教师补贴，补贴标准由地、州、市确定。

第十七条　在国家认定的贫困县和省认定的贫困乡从事教育教学工作满 10 年、在其他地区从事教育教学工作满 20 年的教师的子女，报考本省师范院校的，给予照顾录取；报考本省其他院校的，在同等条件下优先录取。

第二十条　在边境地区、贫困乡工作的教师，累计工作年限男性满 30 年、女性满 25 年，按国家规定退休后，根据本人的意愿，可以在县内医疗、交通方便的地点安置。

在边境地区、贫困县工作，具有高、中级职称的教师，累计工作年限男性满 30 年、女性满 25 年，按国家规定退休后，可以回到本省行政区域内的原籍或者其配偶、子女工作所在地安置。

《云南省实施〈中华人民共和国教师法〉的若干规定》（1995 年 11 月 27 日云南省第八届人民代表大会常务委员会第二十七次会议通过）

各级政府和教育主管部门要切实解决好工资、职称、住房等关系民族地区教师切身利益的问题，关心教师的工作和生活，坚决杜绝拖欠教师工资现象的发生。

中共云南省委 省人民政府《关于进一步做好新形势下民族工作的决定》（云发［1999］47 号）

对到少数民族贫困地区任教的大中专毕业生实行 6 年定期轮换制，并享受国家规定的工资倾斜政策。

中共云南省委　省人民政府《关于贯彻〈中共中央、国务院关于深化教育改革全面推进素质教育的决定〉的意见》（云发［2000］3 号）

【"民转公"照顾】

逐步降低民办教师的比例。计划在今后 3 年内，边境 27 县现有民办教师，经考核合格，能担任教学工作的，大部改为公办。

云南省革命委员会《批转省教育厅〈关于全省教育工作会议情况的报告〉》（云革发［1978］60 号）

经国务院批准，从今年起，边境一百三十六个县（旗）、市中小学民办教师（职工），经考核后合格的全部转为公办教师。

国务院领导同志在这次边境县民办教师转公办教师的批示中指出："要经过考核，合格的才转为国家正式职工为好。"各有关省、自治区要根据这一批示精神，对民办教师认真进行考核工作，既要注意保证质量，又要从实际出发，扎扎实实做好这项工作。

对内地农村民办中、小学教师，现在吃什么粮的仍吃什么粮，不能转吃商品粮。

教育部　财政部　粮食部　国家民委　国家劳动总局《关于边境县（旗）、市中小学民办教师转公办教师的通知》（1979 年 10 月 3 日）

在少数民族地区的中小学教师中，民办教师约占 60% 至 70%。这是当前少数民族中小学教育落后的一个重要原因。应在三至五年内，逐步安排劳动指标，把经过考核合格的民办教师转为公办教师，使少数民族地区的公办教师达到 70% 以上。少数民族地区根据实际需要，教职工编制应适当增加。

教育部　国家民委《关于加强民族教育工作的意见》（1980 年 10 月 9 日）

内地民族山区有培养前途的民办教师，要迅速安排脱产培训，经过培训和考核合格的要及时转为公办教师。边疆的公办教师经过培训还不能胜任教学的人员，可改做其他力所能及的工作。

> 中共云南省委《批转省委民族工作领导小组〈关于改革和
> 发展我省民族教育的意见〉》（云发〔1984〕64 号）

第二十一条　各级教育部门要优先安排培训民族自治地方山区的民办教师。民办教师经过考核合格，可按规定优先转为公办教师。

> 《云南省贯彻〈中华人民共和国民族区域自治法〉的若干
> 规定》（试行）（1988 年 4 月 7 日云南省人民政府发布）

对长期从事民办教师工作，在边远地区、贫困山区任教多年，担任学校教学领导工作，以及教学成绩突出等的民办教师制定一定的免试政策。

按照国家和省有关政策，适当放宽条件，解决好边远少数民族山村民办、代课教师的转正问题。

> 中共云南省委、云南省人民政府《关于进一步做好新形势
> 下民族工作的决定》（云发〔1999〕47 号）

【“双语”教学】

【中小学“双语”教学】

妥善安排民族语语言与汉语文的教学，是民族小学教育的重要问题。我省决定继续试验推行德傣、西傣、景颇、拉祜、傈僳、哈尼、佤等 7 种民族文字。按照党的民族政策，坚持群众自愿自择的原则，在使用本民族文字地区的民族小学，可以教学民族文字，也可以教学汉语文；在没有本民族文字，或虽有本民族文字因方言而不使用的地区的小学，可以直接学习汉语文。

在学习民族文字的小学里，一、二年级以学习民族语文为主，加授汉语会话课；三、四年级以学习汉语为主，并继续学习巩固民族语文。汉语拼音方案可以不学。高小部全部学习汉语文。

> 中共云南省委 省人委《批转省教育厅、民委党组〈关于全
> 省民族教育工作会议的报告〉》（云发〔1964〕089 号）

凡有本民族语言文字的民族，应使用本民族的语文教学，学好本民族语文，同时兼学汉语汉文。为此，必须加强民族文字教材的编译出版工

作。民族文字教材内容一定要注意民族特点和地区特点，要适应多种形式办学的实际需要。没有本民族文字而有独特语言的民族，也应以本民族语言辅助教学。

国家教育部　国家民委《关于加强民族教育工作的意见》（1980 年 10 月 9 日）

加强民族语言、文字的研究和指导。切实抓好 9 个民族文字的试行和推广工作。当前着重抓好民族文字的师资培训和民族文字教材，通俗读物的编译出版工作。还要抓好小学民族文字教科书、扫盲课本、实用技术和卫生常识书籍的出版。

中共云南省委《批转〈关于 1982 年民族工作要点的报告〉的通知》（云发［1982］23 号）

当前，要积极加强民族语文师资队伍的建设。各地州市县民族师范和教师进修学校要开设民族语文课。在工资改革中，建议民族地区教师的工资构成，应包含对兼通民汉语文学者的教师实行鼓励的特殊津贴。

中共云南省委《批转省委民族工作领导小组〈关于改革和发展我省民族教育的意见〉》（云发［1984］64 号）

第六条　学校应当推广使用全国通用的普通话。

招收少数民族学生为主的学校，可以用少数民族通用的语言文字教学。

《中华人民共和国义务教育法》（1986 年 4 月 12 日第六届全国人民代表大会常务委员会第四次会议通过）

第二十六条　实施义务教育的学校在教育教学和各种活动中，应当推广使用全国通用的普通话。

少数民族学生为主的学校或者班级，可以用本民族通用的语言、文字教学，并使用全国通用的语言、文字教学；没有本民族文字的，直接使用全国通用的语言、文字教学，并可以用本民族语言辅助教学。

省人民政府和民族自治地方人民政府，应当按照有关规定组织好义务教育教材民族文字的翻译、出版、发行工作。

第二十五条　用少数民族通用的语言文字教学的学校，应当在小学高年级或者中学开设汉语文课程，也可以根据实际情况适当提前开设。

《中华人民共和国义务教育法实施细则》　（1992 年 4 月 4 日）

第三十二条　提倡和鼓励在少数民族地区工作的教师学习当地少数民族的语言文字。

《云南省实施〈中华人民共和国义务教育法〉的若干规定》（1986 年 10 月 29 日云南省第六届人民代表大会常务委员会第二十四次会议通过，1992 年 11 月 25 日云南省第七届人民代表大会常务委员会第二十七次会议修正）

民族乡的中小学可以使用当地少数民族通用的语言文字教学，同时推广全国通用的普通话。使用民族语言文字教学的中小学，其教育行政经费、教职工编制可以高于普通学校。

《民族乡行政工作条例》（1993 年 8 月 29 日国务院批准，国家民委发布施行）

加强对民族地区"双语"和"双语文"教学的指导，贯彻《教育法》关于"汉语言文字为学校及其他教育机构的基本教学语言文字"的要求，对小学高年级以上的少数民族学生加强汉语教学以及外语教学。

云南省人民政府《转发省教委关于云南省实施〈面向 21 世纪教育振兴行动计划〉的意见的通知》（云政发［2000］8 号）

大力推进民族中小学"双语"教学。正确处理使用少数民族语授课和汉语教学的关系，部署民族中小学"双语"教学工作。在民族中小学逐步形成少数民族语和汉语教学的课程体系，有条件的地区应开设一门外语课。要把"双语"教学教材建设列入当地教育发展规划，予以重点保障。

按照新的《全日制民族中小学汉语教学大纲》，编写少数民族学生适用的汉语教材。要积极创造条件，在使用民族语授课的民族中小学逐步从小学一年级开设汉语课程。国家对"双语"教学的研究、教材开发和出版给予重点扶持。

要尊重和保障少数民族使用本民族语交接受教育的权利，加强民族文字教材建设；编译具有当地特色的民族文字教材，不断提高教材的编译质量。要把民族文字教材建设所需经费列入教育经费预算，资助民族文字教材的编译、审定和出版，确保民族文字教材的足额供应。

成立专门机构，努力开发少数民族语的数理化课程、学校管理和汉语教学课件库、素材库。

> 国务院关于深化改革加快发展民族教育的决定（国发
> 〔2002〕14 号）

【民族师范民族语文教学】

民族师范学校原则上采用本民族语言、文字进行教学。

民族师范学校开设民族语文课程。

> 教育部《中等师范学校教学计划》（试行草案）（1980 年 8
> 月 22 日）

四、下列人员应根据学校不同情况，在编制标准外适当增加：

（一）开设少数民族语文课，用少数民族语言教学的教师。

> 教育部《关于中等师范学校和全日制中小学教职工编制标
> 准的意见》（1984 年 12 月 27 日）

第二十二条　省级教育部门要帮助民族自治地方的师范学校开设民族语文课，培养通晓民族语文和汉语文的教师队伍。

> 《云南省贯彻〈中华人民共和国民族区域自治法〉的若干
> 规定》（试行）（1988 年 4 月 7 日云南省人民政府发布）

【"民考民、民考汉"】

用少数民族语言进行教学（注：1957 年《招考新生的规定》：用少数民族语文教学的高等学校（或班级）可以用少数民族语文单独进行招生考试）的民族中学毕业生，报考高等学校文史类，今年仍旧和过去一样，免试古代汉语。

> 教育部《关于高等学校优先录取少数民族学生的通知》
> （1962 年 8 月 2 日）

民族自治区用本民族汉语授课的高等学校或系，由自治区命题、考试和录取,不参加全国统一考试。用本民族语文授课的民族中学毕业生,报考用汉语文授课的高等学校,应参加全国统一考试。汉语文由教育部另行命题,不翻译,并用汉文答卷;其他各科(包括外语试题的汉语部分)翻译成少数民族文字,考生须用本民族文字答卷。在考汉语文的同时,由有关省、自治区决定也可以考少数民族语文,并负责命题;汉语文和少数民族语文的考试成绩分别按 50% 计入总分;但汉语文成绩必须达到及格水平方能录取。

> 教育部《1981 年高等学校招生工作的规定》(1981 年 2 月
> 19 日)

第二十二条　在通行少数民族语文的地区及相关的工作部门,少数民族语文成绩可以作为招生、招工、招干、评职称的条件之一。

> 《云南省贯彻〈中华人民共和国区域自治法〉的若干规定》
> (试行)(1988 年 4 月 7 日云南省人民政府发布)

【民族语文扫盲】

少数民族群众的扫盲,凡有民族文字的,既要学民族文字,也要学汉文;没有民族文字的,就学汉文。

> 云南省革命委员会《批转省教育厅〈关于全省教育工作会
> 议情况的报告〉》(云革发 [1978] 160 号)

在不通汉语而又有民族文字的地区,首先应使用民族文字扫盲。

> 中共云南省委《批转省委民族工作领导小组〈关于改革和
> 发展我省民族教育的意见〉》(云发 [1984] 64 号)

第六条　扫除文盲教学应当使用全国通用的普通话。在少数民族地区可以使用本民族语言文字教学,也可以使用当地各民族通用的语言文字教学。

第七条　个人脱盲的标准是:农民识一千五百个汉字,企业和事业单位职工、城镇居民识二千个汉字;能够看懂浅显通俗的报刊、文章,能够记简单的账目,能够书写简单的应用文。

用当地民族语言文字扫盲的地方,脱盲标准由省、自治区人民政府根据前款规定制定。

> 《扫除文盲工作条例》(1988 年 2 月 5 日国务院发布)

第七条　扫除文盲教育的教材由省教育行政部门审定。少数民族语言文字的教材，由省教育行政部门会同省少数民族语文指导工作委员会审定。

第十一条　用少数民族语言文字扫盲的个人脱盲标准是：用拼音文字的，能够熟练掌握字母的读、写和拼音规划；用表意文字的，识一千个字；用音节文字的，识五百个字。无论学习何种文字，都要能够阅读民族文字的通俗书报，能用民族文字记简单的账目和书写简单的应用文。

《云南省扫除文盲工作实施办法》（1996 年 11 月 14 日云南省人民政府令第 37 号发布）

【幼儿"双语"教学】

第十五条　幼儿园应当使用全国通用的普通话。招收少数民族为主的幼儿园，可以使用本民族通用的语言。

《幼儿园管理条例》（1989 年 8 月 20 日国务院发布）

【特殊学校"双语"教学】

招收少数民族学生为主的学校，可使用本民族或当地民族通用语言文字和盲文、手语进行教学，并应根据实际情况在适当年级开设汉语文课程，开设汉语文课程应当使用普通话和规范汉字。

《特殊教育学校暂行规定》（1998 年 12 月 2 日教育部令第 1 号发布）

【基础教育】

【发展民族中小学教育】

少数民族教育的内容与形式问题、课程教材问题，既要照顾民族特点，又不能忽视整个国家的统一性。

《第一次全国民族教育工作会议纪要》（1951 年 11 月 23 日）

今后一定时期内，民族地区的小学基本上仍由公办；只有在经济、文化比较发达，过去群众又有办学习惯或确实有条件实行民办的地区，才可以适当地实行民办。

民族小学的编制定额应予适当照顾。学生每班人数最高以 45 人为限，最低 15 人左右即可开班。学校极端分散的地区，得设专职辅导员巡回辅导教师的在职学习。有寄宿生的学校得根据需要设炊事员和保育员。

《国务院关于少数民族教育事业经费问题的指示》（1956 年 9 月）

为了密切结合民族地区的实际，必须贯彻"两条腿走路"的方针，根据不同民族、不同地区的经济条件和文化基础，按照不同的要求，采取多种多样的办学形式。当前以非全日制为主，大量举办半日制小学；也可举办简易小学；还可少量举办半工半读性质的工读学校。在有条件的地区，仍应积极举办全日制小学，也可根据条件许可，在少数全日制小学里，试行全日制小学工作条例。

边疆工读学校要求当地教育部门加强管理，并在经费上给予适当补助。

半日制和全日制小学，均实行"四二"分段制，初小毕业发给毕业证书。要求继续升学的，可免考升入高小。

为了解决愿意和有条件升学的少数民族高小毕业生的升学问题，可在初中设预备班，实习高小未学完的课程，一般要求实习一年后再升入初中一年级。

学校的合理布局，是巩固和发展民族教育的重要条件之一。要求各地在调查研究的基础上，对本地区民族教育的发展，制定出公立小学的布点规划。公立小学的设点，要以方便群众子女就近入学为原则。有条件可在初小戴帽子，增设高小，进行复式教学。但少数特别分散地区，高小也可以集中办，学生在校食宿。

中共云南省委 省人委《批转省教育厅、民委党组〈关于全省民族教育工作会议的报告〉》（云发［1964］89 号）

采取得力措施，帮助边疆少数民族发展科学技术和文化教育事业，关键是办好各级各类学校，采取多种学制、多种形式办学，加速培养各种人才。要注意办好幼儿教育，要普及五年小学教育，发展八年制教育，积极发展业余教育，扫除青壮年中的文盲，加强民族语文的中、小学课本和图书杂志的编译、出版、发行工作。为了提高少数民族学生的入学率和普及率，减轻群众负担，国家准备大大提高公办学校的比例；民办学校也要给更多的补助。在牧区、高寒山区和边境社、队，要恢复一些公办的寄宿中小学校。在教职员编制和助学金比例上要比内地大一些，多一些。要办好一些重点中小学，要开办用少数民族语文教学的班次，努力提高教学质量。

> 中共中央《批转乌兰夫同志在全国边防工作会议上的报告的通知》（中发［1979］52 号）

过去，在民族教育工作中不顾民族特点，强行搬用汉族地区的一些做法，管得过多，统得过死，民族自治地方没有多少自主权可言，这是少数民族地区教育事业落后的一个重要原因。今后，必须遵照党中央真正实行民族区域自治，在中央统一领导下充分行使民族区域自治权利的精神，保证民族自治地方在教育事业上的自主权。在国家统一的教育方针指导下，教育规划、学校管理体制、办学形式、学制、教材建设、教学内容、人员编制、教师任用和招聘、经费的管理和使用等，都应由自治地方根据实际情况决定。各民族自治地方要加强民族教育立法工作。

> 教育部 国家民委《关于加强民族教育工作的意见》（1980年 10 月 9 日）

各地情况不同，具体经验也各异，但办学的具体方针则应是以举办寄宿制校和全日制固定学校为主，实行多种形式办学。即以全日制固定小学和寄宿制小学为主，以流动教学、巡回教学为辅；可以有寄宿制，也可以有半寄宿制、季节寄宿制；可以有全日制，也可以有半日制；既有固定的，也允许有流动的。同时要认真总结如何充分发挥寄宿制学校的骨干作用，解决好重点校与一般学校的关系。

目前，农牧区、山区寄宿制中小学毕业生中，升入高一级学校的只是少数，绝大多数毕业后参加生产或当干部领导生产。因此，在寄宿制学校中，除利用小农场、小牧场、林场、茶园等，使学生参加一定劳动，学习一些生产知识和技能外、教学中还应试验有关牧业、农业生产的基础知识和操作能力的内容，使学生毕业后能解决一般性的农业、牧业等方面的技术性问题。

> 《全国牧区、山区寄宿制民族中小学经验交流会纪要》（1982 年 12 月 20 日教育部印发）

学龄儿童在小学实行五年制的地区系指七至十一周岁儿童，在小学实行六年制的地区系指七至十二周岁儿童（六周岁入学的地区，可依此推算学龄儿童年龄）。居住分散、教育基础差的少数民族地区学龄儿童的入学年龄是否需要适当放宽，由有关省、自治区自行规定。

教育部《关于普及初等教育基本要求的暂行规定》（1983
年 8 月 1 日）

要大力抓好基础教育。要改进民族地区特别是民族山区的办学体制。一方面，初级小学要采用多种形式办学，方便儿童就近入学，学制四年或五年，学生免交学杂费。另一方面，要下决心在边疆和内地贫困的民族山区，逐步在每个区重点办好一所寄宿制、每个乡重点办好一所半寄宿制的完全小学，学制可根据实际需要延长。这类小学要重效益，学生要择优，教师水平要高，设备要比较全，应依托现有基础，力争在三年内分批改办并要确实办好。实践证明，没有重点就不易巩固提高，也不易出人才；而没有一般则不利于普及，不易扫除文盲和杜绝新文盲的产生。

要积极改善农村小学，特别是民族山区小学的办学条件。在经济发达和群众日趋富裕的坝区，可大力提倡集体办学和私人办学。以便转移出一部分教育基金，对山区的学校给予较多的扶持。教育部门安排基建、修缮、教具和文体设备费用时，要优先照顾贫困山区。

中共云南省委《批转省委民族工作领导小组〈关于改革和
发展我省民族教育的意见〉》（云发［1984］64 号）

第五条 凡年满 6 周岁的儿童，部分性别、民族、种族，应当入学接受规定年限的义务教育。条件不具备的地区，可以推迟到 7 岁入学。

《中华人民共和国义务教育法》（1986 年 4 月 12 日第六次
全国人民代表大会常务委员会第四次会议通过）

实施义务教育全国分为三类地区：第三类地区是经济、文化不发达的地区，要随着经济的发展，争取在本世纪末大体上普及初等义务教育。

国家民委 国家教委 国家计委 财政部 劳动人事部《关于实
施〈义务教育法〉若干问题的意见》（1986 年 9 月 11 日国
务院办公厅转发）

义务教育应因地制宜，分类要求。全省可大致划分为三类地区：

三类：经济条件、文化程度较差的山区（约 1800 万人，占全省总人口的 55％），力争在本世纪末普及初等义务教育，部分有条件的地区普及初中阶段的普通教育、职业技术教育。

2. 分阶段实行免费义务教育

根据我省的经济情况，拟先从普及初等教育阶段实行免收学费，逐步过渡到实行九年制义务教育免收学费。有条件的地区，可以免收学杂费。对于生活特殊困难的学生，要适当给予补助。

发展区办初级中学，除少数特困分散山区外，要求在三、五年内做到每区有一所初级中学。

条件困难的农村初中，经主管教育部门批准，可适当降低教学要求，精简合并一些课程，只开设语文、数学、农职业技术课、社会常识、自然科学常识等主要课程。由省教育行政部门制定农村简易初中教学计划并选编相应的教材。

分散办学的山区、边疆民族地区的教职工编制可以适当放宽，由县人民政府确定。

以招收少数民族学生为主的小学，坚持以公办为主，以全日制为主，学制一般六至七年。其他形式灵活多样的小学，也要在学完四年制的基础上，继续提高。

云南省人民政府《关于印发全省教育工作会议文件的通
知》（云政发［1986］40 号）

关于教材建设问题。对少数民族地区中小学的民族文字教材建设，要给予应有的重视，加强省区之间的协作，认真研究解决教材编译、出版、发行工作中的实际困难。在统一基本教学要求的前提下，教学内容要充分体现当地民族的特点，编写出具有民族特色的补充教材。教学要求要符合少数民族少年儿童认知水平、生理和心理发展的特点。

国家教委《关于九省区教育体制改革进展情况的通报》
（1987 年 2 月 23 日）

第二十五条 民族自治地方应当按照义务教育法及其他有关法律规定组织实施本地区的义务教育。实施义务教育学校的设置、学制、办学形式、教学内容、教学用语，由民族自治地方的自治机关依照有关法律决定。

《中华人民共和国义务教育法实施细则》（1992 年 4 月 4
日）

民族地区的办学形式，力求符合当地的实际与需要，灵活变通，既要考虑学校的规模效益，又要适合当地自然环境和各民族生产生活的特点，以方便少数民族子女入学。

国家教委　国家民委《关于加强民族教育工作若干问题的意
见》（1992 年 10 月 20 日）

到 2000 年，民族自治县基本普及 6 年义务教育，近 50 个自治县和有民族自治地方的县实现普及 9 年义务教育，基本扫除青壮年文盲。

中共云南省委　省人民政府《贯彻实施〈中国教育改革与发
展纲要〉的意见》（云发〔1995〕33 号）

要继续把"两基"工作放在民族地区教育工作的首位。各级政府和教育主管部门必须采取有效措施，限期实现民族地区"两基"目标。

中共云南省委　云南省人民政府《关于进一步做好新形势下
民族工作的决定》（云发〔1999〕47 号）

【义务教育】

第十二条 国家对经济困难地区实施义务教育的经费，予以补助。国家在师资、财政等方面，帮助少数民族地区实施义务教育。

《中华人民共和国义务教育法》（1986 年 4 月 12 日第六届
全国人民代表大会第四次会议通过）

中央拨给的支援经济不发达地区资金、边境建设事业补助费、少数民族补助费等，地方都应从中划出一部分用于这类地区的义务教育事业。

国家民委　国家教委　国家计委　财政部　劳动人事部《关于实
施〈义务教育法〉若干问题的意见》（1986 年 9 月 11 日国
务院办公厅转发）

中央拨给老、少、边、穷地区普及小学教育补助费、普及小学教育基建补助费和各地的配套经费要适当照顾民族地区。

> 云南省人民政府《关于印发全省教育工作会议文件的通
> 知》（云政发［1986］40号）

第二十八条　中央和地方财政视具体情况，对经济困难地区和少数民族聚居地区实施义务教育给予适当补助。

> 《中华人民共和国义务教育法实施细则》（1992年4月4日）

"八五"后三年为了进一步解决少数民族、边远山区基础教育中的薄弱环节，决定再筹措5000万元，用于以上地区中小学改善办学条件，开展必备办学条件达标建设，为实现普及九年义务教育目标打下坚实的基础。

> 云南省人民政府《关于转发云南省人民政府第57次常务会
> 议纪要的通知》（云政发［1993］43号）

第五十六条　国务院及县级以上地方各级人民政府应当设立教育专项资金，重点扶持边远贫困地区、少数民族地区实施义务教育。

> 《中华人民共和国教育法》（1995年3月18日第八届全国
> 人民代表大会第三次会议通过）

省设立民族教育补助专款，主要用于帮助民族贫困地区基本完成"普9"、"普6"和扫除青壮年文盲的任务。

> 中共云南省委　省人民政府《贯彻实施〈中国教育改革和发
> 展纲要〉的意见》（云发［1995］33号）

第十一条　有下列情形的，不得进行农村教育集资：
（二）根据国家有关规定认定的贫困乡、贫困民族乡及镇。

> 《农村教育集资管理办法》（1997年3月3日国家教委、国
> 家计委、农业部、财政部发布）

【寄宿制、半寄宿制民族中小学】
高寒山区和边境社、队，要恢复一些公办的寄宿制中小学校。

> 中共中央《批转乌兰夫同志在全国边防工作会议上的报告
> 的通知》（中发［1979］52号）

对于大多数文化教育十分落后的民族，特别是对于边远地区、牧区的民族，必须采取特殊的办法，在相当的时期内，集中精力，办好一批公办的民族中小学，给予较多的助学金，特别是要大力办好一批寄宿制学校，采取由国家管住、管吃、管穿的办法。对这些民族中小学，在经费上要给予必要的照顾，调配较好的教师，校舍和教学设备也要好一些。把这批民族中小学办好了，就可以确保出一批人才，奠定进一步发展的基础。

教育部 国家民委《关于加强民族教育工作的意见》（1980年 10 月 9 日）

为了尽快改变我省经济、文化落后地区的民族教育状况，提高我省少数民族的文化科学水平，以适应"四化"建设的需要，省委《关于贯彻执行中央〔1980〕31 号文件的通知》指出，必须采取特殊措施，加强民族教育，除按国家正常的教育经费办好学校外，每年再由省地方财政增拨民族教育经费 550 万元，建立一批寄宿制的民族中、小学。

寄宿制民族中、小学的地点，主要在我省边疆和山区少数民族聚居地区，选择办学条件比较好的中、小学，改建或扩建民族中学 19 所，小学 21 所，作为发展民族教育的重点学校。民族中、小学一定要名副其实，主要招收经济、文化落后的少数民族学生。

二、学校的规模、学制和招生办法：

民族中学的规模，一般每所 9 个班，约 450 人（初中 6 班，300 人；高中 3 班，150 人），每班班额为 50 人。学制初、高中各 3 年。从 1981 年开始招生，每校招初中 2 班，100 人，高中 1 班，50 人，面向全省地、州的少数民族学生，由各县在经济、文化特别落后的少数民族小学、初中毕业生中挑选。将学生情况和学业成绩报送给学校所在县教育局，会同学校择优录取。

民族学生的规模，每所 6 个班至 12 个班，约 300 人至 600 人，其中五、六年级寄宿生 100 人至 300 人，班额 50 人。学制为六年。有民族文字的要从低年级开始进行民族语文教学，学习年限可延至七年。从 1981 年开始招生。低年级（四年级以下）就近招生。五年级开始招收寄宿生，除招收本县范围内的少数民族学生外，要适当招收部分外县少数民族学生。招收名额和分配办法，由各州、行署安排决定。

教职工的编制比例可根据实际需要高于一般学校。

五、学生的生活待遇：

民族中学和小学五年级以上的学生入学后，根据学生的家庭经济情况，酌情给予生活、学杂费补助，从 1981 年开始实行。

云南省人民政府《批转省民委、省教育厅关于认真办好一
批寄宿制民族中、小学的报告》（云政发〔1980〕246 号）

全省寄宿制民族中学达到 38 所，民族小学 989 所。今年初，省里又拨出资金 1500 万元，拟筹办半寄宿制高小 3000 所。

中共云南省委《批转省委民族工作领导小组关于改革和发
展我省民族教育的意见》（云发〔1984〕64 号）

为办好半寄宿制高小班，提高伙食标准，改善办学条件，从 1986 年起，省财政在每年拨出 1500 万元的基础上，再增拨 600 万元。省定 40 所寄宿制民族中、小学的专项经费，已由财政切块包干到地、州、市，按标准划拨。各地、州、市、县也要适当增拨款项，用于巩固和发展寄宿制、半寄宿制学校。

云南省人民政府《关于印发全省教育工作会议文件的通
知》（云政发〔1986〕40 号）

建立奖励基金，切实办好 3000 所半寄宿制高小。省政府从 1983 年起确定兴办的 3000 所半寄宿制高小，多数是办得好的。但由于经费使用分散，布点不够合理，领导和师资不强等原因，部分校点教学质量不高。为了保证半寄宿制高小每年能培养出 15 万合格的毕业生，需要加以整顿提高。这次会上提出的办好半寄宿制高小的文件，会议讨论决定后，就要严格执行。这里我要强调一下，省下拨的 2100 万元专款，应全部用于 3000 所半寄宿制高小学生的生活补助，不得用于扩大校点，更不准挪作他用。从今年到 1990 年，省里每年拿出 100 万元，作为发展民族地区基础建设的奖励基金，重点用于奖励办得好的半寄宿制高小。为了解决学生生活上的一些困难，粮管所应允许学生用自带的粮食调换品种。乡、村应划给一定的菜地和柴山，尽量做到集中开伙，保证学习时间和教学质量。

同时各地要继续办好有的民族中学和普通中学的民族班。对省办的

21 所民族中学，省教育厅要帮助它们按国家规定的一级标准，三年内配好所需的图书、仪器、电化教育设备。

云南省人民政府《关于印发和志强省长在全省第三次民族
教育工作会议上讲话的通知》（云政发［1988］18 号）

民族乡根据实际情况，可以兴办小学、中学和初级职业学校；牧区、山区以及经济困难的民族乡，在上级人民政府的帮助和指导下，可以设立以寄宿制和助学金为主的学校。

《民族乡行政工作条例》（1993 年 8 月 29 日国务院批准，
国家民委发布执行）

办好省定 40 所民族中小学。到本世纪末，省定民族中学达到 2 级以上完中标准，省定民族小学建成县示范性学校；3000 所半寄宿制高小中，80% 以上达到乡中心完小办学水平。

增设 100 所寄宿制完小，200 所半寄宿制初小，招收特别贫困、人口分散地区的民族学生。

中共云南省委 省人民政府《贯彻实施〈中国教育改革和发
展纲要〉的意见》（云发［1995］33 号）

新建或扩建 10 至 20 所比较现代化的民族中学，主要招收边境、少数民族、贫困山区的学生。

中共云南省委 省人民政府《关于印发云南省基础教育振兴
行动计划的通知》（云发［2002］21 号）

【云南省民族中学】

省政府确定省教育学院附属中学办成民族中学，要加快实施。

云南省人民政府《关于转发云南省人民政府第 57 次常务会
议纪要的通知》（云政发［1993］4 号）

到 2000 年，将云南教育学院实验中学建设成有学生 1500 人规模的省属民族中学，并达到一级完中水平。

中共云南省委 省人民政府《贯彻实施〈中国教育改革和发
展纲要〉的意见》（云发［1995］33 号）

【边沿地区学校】

对边沿一线地区的学校，应特别注意加强领导，配备政治上坚强，又有一定工作能力的校长、教师。在校舍、设备以及经费方面，应给予特殊照顾，努力把学校办好。

中共云南省委 省人委《批转省教育厅、民委党组〈关于全省民族教育工作会议的报告〉》（云发［1964］89 号）

本着因地制宜、就地取材的原则，在 3 年内逐步把边境县 23.4 万多平方米的破烂校舍建设好，特别是交通要道、哨卡、会晤点的学校建设，质量要好一些。内地民族地区和高寒山区，在师资、经费和教学设备等方面，也应给予适当照顾。

云南省革命委员会《批转省教育厅〈关于全省教育工作会议情况的报告〉》（云革发［1978］60 号）

继续加强边境口岸学校建设，扶持边境 25 个县县一中的建设。

云南省人民政府《转发省教委关于云南省〈面向 21 世纪教育振兴行动计划〉的意见的通知》（云政发［2000］8 号）

进一步加强边境一线中小学校建设，建成一批窗口学校。加快发展跨境而居的少数民族的教育，促进民族团结和边疆稳定。

云南省人民政府《贯彻落实〈国务院关于基础教育改革和发展的决定〉的意见》（云政发［2001］161 号）

【地县重点中学设民族班（部）】

设在民族自治地方和少数民族较多的省内的汉族的重点中学，应当积极为少数民族学生举办高考补习班，还应尽可能地办一些民族班。

教育部 国家民委《关于加强民族教育工作的意见》（1980 年 10 月 9 日）

在省、地（州、市）县所在地的重点中学或县一中，都应创造条件，逐步举办寄宿制民族班，向大、中专学校输送更多的合格中学毕业生。

云南省人民政府《关于印发全省教育工作会议文件的通

知》（云政发［1986］40 号）

　　在 32 个贫困县的县一中增办民族部。我省的 41 个贫困县中，已有 9 个办了民族中学。为了解决贫困山区少数民族学生升入中学的困难，省政府决定，在其余 32 个贫困县的县一中设立民族部，每部三个初中班；由省财政专项补助 480 万元作为开办费；民族班开办后，每年每个民族学生给予 100 元的生活补助费。这些民族班的招生对象，主要是居住在边远山区升学困难的民族学生，补贴要真正落实在他们身上。

云南省人民政府《关于印发和志强省长在全省第三次民族
教育工作会议上讲话的通知》（云政发［1988］18 号）

　　第十八条　城市人民政府应当重视发展少数民族教育事业，可以根据当地实际开办民族学校或者设立民族班，对民族学校或者民族班应当在经费、教学设备、教师队伍建设等方面给予适当照顾。

《云南省城市民族工作条例》（1999 年 5 月 27 日云南省第
九届人民代表大会常务委员会第九次会议通过）

【民族生待遇】①
　　除公费待遇的少数民族中学外，在若干指定的中学亦得设立少数民族学生的公费名额。

《培养少数民族干部试行方案》（1950 年 11 月 24 日政务院
第六十次会议批准）

　　民族地区的小学学杂费的收费问题，应依据当地群众的生活情况规定。生活条件比较困难的地区，应不收费，原来有收费习惯或确实有条件实行收费的地区，也须扩大减免名额。

《国务院关于少数民族教育事业经费问题的指示》（1956 年
9 月）

---

　　① 　1951 年《第一次全国民族教育会议报告》提出：在生活上对少数民族学生采取待遇从优的政策；对少数民族学生实行公费制和人民助学金制度；1951 年通过了《少数民族学生待遇暂行办法》。1957 年，国家实行就地办学的方针，省立民族中、小学等学校，普遍实行助学金制度。

对边疆民族地区和内地分散山区的一部分民族学生，在国家教育经费可能的前提下，在经济上给予一些特殊照顾。

公立小学可以继续免收学杂费，对景颇、傈僳、独龙、苦聪、苗、瑶、怒、佤等族，生活特别困难的学生，可以根据情况，给予适当补助或采取部分包干的办法。各地应将此项经费纳入教育事业经费预算。

中共云南省委　省人委《批转省教育厅、民委党组〈关于全省民族教育工作会议的报告〉》（云发［1964］089 号）

对边境一线公社的民族生继续给予补助。按困难大的多补助，困难小的少补助，不困难的不补助的原则，中学生每人每月补助 4 至 6 元。

云南省革命委员会《批转省教育厅〈关于全省教育工作会议情况的报告〉》（云革发［1978］160 号）

在边境第一线的社队，要根据国家财力的可能，逐步实行免费医疗、中小学免费上学、免费看电影。

中共中央《批转乌兰夫同志在全国边防工作会议上的报告的通知》（中发［1979］52 号）

对有困难的少数民族学生给予助学金补贴或者实行食宿包干等办法。

中共云南省委《关于加强边疆、民族地区工作的几项措施》（1980 年）

少数民族地区、贫困、边远地区等，已实行免收杂费的，仍按原有规定执行。

国家在初级中等学校和部分小学（主要是有困难的少数民族地区、其他贫困地区和需要寄宿就读的地区）实行助学金制度。具体办法和标准，由各地自订。

国家民委　国家教委　国家计委　财政部　劳动人事部《关于实施〈义务教育法〉若干问题的意见》（1986 年 9 月 11 日国务院办公厅转发）

第十五条　接受义务教育的学生免收学费，贫困的山区、边疆少数民族地区接受义务教育的学生免收杂费。其他地区是否免收杂费由当地人民政府决定。

规定收取杂费的地区,对家庭经济困难的学生,应当酌情减免杂费。

减免杂费的金额,其办学经费属财政拨款的,由财政拨给;属其他办学单位或社会力量筹措经费的,由举办者拨给。

收取杂费的标准和办法,由省人民政府教育主管部门会同有关部门制定。

第十六条　实施义务教育的学校设立助学金、奖学金,帮助少数民族学生、贫困学生就学,对品学兼优的学生予以奖励。

寄宿制民族中小学、民族班、半寄宿制高小班学生普遍享受助学金。

助学金、奖学金的标准和实施办法,由省人民政府教育主管部门会同有关部门制定。

> 《云南省实施〈中华人民共和国义务教育法〉的若干规定》
> (1986 年 10 月 29 日云南省第六届人民代表大会常务委员会第二十四次会议通过;1992 年 11 月 25 日云南省第七届人民代表大会常务委员会第二十七次会议修正)

省地县各级都要想办法提高民族生生活补助,使省定寄宿制、半寄宿制、民族中学和县一中民族部学生的生活补助有所增加。

> 中共云南省委　省人民政府《贯彻实施〈中国教育改革和发展纲要〉的意见》(云发〔1995〕33 号)

省地县各级都要设立特困生补助基金,使在校的中、小学生顺利完成学业。

> 中共云南省委办公厅　省人民政府办公厅《关于落实中共云南省委、云南省人民政府贯彻实施〈中国教育改革和发展纲要〉的意见的通知》(云办发〔1996〕41 号)

尽力解决少数民族贫困生的生活和学习问题。地、州、市、县要安排一定的资金并争取社会捐助,建立本地区中小学校、中专和职业学校贫困生教育基金,解决本地区民族贫困学生学习和生活困难。

继续办好寄宿制、半寄宿制中小学校,各级财政都要逐步提高对寄宿制、半寄宿制学生的生活补助标准。

寄宿制、半寄宿制学生生活补助标准分别由每月 15 元、7 元提高到

25 元和 12 元。

中共云南省委 省人民政府《关于进一步做好新形势下民族
工作的决定》（云发［1999］47 号）

"十五"期间及至 2010 年，对未普及初等义务教育的国家扶贫开发工
作重点县，向农牧区中小学生免费提供教科书，推广使用经济适用型教
材；采取减免杂费、书本费、寄宿费、生活费等特殊措施确保家庭困难学
生就学；中央财政通过综合转移支付对农牧区、山区和边疆地区寄宿制中
小学校学生生活费给予一定资助；少数民族和西部地区各级财政也要相应
设立寄宿制中小学校学生生活补助专项资金。

国务院《关于深化改革加快发展民族教育的决定》（国发
［2002］14 号）

【"一无两有"工程】

实现"一无两有"（校校无危房，班班有教室，学生人人有课桌凳），
改善办学条件，发展山区，民族地区的教育，还是要以社队群众投资为
主，国家给予适当补助。各路聚财，通力合作，不能事事依靠国家。最
近，省委、省政府决定，今年由省机动财力拿出 2500 万元，要求地、县
两级也从机动财力中相应地拿出 2500 万元，再加上发动社队群众集资，
用于改善办学条件，争取今明两年内实现"一无两有"。

中共云南省委 省人民政府《批转省教育厅〈关于我省山区
普及初等教育几个问题的报告〉》（云发［1983］42 号）

争取在二、三年内做到校校无危房、班班有教室、人人有课桌凳，校
内有必要的教具和文体设施，寄宿制学校有宿舍和伙房。

中共云南省委《批转省委民族工作领导小组〈关于改革和
发展我省民族教育的意见〉》（云发［1984］64 号）

【"义务教育工程"和"危房改造工程"】

把西部民族地区、山区、牧区和边境地区列为"国家贫困地区义务
教育工程"重点地区，中央财政予以重点支持。"十五"期间，安排专项
资金，实施第二期"国家贫困地区义务教育工程"，主要用于支持西部地
区发展义务教育，同时适当降低地方政府配套比例；安排农村中小学危房

改造资金，向西部农村中小学倾斜。

国务院办公厅《转发国务院西部开发办〈关于西部大开发若干政策措施的实施意见〉的通知》（国办发〔2001〕73号）

中小学危房改造要坚持与学校布局调整相结合，重点调整山区村小和教学点。在边远山区和边境一线，要以集中办学为方向，宜并则并，需增则增，加大小学高年级寄宿制、半寄宿制学校的建设力度，提高办学效益。

多方筹集资金，到2005年，基本排除现有的D级危房。国家和省级资金重点补助解决农村中小学教学用房和学生宿舍的D级危房，地县级财政也要相应安排专项资金投入危房改造。

中共云南省委 省人民政府《关于印发〈云南省基础教育振兴行动计划〉的通知》（云发〔2002〕21号）

【"三免费"教育】

对边境沿线乡、村学校学生实行免费教育。

中共云南省委 省人民政府《关于进一步做好新形势下民族工作的决定》（云发〔1999〕47号）

边境沿线乡村中小学校学生实行免收课本费、学杂费教育。

中共云南省委 省人民政府《关于贯彻〈中共中央、国务院关于深化教育改革全面推进素质教育的决定〉的意见》（云发〔2000〕3号）

继续做好边境地区义务教育学生"三免费"（教科书费、杂费、文具费）工作。对边境一线行政村和边境一线省定扶贫攻坚乡的小学和初中学生实行"三免费"，对未"普九"的国家扶贫开发重点县农村贫困初中学生和特殊教育学校（班）的学生免费提供教科书，在农村地区推广使用经济适用型教材。

云南省人民政府《贯彻实施〈国务院关于基础教育改革与发展的决定〉的意见》（云政发〔2001〕161号）

逐步扩大"三免费"教育范围，加快义务教育的普及。争取国家支持，加大地方各级政府的投入，对全省129个边境乡镇以及7个人口在10万以下

的少数民族和藏族约 40 万的初中、小学生全部实行"三免费"教育。同时，争取国家提高对我省贫困地区初中学生免费提供教科书的受益面。

中共云南省委 省人民政府《关于印发〈云南省基础教育振兴行动计划〉的通知》（云发［2002］21 号）

【"一费制"】

《国务院关于基础教育改革与发展的决定》（国发［2001］21 号）强调：在国家扶贫开发工作重点县等农村贫困地区义务教育阶段，实行由中央有关部门规定杂费、书本费标准的"一费制"收费制度。8 月 28 日，中共中央办公厅、国务院办公厅召开的"全国减轻农民负担工作电视电话会议"进一步要求：今年 9 月 1 日秋季开学后，各地要继续做好"一费制"，将国家规定的杂费和课本费合并收取。初中每学期每生 115 元，每学年不得超过 230 元，小学每学期每生 60 元，每学年不得超过 120 元。除此之外，禁止其他各项收费。

国家计委 财政部 教育部《关于坚决落实贫困地区农村义务教育阶段试行"一费制"收费制度的通知》（计价格［2001］2477 号）

2003 年，全国所有国家扶贫开发工作重点县的农村小学和初中必须实行"一费制"收费办法。省级人民政府要根据有关规定，结合当地实际情况，制定具体的实施办法和"一费制"收费标准。

国务院办公厅《转发教育部等部门〈关于 2003 年治理教育乱收费工作实施意见的通知〉》（国办发［2003］59 号）

【"老少穷"地区教育发展工程】

（二）边境、少数民族、贫困地区教育发展工程。

7、加快边境、少数民族、贫困地区基础教育发展，是增强民族团结、巩固边防的重要途径，也是振兴我省基础教育的重点和难点。要认真贯彻第五次全国民族教育工作会议精神，加快民族教育的发展。努力争取国家更多的特殊政策支持，加大省级财政的支持力度，动员全社会以各种方式支援边境、少数民族、贫困地区的教育事业。

在贫困地区、农村学校广泛开展以养殖、种植为主要内容的勤工助学活动。当地政府及村民委员会要积极支持，提供相应条件，同时努力争取各级财政对勤工助学基地给予一定补助。

> 中共云南省委 省人民政府《关于印发〈云南省基础教育振兴行动计划〉的通知》（云发〔2002〕21号）

【职业技术教育】

【发展职业教育】

根据我国经济文化发展不平衡和中专专业门类多、要求不一的情况，中专学制可以多样化；招收初中毕业生，一般为四年，个别五年，有的专业仍保持三年；招收高中毕业生，一般为二年，医科和工科等有些专业可为二年半或三年。少数民族地区可以从实际出发，提出不同的招生对象和学制。

> 国务院《全国中等专业教育工作会议纪要》（1980年10月8日）

除继续抓好普及小学生教育外，要在全省现有的中等专业学校内逐步设立民族班。

> 中共云南省委《关于加强比边疆、民族地区工作的几项措施》（1980年）

大力发展不同层次的职业技术教育。每个县应集中办好完全中学一、二所，并设置与当地经济发展相适应的技术课。还要开设民族班，给需要补课的特殊加工的民族生提供学习机会。区办的普通初中应更多地办成农业技术中学，把学文化与学当地需要的科技知识结合起来，每个县都应认真办好一个技术培训中心。区里可分别办好一个技术培训中心。区里可分别办专业技术短期培训班，大量培训回乡知青、复员军人、基层干部和各行各业的"两户"人才，使他们在本地农、林、牧、工、商各行各业中，成为懂技术、会管理的初级人才和勤劳致富的带头人，这是最实际和重要的智力投资……特别是科技部门要积极选编通俗易懂的技术课教材，要通过多种渠道安排，如从各有关的技术人员中选派一部分专职或兼职的技术课教师（原编制和科技人员选派一部分专职或兼职的技术课教师，原编制和科技人员的待遇不变）；在现有教师中选派适当对象到有关科技院校委托代培；在教师轮训中安排必要的技术课讲座；还可从社会上聘请能工巧匠和专项技术能手来传授技术等等。

中共云南省委《批转省委民族工作领导小组（关于改革和

发展我省民族教育的意见)》（云发［1984］64 号）

少数民族地区要根据当地经济和社会发展需要举办职业技术学校，或短期职业技术培训班，也可在民族干校或普通中学举办以招收少数民族学生为主的职业班。教学内容要考虑民族特点，课程设置要在提高文化知识的基础上，既传授先进的科学技术和管理知识，又要传授少数民族群众喜爱的适用传统技术。在小学高年级和初中阶段，要适当增设劳动技术教育课，把学习文化基础知识和学习当地生产、生活所需的科技知识和劳动技能结合起来。对毕业后不能升学的高小、中学毕业生，要进行短期的职业技术培训，使其成为有文化、有技术的劳动者。也可试办六加一式和三加一式的职业技术教育（即小学六年、初中三年后加授一年职业技术教育）。

云南省人民政府《关于印发全省教育工作会议文件通知》

（云政发［1986］40 号）

发展职业技术教育是改变边远地区落后面貌、脱贫致富的最直接、最有成效的手段。因此，大力发展职业技术教育，在边远山区要以短期职业技术培训为主，要打破传统的学校办学模式，不要片面追求正规化。办学形式要灵活多样、不拘一格。有些地方应以主要劳动力为培训对象，开展各种实用性技术培训。职业技术要与基础教育早期结合，有的农村可以在初中后或小学后就进行一定的职业技术培训，还要注意与勤工俭学、半工半读相结合。

国家教委《关于九省区体制改革进展情况的通报》（1987

年 2 月 23 日）

九年来，8 个民族自治州的 31 所中等技术学校共培养中级技术人员 2 万多人。民族地区 89 所农职业中学，也培养了一批初、中级技术人才。此外，每年还有上百万人次受到短期技术培训。

关于职业教育

第一，扩大和充实民族地区的农业中专，中专是发展职业教育的骨干。

省里决定，重点 8 个自治州的农业中专，除大理、楚雄已给扶持外，对其余的 6 所州属农业中专，三年内将拨给基建补助专款 160 万元，教学实用仪器补助专款 190 万元，使这 6 所学校尽快改变面貌，达到批准规模。

第二，在省属中专举办民族班。省政府将对省财政拨款的中专，在"七五"计划规定的范围内，下达招收民族生的指令性计划，并由省计委和教育厅统一安排，有计划地在各处学校开办民族班。对于部属中专，我们希望在下达给云南的招生指标中，尽可能招收一些民族学生。省里还决定拨出专款，委托部分企业中专和部属中专每年招收 4 个民族班，共 160 名学生，培养一批民族地区急需而当地又无力培养的专业人才。

为了促进中等专业学校改革，鼓励学校挖掘潜力，调动教职员工的积极性，扩大招收民族学生。从今年起，省对所属中等专业学校实行按在校生人数和每生经费预算定额分配经费，改变目前在经费分配上"吃大锅饭"的办法。

第三，扶持各地办好农职业技术中学。目前不少职业学校存在着"三不像"的状况：既不像职业学校，又不像普及中学，也不像高考实习班。这些学校要尽快实现转轨定向，真正办成培养有商品观念和实际本领，能为民族地区发展经济服务的人才基地。"七五"期间，各地、州、市可选择一所办学条件较好的职业技术学校，面向全州或几个县招生，办成示范性的职业学校。省里决定对其中的 15 所给予重点扶持，按每校 300 人的规模，每生每年给生活补助费 100 元，专业教学设备由省教育厅负责配齐。各州县要对其它的农职业学校给予扶持，帮助它们改善办学条件。省里三年内将给民族自治地方的 89 所农职业学校每校配齐一套教学的录放像设备。

第四，在省民族干校和红河、文山、楚雄、保山、临沧民族干校开办 10 个职业班。在省定 21 所民族中学中，定向招收未能升学的应届高中毕业生，进行一年职业技术培训，合格者由地、州、县劳动部门在农村招工招干指标中给予优先安排。

云南省人民政府《关于印发和志强省长在全省第三次民族
教育工作会议上讲话的通知》（云政发［1988］18 号）

省级有关部门要指导和帮助民族自治地方大力发展职业技术教育，切实办好中等专业学校、技工学校、各类职业学校和短期职业技术培训班。

普通中学要开设与当地民族生产、生活紧密相关的劳动技术课。对不能升学的少数民族的中、小学毕业生，要采取适当形式进行必要的职业技术培训。

《云南省贯彻〈中华人民共和国民族区域自治法〉的若干规定》（试行）（1988 年 4 月 7 日云南省人民政府发布）

要把发展职业技术教育作为深化民族教育改革的突破口，在基础教育中注入职业技术教育的内容，逐步发展一批初级职业中学，对未能升学的中、小学毕业生，要进行实用技术培训。各县可根据条件选择一至二个较好的学校，进行小学后"六加一"和初中后"三加一"的职业技术培训试点。初、高中二年级后可试行分流，一部分学生转入学习职业技术。发展职业技术教育，不仅要注重正规教育，更应该注重短期、单项技术培训，这是民族地区发展职业技术教育的重点。要以乡为党委，建立农村科技培训基地，利用农村的中心完小和初级中学教学设施，在课余时间和假期开展科技培训和文化活动，使其成为农村教育、科技、文化活动的中心。

中共云南省委　省人民政府《关于切实加强民族工作的通知》（云发〔1988〕25 号）

第四十二条　少数民族地区的人民政府及其主管部门应当重视初等职业技术教育的发展，其办学条件可以由县级教育主管部门根据当地经济、文化发展状况适当放宽。

第四十四条　各级教育、计划、财政、劳动和人事部门等主管部门，应当帮助少数民族地区建立民族职业技术教育发展基金，并在师资、教学设备等方面优先给予安排。

《云南省职业技术教育条例》（1989 年 10 月 21 日云南省第七届人民代表大会常务委员会第八次会议通过）

我国共有 55 个少数民族，少数民族贫困县就有 143 个。为加快少数民族与民族地区的经济开发，必须在提高劳动者素质，增强吸收运用科学技术能力上下功夫，大力发展职业技术教育。这是直接关系到这些地区经济振兴、社会安定和民族团结的重大问题。

发展少数民族与民族地区的职业技术教育，既要符合职业技术教育的基本特点和规律，又要注意切合这些地区的实际，不能简单照搬城市和发达地区的做法，要努力探索符合民族特点与地区实际的发展路子。

要采取多种措施，扩大职业技术教育经费的来源渠道，使职业技术教育的经费每年都一定的增长。中央拨给各省、自治区城乡职教补助费、民族教育专项补助费，要划出一定比例用于少数民族与民族地区发展职业技术教育。

要规划、解决好职业技术教育的师资问题。有关高等院校，要在地方有关部门的统筹安排下，承担起职业技术学校培训专业课题师资的任务；在大、中专毕业生分配时要对少数民族与民族地区适当照顾；对一些急需的专业课师资，可请联办单位派兼职教师，还可聘请能工巧匠担任。各地还可以从职业教育专项补助经费中划拨适当比例，用于专业课教师的培训。要加强电教设备建设，充分发挥现代化教育手段在职业技术教育和专业课师资培训中的作用。

国家教委《关于印发加强少数民族与民族地区职业技术教育工作的意见》（1992 年 4 月 8 日）

在一些经济教育发展水平较低的民族地区，从小学高年级开始引入职业技术教育因素，把学文化和学技术早期结合起来。有些地区还要根据实际需要，对学生进行家庭经营、家庭理财以及改变落后习俗所需要的教育。

国家教委 国家民委《关于加强民族教育工作若干问题的意见》（1992 年 10 月 20 日）

第十五条　少数民族自治地方可以从当地实际出发，确定职业教育的层次、结构和模式，发展有当地特色的职业教育。

第十六条　各级人民政府应当组织发达地区对少数民族地区职业教育的对口支援。各级教育、计划、财政、劳动和人事部门，应当在经费、师资、基建、设备等方面，对少数民族地区的职业教育进行扶持。

《云南省职业教育条例》（1990 年 4 月 2 日云南省第九届人民代表大会常务委员会第八次会议通过）

大力发展少数民族和民族地区的职业教育，办好职业高中。强化成人职业教育。

创造条件，发展少数民族高等职业教育。

中共云南省委 省人民政府《关于进一步做好新形势下民族工作的决定》（云发［1999］47号）

要推进现有招生制度、职业教育证书制度和毕业生就业制度的改革，积极推行劳动预备制度和就业准入制度。对中等职业学校农、林、牧等类专业实行"宽进严出"的政策，凡取得初中毕业文凭者，可不限年龄免试入学，学习期满，考试合格者发给中等职业学校毕业证书。

建立健全地（盟）、县（旗）、校多层次、多渠道、多形式的职业学校毕业就业指导服务机构，对毕业生提供就业信息、咨询、指导和推荐服务。实行学历证书、职业资格证书并重的制度，并优先聘用获得双证的职业学校毕业生。继续健全职业技能考核鉴定机构和完善职业技能考核监督办法，明确对各类劳动者的岗位要求，坚持实行"先培训后上岗"的就业准入制度。

要采取多种措施，建立健全少数民族和民族地区职业教育发展的经费投入机制和保障机制。各地在保持与普通学校同样拨款水平的基础上要逐年增加投入，中央拨给各省、自治区的城乡职教补助费；民族地区各级地方政府用于职业教育的经费在地方财力中所占的比例要逐年提高，并在职业教育征地、基建、购置设备、毕业生就业等方面给予必要照顾；各级民委要安排一定经费支持职业技术教育；要多渠道筹措职业教育的办学经费，对某些办学成本高的专业可适当提高学生的收费标准，也可通过合适的途径，争取社会力量捐资助学或部门支持办学等；在教育经费的使用管理上，要严格制度，加强管理，建立健全民族职业教育经费的使用监督机制。

要加强民族地区职业教育师资队伍和职业教育管理干部队伍建设。充分利用国家重点建设的50个职教师资培训基地和部委、地方所属的高等院校或职业技术师范学院，更多地承担为民族地区培训职教师资和管理干部的任务。要制定优惠的政策，吸引和留住更多高水平的教师从事职业教育的教学和管理工作。使中等职业学校的师资基本达到任职资格标准，逐步建立一支专兼结合、数量足够、素质优良、结构合理、相对稳定的"双师型"职教师资队伍和职业教育管理干部队伍。国家在制定高等教育招生计划时，要安排一定的名额对口招收职业学校毕业生，鼓励优秀高中毕业生定向报考职业技术师范学院。制定具体措施,吸引更多普通高校的本科毕业生到中等职业学校任教等。要实行专兼结合,面向社会公开选聘职教教师的用人制度,把部分科技人员,能工巧匠充实到职教师资队伍中来。

积极开展与东部发达地区间多层次、多形式的职业教育交流与合作,促使经济扶贫与智力扶贫更有效地结合起来。进一步加大现有的省与省之间职业教育对口支援的力度。已建立合作关系的省、自治区应鼓励双方的地区与地区、学习与学校之间加强合作,结成对子,共同协商合作的内容、开发的项目,走智力扶贫、共同开发、互惠互利、良性互动的路子。教育部和国家民委将认真总结交流与合作的经验,评估、表彰取得显著成效的典型。

> 国家民委 教育部《关于加快少数民族职业教育改革和发展的意见》(2000 年 7 月 28 日)

国家采取措施,扶持农村地区、西部地区、少数民族地区和贫困地区职业教育的发展,办好一批骨干职业学校。

> 国务院《关于大力推进职业教育改革与发展的决定》(国发〔2002〕16 号)

【中专技校生】

为培养少数民族技术工人,搞好定向培训,属自治州办的技工学校,报经省劳动人事厅批准后,可以从农村招收少量符合招生条件的少数民族学生(注:实际工作中按 15%—20% 的比例),毕业后分配回本地从事所学专业。

> 云南省人民政府《关于批准〈1984 年技工学校招生工作意见的报告〉的通知》

经商得公安部、商业部同意,根据中华人民共和国民族区域自治法第 23 条 “民族自治地方的企业、事业单位在招收人员的时候,要优先招收少数民族人员;并且可以从农村和牧区少数民族人口中招收” 的规定,结合少数民族地区培养技术工人的实际情况和需要,经过自治区人民政府批准,可以作为特殊问题处理。即:农村、牧区少数民族学生中符合招生条件的可以报考技工学校。在本自治区技工学校学习的,其户口、口粮等问题,凭自治区劳动人事厅的录取证明办理;到自治区以外的省、市技工学校学习的，毕业仍回到自治区安排工作，可参照 1965 年 6 月 1 日《劳动部、公安部、粮食部关于简化委托代训学校审批手续问题的联合通知》第三款的精神办理，即不必迁移正式户口，自带全国通用粮票，由代培地区作为临时户口，凭全国通用粮票供应口粮。

> 劳动人事部《关于允许农村、牧区少数民族学生报考技工学校的批复》（1985 年 11 月 12 日）

第四十三条　中等专业学校、技工学校应当根据需要定向招收一定比例的少数民族学生，有条件的应根据需要定向招收一定比例的少数民族学生，有条件的应当开办民族班。

少数民族地区的而各类职业技术学校招收少数民族学员时，入学条件可适当放宽。

少数民族地区举办的技工学校，经省人民政府或者授权部门批准，可以招收农村的少数民族学生。

> 《云南省职业技术教育条例》（1990 年 10 月 21 日云南省第七届人民代表大会常务委员会第八次会议通过）

第二十七条　少数民族地区的技工学校应招收一定比例的少数民族考生，并可适当放宽录取分数线。

> 《技工学校招生规定》（1990 年 9 月 3 日劳动人事部发布）

第十七条　中等职业学校应当定向招收一定比例的少数民族学生，特别是农村少数民族学生；有条件的学校可以开办民族职业班。

高等职业学校在招商少数民族学生时，可以适当放宽入学条件或举办预科班。

> 《云南省职业教育条例》（1999 年 4 月 2 日云南省第九届人民代表大会常务委员会第八次会议通过）

对中等职业学校农、林、牧等类专业实行"宽进严出"的政策，凡取得初中毕业文凭者，可不限年龄免试入学，学习期满，考试合格者发给中等职业学校毕业证书。

> 国家民委 教育部《关于加快少数民族地区和民族地区职业教育改革和发展的意见》（2000 年 7 月 28 日）

【散杂居地区民族教育】

恢复和办好民族中小学和民族师范学校。民族师范毕业的学生要分配到少数民族地区，农村教师要尽量在当地少数民族回乡知识青年中选拔。高等院校招生时，要适当照顾少数民族，力求每年有一定数量的少数民族学生进入大专院校。当提高中等以上学校（包括中学）的少数民族学生发放助学金的比例；逐步增加公办学校，减少民办的比例，以减轻这些社队的非生产性支出。

中共中央 国务院《批准国家民委党组〈关于做好杂居、散居少数民族工作的报告〉》（1979 年 10 月 12 日）

各地教育行政部门，要把散杂居地区的少数民族教育列入议事日程，切实加强领导。要有计划、有措施、有专人负责，定期研究和解决工作中存在的实际问题，尽快缩小与当地其他民族在教育发展程度上的差距。

要尊重少数民族学生的生活习惯，对饮食有特殊要求的少数民族学生，学校应设立专用食堂。对要求学习本民族语言文字的少数民族学生，要积极创造条件进行双语教学。

散杂居地区的各级各类学校，要通过多种形式向学生进行马克思主义民族观和民族翻身史的教育，特别是在多民族杂居地区，要教育师生相互尊重民族风俗习惯，树立各民族平等、团结、互助的社会主义民族关系观念。同时，还要正确宣传党的宗教信仰自由政策，坚持宗教不得干预教育的原则，并要坚持对学生进行唯物论和无神论教育，使学生树立科学的世界观和宗教观。

国家教委《关于加强民族散杂居地区少数民族教育工作的意见》（1992 年 12 月 2 日）

少数民族散杂居地区的各级政府要设立民族教育专项资金，制定和落实有关优惠政策，扶持散杂居地区民族教育的发展。

国务院《关于深化改革加快发展民族教育的决定》（国发〔2002〕14 号）

【发展滞后地区民族教育】

要有计划地对学生特少的民族和地区实行定向招生，举办民族预科班，逐步增加少数民族学生的比例。

> 《云南省贯彻〈中华人民共和国民族区域自治法〉的若干
> 规定》（试行）（1988年4月7日云南省人民政府发布）

在昆明创办省民族实验中学，招收部分后进少数民族的学生入学。

> 中共云南省委　省人民政府《关于切实加强民族工作的通
> 知》（云发〔1989〕25号）

对那些经济、文化、教育发展较为缓慢，困难较多，难出人才的一些
少数民族和民族地区，在各类学校特别是中小学，半寄宿制高小在招生
中，应该采取特殊措施，定向招收这些地方和民族的学生。

> 云南省教育委员会　云南省民族事务委员会《关于对一些少
> 数民族和民族地区在各类学校招生中给予特殊照顾的通
> 知》（滇族①联发〔1994〕9号）

继续对农村、边疆少数民族考生和在校生比例低的14种少数民族考
生实行高考、中考适当降分及对少数民族考生优先录取的政策。

> 中共云南省委　省人民政府《关于进一步做好新形势下民族
> 工作的决定》（云发〔1999〕47号）

采取特殊措施，重点扶持少数民族地区、社会发展相对滞后的特殊少
数民族人群教育的发展。

> 中共云南省委　省人民政府《关于贯彻〈中共中央、国务院
> 关于深化教育改革全面推进素质教育的决定〉的意见》
> （云发〔2000〕3号）

认真研究和加强15个相对后进的少数民族的人才培养工作。

> 云南省人民政府《转发省教委关于云南省实施〈面向21
> 世纪教育振兴行动计划〉的意见的通知》（云政发〔2000〕
> 8号）

对15种少数民族，即哈尼、苗、傈僳、拉祜、佤、瑶、景颇、藏、

---

① 指中共云南省委民族部。

布朗、布依、阿昌、怒、基诺、德昂、独龙族，实行特殊政策，这些少数民族如当年无高中生达到预科录取线，则从未上线的应届毕业生中，择优选送2—3名到民族预科班中学习。

> 云南省招生考试委员会 省教育厅 省民族事务委员会《关于各类学校招收民族学生有关问题的规定》（滇族联发［2000］16号）

【人口较少民族教育】

关于解决基本的人口素质教育问题，在分配"中小学危房改造工程"中央专款时，对人口较少民族地区予以重点倾斜；在实施第二期"国家贫困地区义务教育工程"中，对人口较少民族地区予以特殊照顾，重点解决"普九"、兴建寄宿制学校、免费提供中小学生课本和中小学校骨干教师的培训问题；在安排贫困学生助学金专款时，应拿出一部分用于资助人口较少民族家庭困难的学生。

> 国务院《关于扶持人口较少民族发展问题的复函》（国办函［2001］44号）

要加快边境、少数民族、贫困地区义务教育发展步伐，加大对阿昌、德昂、布朗、独龙、怒、普米、基诺7个人口在10万以下少数民族及藏、傈僳、佤、拉祜、苗、瑶、景颇等少数民族聚居地区的扶持力度，使其义务教育普及程度和水平在"九五"的基础上有明显提高。

在国家的支持和省地县乡的共同努力下，加快寄宿制、半寄宿制学校建设。争取国家帮助我省新建、改扩建校舍20万平方米以上，基本解决7个人口在10万以下的少数民族及藏、傈僳、佤、拉祜、苗、瑶、景颇等少数民族适龄儿童上学难的问题。同时，省财政加大对寄宿制、半寄宿制学生的补助力度，每年再增加补助金额720万元，扩大寄宿制学生的补助范围。进一步加强省民族中学的建设，每年新开办1个人口在10万以下少数民族学生的高中班。

> 中共云南省委 省人民政府《关于印发〈云南省基础教育振兴行动计划〉的通知》（云发［2002］21号）

把"两基"教育作为7个人口较少特有民族聚居乡（镇）教育工作

的重点，对中、小学生实行免费教育，巩固"普六"，加快"普九"步伐；在不通或基本不通汉语的乡村实行双语教学；对小学高年级和中学生全部纳入寄宿制或半寄宿制，地县寄宿制和半寄宿制学校优先招收 7 个人口较少特有民族学生；在尚无条件建立中学的乡（镇），应在县级中学开设民族班；把 7 个人口较少特有民族聚居乡镇中小学的危房改造优先列入"义务教育工程"和"危房改造工程"予以扶持；继续在省属有关院校办好特有民族大中专班和高中班；对考入省内高等院校的学生减免学费，并根据困难程度给予生活补助；对乡村中小学 45 岁以下教师由地（州市）、县（市区）每年至少培训 1 次。

中共云南省委办公厅 省人民政府办公厅《关于采取特殊措施加快我省 7 个人口较少特有民族脱贫发展步伐的通知》（云办发〔2002〕19 号）

【藏文教材协作】

五省、自治区藏文教材协作领导小组由七人组成，西藏二人，青海二人，甘肃、四川、云南各一人；青海代表任组长，西藏代表任副组长。领导小组的任务是：确定协作的任务、范围、方式和编译原则；制定工作规划和年度计划，监督检查协作任务的执行情况；组织协作学科教学大纲的审定工作；洽商并抽调需要集中审稿的人员，组织考察，举办学术讨论；组织研究藏文规范化问题，确定协作会议召开的时间、地点和议程，负责协作工作的请示汇报和上级指示的传达，联系解决经费问题；主办《藏文教材建设动态》（不定期）。

领导小组下设办公室，地点在西宁市，由四人组成，其中三人是专职、由青海专项列编，一人是兼职。办公室主任由青海担任、副主任由西藏兼任。办公室的职责是：完成领导小组布置的各项任务，交流经验，通报情况，管理与教材协作相关的日常事务。

各省、自治区指派一名联络员，经常与办公室保持联系，按期完成办公室委托代办的有关事宜。

协作分目前和长远两部分，目前协作的范围是中、小学各科教学大纲、课本、教学参考书以及与此有关的工具书。待这套教材全部出齐后，再扩大协作范围。协作方式可采取编辑、翻译、初审分散，决审集中的办法。未列入协作的教材，仍由各省、自治区自行解决。协作教材于 1983

年秋季开始供应，到 1986 年春季，分四年全部出齐配套。

甘肃、四川、云南三省抽调能担任编译任务的人员，分别到西藏、青海参与他们的一部人编译工作。

教育部 国家民委《关于西藏、青海、甘肃、四川、云南五省、自治区藏文教材协作会议纪要的批复》（1982 年 5 月 27 日）

五省、自治区藏族教育协作领导小组，主要是对藏族教育一些重大问题进行协商、协作和研讨的机构，并不是置于五省、自治区政府或教育行政部门之上的行政领导机构，它的主要任务是：对藏族教育发展中的重要方针、政策和措施进行研究，并向国务院提出建议；在藏族师资培训、藏文教材的编译出版、藏族中高级专门人才的培养等方面进行协作；组织五省、自治区及时总结交流藏族教育发展、改革的经验；组织开展藏族教育的科学研究。

国家教委《转发〈五省、自治区藏族教育研讨会纪要〉的通知》（1988 年 10 月 4 日）

【电化教育】

目前，全省民族地区除已建立 200 多个卫星接收站和差转台外，还发展了 500 多个录放像点，要继续采取多渠道筹集资金、分期分批兴建的办法，争取三年内民族地区的每一个乡都建立一个录放像点。省教育厅和各级广播电视部门要积极为他们摄制和提供录像带，使电化教育和远距离教学既可用于培养学生，提高师资水平，又可以进行各种实用技术培训，发挥综合效益。

云南省人民政府《关于印发和志强省长在全省第三次民族教育工作会议上讲话的通知》（云政发〔1988〕18 号）

积极发展广播电视教育和学校电化教育，推广运用现代化手段。到 2000 年基本建成全国电教网络，全国 70% 左右的县要建立起教育电视台（收转台），70% 左右的乡镇小学以上的学校和少数民族寄宿制学校要能够直接收看教育电视节目。

国务院《关于〈中国教育改革和发展纲要〉的实施意见》（1994 年 7 月 30 日）

积极推进民族教育手段现代化进程。重点支持以现代远程教育网络建设，建立县级远程教育教学点和乡级电视、数据收视点，有条件的地区和学校启动校园网络或局域网建设，培养培训教师和管理人员；成立专门机构，努力开发少数民族语的数理化课程、学校管理和汉语教学课件库、素材库。要加强民族中小学语言教学室或计算机室的建设，加快普及信息技术教育的步伐。

国务院《关于深化改革加快发展民族教育的决定》（国发
〔2002〕14 号）

【少数民族妇女教育】

认真贯彻执行《中华人民共和国义务教育法》，着重帮助民族地区、贫困地区克服旧习俗，改变旧观念，创造有利于女童接受教育的社会环境。对边远、贫困和少数民族地区继续给予政策、资金等方面的支持和扶持，要解决女童就学环境、家庭经济困难等方面的问题，为贫困女童入学提供便利条件。

认真贯彻执行国务院《扫除文盲工作条例》，重点扫除贫困和少数民族地区的青壮年女文盲，并对她们进行当家理财、生产、生活等知识的教育与培训。支持各团体针对少数民族妇女特点，针对农村女青年、女劳力开展的"巾帼扫盲"等活动。

云南省人民政府办公厅《关于转发妇儿工委〈云南省妇女
发展"九五"规划〉的通知》（云政办发〔1996〕253 号）

各级妇联和民委要在少数民族贫困地区实施"妇女成才工程"，重视和积极推动民族地区的基础教育，积极宣传义务教育法，协助教育部门抓好少数民族妇女的堵盲、扫盲、脱盲后继续教育的工作；兴办"春蕾女童班"、"春蕾学校"、"双语（少数民族语、汉语）教学班"；组织少数民族妇女进入民族干部大专班、本科班学习，多层次、多渠道提高妇女素质。

云南省妇女联合会 省民族事务委员会《关于加强少数民族
妇女工作的意见》（云妇字〔1999〕9 号）

【宗教与学校教育关系】

必须坚持宗教与教育分离的原则。这同我国实行的宗教自由政策并不矛盾。解放前,藏、傣族中的佛教寺院既是宗教机关,又是封建社会的文化教育机关,宗教同教育是合一的。现维吾尔、回等民族中,情况稍有不同,既有专设的宗教学校,也有普通学校。解放后,我们实行教育同宗教分离的原则,经过大量工作,大部分宗教学校逐步解散,一般学校中的宗教课也早已取消,这是改革旧教育的重要成果。今天,要不断巩固和完善我国的社会主义教育制度,对于宗教与教育分离的原则仍应继续坚持,不能有丝毫动摇。

必须坚持宗教不得干预教育的原则。这一条已正式写进党的十一届六中全会一致通过的《关于建国以来党的若干历史问题的决议》,《中华人民共和国宪法》中也作了明确规定,任何人不得利用宗教进行妨碍国家教育制度的活动。这个原则,得到广大信教群众和爱国宗教职业人员的拥护。为了避免和制止宗教干预教育、妨碍国家教育制度的情况继续发生,我们认为,除按《中共中央关于印发(关于我国社会主义时期宗教问题的基本观点和基本政策)的通知》(中发[1982]19号文件,以下简称《基本政策》)中有关政策规定举办的宗教学校外,在普通学校应当明确规定:(1)不得在学校向学生宣传宗教,灌输宗教思想;(2)学校不得停课集体进行宗教活动;(3)不得强迫学生信仰宗教,不得强迫他们当和尚、喇嘛或满拉等;(4)不得以任何形式在学校开设或讲授宗教课;(5)不得利用宗教干扰或破坏学校的正常教学秩序;(6)不得以任何形式干扰或阻挠学校向学生进行马列主义、毛泽东思想教育和科学文化教育。

对某些信奉伊斯兰教地区的民族中、小学要求开设阿拉伯文课的问题,不能予以同意。因为从历史上看,阿文从没有成为我国任何一个少数民族的通用文字,只是作为宗教经典文字曾在少数人中使用过。1953年9月《中共中央转发中央民族事务委员会党组关于中国伊斯兰教协会成立会议的报告》中指出:"阿文不是回民的民族通用文字,而是伊斯兰教的经典文字,因此在宗教方面学习或使用阿文是可以的。但把阿文当作回族全民族的文字,而企图推广使用的做法,则是非常错误的。这种做法对回族人民政治、经济、文化的发展十分不利。"因此,在学校开设阿文课是不必要的,更不能借学习阿文之名,恢复宗教课。

处理好宗教冲突、干扰学校教育的问题,关键在于领导。各级党委和政府应当通盘考虑,动员各有关部门密切配合,共同做好这项工作。为此，首先要认真学习和坚决贯彻执行《基本政策》这一重要文件，统一认识，统一政策。《基本政策》支出："使全体信教和不信教的群众联合起来，把他们的意志和力量集中到建设现代化的社会主义强国这个共同目标上来，这是我们贯彻执行宗教信仰自由政策，处理一切宗教问题的根本出发点和落脚点。任何背离这个基点的言论和行动，都是错误的，都应当受到党和人民的坚决抵制和反对。"我们在处理宗教干预学校教育问题的时候，也必须切实贯彻这一基本原则。

中共中央办公厅　国务院办公厅《转发教育部〈关于正确处理少数民族地区宗教干扰学校教育问题的意见〉》（1983 年2 月 17 日）

后　记

　　60 年的历史，对云南民族教育而言，不过是短短一瞬，但于我们而言，却是一段丰富的也是复杂的值得细细看来的过程。

　　因为云南民族教育的发展所受限制因素太多，这些因素在各个时段的呈现或强或弱，或因为外界因素的影响，或因为自身的原因，要突破这些羁绊，还需要很长时间的努力。我们期望通过对这些因素的梳理、探究，提供一条云南民族教育发展的主线。其中难度，走过更知。

　　因为中国共产党从新中国成立伊始，就明确了民族教育是解决民族地区发展和民族问题的重要基础，分类指导政策的创建和使用、对民族教育的特殊性和复杂性等观念的认识，使曾经一穷二白的民族地区在短短时间内办起了适合当地民情所需的现代学校教育，培养了大批本民族的中高级人才，一大批少数民族突破了没有小学生、没有中学生、没有大学生的历史。这些政策和理念在云南民族教育中的持续延伸，使云南民族教育工作有了诸多的创新，包括率先在全国实现"三免费"教育，使少数民族在教育上受益。2010 年年底，云南的"两基"工作通过国家验收，就是对这个特殊工作历程的肯定。但是，对这些成果的巩固、提升，任重而道远。我们期望通过对这个过程的总结、研究，提供云南民族教育发展的得失。其中不易，走过更懂。

　　因此，当我们进入到这个领域，力图展示这艰巨而又辉煌的历史过程时，旁人的支持总是协助我们勇敢行进的重要力量：

　　本书的字里行间，有云南省教育厅民教处原处长李云芳的悉心指点，在我们对云南民族教育的理解和疑点讨论中，他毫无保留地提供了他多年的工作经验和见解；对边境民族聚居区、散杂居区和内地少数民族地区的比较，云南民族大学的李宣林、雷兵、陈继扬、张天军、李晓莉等老师提供了他们的观察与思考；山东曲阜师范大学的张晓琼老师，在假期回云南探亲的时候，与我们讨论了她近年来对布朗族教育发展的密切关注。这些过程，使我们对云南民族教育的发展现状有了更深入的了解；

民族学专业研究生闫永军利用统计学软件对相关县市的统计资料进行了汇总和比较图、表的制作；铁艺则在云南省档案馆的文献堆里花费了整整两个月的时间，对教育厅移交的相关档案进行了摘录、分类，并在此基础上梳理了民族教育研究文献；王亚军则细心地校对了文档。他们的工作，使我们减轻了负担、节省了时间；

云南省教育厅档案室的李锐老师，为我们查阅 20 世纪 90 年代后的档案大开方便之门。她细致的工作使我们拥有了较为完整的云南民族教育档案资料，这是我们今后研究工作的一笔财富；

西双版纳州景洪市、德宏州陇川县、红河州绿春县和开远市、玉溪市易门县、昆明市石林县等地教育局的工作人员在面对我们的数据表格时，不辞辛劳地从各类统计表中提取并填写了我们需要的统计数据，使我们能够在定性的描述中，能有定量的实情作为支撑。

在此，对你们表示深深的感谢！

最后，希望看过此书的读者，能借此书发现更多的研究视角，因为学识有限，挂一漏万在所难免，而学无涯。

著者

2010 年冬写于莲花池畔